高等学校公共基础课系列教材

大学体育与健康

主　编　王红震　陈婷婷　余　锦
副主编　韩　静　谌俊斐　邵海亭　袁春杰
参　编　曾播思　何进江　张泳华　江　炬　王　芸
贾　宏　欧健昌　洪俊雄　代怡弟　林彦芸
刘　苹　朱　岩　李　庄　李勇俊　林伟刚

西安电子科技大学出版社

内 容 简 介

本书紧扣《全国普通高等学校体育课程教学指导纲要》的精神和要求，结合应用型高等学校体育工作的实际，在参考、借鉴、吸收前人研究成果、经验的基础上，针对当代大学生的年龄特点、心理特点、体质状况和终身体育的需要编写。本书在编写过程中坚持“以人为本，健康第一”的指导思想。全书共分24 章，内容包括体育与健康、体育文化与欣赏、新时代体育强国思想、国家学生体质健康标准、田径运动、足球、篮球、排球、乒乓球、羽毛球、网球、匹克球、游泳、武术、散打、跆拳道、传统体育养生学、健美操、体育舞蹈、瑜伽、飞镖、网毽、高尔夫球，以及体育运动竞赛的组织与编排。

本书基本涵盖了应用型高等学校体育教学所需内容，能满足当代大学生体育专项自主选课和指导锻炼的需要，既可作为普通高校体育基础理论教材，也可供体育爱好者阅读学习。

图书在版编目 (CIP) 数据

大学体育与健康 / 王红震，陈婷婷，余锦主编. --西安：西安电子科技大学出版社，2023.8
(2024.8 重印)
ISBN 978-7-5606-6982-3

Ⅰ. ①大… Ⅱ. ①王… ②陈… ③余… Ⅲ. ①体育—高等学校—教材②健康教育—高等学校—教材 Ⅳ. ①G807.4②G647.9

中国国家版本馆 CIP 数据核字(2023)第 151520 号

策　　划　姚　磊
责任编辑　刘玉芳
出版发行　西安电子科技大学出版社(西安市太白南路 2 号)
电　　话　(029)88202421　88201467　　邮　　编　710071
网　　址　www.xduph.com　　电子邮箱　xdupfxb001@163.com
经　　销　新华书店
印刷单位　陕西天意印务有限责任公司
版　　次　2023 年 8 月第 1 版　2024 年 8 月第 2 次印刷
开　　本　787 毫米×1092 毫米　1/16　印　张　21.5
字　　数　511 千字
定　　价　47.00 元
ISBN 978-7-5606-6982-3
XDUP 7284001-2

前　言

为深入学习贯彻党的二十大精神，落实中央文件精神和《学校体育工作条例》，加强体育课程建设，进一步提高教育教学质量，让学生更好地掌握体育的基础知识、基本技术和基本技能，使学生在体育锻炼和知识学习中享受乐趣、增强体质、健全人格、锤炼意志，切实把体育理论和体育实践结合起来，编者依据《全国普通高等学校体育课程教学指导纲要》的基本要求，结合应用型高校体育工作的实际，在参考、借鉴、吸收前人研究成果、经验的基础上，针对大学生的特点，编写了本书。

为了更好地推动党的二十大精神进教材、进课堂、进头脑，本书在编写时坚持贯彻“健康第一”“终身体育”的指导思想，充分发挥体育课程思政作用。编者重点把握了三个方面:一是认真学习、深刻领会党的二十大精神和体育法规、文件精神实质，准确把握学校体育目标，紧扣素质教育主线和学生身心健康的全面发展，在知识选择和内容编排方面力求丰富、生动、易懂，并将理论知识和健身方法贯穿于全书，努力完善教材体系；二是遵循教育教学规律，紧密结合大学生的身心特点与兴趣爱好，吸收和借鉴体育学科最新研究成果，最大限度地满足当代大学生的需求，力争使教材内容规范、涵盖广泛、指导性强、受众面广；三是注重高等学校体育传统，同时突出地方特色和学生求职需求，将科学性、系统性、连续性、实用性有机结合起来。

本书主要有以下几个特点:

(1) 强调基础性。大学体育是高等院校一门重要的公共基础课程，因此，本书注重基本概念的介绍和基本技能的训练，为指导大学生体育活动和运动健身提供了理论知识与实践手段，力求培养学生的终身体育意识。

(2) 彰显趣味性。结合不同运动项目的特点，本书配有丰富的插图和相关讲解，使内容更加生动形象，所覆盖的知识面也更为广泛，可以更好地启发学生学习，激发其运动兴趣。

(3) 突出实用性。从学生身心特点出发，在内容选择上具有针对性，深入浅出地阐述了大学生较为关注的问题；对运动项目的介绍充分、清晰，突出了易教、易学、易操作的特点；将课程建设与学生发展紧密结合起来，既可作为大学公共体育课的教学用书，又可作为大学生自我锻炼的参考用书。

(4) 追求创新性。在传统教材内容的基础上，结合应用型大学体育教学的实际增加了新的内容，力求立足体育前沿，指导大学体育教学。

本书的编写得到了曾播思、何进江老师的指导，在参考众多专业书籍的基础上，王红震、陈婷婷、余锦老师对编写内容进行策划、组织、汇总及审核，王红震、曾播思、何进江老师负责前三章的编写，王芸老师负责第四章的编写，张泳华老师负责第五章的编写，贾宏老师负责第六章的编写，欧健昌老师负责第七章的编写，韩静老师负责第八章的编写，江炬老师负责第九章的编写，余锦老师负责第十章的编写，邵海亭老师负责第十一章的编写，王红震老师负责第十二章的编写，洪俊雄老师负责第十三章的编写，谌俊斐老师负责第十四章的编写，袁春杰老师负责第十五章的编写，代怡弟老师负责第十六章的编写，林彦芸老师负责第十七章的编写，刘苹老师负责第十八章的编写，陈婷婷老师负责第十九章的编写，朱岩老师负责第二十章的编写，李庄老师负责第二十一章的编写，李勇俊老师负责第二十二章的编写，曾播思老师负责第二十三章的编写，林伟刚老师负责第二十四章的编写。本书的编写得到了很多专家、同事的热情关心和指导，在此一并致以衷心的感谢。

由于编写人员水平有限，书中可能还有不足之处，恳请广大读者给予批评指正。

编　者

2023 年 5 月

目　录

第一章　体育与健康

第一节　概　　述

一、体育

1. 体育的概念

体育是在人类社会发展中诞生的，是根据生产和生活的需要，遵循人体身心的发展规律，以身体练习为基本手段，为增强体质，提高运动技术水平，进行思想品德教育，丰富社会文化生活而进行的一种有目的、有意识、有组织的社会活动，也是伴随人类社会的发展而逐步建立和发展起来的一个专门的科学领域。体育是以身体运动为基本手段，促进身心发展的文化活动。

1) 广义的体育

广义的体育亦称体育运动，是指以身体练习为基本手段，以增强人的体质，促进人的全面发展，丰富社会文化生活和促进精神文明为目的的一种有意识、有组织的社会活动。它是社会总文化的一部分，其发展受一定社会政治和经济的制约，并为一定的社会政治和经济服务。

2) 狭义的体育

狭义的体育亦称体育教育，是指发展身体，增强体质，传授锻炼身体的知识、技能，培养道德和意志品质的教育过程，是对人体进行培育和塑造的过程，是教育的重要组成部分，是培养人全面发展的一个重要方面。

3) 竞技体育

竞技体育亦称竞技运动，是指为了战胜对手，取得优异运动成绩，最大限度地发挥和提高个人、集体在体格、体能、心理及运动能力等方面的潜力所进行的科学的、系统的训练和竞赛。竞技体育包含运动训练和运动竞赛两种形式。其特点是：

(1) 充分调动和发挥运动员的体力、智力、心理等方面的潜力。

(2) 激烈的对抗性和竞赛性。

(3) 参加者有充沛的体力和高超的技艺。

(4) 按照统一的规则竞赛，具有国际性，成绩具有公认性。

(5) 娱乐性。当今世界所开展的竞技运动项目是社会历史的产物。远在公元前 700 多年的古希腊时代，就出现了赛跑、投掷、角力等项目，发展至今已有数百种之多。目前普遍开展的项目有田径、体操、篮球、排球、足球、乒乓球、羽毛球、举重、游泳、自行车等。各国、各地区还有自己特殊的民族传统项目，如中华武术，东南亚地区的藤球、卡巴迪等。

4) 娱乐体育

娱乐体育是指在余暇时间或特定时间进行的一种以愉悦身心为目的的体育活动，具有业余性、消遣性、文娱性等特点。娱乐体育一般包括球类游戏、活动性游戏、旅游、棋类以及传统民族体育活动等。按活动的组织方式可分为个人活动、家庭活动和集体活动；按活动条件可分为室内活动、室外活动；按竞争性可分为竞赛性活动和非竞赛性活动；按经营方式可分为商业性活动和非商业性活动；按参加活动的方式可分为观赏性活动和运动性活动。开展娱乐性体育活动有益于身心健康，陶冶情操，培养高尚品格。

5) 大众体育

大众体育亦称“社会体育”“群众体育”，是对为了娱乐身心、增强体质、防治疾病和培养体育后备人才，在社会上广泛开展的体育活动的总称，包括职工体育、农民体育、社区体育、老年人体育、妇女体育、残疾人体育等。其主要形式有锻炼小组、运动队、辅导站、体育之家、体育活动中心、体育俱乐部、棋社，以及个人自由体育锻炼等。开展群众体育活动应遵循因人、因地、因时制宜和业余、自愿、小型、多样、文明的原则。广泛开展群众性体育活动，是发挥体育的社会功能，提高民族素质和完成体育任务的重要途径。

2. 体育的本质

体育的本质是指体育所固有的根本特性，是人类社会的一种身体教育活动和社会文化活动。其本质特点是以身体练习为手段，发展身体，增强体质，促进人的全面发展，为社会发展服务。体育具有自然和社会两重属性。自然属性指体育的方法、手段等；社会属性指体育的思想、制度等。

二、健康

健康是人类生存和发展最基本的条件，也是创造社会物质文明和精神文明的基础。历史上许多伟大的思想家对健康都作过精辟的论述。马克思把健康称为人的第一权利，一切人类生存的第一前提；法国物理学家居里夫人提出，科学的基础是健康的身体；美国哲学家爱默生认为，健康是人生的第一财富；英国教育家洛克强调，若没有健康，就不可能有什么幸福而言；德国哲学家叔本华则形象地指出，健康的乞丐比有病的国王更幸福。的确，没有健康，人生的一切就会黯然失色，快乐和幸福犹如水中月、雾里花，可望而不可及。1978 年 9 月，国际初级卫生保健大会发表的《阿拉木图宣言》中强调指出：“健康是基本人权，达到尽可能高的健康水平，是世界范围内一项最重要的社会性指标”，要求人们重视健康的价值，树立“人人为健康，健康为人人”的正确观念。

人类对健康的需要和认识是不断变化、不断更新的，概括起来可以分为“神灵医学模式”“自然哲学医学模式”“生物医学模式”“现代医学模式”四个阶段。

1948 年，世界卫生组织(World Health Organization，WHO)在宪章中指出：“健康不仅是免于疾病和虚弱，而且是保持身体上、精神上和社会适应方面的完美状态”。1989 年，WHO又进一步深化了健康的概念，认为健康包括身体健康、心理健康、社会适应良好和道德健康，从而将人们对健康的认识提高到一个崭新的水平。目前，世界各国学者公认它是一个全面的、明确的、广泛适用的、科学的健康概念。

三、亚健康

亚健康是近年来新提出来的概念。亚健康状态是介于健康与疾病之间的一种状态，又叫“第三状态”或“灰色状态”。它是指机体在内外环境的不良刺激下引起心理、生理发生异常变化，但尚未达到明显病理性反应的程度。从生理学角度来讲，亚健康就是指人体各器官功能稳定性失调但尚未引起器质性损伤，医学检查所得各项生理、生化指标均无明显异常，医生无法作出明确诊断的状态。在此状态下，如能及时调控，可恢复健康状态，否则会发生疾病。亚健康状态基本上是由于机体组织结构的退化(老化)及生理功能减退所致的，因而目前将人体衰老的表现也列入亚健康状态的一种类型。

造成亚健康的原因主要有四种：

(1) 过度疲劳造成的精力、体力透支。

(2) 人的自然衰老。

(3) 现代身心疾病，如心脑血管病变、肿瘤等疾病的前期。

(4) 人体生物周期中的低潮时期。

第二节　体育锻炼对健康的影响

大学阶段是人生的重要阶段，是焕发青春光彩的阶段，然而，青春的光彩是和身体健康紧密联系的。俄国文豪车尔尼雪夫斯基说过这样一句话：“生命是美丽的，对人来说，美丽不可能与人体的健康分开。”

一、体育锻炼使心肺更健康

1. 心肺功能对健康的重要性

人的生命活动离不开氧，而氧气从体外进入人体内直至为人体生命活动所利用，必须由心肺功能来完成。人体的呼吸系统、血液与心血管系统组成了氧运输系统。呼吸系统把氧气从体外吸入体内，氧气进入血液后与血液中的血红蛋白相结合，由心脏这个血液循环的“动力站”不停地推动，使血液流遍全身，从而将氧气送到各组织器官。

心肺功能保证了人体生命活动对氧的需要，而在运动时人体对氧的需求将大大增加，就更需要心肺功能的保证。因此，人体心肺功能的强弱，既是人体健康水平的标志，也是人体运动能力的重要基础。

2. 体育锻炼对心肺功能的影响

生理学研究表明，经常进行体育锻炼的人，心脏的重量、直径、容积均比一般人的大，也具有更强的工作能力。

(1) 经常参加体育锻炼的人，心肌细胞能获得更充足的氧气及营养供应，因而心肌细胞产生营养性肥大，使心脏重量增加，容积增大，搏动有力。

(2) 经常参加体育锻炼的人，由于心肌收缩强而有力，每搏输出血量多，因而安静时的心跳次数比一般人慢。

(3) 体育锻炼对预防心血管系统疾病有良好作用。锻炼不仅可以增强心脏功能，同时还能改善体内物质代谢等过程，减少脂质在血管壁的沉积，保持与增进血管壁的良好弹性，对心血管疾病起到积极预防作用。

(4) 体育锻炼能大大增强肺功能。进行体育锻炼时，由于肌肉活动需要更多氧气，因而呼吸次数增加，深度加深，肺通气量大大增加。因此，在体育锻炼中，呼吸器官可得到很大锻炼，功能增强。

(5) 经常进行体育锻炼有助于呼吸肌力量增大，胸廓活动性增强，肺泡具有更好的弹性。

3. 有氧能力及其锻炼

进行体育锻炼时，由于项目的差异、运动强度大小及持续时间长短的不同，在氧气的供应及利用上也各具特点。

在进行步行、慢跑、健美操、太极拳及一些不太激烈的球类锻炼时，人体是在氧供应充分的条件下进行运动，能量来自体内糖和脂肪的有氧代谢。而有氧代谢供能能力主要和人体心肺功能有关，这一能力也是人体耐力素质的基础。在这类运动中，由于强度不大但持续时间较长，补充体内能量消耗的途径主要是糖和脂肪的有氧代谢，特别是持续时间长的运动，脂肪氧化供能的比例会逐渐增加。因此肥胖者想消耗体内多余的脂肪，就应进行一些强度不大但持续时间较长的运动，如较长时间的步行、慢跑、健美操等均属此类。

而当进行短跑、短距离游泳及强度大而持续时间短的运动时，由于人体吸氧能力赶不上运动强度的增加，因此很多时候是在氧供应不充分的情况下进行的，也称为无氧代谢供能。无氧代谢供能又可分为两种类型：第一类主要由磷酸肌酸(CP)的分解释放能量补充，称为磷酸原系统，与人体的绝对速度能力关系密切；第二类由糖原进行无氧酵解供能，同时产生乳酸积累，称为乳酸能供能系统，与人体运动时的速度耐力能力有关。

对于心肺功能锻炼的健身价值，学者们一致推崇有氧代谢供能的锻炼。习惯上将主要由有氧代谢供能进行运动的能力称为有氧能力。一些强度不大、不太激烈、持续时间较长的锻炼，使人体心肺功能在十分良好的条件下工作，可达到较充分的锻炼，因此学者们将步行、慢跑、游泳、健美操(有氧韵律操)、一些球类锻炼等称为有氧运动，这类运动主要提高人体的有氧能力，增强心肺功能。可见，人体有氧能力的优劣和心肺功能强弱密切相关。增强心肺功能的锻炼首推有氧运动。

4. 增强心肺功能的途径与方法

要想通过锻炼达到增强心肺功能的预期效果，必须坚持经常锻炼，同时还应在运动强度、持续时间及锻炼频率的掌握上加以注意。

(1) 运动强度。锻炼时强度要适宜，过大的强度会使无氧代谢成分增加，而对增进心肺功能效果不一定明显；强度过小对机体影响又太轻微。多大的强度合适呢？这里介绍用心率来掌握和控制运动强度的卡氏公式法。

芬兰学者卡沃宁(Karvonen)提出了一个发展最大吸氧量锻炼强度阈的计算公式，只要将自己的年龄及安静时的心率代入卡氏公式，所得的数字就是锻炼中的强度阈值(适宜的心率)。

有氧锻炼强度阈值(每分钟心率次数) = 安静心率 + [(220 − 年龄) − 安静心率] × 60%

譬如，一个安静心率为 70 次/分的 20 岁大学生，开展有氧能力锻炼的强度阈值应是

$$70 + [(220 - 20) - 70] \times 0.6 = 70 + 78 = 148 \text{ 次/分}$$

也就是说，这位大学生在进行有氧能力的锻炼时，心率达到148次/分左右是合适的。

(2) 一次锻炼持续时间。作为增强人体有氧能力的锻炼，一次锻炼时间应稍长，譬如，打球30～60 min，做健美操30 min等，即使跑步或步行也要至少持续5～10 min，并可根据健康状况及锻炼基础延长至持续15～20 min，甚至30 min以上。有研究报告表明，每天持续运动30 min，几星期后有氧能力明显增强。

(3) 锻炼频率。锻炼频率是指每周锻炼的次数。一般人的健身锻炼，可以每周锻炼3次(隔天一次)。研究认为，如每周锻炼少于3次，效果就不显著。有可能的话，一周可锻炼4～5次，甚至每天都锻炼，这可视个人锻炼习惯、体质基础及锻炼目的等而定。

二、体育锻炼使体格更强壮

让自己具有健美的体形与强壮的体魄是不少大学生的愿望。俄国著名诗人马雅可夫斯基曾经写下著名的诗句:“世界上没有任何一件衣裳能比健康的皮肤和发达的肌肉更美丽。”健壮的体格是健康的标志之一，同时又是取得优秀运动成绩的基础。

1. 体育锻炼在强壮体格中的作用

(1) 人体的运动是由运动系统实现的。人体的运动系统由骨骼、肌肉以及关节等组成。骨骼构成人体的支架，关节将各部位骨骼联系起来，而最终要通过肌肉的收缩/放松来实现人体的各种运动。可见，肌肉的重要功能是收缩，它是人体实现各种运动和身体活动的动力。

(2) 锻炼肌肉，增强肌肉力量，促进体格的健壮，对人体健康有良好作用。两个体重相等的人不一定都同样健壮，因为体内脂肪的增加也可以使体重增加。强壮体格需要的是体内适中的脂肪和较发达的肌肉，锻炼后体重的增加主要是肌肉的发达。

(3) 肌肉的发达健壮绝不是靠饮食和休息就能达到的，其主要途径是体育锻炼。当人体进行各种运动时，肌肉的收缩成分主动缩短，弹性成分被拉长而将收缩成分释放的部分能量吸收储存起来，其后即以弹性反作用力的形式发挥出来，促使肌肉产生更大的力量和更快的运动速度。

(4) 只有在进行体育锻炼或体力活动时，肌肉内的毛细血管才大量开放，这就使肌肉获得更多血液供应，带来更多氧和养料，使肌肉内的代谢过程大大加强。其结果是肌纤维内的蛋白质增加，肌纤维就逐渐粗壮，肌肉内供能物质的含量也增加，储氧的肌红蛋白、毛细血管网等均有所增加，肌肉的结缔组织弹性改善，使肌腱弹性、韧性加强。这不仅使体格健壮，还对健康大有裨益。

2. 肌肉力量锻炼的手段与方法

在完成各种身体练习时，根据肌肉的长度和张力的不同变化，可将肌肉收缩分为多种形式，常见的有下列三种工作形式。

(1) 向心肌肉收缩。同学们平常利用哑铃、沙袋、杠铃、拉力器等进行肢体的伸缩锻炼肌肉力量的练习均属此类。向心肌肉收缩是肌肉长度缩短的收缩形式，是力量练习中最常见的工作形式。

(2) 等长肌肉收缩。当手持哑铃两臂侧平举保持不动时，双臂肌肉就在作等长收缩，也称静力工作。当肌肉收缩产生的张力等于外力时，或是肌肉紧张用力维持肢体保持某一种姿势时，肌纤维虽然积极收缩，但肌肉的总长度并没有改变，称为等长肌肉收缩。这时从肌肉整体外观看，肌肉长度虽然没有改变，但实际上肌肉的收缩成分(肌纤维)处在收缩中而使弹性成分拉长，从而使整块肌肉长度保持不变。

(3) 超等长肌肉收缩。超等长肌肉收缩是肌肉先进行离心收缩后，紧接着进行向心收缩的形式。譬如跳起落地(或从高处跳下着地)紧接着再向上跳，此时股四头肌先在落地时离心收缩(被动拉长)，紧接着又立刻作猛烈向心收缩，实现向上跳起。在各种练习中，如跳深、连续双足或单足跳、多级跳等均属此类。这类练习对肌肉锻炼价值颇大，又称离心向心收缩或弹性离心练习。

进行肌肉力量锻炼，可选择徒手或各种器械练习手段进行上述任一形式的锻炼。徒手力量练习如俯卧撑练习臂部及胸背肌力，向上纵跳或单双足连续跳练习腿部肌力，仰卧起坐练习腹部肌肉等。而哑铃、沙袋、杠铃、各种力量练习器械、橡胶带、肋木等均可作为器械进行肌肉力量练习，最简单的单杠引体向上、双杠双臂屈伸、肋木悬垂举腿等也是肌肉力量练习的好手段。

无论采用何种手段锻炼，为了达到最佳效果，都应制订一个计划，譬如重复练习多少次，每次用多大重量等。不要盲目练习，以免练习太少了效果不佳，重量过大或练习次数太多又易发生肌肉拉伤。同学们在练习时可结合自己个人状况合理安排。

三、体育锻炼使心理更健康

青年大学生心理发展正处于迅速走向成熟而尚未成熟的阶段，他们常陷入一些自我矛盾中，主要表现为孤独感与强烈的社交需求的矛盾、独立性与依赖性的矛盾、强烈的求知欲与识别力低的矛盾、情绪与理智的矛盾、愿望与现实的矛盾等。如果大学生处理不好这些矛盾，就会引发各种心理问题，如最常见的强迫症、人际关系敏感、抑郁、焦虑和敌对等。

大量研究表明，体育锻炼是一种低经济支出、低风险和低副作用的有效改善心理健康的手段。体育锻炼对心理健康的积极影响主要表现在以下几个方面。

1. 改善情绪状态

不良情绪是导致生理和心理不健康的重要因素之一，而体育锻炼能直接给人带来愉快和喜悦，并能缓解紧张和不安的情绪，从而改善心理健康状况。体育锻炼的情绪效应有短期效应和长期效应两种。

2. 提高智能

长时间地进行脑力劳动后，通过体育锻炼有益于呼吸、血液循环和神经细胞兴奋与抑制的交替，更有助于人的注意力、记忆力、想象力、思维分析等心智能力的健康发展，并使其情绪稳定、性格开朗、疲劳感下降等，这些非智力成分对人的智能的发展具有促进作用。

3. 强化自我概念和自尊

自我概念是个体主观上对自己的特长、能力、身体和社会接受性等各方面的看法和感觉的总和，如“我的学业成绩非常优秀”“我的身材不是很有吸引力”等。而自尊是在自我概念的基础上，对自己各方面的自我评价和情感反应，如“我对自己优异的学业成绩感到自豪”“我对自己富有吸引力的身体感到非常满意”等。

通过体育锻炼可以对参加者有关身体方面的自尊产生巨大的影响，从而最终影响自尊。例如，一项降低体重的训练可以明显影响参加者的身体外表知觉和身体想象。如果体育锻炼达到足够强度和足够时间，它就会影响自信。再如，当一名大学生在他的首次网球比赛中获胜了，这对他的网球运动能力是一次肯定，相应地，就会提高他对自己这一能力的知觉。如果他能够继续成功，则有可能提高其身体自信，最后可能会使整体自信提高。

4. 培养坚强的意志品质

意志品质是指一个人的果断性、坚韧性、自制力以及勇敢顽强和主动独立等精神。意志品质既是在克服困难的过程中表现出来的，又是在克服困难的过程中培养起来的。在体育锻炼中要不断克服客观困难(如气候环境的变化、身体素质与能力的限制或意外等)和主观困难(如紧张、畏惧、失意、疲劳等)，锻炼者越能努力克服困难，也就越能培养良好的意志品质。从锻炼中培养起来的坚强意志品质能够作用于日常的学习、生活和工作中。

5. 协调人际关系

我国著名医学心理学教授丁瓒指出，人类的心理适应最主要的就是对于人际关系的适应，人际关系是影响一个人的心理健康的重要因素之一。体育锻炼对改善人际关系有一定的帮助，因为体育锻炼总是在一定的社会环境中进行的，它总是与人群发生着交往和联系，人们在运动中能够较好地克服孤僻，忘却烦恼和痛苦，协调人际关系，扩大社会交往，提高社会适应能力。

6. 治疗心理疾病

自20世纪80年代中期以来，我国大学生患心理疾病的比率明显上升。大量研究表明，体育锻炼能预防和治疗心理疾病。美国的一项调查显示，1750名心理医生中有80%的人认为体育锻炼是治疗抑郁症的有效手段之一，60%的人认为应将体育锻炼作为一种消除焦虑症的治疗方法。美国的一位心理学家对大学生做跑步试验，发现跑步能成功地减轻大学生在考试期间的焦虑情绪，且发现适当的步行(达到最大吸氧量的35%～65%)亦能缓解焦虑状态和降低血压。

如何有效地排除体育锻炼的心理障碍

尽管体育锻炼能给人的身心健康带来众多好处，但仍有很多人不愿意进行有规律的体育锻炼。下面是一些能有效排除体育锻炼心理障碍的手段：

(1) 改变“锻炼没有必要”的想法。有人会说：“我的健康状况和其他人一样好。”情况也许确实如此，但这不是不进行有规律锻炼的理由。人的身体犹如机器一样，不经常使用也容易生锈。因此，无论你自我感觉多么良好，都需要养成锻炼的习惯。

(2) 拒绝“锻炼花费太大”的借口。许多锻炼几乎不需要特定的物质条件，如跳绳、慢跑或爬楼梯等，它只要求有适当的身体条件。

(3) 远离“锻炼占用太多时间或它会挤掉许多重要的事情”的托辞。事实上，每周花三四个小时的时间锻炼，还占不到你全部清醒时间的4%，这比花在看电视上的时间要少很多。即使是在看电视时，也可以伸伸腰，弯弯腿，做做操。

(4) 抛开“参加锻炼班或参加一些竞技项目时产生的窘迫感”。可以找一个身体状况和你相似的朋友一起锻炼。要记住，进行锻炼的人中很多都是以前早就参加的，大家都是抱着健康的目的去的。你不用拿他们和自己相比，应该在锻炼中寻找到一些支持和鼓励你坚持下去的人和事。

(5) 排除“锻炼只应在体育场中进行”的观点。事实上，锻炼可以在许多不同的地方进行，不用运动衣，也不需要高科技的装备。你可以就在工作单位快速上下楼梯进行锻炼，也可以做操等。

(6) 正视“夸大失败并以此作为退出的理由”。在任何锻炼活动中都会遇到挫折和感到不太舒服的时候，如不能跑得很远或很快，这时应该把这些看作锻炼过程的一部分。总之，应保持一种不屈不挠的精神。锻炼随心情或条件改变是常见的，但一定要坚持下去。

第三节　体育锻炼与营养

一、营养与健康

1. 营养的含义与合理营养

生命的存在，机体的生长发育，各种生命活动及体育活动的进行，都依赖于体内的物质代谢过程，机体必须不断地从外界摄取新的构成细胞的物质、能量和其他活性物质，这些物质主要是从食物中摄取的。这一获取与利用食物的过程，称为营养。营养是保证机体生命存在和延续的重要条件。

2. 营养膳食的合理性

人体的生长发育离不开营养，而科学合理的营养既是增强机体质量、完善生理机能、提高健康水平的重要物质基础，也是提高工作效率的先决条件之一。

营养膳食合理性原则就是要求膳食中必须含有机体所需的一切营养素，而且含量适当，种类互补，全面满足身体的一般需求和特殊需求。此外，营养膳食的合理性还要求食物易消化吸收，不含对机体有害成分。

我们强调营养膳食的合理性，应注意下面三个问题：

(1) 要做到食物营养成分的互补。日常生活中的任何一种食物，其所含的营养成分都不可能十分全面，在富含一种或数种营养成分的同时，可能缺少另外某种成分。例如，粮食谷物主要提供糖类，肉禽蛋奶等主要提供蛋白质与脂肪，而蔬菜与水果是维生素、无机盐的主要来源。只有各种食物合理搭配，才能实现营养成分的互补，满足机体的需要。

(2) 要进行不同年龄段营养成分的选择。人生的各个时期对营养的需求是不同的。无论是从种类上，还是数量上，都有着明显的不同。少年儿童处于生长发育的高峰期，对各种营养成分的摄取在种类和数量上要全面而均衡，做到高蛋白、高热量、高维生素，适量脂肪。老年人为延缓衰老、健康长寿，强调高蛋白、高维生素、低脂肪、低热量，为防治骨质疏松、高血压等老年退行性疾病，要补充钙质，限制钠盐，形成对某些营养成分的特殊选择。

(3) 要做好特殊体能消耗的补充。日常膳食可满足一般体能消耗，但对那些有特殊体能消耗的人应予以区别对待。如炼钢工人处于高温作业，因大量排汗而造成蛋白质大量消耗，以及矿物盐、维生素和水的大量丢失，这就要求在膳食及饮料中给予适度强化，超量补充特殊消耗。

综上所述，实现营养膳食的合理性，必须做到营养成分全面均衡，营养搭配要因人而异，营养过程要持之以恒，久而久之，才能从营养学角度提高体质与健康水平。

二、营养素与健康

营养素是指能在体内消化吸收、供给热能、构成机体组织成分、调节生理机能、为机体进行正常物质代谢所需的物质，包括蛋白质、脂肪、糖类、维生素、矿物质和水六大类。营养素与健康有着密切的关系。

1. 蛋白质

(1) 蛋白质在体内的主要作用。蛋白质是生命活动中的第一重要物质，它在人体内的主要生理功能是：构成机体组织、促进生成发育；构成酶和激素成分，调节酸碱平衡及全身生理机能；增强机体免疫能力；供给热能等。机体一旦缺乏蛋白质，首先影响机体生长发育，肌肉萎缩，甚至贫血，并出现免疫力下降，内分泌紊乱，易疲劳，伤口不愈合等现象。

(2) 蛋白质来源与日常需要量。日常膳食中的肉、蛋、奶等是动物性蛋白质的主要来源；而豆类是植物性蛋白质的主要来源。米面等谷类食物含蛋白质较低，只有 10%左右，但在我国的饮食结构中，由于其在人们食物中所占比例较大，也成为植物性蛋白质的重要来源。一般认为动物性及植物性蛋白质在食物中应各占 50%。

2. 脂肪

(1) 脂肪在体内的主要作用。脂肪在体内用于构成细胞膜及一些重要组织，参与代谢，供给热能，保护内脏，保持体温，并促进脂溶性维生素的吸收等。

(2) 脂肪的来源与需要量。动物性脂肪来自各种动物油、奶油、蛋黄等，而植物性脂肪主要来源于各种植物食用油。另外，核桃、花生、葵花子等干果也可为机体提供较丰富的脂肪。就我国目前的生活水平来看，普通膳食即可满足脂肪的每天需求量。食物中的糖类，在体内也很容易转变成脂肪供机体利用或储存起来。

3. 糖类

(1) 糖类在体内的主要作用。糖类在体内的首要作用是供给热能，人体所需能量的 60%是由糖类供应的。其次还构成组织成分并参与其他物质代谢，对中枢神经系统具有特殊营养作用。糖类还可以调节脂类代谢，具有解毒作用。糖类也是保护肝脏的重要物质。 机体缺糖会使血糖下降，首先影响中枢神经系统大脑的机能，使其兴奋性下降，反应迟钝，四肢无力，动作协调性下降，甚至晕厥，运动不能继续。

(2) 糖的来源与日常需要量。糖的来源较为广泛，食物中的米、面、谷物约有 80% 属于糖类，因此日常膳食供应要充足。也可直接适量摄取糖果及饮用含糖饮料，以提高肝糖原、肌糖原含量储备。日常膳食即可满足人体对糖的需求，不必强调大量补充。

4. 维生素

维生素是维持人体生命和调节正常机能不可缺少的一类营养素。它们在体内的储存量很少，必须经常从食物中获得。维生素种类很多，按其性质分为脂溶性与水溶性两大类。前者有维生素A、D、E、K四种，后者包括维生素B_1、B_2、C等。各种维生素在体内不构成组织原料，也不提供能量，它们有各自的功能，总的说来就是调节物质能量代谢，保证生理机能。

5. 矿物质(无机盐)

人体内矿物质元素种类很多，总量约占体重的5%，是构成机体组织成分、调节生理机能的重要物质。其中较多的有钙、镁、钾、钠、硫、磷等，其他如铁、碘、氟、锌含量很少，称为微量元素。人体在物质代谢过程中，每天都有一定量的矿物质通过各种途径排出体外，因此必须从食物中得到补充。矿物质在食物中分布极广，正常膳食一般都能满足机体需要，其中最易缺乏的是钙和铁。

钙在体内的主要作用是构成骨骼与牙齿，维持神经和肌肉的正常兴奋性，参与凝血过程等。铁的主要作用是构成血红蛋白，缺铁可影响血红蛋白的生成而发生缺铁性贫血。

6. 水

水在体内的主要作用是：构成机体的主要成分，参与全身所有的物质代谢，完成机体的物质运输，调节体温，保证腺体正常分泌。

三、体育锻炼与合理营养

1. 营养对体育锻炼的影响

营养与体育关系密切，对锻炼效果有着很大的影响。体育锻炼造成的能量消耗，要在运动结束后通过合理的营养膳食进行补充。如果缺乏合理的营养保证，消耗得不到补充，机体会处于一种“亏损”状态，久而久之，于机体健康不利，会使锻炼者生理机能及运动能力下降，出现乏力疲劳甚至疾病状态。在这种情况下，想要提高锻炼效果或运动成绩是很困难的事情。

合理营养与体育锻炼是维持和促进健康的两个重要条件。以科学合理的营养为物质基础，以体育锻炼为手段，用锻炼的消耗过程换取锻炼后的超量恢复过程，使机体积聚更多的能源物质，可提高各器官系统的机能。此时获得的健康，较之单纯以营养获取的健康上升了一个新的高度。因为，合理营养加上体育锻炼获得健康的同时，也获得了良好的身体素质。

2. 不同锻炼项目对合理营养的需求

在群众性体育锻炼活动中，各个项目因代谢特点不同而对合理营养有着不同的需求。

1) 跑步项目的营养需求

短跑是群众体育竞赛活动中经常设立的一个项目。它以力量素质为基础，以无氧代谢供能为特点，持续时间短，强度大，要求有较好的爆发力。在膳食中要有丰富的动物性蛋白质，以增大肌肉体积，提高肌肉质量，蛋白质的摄入量每日每公斤体重需3.0 g左右。另外，要求在膳食中增加磷和糖的含量，以便为脑组织提供营养，改善神经控制和增强神经传递，动员更多的运动单位参与收缩。还要求在膳食中增加矿物质，如钙、镁、铁及维生

素 B_1 的含量，以改善肌肉收缩质量。

长跑以有氧耐力素质为基础，以有氧代谢供能为特点，要求有较高的心肺功能及全身的抗疲劳能力。长跑虽然强度较小但持续时间较长，体力消耗较大，因此要求膳食中有较全面的营养成分，以增加机体能源物质的储备，在丰富的维生素、矿物质成分中，突出铁、钙、磷、钠及维生素 C、B_1、E 的含量，有利于提高机体的有氧耐力。

2) 操类项目的营养需求

群众喜爱的健美操、竞技体操、艺术体操和技巧等项目，动作复杂而多样，要求有较强的力量与速度素质以及良好的灵巧性与协调性，对神经系统有较高的要求。操类项目对营养需求是：高蛋白质、高热量、低脂肪，维生素、矿物质应突出铁、钙、磷的含量及维生素 B_1、C 的含量。需注意的是，参加该类项目有时为比赛需要控制体重，但不能过分控制饮食，避免造成营养不良，特别是不能影响参加锻炼的少年儿童的生长发育。

3) 球类项目的营养需求

球类项目对力量、速度、耐力、灵敏性、柔韧性等素质有较高的要求。食物中要含丰富的蛋白质、糖以及维生素 B_1、C、E、A。球的体积越小，食物中维生素 A 的量应更高些。足球活动时间较长且在室外活动，矿物质、水分丢失较多，应及时补充。

4) 冰雪项目的营养需求

由于冰雪项目长时间在冰雪上活动，加之周围环境温度较低，机体产热过程增强以维持体温，所以蛋白质和脂肪消耗较多，膳食中必须给予保证，同时增加糖类以提供能量。维生素的补充应以维生素 B 族为主，并增加维生素 A 的摄入，以保护眼睛，适应冰雪场地的白色环境。

5) 游泳项目的营养需求

游泳项目在水中进行，机体散热较多、较快，冬泳更是如此。游泳锻炼要求一定的力量与耐力素质，要求膳食中含有丰富的蛋白质、糖和适量脂肪。老年人在水温较低时出于抗寒需要，可再增加脂肪摄入。维生素补充以 B_1、C、E 为主。矿物质的补充还要增加碘的含量，以适应低温环境中甲状腺素分泌增多的需要。

6) 棋牌类项目的营养需求

棋牌类项目以脑力活动为主，脑细胞的能源物质完全依赖于血糖提供。当血糖降低时，脑耗氧量下降，工作能力下降，随之产生一系列不适症状，所以棋牌类项目对糖类有着特殊的需求，可在下棋、打牌时随时补充。此外，膳食中增加需蛋白质和维生素 B_1、C、E、A 的供给，以提高卵磷脂、钙磷铁的含量；同时，膳食中应减少脂肪摄入，以降低机体耗氧，保证脑组织的氧供应。

四、青少年成长锻炼中的营养问题

人体的成长要经历复杂的人体细胞与细胞间质不断繁殖增多，细胞与器官不断分化，机能逐渐成熟，形态逐渐完善的生长发育过程。青少年仍处在生长发育的高峰期，进行适度的体育锻炼是非常必要的。同时，还应注意到青少年在该时期对营养物质的全面需要以及体育锻炼的特殊性。体内的物质能量代谢，一方面要保证组织细胞内蛋白质经常自我更新，即生长发育对营养物质的需求；另一方面要保证青少年练习各种体育技能对各种营养物质的额外需求。因此，其营养特点就是高蛋白、高热量、低脂肪以及丰富的维生素和矿物质，为生长发育及体育锻炼提供良好的物质基础。

1. 关于蛋白质

青少年时期合成代谢旺盛，骨骼的发育、身高的增加、肌肉的增强、神经内分泌机能的完善以及体育锻炼等，都需要大量的蛋白质。所以，每天每公斤体重蛋白质摄入量应达到 2.5～3.0 g。

青少年每天摄入的蛋白质，以动物性蛋白质为主，并辅以植物性蛋白质。动物性蛋白质来自各种动物的瘦精肉以及鱼类、蛋、乳品等，植物性蛋白质以大豆制品为主，力求蛋白质的基本组成——氨基酸，尤其是必需氨基酸种类较多，有利于肝脏合成机体自身蛋白质。

2. 关于糖类

青少年有着旺盛的物质能量代谢，而糖类是三大能源物质中最易氧化、耗氧最少的优质能源。青少年每天的需求量接近 500 g，参加锻炼时就会超过 500 g，占总热量的 50%～60%。需特别强调的是，糖类的摄入应主要来自食物中的米、面以及水果等，不能过分地减少主食、单一地依靠零食或巧克力之类，否则于健康不利。

3. 关于脂肪

青少年的脂肪摄入应适当控制，在保证足量膳食的前提下，脂肪的需求一般可以得到满足，且糖类在体内也很容易转化成脂肪。脂肪必须在供氧充足的条件下才能分解供能，氧化不足，易产生酸性代谢产物。青少年旺盛的代谢过程对氧的需求较多，在锻炼中容易出现供氧不足。另外，适当控制脂肪摄入，防止脂肪过剩，也可以预防肥胖。年龄越小，越应引起注意，以免造成脂肪细胞增加过多，给日后的身体肥胖留下隐患。

4. 关于维生素与矿物质

青少年对维生素、矿物质的摄取应达到成年人的需求量。维生素中应突出维生素 A、D、C 及 B 族的含量。矿物质中要增加钙、磷、铁、锌及碘的摄入，这也是出于青少年智力发展和发育的需要。

第四节　运动安全与卫生知识

一、体育运动的医务监督

体育运动的医务监督是保证学校体育健康发展的一项重要措施，其目的是在体育活动过程中，采取一切必要措施，消除或控制一切有害健康的因素，保证体育运动参加者能在合理的营养配备下，在必备的卫生条件下，从事符合生理规律的运动，以达到增强体质、增进健康的效果。

(一) 体育锻炼中的医务监督

体育锻炼中，运动的负荷大小、动作的难易程度、身体的活动部位应符合渐进性、全面性原则，在活动组织中应随时注意观察锻炼者的反应。如发现锻炼者有出汗过多、面色苍白、动作反应迟钝或不协调现象等，同时伴有心悸、头痛、恶心等，说明本次运动负荷太大，需要及时进行调整。

进行室外体育活动时，要注意观察天气对锻炼者身体的影响。寒冷季节有风时容易发生冻伤，中老年人可能会诱发心血管意外(如心绞痛、心肌梗死或脑血栓等)，应该将锻炼时间安排在气温回升之后。夏季组织体育活动时应该避开最热的时间段，在空气湿度过大时，应减少锻炼的时间，减小强度，有不适感觉时应暂时停止锻炼。

(二) 比赛期间的医务监督

组织锻炼者参加体育比赛时，一般要做好以下几方面的医务监督工作：

(1) 比赛前要对锻炼者进行体格检查，重点检查心血管系统。除一般医学检查外，还要进行身体机能试验，必要时可做心电图等特殊检查，严格把关，不允许身体机能不良者参加力所不及的比赛，更不能让感冒发烧者、患有慢性内脏疾病者参加比赛。

(2) 协助比赛程序的组织和编排工作，避免一些锻炼者连续、过多地参加比赛，防止不考虑性别、年龄的编组现象。协助做好比赛期间锻炼者的饮食管理，保证他们充足的营养补充。

(3) 做好场地、设备的卫生检查，组织好比赛期间的医务监督和场地急救工作。

(4) 开展体育卫生宣传活动，如充分做好准备活动，遵守比赛规则，注意饮食、饮水卫生，遵守生活制度，讲究个人卫生等。

(三) 防止和消除运动性疲劳

疲劳是由于活动使人的工作能力及身体机能暂时降低的现象。运动性疲劳是指人体运动到一定程度时，运动能力及身体机能暂时下降的现象，经过适当的休息和调整可以恢复到正常的水平。运动性疲劳是人体运动过程中发生的正常生理现象，对人的身体无害。它是一种警报信号，或者是一种健康的“保险阀”，它提示锻炼者不能过度运动。体育锻炼的过程就是：运动—疲劳—休息—恢复。但是，如果人经常处于疲劳状态，前一次运动产生的疲劳还没来得及消除，而新的疲劳又产生了，疲劳就可能积累，久之就会产生过度疲劳，影响运动员的身体健康和运动能力。如果运动后能采取一些措施，就能及时消除疲劳，使体力很快得到恢复，消耗的能量物质若得到及时的补充甚至达到超量恢复，则有助于训练水平的不断提高。

根据疲劳产生的机制和疲劳的分类，可通过以下途径和方法消除运动性疲劳。

1. 消除运动性疲劳的方法

(1) 改善代谢法：指用各种方法使肌肉放松，改善血液循环，加速代谢产物排出。常用方法有整理活动、水浴、蒸气浴、理疗、按摩等。

(2) 调节神经系统法：指通过调节中枢神经系统，降低交感神经兴奋性，增加迷走神经的兴奋性，加强机体的合成代谢功能，使机体尽快恢复。常用的方法主要有睡眠、放松练习、音乐疗法。

(3) 补充法：指通过补充机体在运动中大量失去的物质，促进疲劳消除。常用的方法有营养物质补充法、中医药调理等。

2. 消除运动性疲劳的措施

锻炼后产生的运动性疲劳如得不到及时消除，体力恢复不充分，势必影响到继续锻炼及工作学习的精力。因此，在运动疲劳之后，为加速疲劳的消除，可采取下列措施：

(1) 静止性休息——睡眠。锻炼导致身体疲劳之后，保证良好而充分的睡眠是使身体得到恢复的重要措施。同时，身体劳累之后，坐下或躺下安静休息，也有助于疲劳的消除。

(2) 活动性休息——适宜运动。早在 20 世纪，生理学家就发现，当局部肢体疲劳之后，可通过使另一部分肢体肌肉的适当活动来加速已疲劳的肌肉的体力恢复，故称为活动性休息。之后很多生理实验研究证实，当局部肌肉疲劳后，可利用未疲劳的另一些肌肉进行一些适当活动，借以促进全身代谢过程，加速疲劳消除。当全身疲劳时，也可通过一些轻的、兴趣高的体力活动，来达到加速消除肌肉代谢产物的目的。

(3) 物理性恢复手段。按摩、光疗、电疗等对促进疲劳肌肉的代谢过程，加速疲劳消除有积极意义。此外，如热水浴、吸氧、空气负离子吸入等对疲劳消除也有益。

(4) 合理补充营养。运动疲劳后，饮食中要有较充分的糖和蛋白质。如果是长时间的锻炼，体内能源供给有较大部分来自脂肪，这类耐力性运动疲劳后，应根据负荷的程度适当食用一些脂类食品。此外，疲劳后要注意维生素和无机盐的补充，维生素 C、B_1、B_2、A、E 等对疲劳的消除有重要作用。同时，各种高能运动饮料、电解质运动饮料及一些营养滋补剂等对体力恢复也有益。

(5) 心理调节。情绪因素对疲劳的消除也有不容忽视的作用，积极向上、乐观愉快的情绪有助于加速疲劳的消除。如欣赏优美动听的音乐，做些自我心理控制与放松调节等对体力恢复都有促进作用。

运动性疲劳的恢复是一个复杂的过程，恢复过程中要做到全面、系统、科学。

(四) 体育运动减体重的医务监督

随着人们生活水平的提高，肥胖症的发病率明显提高，在高校大学生群体中尤为突出。人们逐步认识到肥胖带来的一系列危害，减体重成为人们日益关注的问题。适当的体育运动可以有效地减体重，但是在减体重的过程中还存在一些误区，应该加强医学指导和医务监督。

对体育运动的医务监督，一是看体育运动的健康分组是否符合医务监督的要求；二是对体育运动的全过程进行医学观察；三是在教学实践过程中看体育课程教案中生理负担量的安排是否符合医务监督的要求。

二、运动环境与卫生

运动环境是指人们进行体育运动时所处的外界条件，如空气、水、场地和建筑设备等。良好的运动环境，可以激发锻炼者的运动情绪和锻炼效果；反之，可能会抑制锻炼者的情绪，还可能引起生理异常反应或诱发运动损伤。

(一) 运动场地、器材的卫生要求

运动场地、器材是否符合卫生要求，关系到体育锻炼的效果和安全，必须加以重视。

1. 运动场地卫生要求

首先，运动场地的位置选择要避开污染区，交通方便，靠近水源，利于群众开展体育

活动。运动场地周围应合理栽种树木花草，这样可以改善场地的空气环境。室外田径场跑道应平整，富有弹性，无浮土，无积水。篮、排球运动场地应平坦结实，无碎石、浮土，不滑，最好是三合土地面。足球场最好有草皮，球场周围不应有任何障碍物。

室内场馆地面应平整结实，不滑，无浮土，光线充足。室内应保持清洁卫生，通风透气，空气新鲜。室内外体育器材必须经常检查维护，确保锻炼者安全使用。

2. 运动器械卫生要求

运动器材的好坏不仅关系到锻炼者的安全问题，同时也对锻炼者的心理产生很大的影响，如影响技术水平的发挥和运动情绪等。因此，锻炼者使用的运动器械既要符合卫生要求，也要符合技术要求，对器械的重量、大小以及稳固性等都有一定的要求，如球类运动对球的圆度、表面光洁度和弹性等都有标准要求。

(二) 运动服装卫生要求

锻炼者应身着合适的运动服装，不仅有助于体育锻炼和提高运动成绩，而且可以减少伤害事故的发生。选择运动服装应合体，要注重服装的保温性、透气性、吸湿性、容水性和其他性能。夏季运动服装应浅色轻薄，透气且易于散热。经常从事体育锻炼的人，要勤洗、勤换运动衣裤，尤其是内衣裤，以免汗液和细菌污染机体健康。

运动鞋袜的大小应合适、轻便、弹性好，具有良好的透气性。运动时切勿穿凉鞋、皮鞋或赤脚。硬、滑或过松的鞋袜容易造成运动损伤。

三、常见运动生理反应的预防与处理

人体在体育运动过程中，生理平衡受到暂时性破坏，并出现某些生理反应，称为运动生理反应。锻炼者要能够及时判断运动时出现的各种运动生理反应，以便科学地从事体育锻炼，防止意外事故的发生。下面介绍几种常见的运动生理反应及处理方法。

(一) “极点”与“第二次呼吸”

(1) 症状与原因。在中长跑时，由于运动量较大，机体短时间不能适应突然增大的运动量，特别是下肢回流血量减少，使脑的供血、供氧产生暂时性不足，出现呼吸困难、胸闷、动作迟缓、肌肉酸痛等症状，甚至不想继续运动，这种现象在运动生理学中被称为“极点”。 一般几分钟后，上述生理不适即可得到缓解或消失。这是由于一方面氧供给逐渐得到加强，另一方面，机体的适应性使身体功能得到改善，从而使运动能力得到提高，动作重新变得协调、有力，标志着“极点”逐渐被克服，生理过程出现新的平衡，此现象在运动生理学上被称为“第二次呼吸”。

(2) 处理与预防。准备活动要充分，使自主神经提前兴奋，当“极点”出现后，一般不用停止运动，待稳定呼吸后，适当降低运动强度并加深呼吸即可。“极点”与“第二次呼吸”是中长跑运动中常见的生理现象，无须疑虑与恐惧，即使是一位优秀的中长跑运动员，也会有“极点”出现，随着运动水平的提高，上述生理反应将会逐步推迟或减轻。

(二) 肌肉酸痛

(1) 症状与原因。运动性肌肉酸痛是指在身体进行不习惯的运动后(大运动量、突然增加强度和动作幅度)一段时间内肌肉产生的酸痛现象。肌肉酸痛往往不是在锻炼后即刻出现的，而是在第二天或第三天出现，这种一般在锻炼后 24 小时后出现的肌肉酸痛在运动医学上称为“延迟性肌肉酸痛症”。锻炼后 24～72 小时酸痛达到顶点，5～7 天后疼痛基本消失。关于引起肌肉酸痛的原因，目前很多专家认为：肌肉酸痛是由于运动后肌肉局部痉挛，造成局部缺血、缺氧，致使组织释放一种物质导致肌肉酸痛，该物质致痛后，通过中枢的反馈活动又造成肌肉的进一步痉挛，如此形成恶性循环。运动后肌肉酸痛是一种正常的生理现象，对身体无害，也无须专门治疗。

(2) 处理与预防。第一，做好准备活动，运动开始时运动量宜小，然后逐渐增加，在每个阶段的运动中应遵循循序渐进原则，每次运动后及时做好放松活动。第二，锻炼后用温热水泡脚可减轻肌肉酸痛，局部涂擦油剂或用双手在疼痛处按摩也可减轻疼痛。第三，运动后做一些伸展性练习牵伸肌肉减轻酸痛。牵伸肌肉可加速肌肉的放松和拮抗肌的缓解，有助于紧张肌肉的恢复。第四，坚持经常锻炼，提高适应能力。

(三) 运动性腹痛

(1) 症状与原因。运动性腹痛多发生在中长跑运动中，部位在右上腹，其原因有：第一，饭后过早参加运动，胃受食物的充盈引起牵扯疼和胀疼，或是锻炼前大量喝水，特别是饮冰水引起胃痉挛；第二，准备活动不充分，内脏器官不能适应急剧的肌肉工作，造成肝脾淤血肿胀，牵扯腹膜，引起疼痛；第三，呼吸节律受到破坏，造成缺氧，胸内压上升，静脉血回流受阻，血液在肝、脾淤滞，引起右上腹疼痛。

(2) 处理与预防。运动中发生腹痛时，一般要放慢速度，加深呼吸，按压疼痛部位(勿用手揉)。还可弯腰跑一段，疼痛就会减轻，直到消失。假如疼痛不减，应立即停止运动。如果上述措施均不见效，疼痛没有减轻反而加重，应及时请医生诊治。预防措施：合理安排运动时间，饭后至少 1 小时后才能进行运动。做好准备活动，运动量要循序渐进，并注意呼吸节奏。对于患有各种慢性疾病者，病愈之后应在医生和体育教师指导下进行锻炼。

(四) 肌肉痉挛

(1) 症状与原因。肌肉痉挛俗称抽筋，是肌肉发生不自主的强制性收缩，多发生于小腿腓肠肌和足屈肌。痉挛时肌肉僵硬，疼痛难忍；痉挛的肌肉所涉及的关节有一定的伸屈功能障碍。游泳运动中发生肌肉痉挛的人较多，其原因有四：第一，遇寒冷刺激，加之准备活动不充分；第二，大量排汗，大量电解质从汗液中丢失，体内盐分过低；第三，肌肉过快地连续收缩，放松时间太短，以致肌肉收缩与放松的协调性紊乱；第四，疲劳使肌肉中的乳酸堆积。

(2) 处理与预防。不太严重的肌肉痉挛，只要向着肌肉收缩的相反方向牵引，一般都可以缓解。一般用力宜均匀、缓慢，以免肌肉被拉伤。此外，还可配合局部按摩，重力按压、揉捏和点掐或针刺痉挛肌肉的相关穴位。如腓肠肌痉挛时，可点掐或针刺委中、承山、涌泉等穴位。严重的肌肉痉挛有时需采取麻醉才能缓解。预防措施：运动前做好准备活动，对容易发生痉挛的肌肉可事先进行按摩。夏季进行长时间运动时，要注意补充盐分；冬季锻炼时，要注意保暖。游泳下水前，应先用冷水淋浴，游泳时间不宜过长。疲劳或饥饿时，不要进行剧烈运动。

(五) 运动性晕厥

(1) 症状与原因。晕厥是由于脑血流暂时降低或血中化学物质变化所致的意识短暂紊乱和意识丧失。晕厥时患者失去知觉，突然昏倒。昏倒前，患者感到全身软弱、头昏、耳鸣、眼前发黑。昏倒后，面色苍白、手足发凉，脉搏细而弱、血压降低、呼吸缓慢。

(2) 处理与预防。立即将患者平卧，取足高头低位，并进行向心方向按摩，同时指压人中、合谷等穴位。如有呕吐，应将患者头偏向一侧，以利呼吸道畅通；如停止呼吸，应立即进行人工呼吸。轻度休克者，由同伴搀扶慢走，并进行深呼吸，即可使症状消失；重症患者，经临时处理后遵医嘱治疗。预防措施：不要在饥饿情况下参加剧烈运动，急跑后不要立即停下来，久蹲也不要突然起立，平时要加强体育锻炼。只要遵循上述要求，运动性晕厥是可以避免的。

(六) 运动性中暑

(1) 症状与原因。运动性中暑是在高温环境或烈日暴晒下进行运动引起的一种病理状态。轻度中暑表现为头晕头痛、全身无力、烦躁、恶心呕吐、口渴舌干，若未得到及时处理，则会出现发烧、皮肤灼热无汗、面部发红，有时流鼻血，呼吸急促，脉搏细速。严重者昏厥不醒，面色苍白，出冷汗，体温正常或变化较小，脉搏细微，血压下降，呼吸表浅，瞳孔扩大，甚至死亡。

(2) 处理与预防。迅速将患者移到阴凉通风处，解开其衣扣，头稍高静卧，扇风降温，头部可冷敷，上身用温水擦浴按摩，可喝些清凉饮料或淡盐水。昏迷者，可按照晕厥处理方法急救，并及时送去医务室由医务人员处理。预防措施：合理安排运动时间，特别是夏季在烈日下运动时，应穿浅色、单薄、宽松的衣服，佩戴帽子，准备好清热解暑的冷饮，控制运动时间、运动强度；室内运动要注意通风、降温。

(七) 运动性贫血

(1) 症状与原因。运动性贫血是指运动中伴随头晕、恶心、呕吐、气喘、体力下降，运动后心悸、心率加快、脸色苍白等。原因有二：一是运动中需要的蛋白质和铁在体内储备不足；二是运动时血流加快，血液中红细胞与血管壁的撞击猛烈，易引起红细胞破裂，致使红细胞的新生与衰亡之间的平衡被破坏。

(2) 处理与预防。症状出现时应适当减小运动量，严重时暂停运动，尽快补充含蛋白质和含铁较多的食物(如肉类、干果和含铁较多的绿色蔬菜等)，口服胃蛋白酶合剂、维生素 C、乳酸亚铁等有利于症状的缓解。预防措施：合理膳食，养成良好的饮食习惯，不偏食，不挑食；合理安排运动时间、运动量和运动强度；遵循循序渐进的原则，注意运动、休息与进食的时间间隔。

(八) 运动性血尿、蛋白尿

剧烈运动后，尿中发现肉眼或显微镜下可见红血球者，称为运动性血尿；运动后尿中有蛋白质排出称为运动性蛋白尿。

(1) 症状与原因。明显的血尿，肉眼可见尿色清红，轻者仅能在显微镜下才能发现。

一般的血尿、蛋白尿无明显的自觉症状，主要靠实验室检查。有严重蛋白尿，且持续时间较长者，才逐渐有贫血或浮肿表现，但这类变化多为泌尿系统本身疾患所致，已非一般的运动疾患了。出现血尿、蛋白尿的原因有三：一是肾小球一时性机能障碍；二是外伤使泌尿系统直接或间接地发生损伤，红血球和蛋白可直接由伤处渗到尿道中；三是泌尿系统有器质性疾患，如肾炎、结石或感染等。

(2) 处理与预防。发现有血尿、蛋白尿后要查找原因，若为一时运动量过大所致，调整运动量和加强医务监督便可防止。若有器质性改变，应按病情轻重及时进行治疗。

四、常见运动损伤的预防与处理

(一) 运动损伤的分类

体育运动过程中受到机械性和物理性方面因素所造成的伤害，称为运动损伤。运动损伤的分类方法很多，概括起来有以下几种。

(1) 按损伤组织结构分类，可分为皮肤损伤、肌肉损伤、肌腱损伤、关节软骨损伤、骨及骨骺损伤、滑囊损伤、神经损伤、血管损伤、内脏器官损伤等。

(2) 按损伤组织是否有创口与外界相通分类，可分为两种：① 开放性损伤，即伤后皮肤或黏膜完整性遭破坏，有裂口与体表相通，如擦伤、刺伤、切伤、撕裂伤及开放性骨折等；② 闭合性损伤，即伤后皮肤或黏膜仍保持完整，无裂口与体表相通，如挫伤、扭伤、拉伤、闭合性骨折等。

(3) 按运动创伤的轻重分类，可分为不损失工作能力的轻伤、丧失工作能力 24 h 以上并需要门诊治疗的中等伤，以及需要长期住院治疗的重伤。

(4) 按损伤病程分类，可分为急性损伤和慢性损伤。急性损伤指直接或间接力量一次作用致伤，伤后症状迅速出现，病程较短。慢性损伤按病因又可分为陈旧伤和过劳损伤。陈旧伤是指急性损伤后因处理不当而致反复发作的损伤。过劳伤是指由于局部运动负荷量安排不当，长期负担过重，局部过劳致伤，症状出现缓慢，病程较长。

(二) 运动损伤发生的原因

造成运动损伤的原因是多方面的，归纳起来可以分为以下 8 个方面。

(1) 思想不够重视。这是所有运动损伤中最主要的因素，其中包括运动前不检查器械，预防措施不得力，好胜好奇，经常盲目和冒失地运动。

(2) 准备活动不充分。准备活动的目的是使神经系统、运动系统和内脏器官充分得到动员，以适应正式运动的需要。如果未做准备活动或准备活动不充分将会因肌肉力量、弹性和伸展性不够而致伤。如果准备活动量过大，或准备活动与专项运动结合得不好，或未做专项准备活动，以及准备活动未遵守循序渐进的原则等都容易受伤。

(3) 运动负荷过大。运动时间过长、运动量过大、运动频率过高等都极易导致过度训练，过度训练是运动损伤的主要原因之一。

(4) 自身状态不良。自身状态包括生理机能和心理状态两个方面。前者如睡眠不好、疲劳患病或伤病初愈等均可使人体力量及动作协调性下降，注意力不集中，从而导致技术上的错误而致伤；后者如心情不愉快、恐惧、胆怯或急躁情绪等都容易发生运动损伤。

(5) 组织方法不当。在运动过程中，没有科学地安排好身体各部位练习的组合，会导致局部负担过重造成损伤；运动量过大，造成机体疲劳，从而对动作的控制能力降低而引起受伤。

(6) 动作粗野或违反规则。运动员动作粗野、不遵守运动规则，也是造成运动损伤的重要原因之一。

(7) 场地设施的缺陷。场馆光线不符合要求，场地不平、过硬、过滑，雨后路滑，光线不足，气温过高、过低或过于潮湿，器械表面粗糙，服装、鞋子大小不合适等，均是引起损伤的因素。

(8) 不良天气的影响。阴暗天气光线不足、高温或寒冷潮湿等，都会影响人体健康而造成损伤。

(三) 运动损伤的预防

一般来说，在体育锻炼中运动损伤的预防应做好以下几个方面的工作。

1. 加强思想教育，重视预防运动损伤

要从思想上对运动损伤的预防给予重视，并遵守体育锻炼的一般原则，加强身体的全面锻炼，提高机体对运动的适应能力。加强对学生、运动员的组织纪律性教育，培养他们良好的体育道德风尚。

2. 调节身体，使之处于良好的运动状态

(1) 锻炼前应做好充分的准备活动。充分的准备活动不但能使基础体温升高、肌肉的血液循环增加、应激性提高、关节柔软性增强等，也能减少锻炼前的紧张感和压力感，这在很大程度上可以预防损伤的发生。

(2) 锻炼后应注意放松活动。放松活动是指在锻炼后通过放松方法使体温、心率、呼吸、肌肉的应激反应恢复到锻炼前的正常水平。从预防损伤的角度来看，做好锻炼前的准备活动一样重要。根据不同的运动项目进行针对性的放松运动，可以防止锻炼后出现的肌肉酸痛，也有助于缓解精神压力。

(3) 加强自我保护意识。锻炼者除了认真做好准备活动和放松活动外，也应了解和懂得初步处理锻炼后肌肉酸痛、关节不适的方法。肌肉酸痛的早期可采取温水浴、物理疗法或按摩。如果疼痛继续或者加重，应去医疗机构进行诊断治疗。同时，锻炼中应密切注意自己的身体反应，及早发现运动损伤的早期症状，以便早发现、早治疗、早康复。

3. 创造安全的锻炼环境

体育器具、设备、场地等在锻炼前都应进行严格的安全检查。例如，参加网球锻炼时，球拍的重量、拍柄的粗细、拍弦的弹力等都应该适合锻炼者个人的情况；女性的项链、耳环等锐利物品在锻炼时应暂时摘去；锻炼者应根据不同的运动项目、足的大小、足弓的高低，选择一双弹性好的鞋子。

4. 加强易伤部位的力量练习

加强容易受伤关节周围肌肉力量锻炼，同时调整关节周围拮抗肌群的力量平衡，可起到稳固和保护关节的作用。关节周围强大的肌群可以使得关节的稳定性加强，部分分担运动中关节承受的负荷，从而起到预防关节损伤的作用。

5. 注意科学锻炼

科学锻炼包括五个方面，即全面性、渐进性、个别性、经常性、意识性，前三个方面对预防损伤较为重要。全面性是指锻炼者应对体能进行全面锻炼，而不是单纯针对某一特定运动的反复练习。渐进性是指锻炼者应逐步提高运动负荷和增加锻炼时间，以防机体一时不能适应而导致运动损伤。个别性是指锻炼时必须因人而异，训练程度不同，活动量和方法也应不同。

(四) 常见运动损伤的处理

1) 挫伤

(1) 原因与症状：运动时身体相互冲撞，或与器械碰撞而造成挫伤。单纯性挫伤在伤部出现红肿、皮下出血、疼痛等症状；内脏器官损伤时，伤者出现头晕、脸色苍白、心慌气短、出虚汗、四肢发凉、烦躁不安，甚至休克等。

(2) 处理：24 h 内，冷敷或加压包扎，抬高伤肢或外敷中药。24 h 后，可按摩或理疗。进入恢复期可进行一些功能性锻炼。如果怀疑内脏损伤，则做临时性处理后，送医院检查和治疗。

2) 肌肉拉伤

(1) 原因与症状：通常在外力直接或间接作用下，使肌肉急剧收缩或过度牵引引起的损伤。特别是准备活动不充分、动作不协调以及肌肉弹性、伸展性、肌力差者更易拉伤。损伤后伤部肿胀、压痛、肌肉痉挛，触诊时可摸到肌肉紧张形成的素条状硬块。严重的肌肉拉伤是肌肉撕裂。

(2) 处理：轻者可冷敷，局部加压包扎，抬高患肢。24 h 后，可按摩或理疗。如果肌肉已大部分或完全断裂，在加压包扎急救后，立即送医院手术治疗。

3) 肩关节扭伤

(1) 原因与症状：一般因肩关节用力过猛以及反复劳损所致，也有的因技术错误、违反解剖学原理而造成损伤。如投掷、排球扣球和大力发球时常出现这类损伤。其症状有压痛、疼痛，急性期有肿胀，慢性期三角肌可能出现萎缩，肩关节活动受限。

(2) 处理：单纯韧带拉伤，可冷敷，加压包扎。24 h 后可采用理疗、按摩和针灸理疗。出现韧带断裂时，应立即送医院缝合和固定处理。当肩关节肿胀和疼痛减轻后，可适当进行功能性锻炼，但不宜过早活动，以防转入慢性。

4) 髌骨劳损

(1) 原因与症状：髌骨具有保护股骨关节面、维护关节外形和传递股四头肌力量的作用，是维护膝关节正常功能的主要结构。髌骨劳损是膝关节长期负担过重或反复损伤累积造成的，也可由一次直接外力撞击致伤，如篮球滑步急停，跳高和跳远时踏跳不合理或撞倒受击，都可导致这种损伤。

(2) 处理：采用中药外敷、针灸、按摩等。平时加强膝关节肌群力量练习，如采用高位静力半蹲，每次保持 3～5 min 即可。伤情好转时，可逐渐增加锻炼时间，每日练习 1～2 次。

5) 踝关节扭伤

(1) 原因与症状：运动中跳起落地时失去平衡，使踝关节过度内翻或外翻致伤。在准备活动不充分、身体疲劳、场地不平坦的情况下更易造成这类损伤。其主要症状为伤处疼痛、肿胀，韧带损伤处有明显压痛、皮下淤血、活动受限等。

(2) 处理：受伤后即用拇指指腹压迫痛点止血，立即冷敷，用绷带固定加压包扎，并抬高伤肢。24 h 后，根据伤情采取综合治疗，如外敷中药、理疗、按摩、针灸等，必要时进行封闭疗法，待伤情好转后，进行功能性练习。伤情严重者，可采用石膏固定治疗。

6) 急性腰扭伤

(1) 原因与症状：运动时，身体重心不稳定或肌肉收缩不协调，引起腰部扭伤。多数因腰部受力过重，或脊柱运动时超过了正常生理范围，如挺身式跳远和排球扣球时过分背弓，举重时过分挺腹塌腰，都有可能造成腰部扭伤。日常生活中的小动作如弯腰拾物、扫地等，也可引起“闪腰”。损伤后，当场疼痛，有时听到瞬间“咯咯”声，有时出现腰部肌肉痉挛或运动受限。

(2) 处理：腰部急性扭伤后，让患者平卧，一般不应立即扶动。如剧烈疼痛，则用担架抬送医院诊治。处理后，应卧硬板床或腰部垫一枕头使肌肉韧带处于放松状态，也可针灸、外敷伤药或按摩。

7) 跟腱损伤

(1) 原因与症状：小腿三头肌反复激烈收缩造成局部劳损，或突然一次猛烈的拉伤，使跟腱纤维受到过度牵扯或部分撕裂，在踏跳、蹬地和提踵时疼痛明显。充分准备活动后疼痛多能消失或减轻。

(2) 处理：急性期应局部休息，外敷中药，用支持带保护。两周后，可按摩、理疗、中药外敷等。

8) 关节脱位

(1) 原因与症状：因受外力作用，使关节面失去正常的连接关系叫作关节脱位，又称脱臼。关节脱位可分为完全脱位和半脱位(或称错位)两种。严重的关节脱位，伴有关节囊撕裂，甚至损伤神经。运动中发生的关节脱位，大都是间接外力撞击所致，如摔倒时用手撑地，引起肘关节或肩关节脱位。关节脱位后，常出现畸形，与健肢对比不对称，并且因软组织受伤而出现炎症反应，局部疼痛、压痛和关节肿胀，并失去正常活动功能，甚至发生肌肉痉挛现象。

(2) 处理：用长度和宽度相称的夹板固定伤肢。如果没有夹板，可将伤肢固定在自己的躯干或健肢上，防止震动，随后立即送医院治疗复位。必须注意，如果没有把握做整复处理，切不可随意做手术，以免再度增加伤害。

9) 脑震荡

(1) 原因与症状：脑震荡是指头部受到重物、硬物直接打击或撞击后，使人脑管理平衡的膜半规管、椭圆囊、球囊等感受器功能失调，以致引起意识和机能一时性障碍。在体育锻炼时，两人头部相撞或撞击硬物，或从高处跌下时头部撞地，都有可能造成脑震荡。头部受伤后会立即发生意识昏迷，呼吸表浅，脉搏徐缓，肌肉松弛，瞳孔放大但对称，神经反射减弱或消失；清醒后，患者出现头痛、头晕、恶心或呕吐。

(2) 处理：立即让患者平卧，头部冷敷。昏迷者可指压人中、内关、合谷穴；若呼吸发生障碍，立即进行人工呼吸。上述处理后，出现反复昏迷或耳、鼻、口出血，两瞳孔放大又不对称时，表明病情严重，应速送医院治疗。在运送途中，要让患者平卧，头部固定，避免颠簸。脑震荡一般都可自愈，无须住院治疗，但要注意休息和必要的药物治疗，保持情绪安定，减少脑力劳动。在恢复过程中，可定期做脑震荡平衡试验，以检查病况进展。其方法是闭目、单腿站立、两臂平举，如果能保持平衡，表明脑震荡已基本治愈。这时，可适当参加体育锻炼，但要避免滚翻和旋转性动作。

10) 骨折

(1) 原因与症状：运动中，身体某部位受到直接或间接的暴力撞击时，造成骨折。例如在踢足球时，小腿被踢，造成胫骨骨折；摔倒时，手臂直接撑地，引起尺骨或桡骨骨折；跪倒时，造成髌骨骨折等。

骨折是比较严重的运动损伤，但损伤事故较低。骨折分不完全性骨折和完全性骨折两种。常见的骨折有肱骨、前臂骨、手骨、大腿骨、小腿骨、肋骨、脊柱骨和颅骨骨折等。

骨折发生后，患处立即出现肿胀、皮下淤血，有剧烈疼痛，肢体失去正常功能，肌肉产生痉挛，有时骨折部位发生畸形，移动时可听到骨擦音。严重骨折时，伴有出血和神经损伤、发烧、口渴，直至休克等全身性症状。

(2) 处理：若出现休克，应进行处理，即按人中穴，并进行人工呼吸或心脏胸外按摩；若伴有伤口出血，应同时实施止血和包扎。骨折后暂勿移动伤肢，应用夹板或其他代用品固定伤肢，及时护送医院检查和治疗。

五、运动损伤的急救

1. 急救的目的和意义

急救是指对运动中突然发生的严重损伤，进行紧急、初步和临时性处理，以减轻患者痛苦，预防并发症，为转送医院进一步治疗创造条件。这对保护患者的生命安全具有十分重要的意义。运动损伤的急救是一项极其重要的工作，如果处理不当，轻者损伤加重，导致感染，重者可能致残，甚至危及生命，因此必须及时、准确、合理、有效地实施急救。

2. 急救的原则

(1) 抓住主要问题，分清轻重缓急。如果同时出现多种损伤，应先抓住危及生命的损伤。如骨折伴有休克，应先施行抗休克急救，即针刺人中、内关穴，及时进行人工呼吸，如同时伴有出血，应先止血，然后做患肢固定处理。

(2) 分工明确，判断准确。急救人员要有高度的责任感和救死扶伤的崇高品德，临危不惧，头脑清醒，有条不紊地抢救。正确的抢救技术和丰富的临场经验是抢救成功的保障。

(3) 快抢、快救、快运。抢救必须争分夺秒，当机立断，切勿犹豫，以免延误时机，抢救有效后迅速转移送往医院。

3. 急救方法

1) 止血法

(1) 冷敷法。冷敷可以使血管收缩，减少局部充血，降低组织温度，抑制神经感觉，起到止血、止痛和减轻局部肿胀的作用。冷敷止血法常用于急性闭合性软组织损伤。最简便的方法是用冷水冲洗伤处后用冷毛巾敷于伤处，有条件的情况下使用氮乙烷喷射。

(2) 抬高伤肢法。抬高伤肢，可使伤处血压降低，血流量减少，以达到减少出血的目的。采用加压包扎后，仍应注意抬高伤肢。

(3) 压迫法。压迫法分为指压法、止血带法、包扎法等。

① 指压法包括直接指压法和间接指压法两种。直接指压法：即用指腹直接压迫出血部位，但由于直接接触伤口，容易引起感染，所以最好敷上消毒纱布后进行指压。间接指压法：即用指腹压迫在出血动脉近心端的血管处，如能压迫在相应的骨头上更好，以阻断血液，达到止血目的。

② 止血带法；常用的止血带有皮管、皮带、布条、毛巾等。先将患肢抬高，在患处上方缚扎止血。缚扎时最好加垫，以防缚扎太紧，造成肢体坏死，一般止血带缚扎时间是上肢每半小时、下肢每一小时放松一次，放松 1～2 min。

③ 包扎法：要用绷带包扎，如环形包扎法、螺旋形包扎法、反折螺旋形包扎法、“8”字形包扎法。

2) 搬运法

伤员经急救处理后，应迅速而安全地送到宿舍休息或医院治疗。在搬运伤员时应注意以下几点：

(1) 搬运前应做好止血、包扎、固定等处理工作。

(2) 搬运时视伤者情况和条件使用担架或床板、门板等临时担架。要注意动作轻巧、迅速，避免震动。

(3) 在运送过程中，要随时注意伤者的情况变化和身体反应，及时采取有效的应对措施。

3) 人工呼吸法

人工呼吸法有举臂压胸法、仰卧心脏胸外挤压法、俯卧压背法、口对口呼吸法。在上述几种方法中，口对口呼吸法和仰卧心脏胸外挤压法效果最好。

(1) 口对口呼吸法。将患者仰卧，头部后仰，托起下颌，捏住鼻孔，压住环状软骨(即食道管)，防止空气吹入消化道(即胃)，抢救者随即深吸一口气，两口相对，将气吹入患者口中，然后将捏鼻子的手松开。如此反复进行，吹气频率每分钟约 16～18 次，直至患者恢复自主呼吸为止。

(2) 仰卧心脏胸外挤压法。患者仰卧，救护者将手上下重叠，用手掌根置于患者胸骨下半段处，借助体重和肩臂力量，均匀而有节奏地向下施加压力，将胸壁下压 3～4 cm 为度，然后迅速松开，让胸壁自行弹回。如此反复进行，每分钟约 60～80 次，直至恢复心跳为止。

4) 溺水急救方法

溺水时，水通过口鼻进入肺内，造成呼吸道阻塞，或者因吸水的刺激，引起喉部肌肉痉挛，使气体不能进出，导致窒息或昏迷，胃腹吸满水而鼓起，甚至呼吸、心跳停止。溺水的急救方法如下：

(1) 将溺水者救上岸后，立即清除口腔内异物，并迅速倒水，但不要因过分强调倒水而延误抢救时机。

(2) 立即进行人工呼吸，若心跳已停止，应同时施行心脏胸外挤压。人工呼吸和心脏胸外挤压以 1∶4 的频率进行。抢救者之间应密切配合，进行积极而耐心的抢救，直到溺水者恢复自主呼吸和心跳为止。

(3) 溺水者苏醒后，应立即送往医院做进一步的检查和治疗。在送往医院途中，必要时继续进行人工呼吸。

第五节　运 动 处 方

一、运动处方概述

运动处方的概念最早是由美国生理学家卡波维奇在 1950 年代提出的。1960 年代以来，随着康复医学的发展及对冠心病康复训练等的开展，运动处方开始受到重视。

1969 年，世界卫生组织开始使用运动处方术语，从而在国际上得到认可。运动处方的完整概念是：康复医师或体疗师，对从事体育锻炼者或病人，根据医学检查资料(包括运动试验和体力测验)，按其健康、体力以及心血管功能状况，用处方的形式规定运动种类、运动强度、运动时间及运动频率，提出运动中的注意事项。运动处方是指导人们有目的、有计划和科学地锻炼的一种方法。

二、运动处方的特点与作用

1. 特点

(1) 目的性强。运动处方有明确的远期目标和近期目标，运动处方的制定和实施都是围绕运动处方的目的进行的。

(2) 计划性强。运动处方中运动的安排有较强的计划性，在实施运动处方的过程中容易坚持。

(3) 科学性强。运动处方的制定和实施过程是严格按照康复体育、临床医学、运动学等学科的要求进行的，有较强的科学性。按运动处方进行锻炼能在较短的时间内，取得较明显的健身和康复效果。

(4) 针对性强。运动处方是根据每一个参加锻炼者的具体情况来进行制定和实施的，有很强的针对性，康复效果较好。

(5) 普及面广。运动处方简明易懂，容易被大众所接受，收效快，是进行大众健身和康复的理想方法。

2. 作用

运动处方与普通的体育锻炼及一般的治疗方法不同，运动处方是有很强的针对性、有明确的目的、有选择、有控制的运动疗法。运动处方的生理作用主要有以下几个方面。

(1) 运动处方对心血管系统的作用。运动处方主要是采用中等强度的有氧代谢为主的耐力运动，即有氧运动。正常情况下，有氧运动对增强心血管系统的输氧能力、代谢产物的清除，调节做功肌肉的摄氧能力、组织利用氧的能力等有明显的作用。按运动处方锻炼可使心率减慢，血压平稳，心输出量增加，心血管系统的代偿能力增强等。注意，有心脏疾病的情况要慎重，如在儿童中常见的先天性主动脉瓣狭窄，运动后易出现疲劳、有氧运动能力降低等情况，若勉强运动可发生昏厥、胸痛，少数甚至发生猝死。

(2) 运动处方对呼吸系统的作用。实施运动处方可增强呼吸系统的通气量、摄氧能力，改善呼吸系统的功能状态。

(3) 运动处方对运动系统的作用。实施运动处方可增强肌肉力量、肌肉耐力和肌肉协调性，保持及恢复关节的活动幅度，促进骨骼的生长，刺激本体感受器，保存运动条件反射，促进运动系统的血液和淋巴循环，消除肿胀和疼痛等。

(4) 运动处方对消化系统的作用。实施运动处方能促进消化系统的机能，加强营养素的吸收和利用，增进食欲，促进胆汁合成和排出，减少胆石症的发生，促进胃肠蠕动，防治便秘等疾病。

(5) 运动处方对神经系统的作用。实施运动处方能提高中枢神经系统的兴奋或抑制能力，改善大脑皮质和神经、体液的调节功能，提高神经系统对各器官、系统的机能调节。

(6) 运动处方对体脂的作用。实施运动时间长、运动强度中等的运动处方能有效地减少脂肪组织，达到预防疾病和健美的目的。

(7) 运动处方对代偿功能的作用。因各种伤病导致肢体功能丧失时，人体会产生各种代偿功能来弥补丧失的功能。有的代偿功能可以自发形成，如一侧肾切除后，身体的排泄功能由对侧肾负担。而有的代偿功能则需要有指导地进行训练或刻苦训练，才能产生所需要的功能，如肢体残缺后，用健侧肢体代替患侧肢体的功能。运动处方对代偿功能的建立有重要的促进作用。

(8) 运动处方对人的心理作用。运动能有效地释放被压抑的情感，增强心理承受能力，保持心理的平衡。在疾病的治疗和康复过程中，能增强患者治疗和康复的信心，有助于疾病的恢复；按预防、健身、健美的运动处方运动，可保持良好的情绪，使工作、学习更积极、更轻松。

第二章　体育文化与欣赏

第一节　体 育 文 化

一、体育文化的概念

体育文化是人类关于体育运动的物质、制度、精神文化的总和。它涵盖了人类的体育认识、体育情感、体育价值、体育理想、体育道德、体育制度和体育物质条件等。

体育文化这一概念，不等同于体育运动的定义。体育文化包含以下几层意义：

(1) 体育运动不是简单的身体活动，它是一种文化现象。

(2) 体育活动的产生具有自身的文化背景，需要我们研究与探讨。

(3) 对体育运动与文化的关系，体育运动的文化意义的研究，可以帮助我们确立体育在人类文化大系统中的地位。

(4) 人类应自觉塑造具有独立形态价值的体育文化。

体育文化是人类文明的成果，都是为人民的身心健康和社会的政治经济发展服务的。体育是人类特有的社会文化现象，体育的本质就是文化。

了解了体育文化的内涵，应该更加明白一个道理：发展体育文化工作，应该贯彻全面发展的原则，其全面性表现在以下诸方面：

(1) 体育文化不仅要反映体育器材设施、体质健康等物质层面，还要反映知识、技术、规则和制度等非物质层面，更要反映智慧与精神层面的成果。

(2) 发展体育文化不仅要立足于中国体育文化，还要着眼于欧洲体育文化、美国体育文化、美洲体育文化、日韩体育文化及世界各主要国度及区域的体育文化。研究其相互接触、碰撞、交流、融会贯通的规律及特点，取其精华、去其糟粕，推进中国体育文化既要保留自身特色又更为开放、更为兼收并蓄、更为先进的发展方向。

(3) 中国体育文化不仅要反映全民健身，还要反映竞技体育。对竞技体育不仅要反映奥运项目，还要反映非奥运项目。对奥运项目不仅要反映优势项目，还要反映非优势项目，特别是刚刚起步的新兴项目。

体育文化的内涵，自然要体现这种全面性。由此，尝试着为体育文化下一个定义：以强身健体、振奋精神、建立积极生活方式为主旨的体育运动及其产生的物质与精神成果的总和。

二、中西体育文化的比较

中国传统体育文化和西方体育文化是世界体育文化中两枝艳丽的奇葩，早期两种体育文化是沿着一条有利于自身生存和发展的、单一取向的道路不断积累和发展的。明末清初的西学东渐终止后，由于当时清王朝仍以“天朝上国”自居，在文化上盲目排斥异国文化的进步影响，从而在文化形态上与西方资本主义形成了明显的文化势差。以鸦片战争为始点，两种体育文化伴随着其他文化发生了猛烈碰撞，西方体育文化对中国传统体育文化形成了强烈冲击。然而，体育文化是一种不拒绝人的文化，它具有超越国界、地域的世界性特征，打破了地域环境与人文壁垒的体育文化的发展呈现出一种新的势态，即地域的、民族的体育文化将以丰富的个性进行多元融合，相互吸纳、补充为一种新的世界体育文化模式，为世人所接受。

(一) 中国体育文化的特性

第一，历史性。中国传统体育文化不是哪一个历史阶段发展的产物，而是吸收了各个历史阶段的优秀体育成果。即使在近代西方体育传入中国以后，传统体育仍然表现出了强大的生命力。

第二，融合性。伴随着中国历史上的民族迁移和异族之间的争斗，以及民族之间的交流与渗透，民族文化发生了融合，体育文化也相应地发生了融合。

第三，中庸性。以儒家文化为主体的中国传统文化，等级森严，注重礼仪，这使得中国传统体育文化也被纳入了“礼”的节制之下，不偏不倚、温文尔雅是中国传统体育文化的主旋律。

第四，德育性。中国的传统体育具有人类渴望、羡慕的“真、善、美”和谐统一的特点，即功夫讲“真”，用意讲“善”，技艺讲“美”。

第五，和谐性。中国传统的养生体育受儒、道、佛家文化哲学思想的影响，特别注重形神兼备，讲究在“天人合一”的思想指导下，通过悟道，达到与“天、地、神”相通的境地。要“以心会意、以意调气、以气促形、以形合神”，使“心、意、气、形、神”相和谐，使人的身体与整个天地自然和谐，与四季变化相适应。

(二) 西方体育文化的特性

西方一直是以发展身体作为体育的目标和功能的。早在罗马时期，人们所称赞的英雄都是体魄健壮、武艺超群者，带有葬祭性质的体育内容也大多是能够表现身体能力和军事技能的项目。斯巴达男子几乎一生都过着军营生活，每天都要进行严格规范的身体训练。如果说斯巴达是一味发展人的体能的话，那么雅典的体育则较重视对人体健美匀称的培养，裸体竞技者被看作人体力量与美的代表。

在长达 1100 多年的中世纪“体育的黑暗时代”过后，以发展身体为主的体育思想随着“文艺复兴”、科学的兴盛和经济的发展得到了继承和发扬光大。德国体操、瑞典体操、英国户外运动和美国的自然体育，都具有促进身体发展的功能，并以发展身体为目标，成为西方体育发展的主流。

(三) 中西方体育融合影响

中西方体育融合正在冲击和改变着世界各民族自身的生产、生活方式，它以现代技术和现代生产方式为物质基础或支撑，并由此衍生出一定的制度文化和精神文化。因此，每个民族要想在现代社会寻求发展，就不可能拒绝现代生产方式和保障其基本运作的制度文化和精神文化。随着中国加入 WTO 及北京申奥的成功，中国融入全球化的速度进一步加快。体育也是工业革命的直接产物，就体育的发展而言，19 世纪现代体育形成初始，西方就开始了体育的国际化，也就是今天的“全球化”的进程。经济全球化将任何一个民族卷入了世界文化发展的潮流，在全球化过程中实现由民族性向世界性转化，但它不可能使一个民族完全失去其民族性和民族特色，而是使其封闭性受到破坏而形成具有世界意义的民族性。作为中华文化重要组成部分的中华民族传统体育在经济文化和体育全球化趋势的背景下，只有保持自身的民族特质，又融入现代体育的共性，才不会在文化上被边缘化，才能实现体育的发展。

三、奥林匹克文化

奥林匹克文化是一个庞大的范畴，从广义来说，奥林匹克文化包括奥林匹克运动的全部思想体系和活动内容，是奥林匹克运动在实践过程中所创造和衍生出的各种物质与精神财富的总和。物质财富即物质文化，主要指奥林匹克运动对人体技能的改造、发展，以及所采用的各类场馆、器材等物质文化设施和由此产生的文化形态。精神财富即精神文化，主要指奥林匹克运动所倡导的理念、精神准则、礼仪、运动竞赛规则、体育道德等精神产物，以及奥林匹克所提倡的文化艺术教育等活动内容。狭义的奥林匹克文化，主要指与奥林匹克运动相关的各项文化艺术活动和各种视觉形象。

奥林匹克文化具有以下几个特点：

第一，突出的实践性。奥林匹克文化是以体育运动为载体的文化，而体育运动是一种实践性极强的文化形式。

第二，开放性。奥林匹克运动是一个开放的系统。

第三，多元性。奥林匹克文化源于古希腊文明，在其发展过程中不断吸收其他文明的精华，丰富自己的内容，这决定了奥林匹克文化具有多元性。

第四，先进性。先进文化是指人类社会发展过程中对人类文明的进步起着重要导向性作用的文化。奥林匹克文化蕴藏着人类的竞争、拼搏、创新、友谊等卓越品质，并把体育价值、社会价值和个人价值联系在一起，使英雄主义、集体主义和爱国主义高度一致，为人类的文明进步做出了重要贡献。

第五，普适性。奥林匹克文化选择了超越政治、种族和宗教的体育运动作为主要载体，使奥林匹克运动在短短的百余年间就被世界人民普遍接受，体现了奥林匹克文化的普适性。

奥林匹克运动是人们学习奥林匹克精神和宗旨、骑士精神、理想主义的永恒的学校。人们将它视为生活的原则，并进一步发展到社会生活的各个领域。所有的体育活动都是奥林匹克运动的组成部分，奥林匹克运动是对大众而言的，它的目标不是让少数人去争夺金牌，而是为所有的人提供机会，让不同年龄和性别的人们都去进行体育锻炼，它的口号是“体育为大众”。

奥林匹克精神强调相互了解、友谊和团结，就是要形成一种精神氛围。在这种氛围中，人们才能打破各自狭窄的眼界，以世界公民的博大胸怀，去认识和理解自己民族以外的事物，领悟到各个民族都有着神奇的想象力和巨大的创造力，学会尊重其他民族，以比较客观和公正的态度去看待别人和自己，虚心地吸取其他文化的优秀成分，不断丰富自己，从而使奥林匹克运动所提倡的国际交流真正得以实现。

奥林匹克运动，是在奥林匹克主义指导下，以体育运动和四年一度的奥林匹克庆典为主要活动内容，促进人的生理、心理和社会道德全面发展，加强各国人民之间的相互了解，在全世界普及奥林匹克主义，维护世界和平的国际社会运动。奥林匹克运动包括以奥林匹克主义为核心的思想体系，以国际奥委会、国际单项体育联合会和各国或地区奥委会三大支柱为骨干的组织结构体系，以及奥运会为周期性高潮的活动内容体系。它具有三大特点：有明确的指导思想，有完整的组织结构，有综合而持续的活动内容。

奥林匹克运动是时代的产物，工业革命大大扩展了世界各民族之间在经济、政治和文化等方面的联系，各国交往日益密切，迫切需要以各种沟通手段来加强国际的相互了解。奥林匹克运动正是为适应这种社会需要而出现的，是人类社会发展到一定阶段的必然产物。

总的来说，奥林匹克运动将体育运动的多种功能发挥得淋漓尽致，影响力远远超出了体育的范畴，在当代世界的政治、经济、哲学、文化、艺术和新闻媒介等诸多方面都产生了一系列不容忽视的影响。奥林匹克运动不仅构成了现代社会所特有的体育文化景观，以其特有的文化魅力愉悦人们的身心，更以其强烈的人文精神催人奋进，生生不息。

我们现在提倡学习奥林匹克运动精神，更高、更快、更强、更团结是新时期体育人才知识结构的需要，是体育科学发展的需要，是中国体育实践与理论的需要。

奥林匹克文化已经成为当今世界体育文化发展的主流文化，成为各民族展示自身文化以及政治、经济、科技等多视角的立体视窗。奥林匹克运动已成为当今世界一种独特的文化现象，其社会活动形态作用于社会的不仅仅是体育力量，它对人们的行为趋向、道德升华、心理感受、价值观念、文明导向等许多方面都有着巨大的感染力和影响力。

第二节　休闲体育

一、休闲体育的概念

最初，体育只是人的一种本能。当生存不再是困扰人的主要问题时，体育开始丰富它新的内涵，人类开始向自我挑战，实现自我价值。从此，古老的体育家族中诞生了新的成员——休闲体育。

休闲体育是指人们在工作学习之余进行的群众性体育活动，它正在作为人们生活中不可缺少的重要内容，通过挖掘其蕴藏的各种身体活动形式，在欢愉和谐的氛围中，日积月累地实现增强体质，促进健康，恢复体力，抵御疾病，调节心理，陶冶情操，激发生活欲望，培养高尚道德品质，改善人际关系，满足精神追求以及享受高质量人生乐趣等目的。

二、休闲体育的分类

休闲体育的分类方法较多。

按参加人数多少，可分为个人的(如冲浪、攀岩等)、数人的(郊游、舞蹈等)、家庭的(如荡秋千、远足等)和集体的(球类、体育游戏等)。

按活动环境不同，可分为室内的(如壁球、保龄球等)和户外的(如野营、登山、沙滩排球等)。

按活动性质不同，可分为养生性的(如钓鱼等)、医疗性的(如气功、太极拳等)、健身性的(如舞蹈、体育游戏等)、娱乐性的(如台球、门球、交谊舞、趣味体育等)、消遣性的(如体育旅行、钓鱼、放风筝等)和冒险性的(如攀岩、蹦极)。

按竞争程度的强弱，可分为竞赛类的(如球类、赛马、赛车等)和非竞赛类的(如健美、野营、攀岩等)。

按参加者在活动时的身体状态，又可分为观赏性的(如健美等)、相对安静性的(如钓鱼等)和运动性的(如球类、舞蹈等)。

按活动的基本特征，则又可以分为以下几类：

(1) 眩晕类。如荡秋千以及游艺场里各种旋转、起伏、上升、下降、滑动、碰撞、俯冲、腾空等。这类活动通过获得日常生活中难以得到的身体状态和空间感觉，获得运动乐趣。

(2) 命中类。如射靶、台球、门球、保龄球、地掷球、高尔夫球等。这类活动需要计算和控制力量，是思维和体力相结合的体现。当命中目标时，会使人兴奋愉悦，一种成功感油然而生。

(3) 节奏类。如舞蹈、健身操、健美操等。这类活动的节奏感强，富有韵律，都以身体活动为共同特征，伴随着欢快的音乐和运动节奏，其娱乐性和健身性极强。

(4) 滑行类。如滑水、冲浪、帆舨、滑雪、滑冰、溜旱冰等。这类活动以足蹬或足踩各种器具做各种滑行动作为主要特征，集娱乐性、趣味性、健身性于一身。因大多在户外进行，与日光、空气和水等自然因素结合紧密，还可使身体得到自然力的锻炼。

(5) 攀爬类。如登山、攀岩等项目。这类活动中有的具有很大的冒险性，是人类为实现自身价值，实现自我的一种超凡脱俗的行为。人类有时不顾惜生命代价，在惊险中强化意志磨炼，在征服自然中追求精神满足。

三、休闲体育的功能

1. 休闲体育使建功立业和愉悦身心相得益彰

淡漠的健身意识深深地侵蚀着最需要健康的知识分子，他们往往在建功立业与增进健康之间进行痛苦的抉择。有不少人认为要想成就一番事业，就必须以透支生命为代价；而要想身强力壮，势必要事业受损。由于错误理念的驱使，不少知识分子往往成为打疲劳战的内行，天长日久，形成恶性循环。据有关部门统计，在青少年中有 25%的人群存在显性或隐性心理危机，这给人们的健康带来极为不利的影响，而休闲体育则是根治知识分子“心病”的灵丹妙药。休闲体育常常帮助人们树立正确的人生态度和开阔的胸襟，通过休闲体育的锻炼，着眼于从实际出发，把人生的目标和要求定在通过自己努力所能达到的范围之内，既不举步不前，又不好高骛远。在休闲运动中，把注意力从消极情绪中转移到有意义的事物上去，通过参加休闲体育锻炼或投身到大自然的怀抱中，使情绪转移。经常变换角色换位思考，不以自我为中心，这些都是休闲体育强心健体与建功立业相得益彰的特殊功能。

2. 休闲体育促成和完善 FUN 生活方式

随着休闲体育渗透到世界各地，FUN(Fitness，Unity，Nutrition，意为健身、和谐、营养)的家庭生活方式在国内外也日渐风靡。

1) 健身(Fitness)

要求每个家庭成员每日进行 30 min 的体育锻炼，如跑步、散步、跳绳、打球、游泳或做健身操等，每周至少锻炼 5 次，经常变换运动形式，以提高运动兴趣，平衡机体发展。

2) 和谐(Unity)

中国有句古语："和为贵"，健康长寿也是如此。人要想健康长寿就得在"和"字上做文章，而休闲体育正是体内和、家庭和、自然和、社会和的综合者和促进者。

一个人通过休闲体育的锻炼，使身心、气血、脏腑调和，喜乐就会常相伴，否则，七情六欲失度，是破坏体内和的重要因素。

休闲体育的亲和力和融洽氛围是促进家庭和的重要因素，家庭和不仅万事兴，也是健康长寿的关键。

休闲体育也促进人与自然和，引导着青少年"到阳光下，到操场上，到大自然中去"，使他们回归自然，忘却心中烦忧，到大自然里去呼吸新鲜空气，增强体质。

休闲体育是促进人与社会和的重要途径。人在社会中生活，除了遵纪守法、遵守社会公德之外，还要与同学、同事、朋友和睦相处，通过休闲体育活动，以淡泊超脱的襟怀，站在高层次的人生境界上去观照自己，净化自己。与人相处亲切和蔼，以诚相待；志得意满时，要置之淡然、谦虚谨慎；人在失意时，勿方寸大乱，而要心平习静，泰然自若。

3) 营养(Nutrition)

休闲体育锻炼可促使人们学习和掌握有关营养知识，根据所从事的锻炼项目来施加营养。引导人们饮食时注意多吃鸡、鱼、豆类等动植物蛋白，少吃油炸、油汤等脂肪类食物；多吃新鲜水果和蔬菜，少吃加工类食品；多吃富含纤维类食物，少吃高盐类食品等，做到既有丰富的营养摄入，又有科学的饮食结构。

3. 休闲体育为延长人的自然寿命提供契机

众所周知，一般哺乳动物的最高寿命相当于它生长期的 5～7 倍，人的生长期一般在 20～25 岁之间完成，按此推算，人的最高寿命应该是 100～175 岁之间。那么，人为何活不到自然寿命呢？我们将人类的生理活动与一般动物做一番比较，就不难找出休闲体育延长人的寿命的答案。

(1) 人的呼吸方式改变。除人以外，几乎所有的动物均采用腹式呼吸，这种方式可以充分发挥肺叶细胞的作用，增大肺活量。而人类以胸式呼吸为主，根据用进废退的原理，这使得大部分肺叶细胞长期闲置而失去活性，从而使肺活量变小，经常伏案工作的人群生理表现更甚。在现代休闲体育中，无论是跑步、游泳或是体育游戏和冲浪，都会不由自主地改变习以为常的胸式呼吸，深呼吸使长期弃之不用的肺叶细胞重新发挥作用，持之以恒的锻炼使肺活量增大。目前在国内外兴起的"回归自然"运动，就主张远离都市的喧嚣，纵情于山水之间，沉湎于休闲体育之中，以便追求人类已逐渐丧失的原始本能。

(2) 人的运动姿势改变。人类用下肢直立行走代替四肢爬行，无疑是一大进步。然而随之也带来了许多不利因素，比如直立姿势使大脑处于人体最高位置，导致大脑极易缺氧(大脑占人体重的 2%～2.5%，而耗氧量却占 30%～35%)；直立姿势使人体血压升高，心脏负担加重，这些都容易使大脑和心脏发生疾病，影响人的寿命。休闲体育为参与者提供了取之不尽、用之不竭的契机。参与者为了陶冶情操，寻找生命的意蕴，坦然地与大自然融为一体，在茂密的丛林深处攀树戏耍，在湍急的河谷中搏击风浪，在冰天雪地里跌打滚爬，在飞流直下的峭壁上攀登瀑布；有时干脆另辟蹊径，模仿原始人的生活方式和习性，在雨水泥浆中洗澡或像动物一样爬行，或躺在沙滩上，用灼热的沙子掩埋自己只剩下能呼吸的器官等。

(3) 人的循环功能改变。生活在大自然中的动物，能适应四季气候的变化，而人类生活在日益舒适的环境中，血管的锻炼愈来愈少，心脑血管容易硬化。寒冬的清晨，如果惧怕寒冷而不锻炼，则骨骼肌的产热明显减少，肌肉处于松弛状态，血液循环减慢，肌肉中的血液分布相对减少，血液黏滞度增高，不但使人更加畏寒，而且容易伤风感冒或诱发心血管疾病。从事休闲运动产热对身体大有好处，尤其是冬季从事休闲体育锻炼能使血液里的白血球数量增多，增强人体免疫系统，提高抗病力。在千里冰封、万里雪飘的北国，观赏着寒江雪柳，玉树琼花，晶莹冰雕，风花雪月，感受着北国冰雪的豪爽，又从事着滑雪、滑冰运动，能使得你意志更坚强，心情更舒畅，体格更健壮。

四、休闲体育项目的选择

(一) 因人而异的休闲体育

1. 体态肥胖者

体态肥胖者可选择远足、骑自行车、球类、慢跑、游泳、跳绳、踢毽等活动，有利于减少体内脂肪的堆积，使身材变得健美。

以远足为例。这是徒步到郊外大自然中进行休闲、娱乐的一项体育活动，属远距离旅行。由于远足常会组织丰富多彩的活动，如登山、游泳、游览名胜古迹，或拉练野营配合革命传统教育等，不仅可以锻炼身体、增进健康、培养组织能力、锻炼意志品质和增强团结合作、培养团队精神，同时还可以休闲娱乐、陶冶情操，游览山河、田园风光，体察人文风情和接受革命传统教育，对于因肥胖而苦恼的人们，不仅治疗了心理疾病，也增强了心肺功能。

远足要有明确的目的性，预先确定好活动内容、时间、路线、目的地以及饮食、饮水方式等，对沿途可能遇到的各种情况做到心中有数。如果安排游泳活动，还要预先了解游泳场所的安全状况，密切关注天气预报。

远足要求服装质轻、合体、耐用，有放置杂物的口袋。穿运动鞋，要有防滑纹理，鞋帮高度在踝关节，并且有一定的透气性，要穿含有棉纱成分的运动袜。主食选择含水较少，不易腐败变质的食物。副食则以真空包装的肉罐制品为主，选择水分、维生素 C 含量高的水果，以及必要的生活用品和药品。

选好营地。通常应把营地建在地面开阔、地势稍高、地面干燥、近水源的地点，切忌选择山崖下，或靠近河、海的水洼处，更不能在大的枯树下安营。野炊和便溺场所要安排在下风方向，帐篷之间的距离不要相距太远，营地应有明显的灯火标志，野营时必须遵守国家和地方的有关法规。

2. 身体纤瘦者

身体纤瘦者上身短、手臂和腿细而长，肩窄胸薄，体脂很少，整个身体呈长条形。这类人宜选择增强肌肉力量和促进消化功能的休闲体育项目，如健美、跑步、游泳、太极拳、自行车等。

以健美为例。健美运动对青少年骨骼发育有良好的作用。经常从事健美运动能够促使骨骼的形态和性能发生良好的变化，具体表现为：骨密度增大，骨径变粗，骨腔变小，骨壁变厚，从而使骨骼更加紧固，提高骨的抗折、抗压、抗弯和抗扭曲的能力，还可促使激素分泌增多，大大提高免疫力，使人体发育健全，精力旺盛。

健美练习可采用中等负荷，多次重复，如果想使自己长肌肉，发展上半身有关肌肉群，通常每组动作重复 8～12 次，增长腿部肌肉的每组动作重复约 12～15 次，而增长腹肌则需重复 15～20 次。每组负荷的重量以能做到极限次数不能再增加为宜。组与组之间应有短暂的休息，然后又重复下一组练习，其间隙时间长短取决于练习程度，一般在 40 s 至 2 min 之间。练习的强度也应贯彻循序渐进的原则。一旦选准了适合自身的练习手段，要通过不断地提高练习强度来促进肌肉最大限度的发展，其方法是在相同的时间内增加训练负荷的总量或减少组与组的间隙时间。初级练习阶段对肌体只给予适当的负荷量，一般采用隔日练习为好，每次练习在 20～30 组之间。进入中、高级阶段以后，就要提高练习强度，但必须遵循渐进的原则，如果超过了心血管耐力程度，肌肉常处在缺氧的情况下，反而会早衰。尤其要注意：采用隔日练习法，增加饮食的量与营养，保证充分的休息。

3. 体弱多病者

体弱多病者应采用循序渐进、逐步加大运动量的休闲体育锻炼项目。一开始，可打太极拳、散步、做健美操、钓鱼等，进而可滑雪、溜冰、打球、登山、荡秋千，随着体质的增强，可进行快跑、骑自行车、划船等。

以冰雪项目为例。冰上运动是一种在天然或人工的冰场上，借助专用冰刀或其他器材进行的运动项目，包括速度滑冰、花样滑冰、冰上舞蹈、掷冰壶、冰上游戏等。雪上运动是一种借助滑雪板或其他器具在雪地上进行的各种滑行运动，包括越野滑雪、高山滑雪、跳台滑雪、花样滑雪、滑雪橇、雪上游戏等。冰雪游戏是指利用自制器具在人工或天然的冰雪上进行的各种趣味活动，常见的有冰陀螺、冰橇、冰滑子、冰趟子、冰爬犁、雪地冰球等。

4. 脑力劳动者

脑力劳动者由于经常用脑，久坐不动，因而容易患神经衰弱、痔疮、消化不良、高血压等症。舞蹈、慢跑、爬山、打球、游泳、体操等休闲体育是他们健身防病的体疗“良药”。

舞蹈种类繁多、绚丽多彩。每一种舞蹈都有自己的风格特点：芭蕾舞蔚为壮观，民族舞热情奔放，迪斯科活力四射，健身舞风格迥异……各种舞蹈都能使人们在休闲时间提高艺术修养和陶冶情操，丰富人的审美观。以街舞为例。街舞是北京 2000 年开始流行的一种时尚健身舞，许多健身中心都对它进行了推广。而它一经亮相，便以夸张的舞姿、明快的节奏、显著的健身、健心功能得到了时尚健身迷的青睐。

经常参加休闲体育锻炼有利于促进大脑的发育，增加大脑皮层厚度，增多脑神经细胞树突，从而提高工作和学习效率。经常进行舞蹈健身锻炼有利于为大脑提供更多的氧气和营养物质，使人的视觉、听觉、本体感觉、神经传导速度和神经过程的灵活性都得到提高。例如，一般人从感受信号(如见到光或听到声音)到立即作出反应的时间需要 0.3～0.5 s，而经常从事舞蹈锻炼的人只需要 0.15 s 左右，这表明舞蹈运动可以促进神经系统功能的提高。人的反应速度与其思考速度、思维能力密切相关，现代医学证明，人的左脑主要进行抽象思维，而右脑的信息容量、记忆容量、形象思维能力都大大超过左脑。在舞蹈运动时，右脑工作占优势，从而可以提高记忆力和促进右脑发展，有助于提高形象思维能力，所以经常性的舞蹈健身活动对脑力劳动者来说不失为一种适宜的运动。

(二) 根据个性选择休闲体育项目

1. 外向型

外向型的人性格开朗活泼，浑身充满活力。群体性项目(球类)会给他们带来更大的快乐和刺激，如橄榄球、网球、壁球、篮球、排球、足球等。

以橄榄球为例。橄榄球是采用抱球跑、传球、踢球、合理冲撞等合乎规则的动作进行攻防对抗的一项高强度的球类运动。大学生从事橄榄球运动是对人体的力量、速度、灵敏度、耐力等身体素质的极大考验。该运动项目不仅能够增强中枢神经系统、心血管系统、呼吸系统等内脏的功能，培养人们勇猛顽强、机智灵活的优良品质等，而且还具有减压、抗压作用。

2. 紧张型

紧张型的人虚荣心强，敏感多疑，适宜选择爆发力强或是平稳的休闲体育项目来获得身体上和思想上的平静，竞争性的团队运动不太适合他们，可选择攀登、溜冰、潜水、健美等。

以攀岩为例。攀岩是一项新兴的富于挑战性和冒险性的体育运动，它集健身、娱乐和技巧于一体，圆了都市人期待已久的登山梦。攀岩不仅是一项运动，其中还蕴含着丰富的体育精神，意志、思想、文化均融于其中。攀岩本身就是一项群众性、平民化的运动，把它推广到人们的日常生活中，让它成为人们的一种生活需要，是攀岩业的主要发展方向。

传统的攀岩者，将大自然视为真正的乐园、竞技场、健身房，只要有充足的休闲时间，他们便会义无反顾地奔向粗犷豪放的山岩。为了满足人们日益增长的休闲体育的需要，世界级登山专家对攀岩墙动了一番脑筋，对攀岩墙的设计，每一个空间都有意想不到的意境。

通过攀岩训练人们将领会到，很多障碍都是自己给自己设置的，面对峭壁，从胆怯到无所畏惧，跨越障碍便战胜了自己。

3. 竞争型

竞争精神具有积极的意义，要有效地发挥竞争型人的特点，最好是引导他们在休闲时投入到一项专门的体育运动中，如网球、垒球、赛马、篮球、排球、足球及其他具有竞争性的活动，让他们有机会与他人一决高低。

以网球为例。现代奥运会的创始人皮埃尔•德•顾拜旦曾经说过:“竞技的核心不是斗争，而是光明磊落的比赛。正是铭记这个精神才能更加强盛、更加雄壮、更加勇敢，从而陶冶人性。”正是由于竞争的光明磊落，才使得世界网球单项的四大比赛——英国温布尔顿网球赛、美国公开赛、法国公开赛和澳大利亚公开赛经久不衰，而且生命力愈来愈强，其中温布尔顿网球锦标赛已延续 100 多年。

网球比赛体现的竞争是体育运动乃至人类社会的普遍现象。没有竞争，体育运动就会失去魅力；没有竞争，运动员的成绩就不会提高。毫无疑问，在网球竞赛中运动员必须有强烈的战胜意识，不畏强手，敢于竞争，达到更快、更高、更强的境界。但是网球场上的竞争不是随意进行的竞争，竞赛规则规范着竞赛者的行为，网球爱好者自觉遵守竞赛规则，这实际上就是公平竞赛的最好体现。

4. 沉思型

沉思型人群不适宜从事竞争性强和过于激烈的休闲运动，他们更适合于自行车、划船、散步、太极拳、钓鱼、放风筝等可以独立进行的活动。

以骑自行车为例。骑自行车旅行近年来开始流行起来，它一方面是对自己体能和意志的全方位考验，另一方面也是受经济条件制约下的一种妥协。特别是对于一些高海拔地区，这种方式可以专门体验一种久违了的“苦楚”，考验一下自己所能承受的限度并为之乐此不疲。无论是平坦的公路，还是美丽的青山和一望无际的大草原，在留下你艰难跋涉的车痕之时，也给你的休闲生活留下了美好的回忆。

5. 害羞型

害羞型人群最青睐那些安分且能获得个人满足感的休闲运动项目。与他人竞争可能会给其带来一定的心理压力，所以不适宜群体性、竞争性的休闲体育项目，可选择滑板车、慢跑、游泳、滚轴、溜冰、散步等运动项目。

以滑板车为例。似乎一夜之间，滑板车这种新颖、轻巧的代步工具火遍了城市的大街小巷，就像红极一时的呼啦圈和跳舞毯。如今，轮滑、滑板车、滑沙、保龄球、壁球、蹦床、攀岩、漂流、卡丁车、蹦极、独轮车、跳舞毯这些极具时尚风格的新兴休闲体育运动项目，因其激情四溢、个性十足，受到广大青少年的青睐，并吸引着广大青少年源源不断地参与进来。

第三节　体 育 欣 赏

在促进人类自身发展的教育实践中，知识传授、技能训练、行为培养固然重要，但为了使自己永远对生活充满美好的期待，自古以来谁都相信“美”是憧憬未来的动力，于是承认美的价值，并怀着无限的向往去追求和创造美的意境。欣赏体育比赛或表演，之所以能满足这种需求，即在于由体育表现的美，是以复杂多变的直观形象作用于观赏者的视听器官，进而引起各种平日难以体验的奇特感觉，从而产生心灵震撼、精神得到慰藉、生命有所感悟，最终在美的感受中起到潜移默化的教育作用。

一、体育欣赏的意义

对于欣赏体育竞赛有何意义的认识，其实很早就反映在古希腊的宗教习俗和教育体系中。特别是自 19 世纪英国教育革命以来，尽管人们把体育竞赛引入学校的初衷，是因为发现它可以培养学生的组织才干，但由于竞赛本身特有的竞争性、娱乐性和艺术表现力，却愈来愈多地吸引着广大观众，使他们的情感与运动场上的一切产生共鸣，从而享受生活乐趣、品味体育文化、陶冶道德情操、振奋民族精神和领悟人生真谛等，对完善人格与陶冶人性都有特殊的教育意义。

(一) 享受生活乐趣

也许大家有过这样的体会，若经常在生活余暇观赏体育竞赛或表演，除了可以畅快享受各种运动美感外，还常被那些绚丽多姿的文化氛围和社交环境所感染。事实表明，无论是当你看到运动中的腾飞、旋转、冲撞、追逐等动作技巧，或是从中感受优美的运动造型、色彩、音响与旋律，或领悟由运动表现的伦理、道德、传统与习俗等文化理念，或是把握运动人际交往中的和谐、举止、风度等因素，都会因视听效应而使观赏者的心理状态与运动场上发生的一切同步律动，从而起到满足精神需求的作用。特别是竞技有胜负之分，观众受那些不确定的悬念所驱动，就总能使自己的情绪处于兴奋中，因此在学习、工作之余，若能通过观赏体育竞赛，体验在日常生活中难以触及的既复杂又多变的时空感受，无疑将为我们的生活增添无穷的乐趣。

(二) 品味体育文化

千姿百态的体育竞赛发展至今，都有极其深远的历史背景。若就文化内涵而言，它们作为人类智慧的结晶，又集中反映了不同国家、民族的风俗民情和意识观念。比如，极富内向、务实和封闭性色彩的东方体育竞赛，与表现外向竞争和开放性特征的西方体育竞赛，就属于两种风格迥异的体育文化形式。而由它们各自提倡的文化理念，虽反映的运动价值观不尽相同，但通过后来的取长补短与相互交融，仍然在身心兼顾、内外统一的基础上，最终达到了完美的结合。体育文化的外在表现，则反映在围绕体育竞赛而进行的诸多文化艺术活动中，它包括竞赛期间的文艺演出、绘画展览、火炬接力、新闻报道、电视转播、发行邮票及纪念币等内容。这些活动的开展，使色彩各异的体育文化形式得以在全世界传播，通过观赏体育比赛，人们除了可以了解各种人文景观外，还能品味独具风采的文化艺术。

(三) 陶冶道德情操

良好道德情操的形成，受内在和外部两方面因素的影响。作为外部影响因素，体育竞赛所创造的文化环境是以其特有的价值观念、道德意识和审美情趣，在健康、进取、意志、信念等方面，对人的行为施加影响，并为协调人际关系和化解社会矛盾创造有利条件。因此，人们通过观赏体育竞赛，不仅可以体会奥林匹克原则，包括懂得持何种态度与方式去为比赛优胜者喝彩，给比赛落后者加油，以及遵守比赛场区的要求与规定，使自己的行为与社会保持一致性；而且还能从运动员遵循竞赛法则、恪守运动道德、服从裁判、公平竞争等行为表现中，接受道德情操的教育，为树立良好的社会风尚奠定思想基础。

(四) 领悟人生真谛

按照自然法则，人类的生存与发展都是竞争的结果。体育竞赛中的竞争，实质是体力、智力和意志力的较量，它对现实生活的启迪，在于为人们提供实现人生价值应具有的信念、勇气和力量。由于这些极具内涵的精神品质，通常更容易在竞技场上得到最形象化的表现，因而通过观赏体育竞赛，在享受运动美感的同时，若能进一步深刻体验运动员为争取比赛胜利，在激烈竞争中表现的坚定不移、临危不惧和顽强拼搏等优秀品质，内心情感就会发生变化。而由此产生的激励作用，往往可以使人从逆境中奋起，领悟唯有勇往直前，遇到困难也永不退缩，才能实现自身价值的人生真谛。

(五) 振奋民族精神

凡属重大国际比赛，如规定以国家为参赛单位，为了表达对优胜者的崇敬，均有升国旗、奏国歌、颁奖杯、授奖牌等礼仪。即使以个人名义参加的大型比赛，运动员也总是代表自己的国家。这表明，尽管世界各国的政治观点和生活方式不同，但凡世界性体育竞赛，都直接关系到国家与民族的尊严和荣誉，它必然对观众的思想、情感、精神和意志产生巨大的影响，并从本国运动员的胜利中，使民族自尊心得到满足，自信心不断增强，爱国主义情感更加浓厚。但体育竞赛场上的胜负，毕竟又不能与国家的强盛等同起来，如果过于宣传狭隘的民族主义精神，观众面对失败就容易产生逆反心理，反而会导致行为上的越轨。因此，我们对振奋民族精神的认识，是要从体育竞赛的精神内涵中寻求动力，而决不单纯以胜负论英雄。

二、提高欣赏水平

距今几千年的古希腊文化，因受尚武精神的影响，一直以崇尚“强健的身体”为审美追求，把人体、力量和运动作为判断体育美的标准。但在现代社会中，由于物质、文化水平的提高，伦理道德观念有所变化，人们为追求现代生活方式，在充分肯定以人体、力量和运动为外在审美对象的同时，还强调把审美的意蕴引向内部，即通过观赏体育竞赛使自己的道德情操、意志品质、审美情趣受到美的熏陶。这就是说根据外观与内涵结合的现代审美观，我们在直观感受体育美的基础上，还应注意观察运动员的内在表现力、意志力、想象力、创造力和艺术感染力，并坚持摒弃那些有碍健康、伦理、道德及缺乏价值的审美观点，即需要通过欣赏美的基本内涵，不断提高对体育美的认识水平。

(一) 欣赏形体美

美学家认为，人的美感最先产生于对“轮廓”的良好印象。这里说的“轮廓”是指人体的外观形象，亦可简称为形体，它包括人的体形、姿态和风度等内容。体育竞赛作为人体生理性对抗的一种运动方式，通常以空间活动表现人的体形、姿态和风度，故具有复杂多变、造型奇特、动态鲜明等特点。因此，由人体运动姿态、艺术造型和表演风格构成的形体美，离不开对身体的匀称、曲线和姿势，以及肌肉形态、皮肤色泽、面部表情和气质风度等内容的评价。正如法国雕塑大师罗丹所说：“自然界中没有任何东西比人体更美。”特别是那些艺术造型强的竞技项目，往往通过超凡的力量、动作技巧和造型艺术，把运动员匀称的肌肉、矫健的身姿、优美的体形雕刻得玲珑剔透；通过极富神韵的表演风格，把运动员的雍容仪态和内在情感展现得淋漓尽致，使观赏者体验到一种朝气和青春活力。

(二) 欣赏健康美

健康作为人体生存的基础，对追求和创造美的生活具有重要意义。观赏体育竞赛可以体验健康美，当观众见到运动员体态匀称、肌肉强健、动作敏捷、技艺超群、肌肤丰润等外观形象，就能产生“由表及里”的视觉效果，并把这些体育健康美的感觉印刻在心。但如果按更高的标准去要求，那么还可在欣赏运动员展示青春活力的同时，与自己的健康状况相对照，以便通过启迪自我，从中接受活泼、欢快、纯洁、开朗和热情等健康因素的感染，进一步认识体育锻炼对塑造人体健康所起的作用，由此建立对健康追求的信念，从中获得改善自我健康的勇气和力量。

(三) 欣赏运动美

根据体育竞赛的竞技性特点，由动作、技术和战术综合表现的“运动美”，是观赏体育竞赛的核心内容。

鉴于“动作”对人体运动的影响至关重要，运动员也唯有完成各种动作，才能使人体运动具有实质性内涵，所以观众对动作美感的体验，主要从身体姿势、动作方向、幅度、力量、速度、节奏、频率的变化和起伏跌宕中获得。但由体育运动表现的动作，又都含有很高的技术因素，是体育竞赛的精华所在，尤其在激烈的运动对抗中，比赛能否获胜，表演是否精彩，很大程度取决于运动员对技术的熟练掌握与发挥。因此，为了提高运动水平，就必须寻求合理有效的运动方法，而运动员为追求理想的动作模式，在高、难、险、新技术方面所作的努力，又使“技术”更添美的魅力。

至于由“战术”表现的美感，则可在比赛双方对战术的选择、应用和变化中得到反映。此时，观众若能注意观察运动员根据各自情况，在合理分配体力、调整力量方面采取的措施，欣赏他们巧施计谋，在比赛中“以柔克刚”“出奇制胜”的风采，就能从更高层次体验美的意蕴。

(四) 欣赏行为美

按照伦理学观点，体育道德规范是判断体育行为美与丑的标准，其内涵包括对集体、国家的责任心和使命感；同心协力、顽强拼搏的精神；胜不骄、败不馁的道德风尚；遵守纪律、尊重裁判和观众的体育道德原则等。欣赏体育竞赛中的行为美，主要是对运动员的行动、举止以及思想道德进行客观评价。比如，运动员在与强手的对抗中永不言败，面对困难勇于向极限挑战，奋勇拼搏不断挑战自我，以及运动员之间为维护集体荣誉而表现出的团结协作等精神品德，都应当为我们日常生活、学习与工作所学习。

因此，尽管体育竞赛是以取胜为目的的一种运动方式，但如果运动员心怀集体、魂系祖国，且竭尽全力表现出为国争光和赶超世界水平的坚定信念，即使比赛可能失败，那观众也要对他们的执着、勇敢、顽强的精神持肯定态度。我们常说的“虽败犹荣”，正是对高尚体育道德行为的赞美之词。相反，若为取胜不择手段、投机取巧，或畏强欺弱，甚至采取蛮横粗野等手段，这种卑劣行为必将遭到谴责。实践证明，观众对“行为美”的正确判断和评价，不仅有助于良好社会风尚的形成，也是对自身文化、教育和审美修养的考验。

三、不同运动项目的欣赏

随着竞技体育的广泛开展，用于体育竞赛的运动项目也日益增多，它们以其不同的竞赛规则、独有的竞技方式和表现风格，为我们提供了丰富多彩的文化、艺术享受，吸引着世界上数以亿计的观众。显而易见，要对如此众多的运动项目作全面介绍，实在是件很困难的事情，但为了有助于大家观赏，这里仅按不同性质和形式，把运动项目分为五个类别，并就其中的主要项目进行大致的描述。

(一) 欣赏测量类项目

测量类项目是以高度、距离、重量和通过一定距离所需时间确定比赛成绩的项目，包括测速、测距和计量三个分类。它们均以“更高、更快、更强”为追求目标，具有最大限度克服生理障碍、挖掘人体潜能的特点。

1. 测速类项目

测速类项目由运动员或运动员操纵运动器械，按通过一定距离所需的时间长短决定比赛名次，速度和耐力是提高运动成绩的关键。

1) 田径运动中的径赛项目

径赛是指在跑道或公路上进行的比赛，包括竞走、短跑、中长跑、跨栏跑、接力跑、障碍跑和超长距离跑。由于上述项目均以走、跑为基本表现形式，它作为人类生存的基本活动能力，又是各项运动的基础。按国际田联规定，比赛可在室外或室内进行，室外比赛场地应设周长为 400m 的标准椭圆形跑道，运动员可以赤脚、单脚或双脚穿鞋参加比赛。承认世界纪录的室外比赛项目，男女共 50 项；室内比赛项目，男女共 32 项，总计 82 项。400m 及 400m 以下项目只允许全自动电子计时，其他项目可采取全自动电子计时或手动计时。根据各种距离跑的能量供应特点，短跑(400m 和 400m 以下项目)属极限强度或次极限强度项目；中跑(800m、1500m)属次极限强度项目；长跑(3000m、5000m、10000m)属大强度项目；超常距离跑(20000m 以上)属极限强度项目。上述项目比赛均以个人参加或几人合作，决定名次须经预、复、决赛几轮淘汰。无论是瞬间即逝的短跑，或征途漫漫的长距离跑，运动员在克服极度生理疲劳的同时，都必须接受体力、意志和心理的巨大考验。尤其是实力水平相近的比赛，胜负往往在 1/100 秒的瞬间决定，竞争激烈程度为其他运动项目所不及。因此，观众通常可以在屏息以待中体验运动员向生理极限挑战的非凡勇气，并由此认识它在全面发展身体素质、提高人体机能水平方面的重要意义。

2) 速度滑冰

速度滑冰简称速滑，比赛按分组和不同距离在 400m 冰道上进行，每组有两名选手参加。每条冰道宽 5m，外道周长 415.5m、内道周长 384.12m，运动员各占一条冰道，身着尼龙紧身“五连服”，脚蹬冰鞋，每滑完一圈相互换道。换道时只能在 70m 滑区中进行，原内道运动员应主动给原外道运动员让道，若这时发生冲撞，将取消原内道选手的比赛资格。凡不属于自身原因而影响滑行或摔倒，经裁判允许可休息 30min 后重新参加比赛。速滑国际比赛较多，规则和要求都不尽相同，其中以世界速滑锦标赛历史最为悠久，1972 年增设世界短距离速滑锦标赛，均计全能冠军。1981 年又设世界短道速滑锦标赛，冰道周长仅为 111.2m，增加了接力比赛。冬季奥运会速滑比赛设男子 500m、1000m、1500m、3000m 和 5000m，计每一单项的冠军。速滑是典型的高速度、高技巧的比赛，要求运动员具有娴熟的弯道技术、灵活的反应能力，特别是短跑道比赛，更给人以惊险和有趣之感。

3) 越野滑雪

越野滑雪是冬季奥运会所设项目，包括男子 15km、30km、50km 和 4 × 10km 接力，女子 5km、10km 和 3×5km 接力。在越野滑雪中，由于雪道崎岖不平且滑行距离较长，运动员脚踩滑雪板、手持雪杖穿梭滑行于山丘雪原，通常要以不同的滑行技术合理分配体力，因而可以使观众从中体验高超技术与充沛体力的完美结合，并尽情享受大自然景色赋予的美感。

4) 游泳

在奥运会比赛中，游泳金牌数仅次于田径运动项目，包括各种不同距离的蛙泳、蝶泳、仰泳、自由泳、混合泳和接力比赛，共 30 个单项。通常把 50m、100m、200m 称为短距离，400m、800m、1500m 称为中长距离。标准游泳池长 50m，宽至少 21m，内设 8 条泳道，每条宽 2.5m，由 9 条分道线构成。分道线两端设 5m 不同颜色的浮标，便于运动中估计到达终点的距离；泳池两端 5m 处的旗绳，专为提醒仰泳运动员所设；离出发台 15m 处架设的绳索，则为拦截犯规运动员所用。近几年又设短池赛，即比赛在 25m 长的游泳池进行。运动员为不断提高运动成绩，在改进技术和增强体力的同时，还选择模仿海豚皮肤的游泳衣裤，甚至采取剃光头发、除尽体毛等措施。因此观赏游泳比赛，不仅应了解不同泳姿的特殊要求，包括出发、转身、途中游和抵达终点等技术细节，还可以仔细观察运动员为减少水的阻力，在细微方面所做的努力。

5) 自行车

自行车比赛可以在赛车场和公路上进行，常见的场地赛项目有个人和团体追逐赛(男子 4km、女子 3km)。公路自行车赛有男子 100km、女子 50km 团体计时赛。标准赛车场有露天和室内两种，跑道呈椭圆形斜坡，周长为 333.33m，也有 250m 或 500m 的。

追逐赛先进行单人或单队预赛，依成绩排出比赛顺序再一对一进行淘汰。双方从两个直道各自的起点出发(正好差半圈)，被追上者即遭淘汰，若各自均通过自己的终点，则成绩差者淘汰，直至进入冠亚军决赛。

争先赛要进行及格赛，先根据每位选手单独骑行至最后 200 m 的冲刺速度排出前 12 名，然后按成绩首尾配对，比赛采取三战两胜制，以首先通过终点者为胜(不计时间)，直至冠亚军决赛。

淘汰赛中，多名选手同时出发，每两周冲刺一次，处在最后者即被淘汰，以此类推，直至决出冠军。计分赛中，运动员分大组出发，在抵达预先规定距离即冲刺一次，然后按前四名记分，最后终点冲刺的得分加倍。观赏赛场自行车比赛十分有趣，由于各种比赛方法都有特点，两人争先似游龙戏水，群雄追逐如狂飙卷地，因此竞争场面颇为壮观。

6) 赛艇

赛艇是奥运会项目，分单人、双人、四人、八人、单桨、有舵手和无舵手多种比赛形式。比赛规定男舵手体重不得低于 50kg，女舵手体重不得低于 45kg，不足的部分则用附加物补足。近几年还增设了男女轻量级比赛，对运动员体重也有明确规定。用于比赛的艇身狭长，最宽处不过 52cm，最长可达十几米。比赛应在水深 4m 以上，风平浪静的湖泊进行。比赛开始前，运动员按各自水道将艇头取齐，然后听信号出发，抢航两次则取消比赛资格，途中也不得进入他人航道。赛艇没有记录，每次比赛均以先抵达终点者为胜。观赏赛艇比赛别有情趣，当运动员随活动座板前俯后仰，并挥桨划破镜面般的湖水飞速前进时，它与自然景观交相辉映产生的美感也尽在其中了。

2. 测距类项目

测距类项目由运动员或运动员操纵运动器械，以高度和远度决定比赛名次，力量、速度和技巧是提高运动成绩的关键。田径运动中的田赛是指在田径跑道以外进行的比赛，包括跳高、跳远、三级跳远、撑竿跳高、铅球、铁饼、标枪、链球等项目。上述项目都以跳、投为基本表现形式，它们作为人类生存的基本活动能力，也是各项运动的基础。国际田联规定，比赛可在室外或室内进行。承认世界纪录的室外比赛项目男女共 15 项，室内比赛项目男女共 9 项，总计 24 项。无论是跳跃还是投掷项目，为了达到最大高度和远度，都必须通过助跑、滑步或旋转，使身体和器械预先获得初速度，它们与技术、力量的完美结合则是决定成绩的关键。跳跃中的高度比赛，必须用单脚起跳，运动员在每个高度连续三次试跳失败，即被取消比赛资格，最后以跳过的最高高度决定名次。远度比赛每人可试跳、试投三次，前八名可增加三次，以其中最好成绩决定名次。如参加比赛人数过多，可在正式比赛前举行及格赛。观赏田赛项目的比赛，虽不及径赛项目紧张激烈，但无论是运动员腾空而起，或是使器械飞越长空，其情景都无不把健、力、美呈现给观众。

3. 计量类项目

计量类项目由运动员操纵运动器械以计算所克服的重量决定比赛名次，力量、速度和技巧是提高运动成绩的关键。举重是历史最悠久的运动项目，1891 年就举行了世界第一次举重锦标赛，1896 年第一届奥运会举重比赛计三项成绩，即挺举、抓举和两项相加的总成绩。奥运会举重比赛仅设总成绩冠军，世界举重锦标赛则有抓举、挺举和总成绩三块金牌。比赛按体重分男子十个级别，女子九个级别，均在四米见方的木制比赛台上进行。运动员可按照自己和对手的实力，利用六次试举(抓举三次、挺举三次)机会，对所要试举的重量作战术性安排。试举动作应符合规则要求，由三名裁判员用指示灯判定试举是否成功，以举起重量多者为胜，战绩相等时以体重较轻者列前，若体重亦相等，则以先举起该重量者名次列前。举重是最典型的体现力量的比赛项目，运动员在举起重量瞬间，往往把那种“力拔山兮气盖世”的雄姿展现给观众。

(二) 欣赏评分类项目

评分类项目是按一定标准，对完成动作质量进行评分而确定比赛成绩的项目，包括竞技体操、艺术体操、竞技健美操、技巧、健美、跳水、花样滑冰、花样游泳等。它们以一连串的运动组合为基本表现形式，具有空间运动、动静变幻、神形兼备等特点。观赏这类运动项目的比赛，应把动作准确、娴熟、协调、完美放在首位，注意编排结构、艺术造型和完整套路的变化，并从中领悟刚柔相济以及蕴含于风姿绰约中的内在魅力。

1. 竞技体操

竞技体操中男子项目包括男子自由体操、鞍马、吊环、跳马、双杠、单杠六个单项；女子项目包括跳马、高低杠、平衡木、自由体操四个单项。在重大国际比赛中，竞技体操又分团体、个人全能和个人单项三大类。团体比赛分规定和自选动作，个人全能、个人单项主要进行自选动作比赛，它们均按动作难度、编排和完成情况综合评分，后来又发展了加分，得分多者名次列前。由于技术和动作难度不断发展，评分规则也随之经常变化，在观赏竞技体操比赛时，我们应着重欣赏运动员利用各种平衡、跳跃、空翻、摆动、屈伸、转体、回环、腾越、支撑、倒立等基本动作，按规定和自选编排原则进行的组合，并在不同器械上完成动作的技巧，以及充分体现力量、柔韧与技巧的完美结合，体验人体在空间的优美姿态和造型所展现的艺术魅力。

2. 跳水

跳水是奥运会项目，世界游泳锦标赛和世界杯也都设有跳水比赛。奥运会跳水比赛有男女跳台、跳板共 4 个项目，跳台高度为 10m，跳板为 3m。男子跳台预赛跳 6 个自选动作，进入半决赛再跳 5 个规定动作，决赛跳 5 个自选动作，然后将半决赛和决赛成绩相加；跳板要完成 5 个规定动作和 6 个自选动作。女子跳台预赛跳 5 个自选动作，进入半决赛再跳 4 个规定动作，决赛跳 5 个自选动作，然后把半决赛和决赛成绩相加；跳板要完成 5 个规定动作和 5 个自选动作。规定动作有难度系数限制，自选动作则可随意安排。比赛设 5 名裁判，计分时去掉一个最高分、一个最低分，余下按总分乘以难度系数即为这个动作的最后得分。在跳水比赛中，运动员通过起跳、腾空、转体、入水等组合动作，将飘逸、舒展和优雅的空中姿态表现出来，使观众在赏心悦目中得到美的享受。

3. 花样游泳

花样游泳是通过运动员在水上或水下完成漂浮、翻腾、转体、旋转、倒立等动作，表演个人造型和集体编队的项目。重大国际比赛有奥运会、世界杯和世界锦标赛。比赛泳池不得小于 12 m × 12m，水深 3m，池水应清澈见底。规定动作没有音乐伴奏，自选动作分单人、双人和成队三种形式，配有音乐伴奏。比赛设 5～7 名裁判，计分时去掉一个最高分、一个最低分，余下按平均分乘以难度系数即为最后得分。花样游泳比赛中，观众主要观赏动作的难、新、协调、流畅与编排，以及其在音乐的和谐配合中表现的优美造型和体态。

4. 花样滑冰

花样滑冰有单人滑、双人滑和冰上舞蹈三个比赛项目。单人滑包括规定自由滑和自由滑，规定自由滑要求在规定时间内完成规范动作，一是按动作质量评出规定动作分，二是根据内容编排、音乐伴奏、速度、姿态、场地利用等因素评出表演分；自由滑要求自选音乐，在规定时间内完成自选动作，一是按动作难度、数量、质量评出技术水平分，二是根据内容编排、音乐伴奏、姿态、独创性、场地利用等因素评出艺术影响分。双人滑由男女两名选手组成，分创编和自由滑两种。创编根据规定动作和表演两部分评分；自由滑由技术水平分和艺术影响分两部分组成。冰上舞蹈由男女选手配对组成，主要以舞蹈动作表现步法和姿态，分为规定舞、定型舞和自由舞。重大国际比赛有冬奥会花样滑冰比赛和世界花样滑冰锦标赛。比赛场地长 60m、宽 30m，冰的厚度不少于 5cm，冰刀短而矮，中间有沟，刀尖有齿，适合各种曲线滑行、旋转、平衡、跳跃、急转等动作。观赏单人滑比赛时要注意动作的难、新、稳。双人滑比赛应观赏双人动作的默契、配合、协调和统一。冰上舞蹈则欣赏它的舒展、洒脱、飘逸和俊美。

(三) 欣赏得分类项目

得分类项目是指根据规则按每局得分达到规定数目确定比赛胜负的项目，包括乒乓球、羽毛球、网球、排球等。由于比赛双方各占场地对方，隔网相对，并根据得失分转换，速度较快，运动员可在重新发球或接发球间歇中有较充裕的时间思考，观众可针对攻、防技术和战术的灵活应用，注意观察运动员想象力、创造性和心理自制能力的表现水平。

1. 乒乓球

乒乓球最重要的国际性比赛是世界乒乓球锦标赛，共设男女团体、男女单打、男女双打和混合双打七个项目，每两年举行一届，迄今举行了 56 届。比赛以 11 分为一局，当 10 平以后，先多得两分的一方胜此局，通常采取 3 局 2 胜制，或 5 局 3 胜制。运动员可直握或横握球拍，采用推挡、抽杀、削球、搓球、拉球、弧圈球等基本技术，将球击过 15.25 cm 高的球网，落在长 2.74 m、宽 1.525 m、高 76 cm 的木制球台上。凡发球或接球不过网或出界违例均判失分。但根据国际乒联的改革措施，在继 2000 年 10 月将球的直径由 38 mm 改为 40 mm、球重改为 27 g 之后，又于第 46 届世乒赛期间举行的会议上通过以下决议：从 2003 年开始，世乒赛将年年举行——单数年打单项赛，双数年打团体赛。每局比赛将采取 11 分制，规定发球不允许用身体遮挡，须使对方及主、副裁判均能看见乒乓球抛起。这样既有利于将乒乓球推向市场，也能通过多打来回球达到吸引观众的目的。乒乓球比赛的对抗性极强，对技战术要求很高，通过运动员的判断反应、移步选位和挥拍击球等动态表现，观众可以欣赏他们在击球时对准确性、速度、旋转、力量和落点的完美追求。

2. 羽毛球

羽毛球分单打、双打和团体赛三种方式，团体赛包括男、女团体与混合团体，单打包括男、女单打，双打包括男、女双打与混合双打。团体赛可采用三场制、五场制，三场制可采用三场两胜制，亦可赛完三场后以获胜场数多者为胜队。五场制可采用五场三胜制，亦可赛完五场后以胜场数多者为胜队。单打和双打采用三局两胜制。比赛在长 13.40 m、宽 5.18 m (双打场地宽 6.10 m)的长方形场地进行。羽毛球比赛对发球有严格的规定，当发球一方得分为零或双数时，应站在右发球区发球，得分为单数时，须站在左发球区发球。发球时双方都必须站在各自发球区内，不得踩线，任何一脚都不得离地或移动，球与拍的接触点必须低于腰部，整个拍框要明显低于握拍的手，否则判违例，由对方发球。如发球擦网未落在对方接发球区应判失误，落入对方接发球区内对方不接则判得分。如果发球方胜球，判得 1 分，并继续保持发球权，直到输球为止。如果发球方输球，对方获得发球权，并得 1 分。所有羽毛球比赛项目，每场均采用三局两胜制。所有比赛一局为 21 分，但打到 20 平以后，先多得 2 分者为胜方；如果双方比分打成 29∶29，则率先得到 30 分的一方取胜。

3. 排球

排球比赛最早是由球类游戏演变而成的。比赛在长 18 m、宽 9 m 的长方形场地进行，男子比赛网高 2.43 m，女子比赛网高 2.24 m，场地的所有界线均宽 5 cm，场地的长和宽均包括界线，压线球为界内球。距中线 3 m 处有一条进攻线，以限制后排队员在前排进行进攻性击球，中线和进攻线被视为无限延长。每队上场 6 人站成两排，自左向右前排为 4、3、2 号位，后排为 5、6、1 号位。发球后每队可接触球 3 次(拦网触球除外)，正式比赛采取五局三胜制和每球得分制，即攻防任何一方失误均由对方得分并发球。每局比赛，某队满 25 分并比对方至少多得 2 分为胜局。当双方比分 25 平时，应继续比赛至某队多领先 2 分为止，某队先胜三局即取得该场比赛胜利。如双方前四局出现 2∶2 平局时，第五局为决胜局。在该局比赛中，只要一方先得 8 分应交换场地，位置不变继续比赛。当比分 15∶15 时，此时无最高分限，先超过对手 2 分的队获胜。发球时队员须按顺时针方向转换到号位，球未发出前，双方队员左右前后不得错位，否则将被判丢失发球权或由对方得分。当每局比赛到8、16分时为技术暂停，比赛成死球时教练或队长可请求暂停两次，每次30s。每局比赛只能换6人，每局开赛队员只能退出比赛一次，再上场时只准换下替换他的队员。由于排球比赛有三次击球机会，因此在防守基础上有效组织进攻是制胜的关键。观众可通过运动员的发球、传球、垫球、扣球、拦网等基本技术，欣赏他们在千变万化的战术中表现出的精湛技艺、巧妙配合、战术意识、机智勇敢和顽强拼搏精神。

4. 网球

网球比赛分单打、双打和团体赛三种方式，网球比赛在长23.77m、宽8.23m(双打场地宽10.97m)的草地、硬地、泥沙地或沥青涂塑场地进行。先发球者从右半场端线后将球发至对方右发球区内，然后双方隔网对击，允许凌空击球或接落地一次的球。如击球落网、出界或失误即判对方得分，每次有两次发球机会，连续两次失误也判对方得分。国际上以胜1分为“15”，胜2分为“30”，胜3分为“40”，满“40”一方为胜一局，胜6局为胜一盘。如每局各得3分须再净胜2分才算获胜一局，双方各胜5局要由一方再净胜2局才算获胜一盘。正式比赛中，女子单打、双打和混双采取三盘二胜制；男单和男双则采取五盘三胜制或三盘两胜制。双方局数出现6平或8平时，应采用12分7胜的决胜制，双方各得6分则以再净胜2分者为胜，这种决胜制不适合于三盘二胜的第三盘和五盘三胜的第五盘。网球双打比赛的规则是：双方应按次序发球，如可由甲队任一人先发球，第二局由乙队换发球。第三、四局则分别由甲、乙队未发过球的队员发球，依次轮换直至该盘结束。网球被认为是高雅的运动，观众可通过运动员的抽击球、切削球、截击球高压球、挑高球、反弹球、放短球等基本技术，欣赏他们在快速移动中，对发球战术、接发球战术、上网战术和底线战术的灵活应用。为了提高欣赏品位，还应了解有关规则和要求，并切记在运动员发球和比赛进行中，绝对不要随意走动和发出声响，或用闪光灯照相。

(四) 欣赏命中类项目

命中类项目是以命中目标数确定比赛成绩的项目，包括设防型和无防型两个分类。

1. 设防型项目

在设防型项目中，运动员通常按技术规范和事先布置的战术，在规则的严格控制下参与比赛，具有直接对抗攻防变换、竞争激烈等特点。为了取得比赛胜利，运动员的个人技术和体力固然重要，但更强调勇敢顽强、集体配合和战术意识，其中包括观察判断和预测能力。

1) 足球

足球比赛在长1010m、宽64～75m的场地进行，每方上场11人，其中必须有1名守门员，每场每队可替换2名队员，全场90 min，分上、下两个半场，中间休息15 min。若规定比赛必须分出胜负，在出现平局后应进行30 min加时赛，现已采取“突然死亡法”，即在加时赛中一方先踢球入门，比赛即宣告结束。若加时赛仍是平局，则互罚点球决出胜负。足球比赛虽允许合理冲撞，但对故意犯规、危险动作、冲撞无球队员(包括守门员)、不服从裁判等判罚严格。根据情节轻重，可判罚间接任意球、直接任意球、点球口头警告、“黄牌”警告，直至“红牌”罚出场外。足球经过一百多年的发展，与其说是体育运动，不如说是一种超级的体育文化。由它反映的球场建设、球迷现象与球市经营等，现已浸透到社会的每个角落，其影响面之大及人们对它的痴迷程度，是当之无愧的世界第一运动。由于比赛场面精彩纷呈，观众往往带着悬念了解各种战术风格、流派、阵形和技术特点，并欣赏运动员快速奔跑、长传急攻、短传配合、飞身铲断、鱼跃冲顶、临门一脚、凌空扑救等高超技艺，足以达到令人沉醉的境地。

2）篮球

篮球比赛在长 28m、宽 15m 的场地进行，比赛分两个半时，第一节、第二节为上半时，第三节、第四节为下半时。第一节与第二节、第三节与第四节之间休息 2min，第二节与第三节之间即每半时中间休息 10min，中间休息 10min 后互换场地继续比赛。每场比赛每队可允许 5 次暂停，第一节、第二节即上半时允许 2 次暂停，第三节、第四节即下半时允许 3 次暂停，队员犯规 5 次必须自动退出比赛，第一节比赛的一个队的队员侵人犯规或技术犯规达到 4 次，若以后队员再犯规则处以两次罚球。比赛结束出现平局应进行 5min 的加时赛，若仍战平则应再进行一个 5min 的加时赛，直至决出胜负。每队上场队员 5 人，分为前锋、中锋、后卫。投球中篮得 2 分，3 分投篮区投中得 3 分，罚球中篮得 1 分。篮球比赛对抗性强，攻防转换都在瞬间完成，身体接触频繁，拼抢非常激烈，但同时又有极强的艺术欣赏价值。观众通过运动员的移动、传球、接球、运球、抢球、断球、投篮、扣篮等基本技术，可以欣赏全队的默契配合及灵活多变的攻、防战术。

3）手球

手球比赛分 7 人制和 11 人制两种，目前世界各国开展的是 7 人制室内手球比赛，重要的国际比赛有世界手球锦标赛和奥运会手球比赛。比赛在长 40m、宽 20m 的长方形场地进行，球门高 2m、宽 3m，设在端线的中央。比赛时间为 60min，分上、下两个半场，中间休息 10min，比赛结束如得分相等，休息 5min 后应进行 10min 决胜期比赛，如仍为平局则再延长 10min，直至决出胜负。手球包括持球移动、射门、传接球、运球、突破、防守和守门等基本技术，观众通过运动员之间的传切配合、交叉换位、互相掩护、交换防守、关门封堵、补位防守和穿过配合等，可以欣赏他们在集体防守和阵地进攻中表现的应变能力，以及对技术、战术的灵活应用。

4）水球

水球比赛在长 30m、宽 20m，水深 1.80m 以上的人工游泳池中进行(女子场地长 25m、宽 17m)。球门高距水面 0.9m，两球门柱内沿之间的宽度为 3m，比赛用球周长为 68～71cm，重量为 400～450g。水球比赛每队上场 7 人，其中守门员 1 人，后卫和前锋各 3 人，比赛时间每场 28min，各分 4 节进行，每节 7min，两节间休息 2min 并交换场地。如比赛结束打成平局，应休息 5min 继续比赛 2 节，每节 3min，中间休息 1min。运动员必须用单手传球、接球、运球和射门，不得抱持、拖拉、压沉对方未持球队员，严禁踢、蹬、打对方队员，或妨碍对方队员掷间接任意球、角球、球门球，否则判犯规者离场 35s 方可进场比赛。重大国际性比赛有世界水球锦标赛、世界杯水球赛和奥运会水球比赛。观众通过观察运动员在水中起跳、踩水、转体、抬头爬泳、快速游进、急停变向等专项技术，可以欣赏他们对紧逼防守、人盯人防守、区域防守、中锋定位进攻、快速反击、游动进攻等攻防战术的灵活应用。

5）冰球

冰球在长 61m、宽 30m 的冰球场内进行，四周设有“界墙”。用两条蓝线将全场分为三等份，场地中央为红线，球门宽 1.83m、高 1.22m，设在端线中央。冰球呈扁圆形，用硬橡胶制成。冰球杆长 1.35m，守门员球杆的柄刃较宽，均为木质材料制成。冰球比赛每队上场 6 人，其中包括 1 名守门员、3 名前锋和 2 名后卫，分三局进行，每局净时 20min，局间休息 15min。重大国际性比赛有世界冰球锦标赛(分 A、B、C 三组)和冬奥会冰球比赛。冰球比赛允许以肩、胸、臂部对控球队员合理冲撞，但不准用球杆打人、拍刃戳人、杆柄杵人、横杆推人、踢人、绊人、抱人、膝肘顶人、勾人或投扔球杆，否则分情节轻重给予处罚。替换队员不必等待比赛停止和经裁判允许，即可随意上下，但必须等下场队员完全脱离比赛。观众主要欣赏运动员细腻娴熟的个人技术、快速传递和灵活多变的战术配合。

6) 曲棍球

曲棍球比赛在长 91.44m、宽 55m 的草地球场进行。球门高 2.14m、宽 3.66m，置于端线中央的外沿，球棍的一侧为平面，另一侧为凸面，棍长不超过 1m，只允许用平面部位传接球、运球和射门。球的外壳由白皮革制成。上场比赛人数各 11 人，分上、下两个半时，共 70min，中间休息 5～10min。2 守门员可在球门区用身体挡球、踢球、铲球，却不准抓、抛、压、踩球。其他运动员挥摆球棍不得超过肩高，不允许对近距离他方队员冲击、挑、铲击球或用转身、半转身护球，或将球棍插入对手和球之间进行干扰，不允许击空中球和砍击球，或勾扣、打击球和撞、踢、推、绊、拉、打对方队员。重大的国际性比赛有世界曲棍球锦标赛、世界青年曲棍球锦标赛和奥运会曲棍球比赛。观众通过运动员的传球、停球、运球、抢截球、射门欣赏他们快速、灵巧、准确用棍控制球的能力，以及局部和整体战术的运用。由于规则规定，攻方须在射门区内射门进球才算有效，所以射门区双方的激烈争夺是观众欣赏的焦点。

2. 无防型项目

无防型项目是指在无人防守、干扰的情况下，运动员凭借个人技术和体力优势，以命中目标多少计算成绩的项目。无防型项目具有单兵作战、内紧外松的特点，沉着冷静、耐心细致、意念集中是取胜的关键。

1) 射击

射击按比赛项目可分为步枪、手枪、飞碟和移动靶四类。按枪支规格、射击姿势、射击方法、距离远近又分成许多小项，比如步枪分大口径、小口径、气步枪、卧射、跪射、立射、40 发、3 × 20 发等，手枪为慢射、速射、标准手枪 25m、气手枪立射(40 发)等，飞碟有双向和多向。射击分个人赛和团体赛两种，人数都有具体规定。射击比赛虽比较单调，但从运动员镇定自若的神态中，可以欣赏他们举枪射击、准确命中的大将风度和稳定的心理素养。特别是观赏飞碟比赛时，当见到枪响碟落，观众更可以从中体验枪手的潇洒和百发百中的乐趣。

2) 射箭

射箭有男子 90m、70m、50m、30m 四项，女子 70m、60m、50m、30m 四项，重要国际性比赛有世界射箭锦标赛和奥运会射箭比赛。参加奥运会的所有选手要先参加四个射程、144 支箭的预赛，然后根据预赛成绩，个人赛取前 32 名选手，团体赛取前 16 支队进入淘汰赛。在淘汰赛中，参加个人比赛的 32 名选手进行一对一的比赛，每人只射 70m 距离的 12 支箭，成绩高者进入下一轮。团体赛则是各队之间一对一比赛，每队上 3 人，各射 70m 距离 9 支箭，每队共 27 支箭，胜者进入下一轮。射箭运动员要有足够的开弓力量和正确的姿势，观众应注意观察运动员准确的瞄准、沉稳的射出，并欣赏他们良好的素质和娴熟的射箭技巧。由于射箭比赛对每组箭的时间(每组射 3 支箭)都有限制，现场有灯、声音等进行提示，因此观众不要呐喊、喧哗，以免干扰运动员比赛。

(五) 欣赏制胜类项目

制胜类项目决定成绩的方法比较特殊，它既含命中对方而得分的因素，又可直接制服对方而获胜，包括拳击、摔跤、柔道等项目。

1. 拳击

拳击分职业和业余两种，职业拳赛不戴头盔、裸露上身、拳套轻而薄，按体重分重量级、次重量级、中量级、次中量级、轻量级，一般打 10 个回合以上。业余拳赛则要戴头盔、身穿背心、拳套较厚，根据体重分 12 个级别，须打 3 个回合，一个回合 3 min，回合之间休息 1 min。拳击比赛在 4.9 m 或 6.1 m 见方，高约 1 m，四角各设立柱，并用四条绳索围绕的拳台上进行。合法有效击打部位是腰带以上身体正面、头部正面及侧面，凡击打后脑、裆部，用张开的拳套、拳套内侧、手腕部位、拳套侧面击打摔扭对方，或旋转身体抢打、用双臂抱紧自己身体完全消极防守，过于低头等都属于犯规，轻者警告，重者扣分。如果比赛不是以击倒对方结束，则以计点数判胜负。业余拳击水平最高的世界比赛是奥运会和世界锦标赛，职业比赛则为世界拳击理事会举办的各个级别的拳王争霸战。拳击比赛需要很强的体力、全面的技术和敏锐的反应，观众在注意观察运动员脚下移动、灵活躲闪、试探性进攻的同时，应重点欣赏他们如何利用直拳、刺拳、勾拳、摆拳或组合拳突然向对方发起进攻，并给予致命一击的精彩场面。

2. 摔跤

世界性摔跤比赛有古典式和自由式两种，均在 12 m 见方、直径为 9 m 的圆形场地内进行，四周设不少于 1.5 m 宽的保护区。在正式比赛中，古典式摔跤只允许握抱对方头颈、躯干和上肢，不准握下肢或用腿使绊。自由式摔跤则可手足并用，允许抱下肢，并可采用抱摔和使腿绊等方式。两种摔跤方式都按体重分级进行比赛，不许使用反关节动作或击打对方，不许用手肘、膝撞击或蹬踹对方，不许抓头发或采用使对方窒息的动作。记分方法根据摔的程度、质量分别记 1 分、2 分，比赛结果以得分多少判定胜负。如能将对方双肩同时触及垫子并稍有停顿，则不管原先得失分多少或比赛时间是否已到，即可宣布获胜。观众主要欣赏运动员在攻防中采取的过胸摔、过背摔、跪撑、搭桥等技巧，以及运动员的个人“绝技”和顽强的意志品质。

3. 柔道

柔道比赛在 14～16 m 见方的“榻榻米”上进行，评分按技术质量、效果等因素分为“一本”“有技”“有效”“效果”四种。运动员得“一本”为绝对胜利，该场比赛即告结束，否则应按其他三种得分的多少评定胜负。“有技”可以胜过所有的“有效”和“效果”，一个“有效”胜过所有的“效果”。若双方得分相等则应根据运动员的比赛风格、技术、有无犯规等情况判定胜负。柔道按体重分级别比赛，需穿专门的白色柔道服，分别系红、白色腰带以示区别。男子比赛时间为 5 min，女子为 4 min，观众通过运动员在比赛中采取的投技、寝技(关节技、绞技、固技)等基本技术，可以欣赏他们如何占据合理位置，利用巧劲摔倒、制服对手的精彩场面，并注意应讲究的礼节。

第三章　新时代体育强国思想

奋进新征程，建功新时代。党的十八大以来，以习近平同志为核心的党中央全面推进群众体育、竞技体育、体育产业、体育文化等各方面发展，深入实施全民健身国家战略，提升体育公共服务水平，大力发展冰雪运动，体育事业取得长足发展。

第一节　习近平总书记关于体育的重要论述

党的十八大以来，习近平总书记从国家强盛、民族复兴的战略高度重视体育发展，围绕加快推进体育强国建设、推动体育改革创新发展、落实全民健身国家战略、促进青少年健康成长、提高竞技体育为国争光能力、大力弘扬中华体育精神、加强中外体育人文交流、筹办好北京冬奥会和冬残奥会、推动冰雪运动全面发展、开展反兴奋剂斗争等方面，提出了一系列新理念新思想新战略。习近平总书记关于体育的重要论述，深刻揭示了当代中国体育发展的基本规律，具有很强的战略性、思想性和纲领性，是新时代推动体育改革发展的根本遵循和行动指南。

党的二十大报告明确指出：广泛开展全民健身活动，加强青少年体育工作，促进群众体育和竞技体育全面发展，加快建设体育强国。

习近平总书记在北京冬奥会、冬残奥会总结表彰大会上指出：“伟大的事业孕育伟大的精神，伟大的精神推进伟大的事业。”总书记精准全面地阐述了冬奥精神，他将冬奥精神凝练为“胸怀大局、自信开放、迎难而上、追求卓越、共创未来”。这既是对北京冬奥会、冬残奥会体育精神的总结，也是习近平总书记关于体育重要论述的思想精粹，与他多年来关于体育的重要论述一脉相承，是推进青少年体育运动的方向指引。

习近平总书记多次强调“没有全民健康，就没有全民小康”，并指出“要坚持健康第一的教育理念”。习近平总书记始终将体育与国家发展、民族振兴紧密联系在一起，他多次谈到和强调，体育“是实现中国梦的重要内容”。对青少年的身体健康、体育运动，习近平总书记格外关心和重视，他谆谆教诲孩子们要文明精神、野蛮体魄，把身体锻炼好，把知识学好。在多次关于青少年体育的论述中，习近平总书记不仅强调了青少年体育的重要性，而且强调了青少年理想、学习、健康、精神多方面平衡的重要性，为做好青少年体育工作指明了方向。

“体育是提高人民健康水平的重要途径，是满足人民群众对美好生活向往、促进人的全面发展的重要手段，是促进经济社会发展的重要动力，是展示国家文化软实力的重要平台。”总书记用“四个重要”概括了新时代体育的新内涵。

第二节　体育强则中国强

体育强则中国强，国运兴则体育兴，全民健康是国家现代化的重要标志。党的十八大以来，习近平总书记高度关心和重视体育事业，始终从中华民族伟大复兴和人民群众的美好生活向往的高度引领体育事业健康有序发展。

体育既是国家强盛的应有之义，也是人民健康幸福生活的重要组成部分。建设体育强国、健康中国，最根本的是增强人民体质、保障人民健康。

党的十八大以来，习近平总书记心里始终装着人民，时刻把人民幸福作为“国之大者”，瞄准“让人民过上好日子”的坚定目标，提出很多创新性思想，作出很多战略性部署，引领14亿多中国人民绘就新时代中国复兴画卷。

在习近平总书记关心鼓励下，中国运动员不断冲刺、突破、圆梦，将“精彩”的定义一次又一次推向新高度。以“为国争光、无私奉献、科学求实、遵纪守法、团结协作、顽强拼搏”为主要内容的中华体育精神在新时代有了更生动的表达。

2012年，“广泛开展全民健身运动”被写入党的十八大报告。

2014年，全民健身上升为国家战略。

2017年，群众比赛项目在第十三届全国运动会上首次亮相。同年，党的十九大明确提出“广泛开展全民健身活动，加快推进体育强国建设”的目标，重磅举措次第出炉。

2021年，《全民健身计划(2021—2025年)》印发。

全民健身正以国家战略的定位，成为体育强国建设的重要一环。同时，中国体育的内涵和外延不断丰富，体育强国梦全方位汇入中国梦的时代洪流。从竞技体育迈上新台阶，到体育产业迈向新辉煌，再到全民健身成就健康中国……世界眼中的中国愈加多彩而富有朝气。在民族复兴的大道上，14亿多中国人民挥毫写就一个又一个与体育强国建设有关的新时代故事。正如习近平总书记所思所感：“体育精神是中国精神的一个缩影。这种拼搏精神恰恰是我们这个时代的一种体现。”

第三节　发扬北京冬奥精神

伟大的事业孕育伟大的精神，伟大的精神推进伟大的事业。北京冬奥会、冬残奥会广大参与者珍惜伟大时代赋予的机遇，在冬奥申办、筹办、举办的过程中，共同创造了胸怀大局、自信开放、迎难而上、追求卓越、共创未来的北京冬奥精神。

胸怀大局，就是心系祖国、志存高远，把筹办举办北京冬奥会、冬残奥会作为“国之大者”，以为国争光为己任，以为国建功为光荣，勇于承担使命责任，为了祖国和人民团结一心、奋力拼搏。

自信开放，就是雍容大度、开放包容，坚持中国特色社会主义道路自信、理论自信、制度自信、文化自信，以创造性转化、创新性发展传递深厚文化底蕴，以大道至简彰显悠久文明理念，以热情好客展现中国人民的真诚友善，以文明交流促进世界各国人民相互理解和友谊。

迎难而上，就是苦干实干、坚韧不拔，保持知重负重、直面挑战的昂扬斗志，百折不挠克服困难、战胜风险，为了胜利勇往直前。

追求卓越，就是执着专注、一丝不苟，坚持最高标准、最严要求，精心规划设计，精心雕琢打磨，精心磨合演练，不断突破和创造奇迹。

共创未来，就是协同联动、紧密携手，坚持“一起向未来”和“更团结”相互呼应，面朝中国发展未来，面向人类发展未来，向世界发出携手构建人类命运共同体的热情呼唤。

成功筹办举办北京冬奥会、冬残奥会，极大激发了亿万人民的体育热情，极大推动了我国体育事业发展。

第四节　以高质量发展加快建设体育强国

党的二十大报告提出，从现在起，中国共产党的中心任务就是团结带领全国各族人民全面建成社会主义现代化国家、实现第二个百年奋斗目标，以中国式现代化全面推进中华民族伟大复兴。报告强调，实现高质量发展，是中国式现代化的本质要求，是全面建设社会主义现代化国家的首要任务。把高质量发展明确作为全面建设社会主义现代化国家的首要任务，进一步凸显了发展的全局和长远意义。高质量发展是在立足新发展阶段、贯彻新发展理念、构建新发展格局中推进发展，这是我国各项事业发展的根本遵循，也是体育发展的必然要求。“广泛开展全民健身活动，加强青少年体育工作，促进群众体育和竞技体育全面发展，加快建设体育强国”是党的二十大确定的，在全面建成社会主义现代化强国进程中体育的目标任务。这一目标任务的实现，唯有坚持把体育高质量发展作为体育发展的要务，以推动体育高质量发展加快体育强国建设进程，在新发展格局的大棋盘上发挥体育的独特作用，在全面建设社会主义现代化强国中贡献体育的重要力量。

人民身心健康是体育事业发展的本质诉求。习近平总书记强调，“体育是提高人民健康水平的重要途径”“要推动健康关口前移，建立体育和卫生健康等部门协同、全社会共同参与的运动促进健康新模式”“树立大卫生、大健康的观念，把以治病为中心转变为以人民健康为中心，推动全民健身和全民健康深度融合”。

江山就是人民，人民就是江山。人民对美好生活的向往就是我们的奋斗目标。体育高质量发展的第一要义就是要坚持以人民为中心发展体育，把人民作为发展体育的主体，充分满足人民群众多元化、多层次、多方面的体育需求。充分调动人民群众参与体育的积极性、主动性、创造性，把满足人民健身需求、促进人的全面发展作为体育工作的出发点和落脚点，以构建更高水平的全民健身公共服务体系，开展更加广泛的全民健身活动，推进更加完善的全民健身场地设施建设，实现更加科学的全民健身指导，提供更加精彩的高水平运动竞赛产品，让体育走进千家万户，融入每一个人的生活，在生活中感知体育，在体育中享受生活，成为高品质生活的灵魂。

推动高质量体育发展是对国家软实力的展示平台加宽扩容的过程。习近平总书记指出：“体育精神是中国精神的一个缩影。这种精神恰恰是我们这个时代的一种体现”。高质量体育发展是将“为国争光、无私奉献、科学求实、遵纪守法、团结协作、顽强拼搏”的中华体育精神提供的凝心聚气的强大精神力量，在推动中华民族伟大复兴中厚积薄发；是将民族的科学的大众的社会主义文化通过奥运会和国际大赛的办赛、参赛、比赛，在中国好故事、中国好声音、中国好形象中走向世界；是将中国特色社会主义制度的优势和国家治理体系和治理能力现代化水平在强民体育和强国体育的全面、协调、可持续发展中不断显现；是将推动构建人类命运共同体，弘扬和平、发展、公平、正义、民主、自由的全人类共同价值，同世界人民携手开创人类更加美好的未来的中国主张、中国立场、中国愿望在体育的路径中持续传递。

体育承载着国家强盛、民族振兴的梦想，关乎人民幸福，关乎民族未来。中国共产党带领亿万人民奋发进取的征程中，体育领域的成就光彩夺目。

拼搏成就梦想，奋斗创造未来。努力将体育建设成为中华民族伟大复兴的标志性事业，中国体育正向着更高远的目标奋进。

第四章　国家学生体质健康标准

第一节　《国家学生体质健康标准》的说明

教育部、国家体育总局颁布的《国家学生体质健康标准》(以下简称《标准》)是积极贯彻《中共中央、国务院关于深化教育改革全面推进素质教育的决定》的一项重要举措，是学校教育要树立“健康第一”的指导思想，切实加强学校体育工作的具体措施。近年来，我国学生体质健康调研结果显示，随着我国社会稳定，经济持续发展，人民生活水平不断提高，我国学生身体健康水平有了较大的提高。与此同时，学生在体质健康方面也存在着不容忽视的问题，学生体质健康的现状不容乐观，必须下大力气，积极采取措施，扭转学生体质健康状况下滑的趋势。《标准》的颁布实施，其目的就在于使学校和广大学生以及家长能够及时了解学生的健康水平，督促学生积极参加体育锻炼，上好体育课，养成良好的锻炼习惯，进而全面提高学生的体质健康水平。它对促进学生身体健康发展，激励学生积极进行身体锻炼具有深远的意义。

《标准》的内涵和实施办法如下：

(1) 《标准》是国家学校教育工作的基础性指导文件和教育质量基本标准，是评价学生综合素质、评估学校工作和衡量各地教育发展的重要依据，是《国家体育锻炼标准》在学校的具体实施，适用于全日制普通小学、初中、普通高中、中等职业学校、普通高等学校的学生。

(2) 本《标准》的修订坚持健康第一，落实《国家中长期教育改革和发展规划纲要(2010—2020 年)》《国务院办公厅转发教育部等部门关于进一步加强学校体育工作若干意见的通知》(国办发〔2012〕53 号)和《教育部关于印发〈学生体质健康监测评价办法〉等三个文件的通知》(教体艺〔2014〕3 号)有关要求，着重提高《标准》应用的信度、效度和区分度，着重强化其教育激励、反馈调整和引导锻炼的功能，着重提高其教育监测和绩效评价的支撑能力。

(3) 本《标准》从身体形态、身体机能和身体素质等方面综合评定学生的体质健康水平，是促进学生体质健康发展、激励学生积极进行身体锻炼的教育手段，是学生发展核心素养体系和学业质量标准的重要组成部分，是学生体质健康的个体评价标准。

(4) 本《标准》将适用对象划分为以下组别：小学、初中、高中按每个年级为一组，其中小学为 6 组、初中为 3 组、高中为 3 组。大学一、二年级为一组，三、四年级为一组。

(5) 小学、初中、高中、大学各组别的测试指标均为必测指标。其中，身体形态类中的身高、体重，身体机能类中的肺活量，以及身体素质类中的 50m 跑、坐位体前屈为各年级学生共性指标。

(6) 本《标准》的学年总分由标准分与附加分之和构成，满分为 120 分。标准分由各单项指标得分与权重乘积之和组成，满分为 100 分。附加分根据实测成绩确定，即对成绩超过 100 分的加分指标进行加分，满分为 20 分；小学的加分指标为 1 min 跳绳，加分幅度为 20 分；初中、高中和大学的加分指标为男生引体向上和 1000 m 跑，女生 1 min 仰卧起坐和 800 m 跑，各指标加分幅度均为 10 分。

(7) 根据学生学年总分评定等级：90.0 分及以上为优秀，80.0～89.9 分为良好，60.0～79.9 分为及格，59.9 分及以下为不及格。

(8) 每个学生每学年评定一次，记入《〈国家学生体质健康标准〉登记卡》。特殊学制的学校，在填写登记卡时可以按规定和需求相应地增减栏目。学生毕业时的成绩和等级，按毕业当年学年总分的 50%与其他学年总分平均得分的 50%之和进行评定。

(9) 学生测试成绩评定达到良好及以上者，方可参加评优与评奖；成绩达到优秀者，方可获体育奖学分。测试成绩评定不及格者，在本学年度准予补测一次，补测仍不及格，则学年成绩评定为不及格。普通高中、中等职业学校和普通高等学校学生毕业时，《标准》测试的成绩达不到 50 分者按结业或肄业处理。

(10) 学生因病或残疾可向学校提交暂缓或免予执行《标准》的申请，经医疗单位证明，体育教学部门核准，可暂缓或免予执行《标准》，并填写《免予执行〈国家学生体质健康标准〉申请表》，存入学生档案。确实丧失运动能力、被免予执行《标准》的残疾学生，仍可参加评优与评奖，毕业时《标准》成绩须注明免测。

(11) 各学校每学年开展覆盖本校各年级学生的《标准》测试工作，《标准》测试数据经当地教育行政部门按要求审核后，通过"中国学生体质健康网"上传至"国家学生体质健康标准数据管理系统"。测试和数据上传时间由教育行政部门确定。

(12) 本《标准》由教育部负责解释。

第二节 评价指标及测试项目

一、大学生《标准》权重系数

《标准》中从小学到大学都分别规定了相应的评价指标，对大学生体质健康标准的评价指标如表 4-2-1 所示。这些指标是根据《标准》中项目的测试值进行评价的，有的直接利用测试值进行查表评分，如肺活量；有的需要进行计算，如体重指数(BMI)。

表 4-2-1 评价指标表

评价指标	得 分	评价指标	得 分
体重指数(BMI)	15	立定跳远	10
肺活量	15	引体向上(男)/1 min 仰卧起坐(女)	10
50 m 跑	20	1000 m 跑(男)/800 m 跑(女)	20
坐位体前屈	10	合计	100

二、《标准》测试(大学生)评分

《标准》测试评分总体原则见《标准》的内涵中第(6)点。具体的单项评分如表 4-2-2～表 4-2-6 所示。

表 4-2-2　体重指数(BMI)单项评分表

等　级	单项得分	男　生	女　生
正常	100	17.9～23.9	17.2～23.9
低体重	80	≤17.8	≤17.1
超重		24.0～27.9	24.0～27.9
肥胖	60	≥28.0	≥28.0

注：体重指数(BMI)＝体重(kg)/身高 ^{2}(m^2)。

表 4-2-3　大学男生评分标准

等级	单项得分	肺活量/ml		50 m 跑/s		坐位体前屈/cm		立定跳远/cm		引体向上/个		1000 m 跑/min	
		大一、大二	大三、大四	大一、大二	大三、大四	大一、大二	大三、大四	大一、大二	大三、大四	大一、大二	大三、大四	大一、大二	大三、大四
优秀	100	5040	5140	6.7	6.6	24.9	25.1	273	275	19	20	3.17	3.15
	95	4920	5020	6.8	6.7	23.1	23.3	268	270	18	19	3.22	3.20
	90	4800	4900	6.9	6.8	21.3	21.5	263	265	17	18	3.27	3.25
良好	85	4550	4650	7.0	6.9	19.5	19.9	256	258	16	17	3.34	3.32
	80	4300	4400	7.1	7.0	17.7	18.2	248	250	15	16	3.42	3.40
及格	78	4180	4280	7.3	7.2	16.3	16.8	244	246			3.47	3.45
	76	4060	4160	7.5	7.4	14.9	15.4	240	242	14	15	3.52	3.50
	74	3940	4040	7.7	7.6	13.5	14.0	236	238			3.57	3.55
	72	3820	3920	7.9	7.8	12.1	12.6	232	234	13	14	4.02	4.00
	70	3700	3800	8.1	8.0	10.7	11.2	228	230			4.07	4.05
	68	3580	3680	8.3	8.2	9.3	9.8	224	226	12	13	4.12	4.10
	66	3460	3560	8.5	8.4	7.9	8.4	220	222			4.17	4.15
	64	3340	3440	8.7	8.6	6.5	7.0	216	218	11	12	4.22	4.20
	62	3220	3320	8.9	8.8	5.1	5.6	212	214			4.27	4.25
	60	3100	3200	9.1	9.0	3.7	4.2	208	210	10	11	4.32	4.30
不及格	50	2940	3030	9.3	9.2	2.7	3.2	203	205	9	10	4.52	4.50
	40	2780	2860	9.5	9.4	1.7	2.2	198	200	8	9	5.12	5.10
	30	2620	2690	9.7	9.6	0.7	1.2	193	195	7	8	5.32	5.30
	20	2460	2520	9.9	9.8	−0.3	0.2	188	190	6	7	5.52	5.50
	10	2300	2350	10.1	10.0	−1.3	−0.8	183	185	5	6	6.12	6.10

表 4-2-4　大学女生评分标准

等级	单项得分	肺活量/ml		50 m 跑/s		坐位体前屈/cm		立定跳远/cm		一分钟仰卧起坐/个		800 m 跑/min	
		大一、大二	大三、大四	大一、大二	大三、大四	大一、大二	大三、大四	大一、大二	大三、大四	大一、大二	大三、大四	大一、大二	大三、大四
优秀	100	3400	3450	7.5	7.4	25.8	26.3	207	208	56	57	3.18	3.16
	95	3350	3400	7.6	7.5	24.0	24.4	201	202	54	55	3.24	3.22
	90	3300	3350	7.7	7.6	22.2	22.4	195	196	52	53	3.30	3.28
良好	85	3150	3200	8.0	7.9	20.6	21.0	188	189	49	50	3.37	3.35
	80	3000	3050	8.3	8.2	19.0	19.5	181	182	46	47	3.44	3.42
及格	78	2900	2950	8.5	8.4	17.7	18.2	178	179	44	45	3.49	3.47
	76	2800	2850	8.7	8.6	16.4	16.9	175	176	42	43	3.54	3.52
	74	2700	2750	8.9	8.8	15.1	15.6	172	173	40	41	3.59	3.57
	72	2600	2650	9.1	9.0	13.8	14.3	169	170	38	39	4.04	4.02
	70	2500	2550	9.3	9.2	12.5	13.0	166	167	36	37	4.09	4.07
	68	2400	2450	9.5	9.4	11.2	11.7	163	164	34	35	4.14	4.12
	66	2300	2350	9.7	9.6	9.9	10.4	160	161	32	33	4.19	4.17
	64	2200	2250	9.9	9.8	8.6	9.1	157	158	30	31	4.24	4.22
	62	2100	2150	10.1	10.0	7.3	7.8	154	155	28	29	4.29	4.27
	60	2000	2050	10.3	10.2	6.0	6.5	151	152	26	27	4.34	4.32
不及格	50	1960	2010	10.5	10.4	5.2	5.7	146	147	24	25	4.44	4.42
	40	1920	1970	10.7	10.6	4.4	4.9	141	142	22	23	4.54	4.52
	30	1880	1930	10.9	10.8	3.6	4.1	136	137	20	21	5.04	5.02
	20	1840	1890	11.1	11.0	2.8	3.3	131	132	18	19	5.14	5.12
	10	1800	1850	11.3	11.2	2.0	2.5	126	127	16	17	5.24	5.22

表 4-2-5　大学男生加分标准

加分	引体向上/个		1000 m 跑/s	
	大一、大二	大三、大四	大一、大二	大三、大四
10	10	10	−35″	−35″
9	9	9	−32″	−32″
8	8	8	−29″	−29″
7	7	7	−26″	−26″
6	6	6	−23″	−23″
5	5	5	−20″	−20″
4	4	4	−16″	−16″
3	3	3	−12″	−12″
2	2	2	−8″	−8″
1	1	1	−4″	−4″

表 4-2-6 大学女生加分标准

加分	一分钟仰卧起坐/个		800 m/s	
	大一、大二	大三、大四	大一、大二	大三、大四
10	13	13	-50″	-50″
9	12	12	-45″	-45″
8	11	11	-40″	-40″
7	10	10	-35″	-35″
6	9	9	-30″	-30″
5	8	8	-25″	-25″
4	7	7	-20″	-20″
3	6	6	-15″	-15″
2	4	4	-10″	-10″
1	2	2	-5″	-5″

注：1000 m 跑、800 m 跑均为低优指标，学生成绩低于单项评分 100 分后，以减少的秒数所对应的分数进行加分。

第三节 测试方法、常见错误及注意事项

一、身高、体重

1. 测试方法

身高计应靠墙放置在平坦的地面上，立柱的刻度尺应面向光源。测试人员要检查立柱是否垂直，连接处是否紧密，有无松动，若发现问题要及时纠正。测试前，应对机械身高计的“0”点进行检验。常用方法是采用“标准钢尺”放置在身高计底板上，检验身高计刻度，最小刻度不得大于 0.1 cm，检验误差不得大于 0.1 cm。使用电子身高计时，测试人员打开电源开关，将水平压板移至挡板处，按“按键”，显示屏显示 90.0，表明身高计已进入工作状态。

测试时，受试者赤足，背向立柱站立在身高计的底板上；躯干自然挺直，头部正直，两眼平视前方，保持耳屏上缘与眼眶下缘呈水平位。上肢自然下垂，两腿伸直，两足跟并拢，足尖分开约 60°。足跟、骶骨部、两肩胛间与立柱相接触，呈“三点一线”站立姿势。测试人员单手将水平压板沿立柱下滑至受试者头顶。读数时，测试人员双眼与水平压板水平面等高，记录员复述后进行记录。记录时，以厘米为单位，精确到小数点后一位。

使用电子身高计测量时，受试者应按要求站立在身高计底板上，测试人员单手将水平压板沿立柱下滑至受试者头顶。显示屏显示身高数值，测试人员记录数值。使用智能身高计测量时，按照语音提示进行测量，测试数值将自动写入 IC 卡内。

2. 常见错误

(1) 受试者头顶上的发辫、发结未放开，饰物未取下，应让其放开发辫、发结，取下

饰物后再测。

(2) 受试者头过低或过高，耳屏上缘与眼眶下缘未呈水平位，或足跟、骶骨部及两肩胛间未与立柱相接触，或穿鞋站立于身高计上，应纠正后再测。

3. 注意事项

(1) 测试前，受试者不得进行剧烈体育活动和体力劳动。

(2) 测试人员读数完毕后，要将水平压板推回到安全高度，以防碰坏水平压板或碰伤受试者。

(3) 智能身高计的水平压板是自动升降的，测试人员不要强行将其停止或上下移动。测试时，严禁拔卡。

二、肺活量

1. 测试方法

肺活量测试需采用肺活量计来完成。肺活量计应放在平稳的桌面或专有支架上，使用前，用标准气体容量测试器进行肺活量计的检验，测试应在通风良好的房间内进行。

使用电子肺活量计时，测试人员打开电源开关，待显示屏上的闪烁信号定格在“0”时，表明肺活量计进入了工作状态。

测试前，测试人员首先要将口嘴装在文式管的进气口上，交给受试者；向受试者讲解测试要领，嘱其不必紧张。

测试时，受试者呈自然站立位，手握文式管手柄，使导压软管在文式管上方，头部略向后仰，尽力深吸气直到不能吸气为止；然后，将嘴对准口嘴缓慢地呼气，直到不能呼气为止。此时，显示屏上显示的数值即为肺活量值。测试 2 次，测试人员记录最大值，以毫升为单位，不保留小数。2 次测试间隔时间不超过 15 s。使用智能肺活量计时，按照语音提示进行测量，测试数值将自动写入 IC 卡，并语音提示结果。

2. 常见错误

受试者测试时，导压管朝下或手堵住了出气口，应纠正再测。

3. 注意事项

(1) 肺活量计计量部位的通畅和干燥是仪器准确的关键，导压软管必须在文式管上方，以免唾液等杂物堵住通气道。

(2) 每测试 10 人及测试完毕后，要用干棉球及时清洁通气管内部。

三、坐位体前屈

1. 测试方法

坐位体前屈采用坐位体前屈测试仪与软垫进行测试。测试前，应将坐位体前屈测试仪与软垫放置在平坦的地面上。

使用电子测试仪时，测试人员打开电源开关，将游标推到导轨的近侧端，当显示屏上显示出“-20.0 厘米”或以下数值时，表明该仪器进入工作状态。受试者面向仪器，坐在软垫上，两腿向前伸直；两足跟并拢，蹬在测试仪的挡板上，脚尖自然分开约 10～15 cm。测试时，受试者双手并拢，掌心向下平伸，膝关节伸直，身体前屈，用双手中指指尖匀速推动游标平滑前行，直到不能推动为止。

记录时，游标超过“0”点，记录为正值；游标未超过“0”点，记录为负值。受试者共测试2次，测试人员记录最大值，以厘米为单位，精确到小数点后1位。

使用智能坐位体前屈测试仪时，按照语音提示进行测量，测试数值将自动写入IC卡，并语音提示结果。

2. 常见错误

受试者单手向前或双臂突然发力向前推动游标；身体前屈时，受试者膝关节弯曲或足跟与挡板分离，应纠正并重测。

3. 注意事项

(1) 测试前，受试者须做充分的准备活动。

(2) 每次测试前，测试人员都要将游标推到导轨近端位置。

(3) 测试人员要正确记录受试者测试数值前的“+”“–”号。

四、立定跳远

1. 测试方法

立定跳远采用丈量尺在沙面与地面平齐的沙坑或土质松软的平坦地面上进行测试。起跳地面要平坦，不得有凹陷，起跳线至沙坑近端距离不得小于30 cm。受试者两脚自然分开，站在起跳线后，双脚原地同时起跳。以厘米为单位，保留1位小数。

使用智能立定跳远测试仪时，要将测试传感器摆放到平整的场地，受试者选择合适的起跳点，按动作要领测试，起跳落地后从测试区正前方走出，测试结果自动存入IC卡。

2. 常见错误

受试者起跳前两脚尖触线、过线或起跳时有垫跳、助跑、连跳等动作，应判犯规，须重跳。

3. 注意事项

(1) 测试前，受试者须做充分的准备活动。

(2) 发现犯规时，此次成绩无效。3次试跳均无成绩者，须再跳，直至取得成绩为止。

(3) 可以赤足，但不得穿钉鞋、皮鞋、凉鞋参加测试。

五、引体向上(男)

1. 测试方法

引体向上采用高单杠或高横杠进行测试，杠的粗细以受试者手能握住为准。受试者面向单杠，自然站立；然后跃起正手握杠，双手分开与肩同宽，身体呈直臂悬垂姿势。待身体停止晃动后，两臂同时用力，向上引体；引体时，身体不得有任何附加动作。当下颌超过横杠上缘时，还原，呈直臂悬垂姿势，为完成一次。测试人员记录受试者完成的次数，以次为单位。

使用电子引体向上测试仪时，应将臂带绑在受试者上臂中部。测试完毕后，显示屏显示引体向上的次数。

2. 常见错误

(1) 受试者反手握单杠，应纠正。

(2) 下颌达不到横杠上缘，或引体时身体有摆动、屈膝、挺腹等动作，该次不计数，立即纠正，继续测试。

3. 注意事项

(1) 测试前，受试者须做充分的准备活动。

(2) 受试者向上引体时，两次引体向上的间隔时间超过 10 s 即终止测试。

(3) 若受试者身高较矮，不能自己跳起握杆时，测试人员可以提供帮助。

(4) 测试时，应有相应的保护措施，防止伤害事故的发生。

六、仰卧起坐(女)

1. 测试方法

一分钟仰卧起坐采用软垫、秒表进行测试，测试应在平坦、整洁的场地进行，地质不限。受试者仰卧于软垫上，两腿稍分开，屈膝呈 90°，两手手指交叉贴于脑后。同伴按压其踝关节，以固定下肢。

测试人员发出“开始”口令的同时开表计时，记录 1min 内受试者完成的次数。受试者坐起时，两肘触及或超过双膝为完成一次。一分钟到时，受试者虽已坐起但肘关节未触及双膝者不计该次数。记录受试者一分钟完成的次数，精确到个位。

使用电子仰卧起坐测试仪时，受试者仰卧于测试板上。测试人员根据受试者躯干和下肢的长度调节托膝架和搁脚板位置，使受试者屈膝呈 90°。按下测试板上的红色开始键，受试者听到蜂鸣器“嘀”的一声响后，开始完成一分钟仰卧起坐。

使用智能仰卧起坐测试仪时，按照语音提示进行测量，测试数值将自动写入 IC 卡，并语音提示结果。

2. 常见错误

受试者仰卧时，两肩胛没有触垫，双手没有抱头，膝关节没有屈曲成 90°，借用肘部撑垫或臀部起落的力量完成起坐时，该次不计数，立即纠正后，继续测试。

3. 注意事项

(1) 测试前，受试者须做充分的准备活动。

(2) 受试者双脚必须放于软垫上。

(3) 测试过程中，测试人员应向受试者报数。

七、50m 跑

1. 测试方法

50m 跑应在平坦地面上进行，地质不限；测试时，需使用发令旗、发令哨和秒表。测试前，应在平坦地面上画长 50m、宽 1.22m 的直线跑道若干条，跑道线要清晰。设一端为起点线，另一端为终点线，受试者至少 2 人一组，站立式起跑；当听到起跑信号后，立即起跑，全力跑向终点线。发令员站在起点线的侧面，在发出起跑信号的同时，挥动发令旗。计时员位于终点线的侧面，视发令旗挥动的同时，开表计时；当受试者胸部到达终点线垂直面时停表。记录以秒为单位，保留小数点后 1 位，小数点后第二位数按非“0”进“1”的原则进位，如 7.53 s 应读成 7.6 s。

2. 常见错误

受试者踩、跨起跑线，抢跑或途中串道，应召回重跑。

3. 注意事项

(1) 测试前，受试者须做充分的准备活动。

(2) 受试者应穿运动鞋或胶鞋，不能穿钉鞋、皮鞋、凉鞋参加测试。

(3) 测试时，如遇风，一律顺风跑。

八、1000 m 跑(男)/800 m 跑(女)

1. 测试方法

400 m 跑、800 m 跑、1000 m 跑采用发令旗、口哨和秒表进行测试。测试应安排在 400 m、300 m、200 m 田径场跑道进行，若场地不正规，必须丈量准确，地面要平整，跑道线要清楚，地质不限。受试者至少 2 人一组，站立式起跑。当听到起跑信号后，立即起跑，全力跑向终点线。

发令员站在起点线的侧面，在发出起跑信号的同时，挥动发令旗。计时员位于终点线的侧面，视发令旗挥动的同时，开表计时；当受试者跑完全程，胸部到达终点线的垂直面时停表。记录以秒为单位，保留小数点后 1 位。小数点后第 2 位数按非“0”进“1”的原则进位。

使用智能中长跑测试仪时，打开电源开关，受试者站在起点线后，当听到测试仪发出“砰”的枪响后，受试者起跑，仪器显示计时时间。受试者由第二道或第三道冲刺，阻断测试终端的红外开关后，计时停止；未完成最后一圈的受试者须从一道通过，继续测试。仪器自动将测试结果存入 IC 卡。

2. 常见错误

(1) 受试者踩、跨起跑线或抢跑，应判犯规，须重跑。

(2) 受试者测试完毕后，立即坐卧休息，应扶起慢走。

3. 注意事项

(1) 测试前，受试者须做好充分的准备活动。

(2) 在非 400 m 标准场地上进行测试，测试人员应向受试者报告剩余圈数，以免跑错距离。

(3) 受试者应穿运动鞋或胶鞋，不得穿钉鞋、皮鞋、凉鞋参加测试。

(4) 对分秒进行换算时要细心，防止差错。

(5) 受试者通过终点线后方可减速。

第五章　田 径 运 动

田径运动是人类以走、跑、跳、投这些自然运动发展起来的体育运动和竞技项目。田径运动在体育世界中具有举足轻重的地位，被人们誉为“体育运动之母”。田径运动不仅具有全面锻炼身体的功能，同时每一个单项又具有明显的指向性，可以有效地发展速度、力量、耐力等身体素质。田径运动的很多项目及其采用的主要练习手段也经常被其他体育项目选作发展身体能力的重要训练手段，并可作为评价训练效果的测试内容和评定指标。

田径运动大致可以分为八大类：竞走、平跑、自然条件下的跑、障碍跑、接力跑、跳跃、投掷、全能运动。其中，全能运动有男子五项全能和十项全能、女子五项全能和七项全能等。

田径运动是一种结合了速度与能力，力量与技巧的综合性体育运动。“更高、更快、更强”的奥林匹克运动精神在很多方面都能够通过田径运动得到集中体现。

第一节　走 和 跑

一、走

生命在于运动，走是人类最基本的运动方式之一，无论人们的年龄、性别、从事的职业是否有差别，走是每个健康人都具备的运动能力。经常有节奏地走步，对人体是有益的，特别是对从事脑力劳动、伏案工作的人群来说，能收到很理想的健身效果。

走的体育竞赛项目是竞走，竞走是奥林匹克运动会的竞赛项目，具体为：女子 5km、10km 竞走，男子 20km、30km、50km 竞走。

(一) 走的分类及锻炼价值

走的分类及锻炼价值如表 5-1-1 所示。

表 5-1-1　走的分类及锻炼价值

走的分类	锻 炼 价 值
健步走	有效地消耗热量，减少体内的多余脂肪，增强心脏机能，改善神经系统的调节功能，益于身心，增进健康
竞走	有效地发展肌肉的速度和耐力，发展身体的灵敏性、协调性等素质，改善和提高呼吸系统及心血管系统的功能，培养顽强、坚毅的品质和勇于克服困难的精神

(二) 走的方法

(1) 长时间持续走或远足：用于发展耐力素质和提高走的能力，有益于培养顽强、坚韧不拔的品质。

(2) 运动场(平地)健步走：步伐比平时走要快些，有益于身体及心理状况的改善，培养顽强的意志品质，改善人体的协调性。

(3) 公园或郊外的散步走：在空气清新、幽静的林中坚持较长时间的散步，身心得到放松，既锻炼了身体，又陶冶了情操。

(4) 定时定量走：规定限量的步行，可根据自己的身体状况来确定时间和距离，自我调节，达到健身的目的，适于工作、学习繁忙而无时间参加体育锻炼的人群，也适于肥胖、心血管疾病患者或病后恢复者。

(5) 足尖走：用于发展小腿三头肌，增强踝关节和足弓的力量。

(6) 倒步走：要求躯干伸直，双手扶后背腰部。对增强腰背肌肉，治疗腰肌劳损有很好的疗效，可增强人体的灵活性和协调性。

(7) 同心协力走：多人同时踏在两条平行的木板上，用绳或皮带固定两脚，双手放在前面同伴的肩上，迈相同的步伐前进，锻炼走的技巧，培养合作精神。可作为趣味游戏竞赛选用。

(8) 竞走：在运动场或平坦的道路上利用竞走技术来锻炼身体，也是一种很好的健身方法。竞走的速度快、强度大，对心血管系统有良好作用。

(三) 竞走比赛的观赏

竞走项目是眼睛观察到的单腿支撑和双腿支撑相交替，支撑腿在通过垂直瞬间膝关节伸直的周期性运动。

竞走比赛分为场地竞走和公路竞走。在场地进行的竞走，其距离以米计算；在公路上进行的竞走，其距离以公里计算。在通常情况下，判罚犯规的裁判员 6～9 人均匀地分布在场地或公路的环形赛道上执法。公路上的环形路线每圈最多 25 km；10 km 竞走，每圈最多 1.5 km。当一名运动员被裁判员出示带有“M”标志的警示牌时，表示该运动员走动时出现腾空(跑)；当被出示带有“>”标志的小警示牌时，表示该运动员走动时腿部发生弯曲。一名裁判员认为某运动员犯规，可出示一次警告(红牌)，对任何运动员只可分别警告一次。当某运动员受到 3 名不同裁判员的警告时，将被主裁判出示红牌，并立即取消比赛资格。

二、跑

跑是人类最基本的活动之一。生活当中有应急跑，有为锻炼身体的健身跑，有集体游戏的接力跑、追逐跑，有提高跑速的短距离跑，有提高耐力素质的中长距离跑，有增加难度的障碍跑、越野跑，等等。为体育竞赛项目设置的有短跑、中长跑、超长距离跑、马拉松、跨栏跑、接力跑、障碍跑等。跑步是活力的象征，是健康的象征，是人类自强不息精神的体现。

(一) 跑的分类及锻炼价值

跑步的分类及锻炼价值如表 5-1-2 所示。

表 5-1-2 跑的分类及锻炼价值

跑的分类	锻 炼 价 值
健身跑	有效地增进人体新陈代谢功能，改善神经系统的功能，增进健康
快速跑	有效地发展速度、力量、反应等身体素质，改善神经系统的功能，培养坚毅的品质和拼搏向上的精神
耐久跑 (中、长跑)	有效地发展耐力素质，提高人体抗疲劳能力，改善呼吸系统和心血管系统的功能，培养顽强的斗志和克服困难的精神
障碍跑 (跨栏跑)	发展人体的速度、灵敏度、协调性和力量素质，改善中枢神经系统控制、支配肌肉活动的能力，提高呼吸系统和心血管系统功能，培养勇敢顽强、果断等意志品质和敢于克服困难的精神
越野跑	有效发展耐力素质和增强对自然环境的适应能力，培养勇于克服困难和敢于向困难挑战的现代进取精神
协作跑	不同距离的协作跑对人体都有相应的锻炼价值，并能培养团结协作的奉献精神和团队精神，丰富社会文化生活，陶冶情操
竞赛项目的训练跑	不同项目的训练跑对人体的速度、力量、耐力、灵敏度、柔韧性等素质都有相应的刺激和特殊的提高，增强人体对高强度专项运动的特殊适应能力，培养运动员坚韧不拔、敢于拼搏的意志品质

(二) 各种跑的方法

1. 健身跑

(1) 技术要求：积极的心态，轻盈带有节奏的步伐，均匀的呼吸，身体保持正直。

(2) 方法选择：选择早晨或傍晚，选择环境优美或空气清新的路线，根据自身体质状况，调整好跑速，脉搏控制在 130～150 次/分为宜，距离选择一般不少于 1000m，不超过 3000m，隔日跑效果更佳。

2. 速度跑(短跑)

(1) 技术要求：大脑要清晰，反应要灵敏快速，蹬地、摆臂要有力，起动时身体前倾，跑起来重心逐渐正中，全身肌肉不僵硬，快速放松最重要。短跑运动强度高，做好热身最重要。

(2) 方法选择。

① 反应速度练习：使身体成坐、仰、卧、正对、背对、站立式、蹲踞式等各种姿势面对跑进方向，听信号迅速起动。如果是集体练习，可以进行反应比赛，跑 10～20m，5～8 次。

② 提高步频练习：原地 5～6s 的双脚快速交换跑，脚离开地面的距离越小越好。经常练习可改善神经系统对肌肉的支配能力，(5～6)次 × (5～6)组。高抬腿跑转入快速跑和高重心跑，体会前脚掌积极着地动作，改善跑的技术动作，(20～30) m × (5～6)次。

③ 提高加速能力练习：听突发信号起跑 30m × (5～6)次；让距追逐跑 50m × (4～5)次，让距 5m，后者力争赶超前者；计时跑或 30m 跑比赛，30m × (5～6)次。

④ 提高最高速度能力练习：60m 全速跑 × (4～6)次；30m 行进计时跑 × (4～5)次，30m 前设 20m 的预跑区，只计后 30m 最高速的成绩。

3. 耐力跑(中长跑)

(1) 技术要求：服装、鞋袜要适于运动和气候；动作幅度小于短距离速度跑；平均分配体力；呼吸要均匀，最好是两步一吸、两步一呼；全脚着地，身体重心居中，跑动中积极向前；动作放松有节奏；忌以被动的心态进行耐力跑。

(2) 方法选择：匀速跑(800～1000)m × (2～3)次，重复跑 600m × 4 次，变速跑(100m 快、100m 慢交替进行)1200m × (2～3)组；定时 12min 跑，记录所跑距离。一般情况下，男大学生应跑 2400m 以上，女大学生应跑 2000m 以上方为正常。每周坚持两次以上的耐力跑，会使人体的耐力素质得到很快的提高。

4. 越野跑

(1) 技术要求：具备较强的奔跑能力，掌握基本的跑步技术；鞋袜要适宜在不同地形上的奔跑；要有克服困难的心理准备；根据自身情况选择好时间、路线方位和距离。

(2) 方法选择：两人或多人选择较空旷的野外区，最好是地形有起伏，有山有水有草地的地方，沿着小径跑或在草地上跑，可以穿越树林或跳过河沟，可以往返跑，也可以环形跑。越野跑每次应在 1h 以上。

5. 障碍跑(跨栏跑)

(1) 技术要求：具备较完善的奔跑技术和奔跑能力；需有较强的肌肉力量，特别是下肢力量；确定起跨腿与摆动腿；根据不同的障碍高度，确定起跨距离，起跨点至障碍物的距离一般为 1.5～2m，跑速越快或障碍升高，起跨点就越远。起跨腿蹬伸要快，摆动腿提膝前攻要猛，上体前倾配合；起跨腿离地后，膝关节外展，屈小腿前收跨过障碍。对于固定的障碍间距，要跑出固定的节奏(图 5-1-1)。

图 5-1-1 跑的节奏

(2) 方法选择。

① 摆动腿攻栏或障碍，10 次 × 8 组(图 5-1-2)。

② 起跨腿原地提拉(图 5-1-3)。

③ 中速跑(图 5-1-4)。

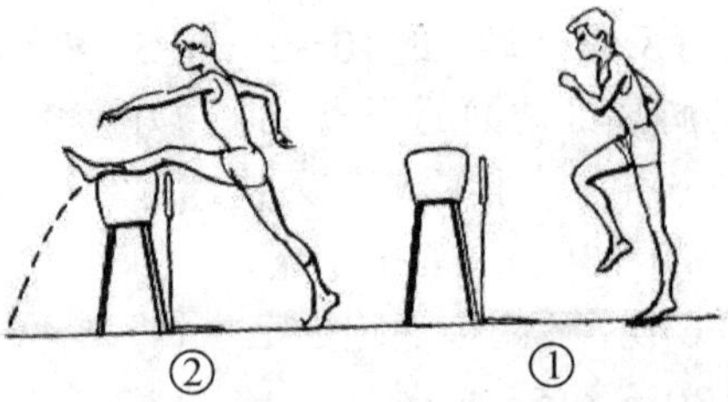

图 5-1-2 摆动腿攻栏

图 5-1-3 起跨腿原地提拉

图 5-1-4 中速跑正面过程

6. 协力跑(接力跑)

(1) 技术要求：熟练的跑步技术，较强的奔跑能力，较强的协作精神，较强的应变和判断能力。

(2) 方法选择。

① 田径场止规比赛的接力跑，男、女 4 × 100m 接力跑、4 × 400m 接力跑。起跑及传接棒方法如图 5-1-5 所示。“上挑法”和“下压法”传接棒如图 5-1-6 所示。

图 5-1-5 起跑及传接棒方法

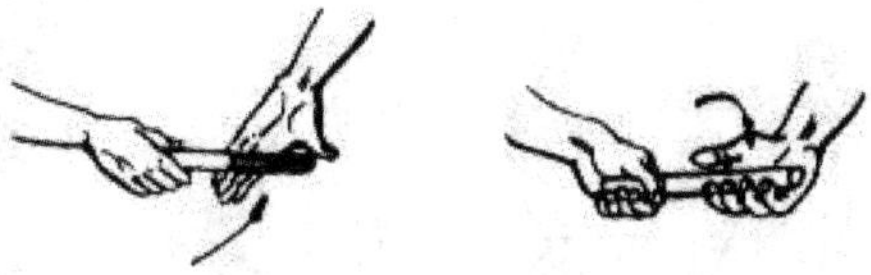

图 5-1-6 “上挑法”和“下压法”传接棒

② 群体活动的异程接力跑：第一棒跑 100m，第二棒跑 200m，第三棒跑 300m，第四棒跑 400m。例如，群体活动时，年龄大者跑第一棒，女性跑第二棒，中年人跑第三棒，青年人跑第四棒。大学生比赛可以按本队选手的最强项安排跑距。

第二节 跳 跃

一、跳跃项目的种类及其锻炼价值

1. 跳跃项目的种类

根据人跳跃时重心运动轨迹的不同，田径比赛中跳跃项目可分为两类。

(1) 高度项目：跳高、撑竿跳高。

(2) 远度项目：跳远、三级跳远。

2. 跳跃项目的锻炼价值

跳跃运动能有效地增强腿部力量和腰腹力量，发展速度、灵巧性、柔韧度和协调性等身体素质，改善心肺功能，培养锻炼勇敢、顽强、坚韧、果断的优良品质，同时，正确的跳跃动作还能给予人美的感受。

二、提高跳跃能力的练习

提高跳跃能力的练习有双人弹跳练习(图 5-2-1)、摸高练习(图 5-2-2)、原地纵跳过栏(图 5-2-3)、原地直腿向前或后跳(图 5-2-4)、跳深练习(图 5-2-5)和屈腿纵跳(图 5-2-6)。

图 5-2-1　双人弹跳练习

图 5-2-2　摸高练习

图 5-2-3　原地纵跳过栏

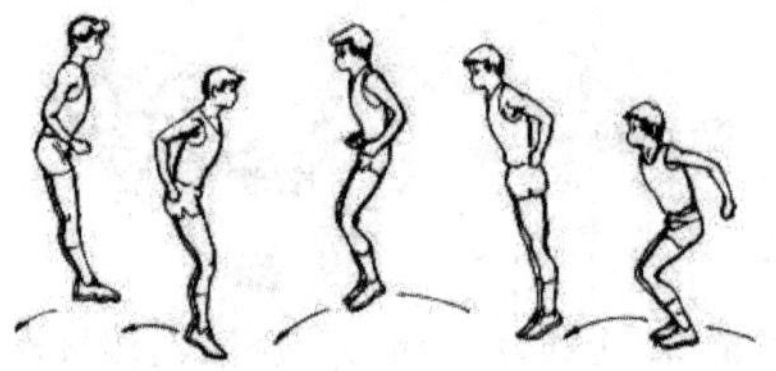

图 5-2-4　原地直腿向前或后跳

图 5-2-5　跳深练习

图 5-2-6　屈腿纵跳

三、跳高

(一) 跳高的技术分析

跳高是田径运动中克服地心引力越过垂直障碍的跳跃项目。完整的跳高技术是由助跑、起跳、过杆和落地四部分组成。跳高的姿势经历过跨越式、剪式、滚式、俯卧式和背越式的演变过程。其中，背越式跳高是目前较先进的跳高技术，比赛中，多数运动员都采用它。这里，我们以介绍背越式跳高为主。

1. 助跑(图 5-2-7 之①～⑩)

背越式跳高助跑采用弧线助跑。其特点是可以通过发挥快速助跑的优势，达到较高的水平速度，为快速起跳创造良好的条件。初学者助跑一般跑 8～10 步(4～6 步直线助跑 + 4 步弧线助跑)。助跑时要求身体重心高、有弹性、有一定的节奏和速度。背越式跳高助跑可采用走步丈量法(图 5-2-8)。

2. 起跳(图 5-2-7 之⑪～⑲)

起跳技术包括起跳脚、摆动腿和手臂摆动的技术。起跳时，起跳脚向前放脚，以脚跟和脚掌外侧先着地，迅速滚动至前脚掌，摆动腿以膝盖领先，屈膝折叠，向跳高架远端支柱上方用力上摆。为了加快起跳速度，应控制摆动腿屈膝程度(屈膝折叠越紧越好)和尽量减少起跳腿屈膝幅度(一般为 140° ～150°)。手臂的摆动可采取双臂平行摆动或异侧交叉摆动，前者双臂的摆动与摆动腿的摆动同时进行，后者是放脚起跳时，摆动腿的同侧臂随起跳动作快速上摆。美国专家研究认为，背越式跳高的起跳对地面的作用力摆动腿占 20%、摆臂占 60%、起跳腿占 20%。

3. 过杆与落地(图 5-2-7 之⑳～㉘)

起跳腾空后，臂和头积极向杆上运动，随着背部转向横杆，头和双肩开始过杆。同时摆动腿下放，双腿屈膝，小腿下垂。头和双肩开始过杆后开始仰头下沉，挺胸、髋、腹，使人体在杆上呈背弓姿势，随后小腿收踢，过杆后肩背着垫。

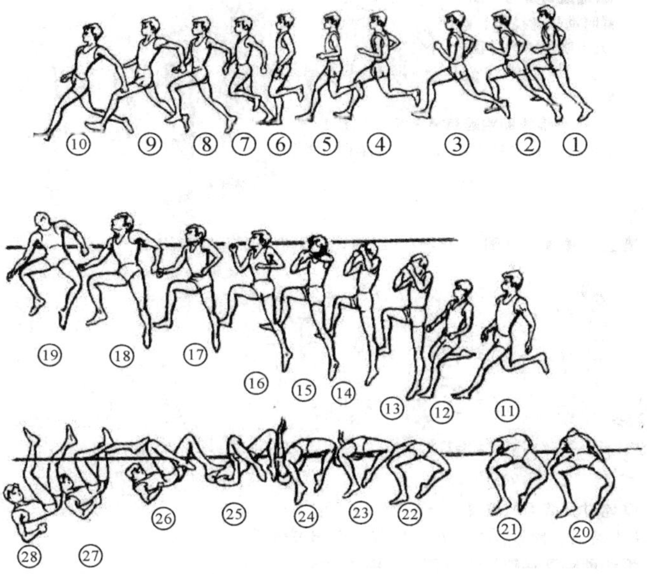

图 5-2-7 过杆与落地

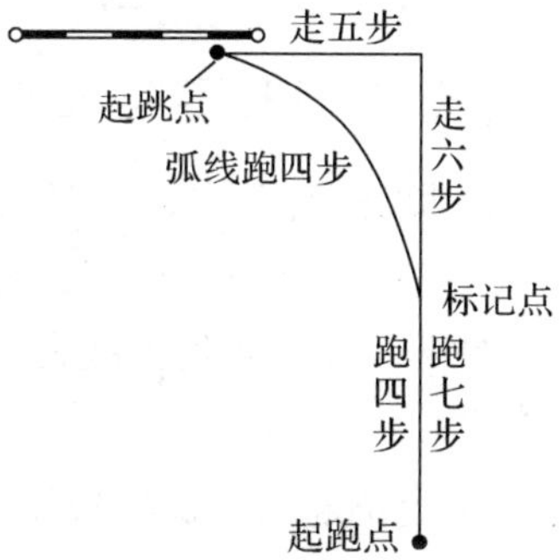

图 5-2-8 走步丈量法

(二) 背越式跳高的练习方法

(1) 弯道跑练习：要求身体内倾，保持身体平衡，有一定的节奏。

(2) 跑圆圈：要求加速跑时外侧臂摆动幅度大，内侧臂摆动幅度小，身体内倾。

(3) 原地摆臂练习：摆臂时动作速度快，幅度要大，同时踝关节蹬伸。

(4) 上步摆腿练习(图 5-2-9)：摆动腿屈腿上摆，拔腰提肩，起跳腿蹬伸，摆与蹬伸协调配合。

(5) 3～5 步弧线助跑起跳摸高练习(图 5-2-10)：要求助跑、起跳自然衔接，腾空后手臂和摆腿继续上摆。

(6) 垫上挺髋练习(图 5-2-11)。

(7) 原地过杆练习(图 5-2-12)：要求上跳时，蹬摆结合，挺身倒肩，肩部着垫。

(8) 弧线助跑踩踏跳板过杆练习(图 5-2-13)。

(9) 6 步短距离助跑过杆练习(图略)。

(10) 8～10 步全程助跑过杆练习(图略)。

图 5-2-9 上步摆腿练习

图 5-2-10 3～5 步弧线助跑起跳摸高练习

图 5-2-11 垫上挺髋练习

图 5-2-12 原地过杆练习

图 5-2-13 弧线助跑踩踏跳板过杆练习

(三) 跳高练习中易犯错误及纠正方法

1. 助跑步点不准、节奏乱

产生原因：害怕横杆，助跑速度、步幅不稳定，节奏感不强。

纠正方法：多跑弧线助跑，保持稳定的速度和步幅，或按地上的标记助跑，增强过杆的信心。

2. 跳不起来，倒杆过早

产生原因：助跑速度过快或过早直体；起跳动作不对，送髋不够；摆动慢，太晚。

纠正方法：多做起跳、迈步摆腿、助跑练习，掌握正确的起跳技术和适合的助跑节奏。

3. 起跳向上腾起，但不“进”杆

产生原因：起跳迈步前伸太远，上体后仰；助跑速度慢。

纠正方法：多做迈步起跳练习，掌握正确的起跳技术；加快助跑速度。

4. 坐着过杆

产生原因：起跳后挺髋不充分，急于收腿；害怕肩着垫。

纠正方法：多做过杆的辅助练习(如垫上挺髋练习、原地过杆练习等)，消除害怕心理。

5. 过杆时，不能完全背对横杆

产生原因：急于过杆，没有完成起跳动作就向横杆方向倒体。

纠正方法：多做起跳专门练习，掌握正确的起跳技术；多做短距离助跑过杆练习。

(四) 跳高项目比赛的观赏

(1) 观赏跳高项目比赛时应从助跑的节奏、助跑与起跳的连贯性和过杆的姿态进行

观赏。

(2) 从起跳高度开始，每个高度有 3 次试跳机会，运动员每次试跳越过横杆，横杆留在横杆托上算试跳成功，否则算失败。如果一个高度有 3 次试跳失败，就失去继续参加以下高度比赛的资格。

(3) 试跳是否成功，以裁判员的旗示为主，成功举白旗，失败举红旗。

四、跳远

(一) 跳远的技术分析

1. 助跑

助跑是为了获得高的水平速度，并为准确踏板和起跳做好准备。它包括助跑距的确定、助跑开始姿势和跑的技术。

(1) 助跑距离的确定。助跑距离一般运动员男子为 35～45 m(18～24 步)、女子为 25～35 m(16～20 步)。大学生可以根据自身素质的情况采用 20～30 m(14～16 步)助跑距离。

助跑距离的确定有两种丈量方法：一种是走步丈量法，如果确定助跑 16 步，就从踏跳板前沿开始往助跑起点走自然步 28 步，最后一步起跳脚落地点即为起点，并经反复练习调整，最后确定助跑距离；另一种是跑步丈量法，从踏跳板前沿“站立式起跑”开始往助跑起点按一定的速度和节奏跑至所需的步数，最后一步起跳脚落地点即为起点。并按相同的速度和节奏经多次反复练习调整，最后确定助跑距离。

(2) 助跑的开始姿势。助跑的开始姿势有两种：一种是从静止开始，一般采用“半蹲式”或“站立式”，这种姿势有利于提高助跑的准确性；另一种是从行进间开始，先走或跑几步再踏上起点后开始加速跑，这种方法的助跑比较自然。

(3) 助跑的技术。助跑的开始几步身体前倾较大，脚着地有力，着地点离身体重心投影点较近，腿和手臂的摆动积极有力；中间几步身体逐渐接近垂直，腿和手臂的摆动幅度增大，后蹬充分、有力，速度很快；最后几步，助跑步长更加均匀，保持较大的动作幅度和较快的步频，身体有点前倾，起跳脚踏板的瞬间，落地点较靠近身体重心投影点。

2. 起跳

起跳时应充分地利用助跑所获得的速度，在较短的时间内创造尽可能大的腾起初速度和适宜的腾起角。起跳技术分三个动作阶段：起跳脚着地、缓冲和蹬伸。

(1) 起跳脚的着地(即着板)。起跳脚应积极、主动地着地。这既可减少着地时的冲撞力，又为着地后快速前移身体做准备。起跳脚着地时足跟与足掌几乎同时接触地面。着地瞬间上体角度为 90°～107°，腿与地面夹角约 65°，膝关节弯曲为 175°～178°。

(2) 缓冲。起跳脚着地至膝关节的弯曲程度达最大时，这一动作过程为缓冲阶段。缓冲的作用主要在于减缓起跳的制动力，减少助跑速度的损失，积极前移身体，为蹬伸创造有利条件。

(3) 蹬伸。蹬伸阶段是由起跳腿膝关节最大弯曲时开始，至起跳脚蹬离地面瞬间止。

起跳蹬伸时，整个身体快速向上伸展，起跳腿的髋、膝、踝各关节要充分地伸展，上体和头部保持正直，摆动腿大腿摆至水平或高于水平位置，小腿自然下垂，双臂前后摆起，肩、腰向上提起。

(4) 起跳过程中的摆动动作。起跳过程中的摆动对于减少着地时的制动力、提高起跳速度、增强起跳效果都有着十分重要的作用。因此起跳时不仅要强调起跳腿的快速有力蹬伸，而且还要注意摆动以及“摆”与起跳腿的“蹬”协调配合。

摆动腿的摆动速度对起跳有着直接影响。摆动的最高速度是摆动腿位于髋关节的正下方处。蹬伸离地时，摆动腿的摆动高度在水平部位或高于水平部位。

3. 空中动作

跳远的空中姿势一般有蹲踞式、挺身式和走步式三种，这里仅介绍蹲踞式及挺身式两种。

(1) 蹲踞式跳远。起跳腾空后起跳腿逐渐向摆动腿靠拢，然后两腿一起上举，使膝接近胸部，两臂向前上举，上体与头部保持正直的姿势。落地前大腿上抬，接着小腿前伸，同时两臂向前下落，经体侧摆到体后。

(2) 挺身式跳远(图 5-2-14)。起跳腾空后摆动腿积极下压，小腿随之向下、向后摆动，留在体后的起跳腿与向后摆的摆动腿靠拢，当达到腾空最高点时，身体充分伸展，形成“挺胸展髋”姿势，两臂上举或后摆，然后收腹举腿，双腿前伸完成落地动作。

图 5-2-14　挺身式跳远

落地时双臂快速向后方摆动，尽量减小双腿与地面的夹角，双足着地以后，应及时屈膝缓冲，髋部迅速向前移动，双臂快速前摆使身体特别是双臂迅速移过落地点。

(二) 跳远的练习方法

(1) 连续单足跳。

(2) 单腿跳—跨步跳—跨步跳—单腿跳(图 5-2-15)。

图 5-2-15　单腿跳—跨步跳—跨步跳—单腿跳

(3) 立定跳远。

(4) 单腿跳—跨步跳—单腿跳—跨步跳。

(5) 立定三级跳。

(6) 连续跨步跳(图 5-2-16)。

图 5-2-16 连续跨步跳

(三) 跳远练习中易犯的错误及纠正方法

1. 助跑步点不准

纠正方法：

(1) 固定助跑的起动方式，正确使用助跑标志。

(2) 固定加速方式，确定和掌握助跑节奏。

(3) 反复进行起跳练习，着重改进和掌握起跳时的攻板放脚技术。

(4) 注意在不同气候和场地练习助跑，培养适应各种环境的能力。

2. 起跳制动过大

纠正方法：

(1) 强调助跑的高速度、高频率，保持跑的正确动作结构，注意加快起跳腿上板时的速度。

(2) 在斜坡(下坡)跑道或俯角跳板上进行起跳练习，注意起跳过程中身体重心的积极前移。

3. 超跳腿蹬伸不充分

纠正方法：

(1) 起跳中加大摆腿的速度和幅度。

(2) 进行各种起跳的专门练习。

(3) 发展腿部力量。

4. 起跳后身体前旋失去平衡

纠正方法：反复进行起跳和腾空步练习，注意起跳时头和上体的正确姿势。

(四) 跳远项目比赛的观赏

(1) 观赏跳远项目的比赛应从助跑的节奏、助跑与起跳的连贯性和空中姿态进行观赏，三级跳远还要看其三级跳的节奏和比例。

(2) 若参赛人数超过 8 人，则每人可试跳 3 次，取最好的成绩进行排序，进入前 8 名者再按成绩从差至好的顺序每人再试跳 3 次，最后以 6 次试跳的最好成绩进行排名。

(3) 试跳是否成功，以裁判员的旗示为主，成功举白旗，失败举红旗。

第三节　投　　掷

一、投掷项目的种类及其锻炼价值

1. 投掷项目的种类

根据器械运动距离的长短，投掷可分为以下两类。

(1) 远投项目：标枪、铁饼、链球、手榴弹和垒球等。

(2) 短投项目：铅球、实心球等。

2. 投掷项目的锻炼价值

投掷练习能有效地增强手臂、肩带和腰腹的力量，发展柔韧性、协调性和快速用力的能力，培养果断、刻苦的意志品质。

二、决定投掷远度的因素

(1) 器械出手的初速度。初速度越大，器械的飞进距离就越远。

(2) 器械出手的角度(器械出手后的飞行方向和器械出手前最高点的水平线之间的角度)。实验证明，出手角度为 45° 时，器械的飞进距离最远；超过 45° 时器械的抛物线陡而高，飞进的距离反而缩短(图 5-3-1)。以上是出手点与落点在同一水平面上，并且是在真空条件下的实验结果。在实践中，还要考虑到出手高度、空气阻力和滑翔的作用等因素的影响(图 5-3-2)。所以，从器械的出手角度而言，推铅球和掷实心球以 38°～42°，掷链球以 42°～44°，掷标枪和掷铁饼以 30°～35° 较为适宜。

(3) 器械飞进中空气阻力的影响。器械飞进中受空气冲击的截面积越大，受空气阻力的影响也就越大。

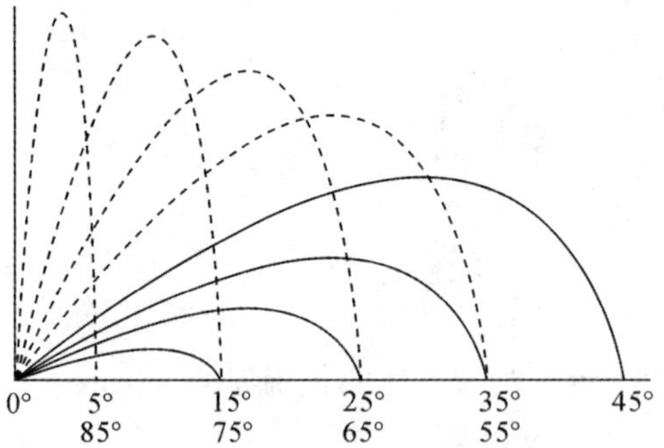

图 5-3-1　器械出手角度与飞进距离

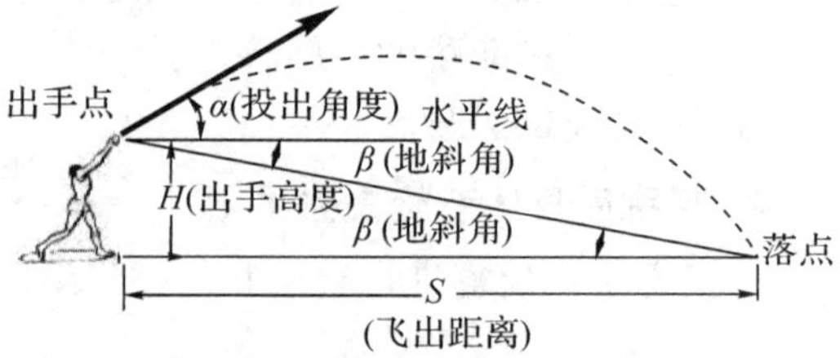

图 5-3-2　器械飞进距离影响因素

三、提高投掷能力的常用练习

(1) 双杠支撑快速臂屈伸：主要发展上肢力量和肩带力量。

(2) 两手推离地面俯卧撑：主要发展上肢快速力量。

(3) 负重快速上挺举或斜上举：主要发展上肢快速力量。

(4) 沙坑纵跳或半蹲跳：主要发展下肢快速力量。

(5) 前抛或后抛实心球练习。

四、推铅球

投掷锻炼方法众多，如推铅球、投垒球、实心球及各种投掷器械等，这里主要介绍推铅球。

推铅球的动作方法目前有：原地推铅球、侧向滑步推铅球、背向滑步推铅球和旋转推铅球等。这里主要介绍背向滑步推铅球。

背向滑步推铅球是目前田径比赛中常用的一种推铅球的动作方法，比较适合大学生锻炼，通过练习以体会背向滑步推铅球的技术特点，锻炼上肢力量和协调能力。

1. 背向滑步推铅球的技术(以右手推为例)

背向滑步推铅球的技术由握球和持球、预备姿势、滑步、最后用力四部分组成。

(1) 握球和持球方法。

握球方法：五指自然分开，把铅球放在食指、中指和无名指的指根上，拇指和小指扶于球的两侧，手腕背屈(图 5-3-3)，这样可以防止铅球滑动，便于控制出球的方向和手指手腕的充分用力。手指和手腕力量较强者，可以将铅球适当地移向手指上方，这样更有利于发挥手指的力量；手指和手腕力量较弱者，可以将铅球适当地靠近指根上或食指、中指和无名指合拢，这样可以避免推球时手指挫伤。

持球方法：握好球后，将铅球放在锁骨窝处，贴着颈部和下颚，右臂屈肘掌心向前，持球臂的肘关节自然下垂，大臂与身体成一定的角度(图 5-3-4)。

(2) 预备姿势。预备姿势是滑步前的准备动作，有高姿势和低姿势两种。

高姿势：持球后，站在投掷圈内，身体背对投掷方向，两脚前后站立，相距 20～30 cm，右脚伸直，脚尖靠近投掷圈内沿，左腿在后自然弯曲，脚尖着地，上体正直放松，左臂自然上举，重心落在右腿(图 5-3-5)。高姿势比较自然，全身肌肉比较放松，能协调地转入滑步动作，有利于发挥滑步的速度；但由于身体重心起伏较大，对身体平衡要求较高。

低姿势：持球后，站在投掷圈内，身体背对投掷方向，两脚前后站立，相距 50～60 cm，右脚尖靠近投掷圈内沿，左腿在后，脚尖着地，两腿弯曲，上体前屈，左肩稍内扣，左臂自然下垂，重心落在右腿(图 5-3-6)。低姿势比较简单，身体重心起伏不大，初学者容易掌握；但全身肌肉比较紧张，右腿负担较重。

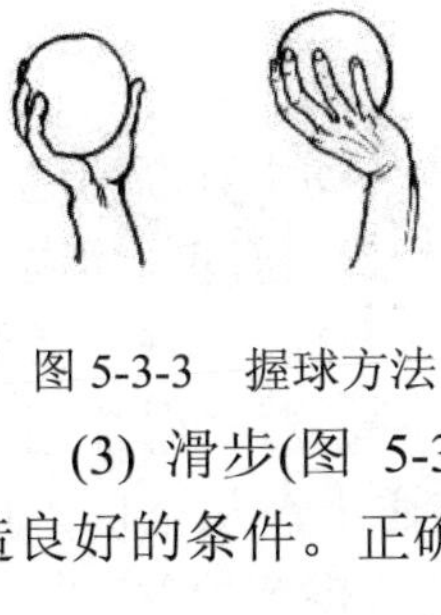

图 5-3-3 握球方法

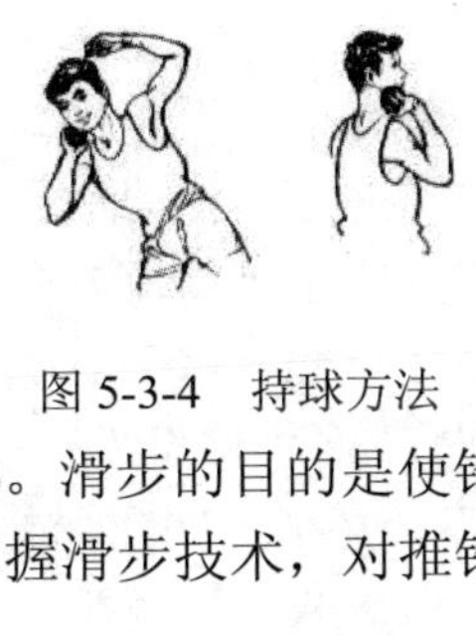

图 5-3-4 持球方法

图 5-3-5 高姿势

图 5-3-6 低姿势

(3) 滑步(图 5-3-7)。滑步的目的是使铅球获得一定的水平方向初速度，为最后用力创造良好的条件。正确掌握滑步技术，对推铅球的成绩影响很大，可以比原地推铅球的成绩提高 1.5～3.0 m。而决定滑步效果的主要因素有左腿的摆动方向、右腿的蹬地角度、两腿蹬摆力量的大小以及蹬摆速度的快慢等。

图 5-3-7 滑步与最后用力

滑步前左腿先做一至两次预摆，然后左腿自然慢慢向上摆起，同时采用高姿势预备姿势投掷，上体前屈，右腿伸直；左臂自然下垂，头与背保持一条直线(图 5-3-7③)。左腿摆到一定高度后回收向右腿靠近；同时，右腿逐渐屈膝，完成团身动作(图 5-3-7⑥)；当左腿向右腿靠近时，臀部稍微向投掷方向移动，使身体重心移离支撑点，以便于滑步和使滑步过程中身体重心保持平稳；臀部后移的同时，左腿快速地向抵趾板方向摆出，右腿积极蹬伸，推动身体向投掷方向移动；左右腿的摆蹬要协调配合；右腿蹬地后迅速拉收，脚尖内扣，前脚掌落在圆圈中心附近，与投掷方向成 90° 角(图 5-3-7⑩)；右腿落地后，左腿积极下落，脚尖稍向外转，带动髋部向左转动，左脚前脚掌内侧与投掷方向成 45° 角。在滑步过程中，头、左臂和左肩的动作对保证正确的身体姿势有重要作用。头始终保持原来姿势，切勿左转，左臂和左肩保持内扣，以保证上体和下肢处于扭紧状态。身体移动要快，重心起伏小，滑步结束时使身体姿势处于投掷前的最有利姿势(超越器械姿势)，以保证推铅球有较长的工作距离。

(4) 最后用力。最后用力是推铅球技术的主要环节，其技术关键是：最后用力与滑步紧密结合，有连贯性，保持滑步时所获得的速度；充分发挥人体各部分的力量，集中于铅球，使铅球获得最大速度。

最后用力的顺序可以用 6 个字来概括：蹬、转、抬、挺、推、拨。其动作要领是：滑步结束左脚落地时，右腿积极蹬伸，推动右髋向投掷方向转动，上体在转动中逐渐抬起，躯干肌肉群收紧，左臂从胸前向左上方摆动，使身体侧对投掷方向。这时左臂和左肩高于右肩，铅球处于较低位置，重心落在右腿上(图 5-3-7⑩)。由于右腿不停蹬伸，加速右髋继续向投掷方向转动，上体逐渐转至正对投掷方向，重心移至左脚，这时，左臂向体侧摆动，展胸、转头，接着两腿快速蹬伸，抬头挺胸，右肩积极向前上方送出，从下而上用力推球。铅球快出手时，快速有力地屈腕，用手指拨球，加快出手速度，推球角度一般是

38°～42°(图 5-3-7④)。

铅球离手后，两腿弯曲或交换，降低身体重心，缓冲向前的冲力，维持身体平衡，防止出圈犯规。

2. 背向滑步推铅球的练习方法

(1) 徒手练习。① 原地做两腿的蹬摆协调配合练习；② 徒手滑步练习；③ 原地徒手背向推铅球练习；④ 徒手背向滑步推铅球练习。

(2) 手持器械练习。① 原地正面推铅球练习；② 原地背向推铅球练习；③ 持球滑步练习；④ 持球背向滑步推铅球练习。

3. 练习中易犯的错误及纠正方法

(1) 滑步与最后用力脱节。

产生原因：滑步时左腿下落不积极，腿蹬地力量小，滑步后身体重心过于下降。

纠正方法：多做徒手和持球滑步练习，要求右腿蹬地充分，左腿下落积极，且与最后用力推球结合起来练习。

(2) 推球时用不上力。

产生原因：概念不清，最后用力的顺序不对。

纠正方法：讲清概念，多做原地背向推铅球练习，体会用力顺序。

(3) 滑步时身体重心起伏大。

产生原因：右腿蹬地力量太大，左腿摆动过于向上，滑步时身体没有保持好原来的姿势。

纠正方法：低姿势做蹬摆协调配合练习，多做徒手和持球滑步练习，要求滑步时身体保持好原来的姿势。

(4) 不是推球而是抛球。

产生原因：推球时肘关节下降，没有把球放在锁骨窝。

纠正方法：注意持握球的方法，多做正面推球练习，要求肘关节不能下降。

五、投掷项目比赛的观赏

(1) 观赏投掷项目的比赛时应重点观赏标枪的助跑、铁饼的旋转、铅球的滑步或旋转与最后用力是否连贯，器械出手的角度以及器械运行的抛物线等。

(2) 投掷项目的比赛都必须在规定的投掷圈或区内完成投掷。运动员必须从静止开始，投掷时，运动员身体的任何部位都不能触及圈外地面，或触及铁圈和抵趾板上面(标枪的投掷弧上面)，否则均判 1 次试投失败。

(3) 若参赛运动员超过 8 人，则每人试掷 3 次，取最好的一次成绩排序，进入前 8 名者再按成绩从差至好的顺序每人再试掷 3 次，最后以 6 次试掷最好的一次成绩进行排名。

(4) 试掷是否成功，以裁判员的旗示为准，成功举白旗，失败举红旗。

第四节　田径运动的比赛规则

裁判工作是竞赛的重要组成部分，它直接影响着竞赛的进行和运动员技术水平的发挥。

裁判工作的目的是确保公平竞赛，保证运动员在竞赛条件均等的情况下进行比赛，运动员在比赛中既不能获得任何不正当的利益，也不能遭受损失，为运动员创造最佳的比赛条件。因此，在工作中要做到严肃认真，公正准确，谦虚谨慎，团结协作。

一、裁判长

对于裁判长，应分别任命径赛、田赛、检录、全能和外场裁判长(赛跑和竞走)。

二、检录

检录是指按规定时间带领运动员到达比赛地点，将运动员和卡片(或检录单)交给助理发令员或田赛主裁判。如是接力跑项目，则将各棒次运动员分别带到各接力区，并将检录单交给各接力区的检查员，接力跑时各队运动员必须服装统一。

三、赛后控制中心

赛后控制中心主要负责对结束比赛的运动员进行管理，负责接收保管由检录处和径赛起点送来的运动员物品、服装等，按运动员的道次或号码准确无误地归还。

四、径赛

(一) 起点

1. 发令员、召回发令员和助理发令员的职责

(1) 发令员的职责。运动员“各就位”时，发令员应是运动员的全权支配者。在发令过程中，发令员应位于能完全看清所有起跑运动员的位置。只有发令员有权对起跑犯规运动员提出警告或取消其比赛资格。

(2) 召回发令员的职责。比赛时，应有一名或多名召回发令员协助发令员工作(梯形起跑时，至少应有两名召回发令员)。召回发令员的站位应能看清他所负责的每名运动员。召回发令员如观察到任何起跑犯规的情况都有权召回运动员。

(3) 助理发令员的职责。助理发令员应检查运动员参加比赛的项目、组次、佩戴号码是否正确。接力跑时，助理发令员应负责为第一棒运动员准备接力棒。

2. 发令

所有径赛项目比赛时，发令员均应在确认运动员处于稳定状态、起跑姿势正确之后，使用发令枪或经批准的发令器材朝天鸣放起跑。

(二) 终点

(1) 终点裁判员的任务：准确地判定运动员到达终点的名次和负责 1500 米以上项目的记圈工作。

(2) 判定运动员的终点名次，应以其躯干(不包括头、颈和四肢)任何部位抵达终点线后沿垂直面的顺序为准。

(三) 计时

手计时和以终点摄影系统为基础的全自动计时是被承认的两种正式的计时方法(凡是申报 400 m 及 400 m 以下项目的省级以上纪录和一级以上等级的运动员，只承认自动计时的成绩)。

(1) 手计时员的任务：计取自己负责的运动员到达终点的准确时间，并负责计取 800m 及 800m 以上项目运动员的每圈时间和 3000m 及 3000m 以上项目的每 1000 m 时间。

(2) 手计时的工作方法：计时应从发令枪或经批准的发令器材发出的闪光或烟开始，直至运动员的躯干(不包括头、颈和四肢)的任何部位抵达终点线后沿垂直面的瞬间为止。

(四) 检查

检查的任务包括：赛前检查竞赛场地设备(如：栏高、栏位、栏数是否准确)；赛中检查径赛运动员有无犯规情况；4 × 100m 接力跑中组织第二、三、四棒运动员的上道等。

(五) 起、终点的协调

(1) 大型田径赛：终点、终点摄影计时、手计时、检查、风速和起点均准备就绪后，分别用对讲机报告径赛裁判长，并由赛场指挥发出比赛即将开始的信号(一般是一段音频信号)，然后由宣告员宣告即将比赛的项目并介绍运动员，再由发令员组织运动员上道。

(2) 基层运动会：终点、计时、检查、风速等准备就绪后，由终点主裁判用旗示与起点联络，起点准备就绪也用旗示回应(旗示：先侧平举(询问)，然后下摆经体前上举)。然后由径赛裁判长发出比赛即将开始的信号，宣告员宣告即将开始的比赛项目和介绍运动员，再由发令员组织运动员上道(注：或回旗后，发令员组织运动员上道)。

五、田赛

(一) 共同点

1. 在比赛区域的准备活动

比赛开始前，每名运动员均可在比赛区域练习试掷或试跳，通常练习的次数为 2 次。投掷项目的练习试掷应始终在裁判员的监督下按抽签排定顺序进行。

2. 助跑标志物

在使用助跑道的田赛项目中，应沿助跑道旁放置标志物，跳高助跑的标志物可放置在助跑道上。每名运动员可放置 1～2 个标志物。

3. 试跳和试掷

除跳高和撑竿跳高外，在其他田赛项目中，如参赛运动员多于 8 人，每名运动员均有 3 次试跳或试掷机会，有效成绩最好的前 8 名运动员可再试跳或试掷 3 次。

当运动员人数只有 8 人或少于 8 人时，每人均有 6 次试跳或试掷机会。无论参赛运动员人数多少，在第 3 轮和第 5 轮试跳或试掷结束后，应分别对运动员的最优成绩排序，其后的试跳或试掷顺序应与其排名相反。

(二) 高度跳跃项目

1. 高度跳跃项目的有关规定

(1) 比赛开始前，主裁判应向运动员宣布起跳高度和每轮结束后横杆的提升高度，此计划直至比赛中只剩下一名已获胜的运动员或出现第一名成绩相等时为止。

(2) 运动员可以在主裁判事先宣布的横杆升高计划中的任何一个高度上开始试跳，也可在以后任何一个高度上决定是否试跳。但在任何高度上，只要运动员连续三次试跳失败，即失去继续比赛的资格。因第一名成绩相等而进行的决名次赛的试跳除外。

(3) 允许运动员在某一高度上第一次或第二次试跳失败后，在其第二或第三次试跳时请求免跳，并在后继的高度上继续试跳。

(4) 运动员在某一高度上请求免跳后，不准在该高度上恢复试跳，除非出现第一名成绩相等的情况。

(5) 即使所有其他运动员均已失败，一名运动员仍有资格继续试跳，直至其放弃继续比赛的权利。

2. 跳高

如出现下列情况之一者，应判为试跳失败：

(1) 试跳后，由于运动员的试跳动作致使横杆掉落。

(2) 在越过横杆之前，运动员身体的任何部分触及立柱前沿垂直面以外的地面或落地区。如果运动员在试跳中一只脚触及落地区，而裁判员认为其并未从中获得利益，不应判为失败。

(3) 不是用单脚起跳。

(4) 延误比赛。

(三) 远度跳跃项目

(1) 成绩测量。

① 在所有的远度跳跃项目中，记录测量距离的最小单位均为 0.01 m，不足 1 cm 不计。

② 测量成绩时，应从运动员身体的任何部位在落地区内的最近触地点量至起跳线或起跳线的延长线。测量线应与起跳线或其延长线垂直。

(2) 一旦比赛开始，运动员不能用助跑道进行练习。如出现下列情况之一者，应判为试跳失败：

① 在未做起跳的助跑中或在跳跃中，运动员以身体任何部位触及起跳线以前的地面。

② 从起跳板两端之外起跳，无论是否超过起跳线的延长线。

③ 触及起跳线和落地区之间的地面。

④ 在助跑或跳跃中采用任何空翻姿势。

⑤ 在落地过程中触及落地区以外地面，而落地区外的触点较落地区内的最近触点更靠近起跳线。

⑥ 离开落地区时，运动员在落地区外地面的第一触地点，较落地区内最近触地点和在落地区内因身体失去平衡而留下的任何痕迹更靠近起跳线。

⑦ 超过规定的试跳时限。

下列的情况不应判为失败：

① 运动员在任意位置跑出助跑道白色标志线；

② 如果运动员的脚或鞋的一部分触及起跳线两端以外起跳线后面的地面；

③ 如果运动员以正确方式离开落地区后，再向后穿过落地区。

(3) 三级跳远的三跳顺序是：一次单足跳、一次跨步跳和一次跳跃。单足跳时应用起跳腿落地，跨步跳时用另一只腿(摆动腿)落地，然后完成跳跃动作。运动员在跳跃中摆动腿触地不应视为犯规。

(四) 投掷项目

圆圈投掷项目比赛规则有以下共同点：

(1) 球、铁饼、链球的试掷应在投掷圈内完成，试掷时应从静止姿势开始，允许运动员触及铁圈内沿(铅球运动员可触及抵趾板内沿)。

(2) 动员在器械落地后方可离开投掷圈，离开时首先触及的铁圈上沿或圈外地面应完全在圈外白线的后面。

(3) 器械必须完全落在落地区角度线内沿以内，试掷方为有效。

(4) 每次有效投掷后均应进行成绩测量。从落地痕迹的最近点取直线量至投掷圈内沿，测量线应通过投掷圈的圆心。记录测量距离的最小单位为 0.01m，不足 1cm 不计。

(5) 落地区标志线应用宽 5cm 的线标出，标志线的内沿延长线的夹角为 34.92°。可用下列方法精确设置 34.92° 扇形落地区：在离投掷圈圆心 20m 处，两条落地区标志线相距 12m，即每离开圆心 1m，落地区标志线的横距增加 60cm。

(6) 每次试掷后，应将器械运回投掷圈附近区域，不得掷回。

(7) 不允许向圈内或鞋底喷洒任何物质。

(8) 试掷出现下列情况应判失败：

① 铅球出手姿势不符合规定；

② 在进入投掷圈内并开始投掷之后，身体的任何部分触及铁圈上沿或铁圈外地面或抵趾板上沿。(大型比赛，运动员的整个投掷过程均应录像，以便仲裁。)

③ 违反上述第②款。

④ 超过时限。

(9) 个人保护措施。

① 不允许运动员使用任何方法以任何形式对试掷进行帮助，例如使用胶带将两个或更多的手指捆在一起。除了开放性损伤需要包扎以外，不得在手上使用胶带。(链球比赛时可在单个手指上捆扎带子，但需要向主裁判展示。)

② 除链球外不允许使用手套，掷链球手套的手掌和手背应光滑。除拇指外，其他手指尖应露出。

③ 为了更好地持握器械，可使用某种适宜物质，但仅限于双手。此外，链球运动员可在手套上、铅球运动员可在颈部涂抹此类物质。

④ 为防止脊柱受伤，运动员可系一条皮革或其他适宜材料制成的腰带。

⑤ 推铅球时，为了防止手腕受伤，运动员可在手腕处缠绕绷带。

第六章　足　　球

第一节　简　　介

一、足球运动的历史与发展

古代足球起源于中国，称为“蹴鞠”。现代足球运动是在英国产生的，经过一百多年的历程，发展成为世界上最受人们喜爱、开展最广泛、影响力最大的体育运动项目。

1857 年，英国成立了世界上第一个足球俱乐部——谢菲尔德足球俱乐部。此后，各地区相继效仿。1863 年 10 月 26 日，为了适应俱乐部之间日趋频繁的竞赛需要，在伦敦召开会议，成立了世界上第一个足球组织——英国足球联合会。1904 年 5 月 21 日，法国、比利时、西班牙、荷兰、丹麦、瑞典、瑞士 7 个国家足球协会的代表在巴黎召开会议，成立了足球国际性组织——国际足球联合会(简称国际足联，英文缩写为 FIFA)，总部于 1932 年从巴黎移至苏黎世，目前已有会员 204 个，是国际单项体育联合会总会会员。

足球运动发展至今已经成为了“世界第一运动”，受欢迎人数及参加人数都是其他项目无法比拟的。自 1930 年开始每 4 年举办一次的世界杯足球赛是世界球迷的节日；每年一度的欧洲足球冠军联赛由于参赛队伍水平高、球星云集，同时蕴含着巨大的商业利益，成为受球迷关注度极高的赛事之一。

二、足球运动的价值

(1) 健身价值：促进身心健康，培养团队精神，提高社会适应能力。

(2) 政治价值：宣传教育的重要手段；提高民族自信心，振奋民族精神；开展外交和增进友谊；有利于种族歧视的消除与抑制。

(3) 经济价值：巨大的足球市场创造了巨额的财富；广泛的影响力使其具有巨大的商业价值；足球本身已成为一种“产品”，创造了巨大的经济效益；带动其他相关产业的发展。

(4) 文化价值：足球运动是一种庄严肃穆的礼仪庆典文化和弘扬民族精神的文化；足球运动是记录人类潜能和培养竞争品质的文化；足球运动是提高社会道德水平的规范文化；足球运动是提高审美意识的情感文化。

第二节　足球运动的基本技术

一、颠球

颠球是指运动员用身体的各个有效部位连续地触击球，并加以控制尽量使球不落地的技术动作。颠球是运动员熟悉球性的一种练习手段，以增强对球的弹性、重量、旋转及触球部位、击球时用力轻重的感觉。

1. 技术动作要领

(1) 双脚脚背颠球：脚向前上方摆动，用脚背击球，击球时踝关节固定，击球的下部。两脚可交替击球，也可一只脚支撑，另一只脚连续击球。击球时用力均匀，使球始终控制在身体周围。

(2) 双脚内侧、外侧颠球：抬腿屈膝，用脚的内侧或外侧向上摆动，击球的下部，两脚内侧或外侧交替击球。

(3) 大腿颠球：抬腿屈膝，用大腿的中前部位向上击球的下部，两腿可交替击球，也可一只脚做支撑，用另一侧的大腿连续击球。

(4) 头部颠球：两脚开立，膝盖微屈，用前额部位连续顶球的下部。顶球时，两眼注视球，两臂自然张开，以维持身体平衡。

(5) 各部位连续颠球：根据上述单一颠球技术动作要领，用各部位配合连续颠球，配合的部位越多，难度越大。颠球的部位有脚背、脚内侧、脚外侧、大腿、头部、胸部、肩等。

2. 易犯错误

(1) 脚击球时踝关节松弛，造成用力不稳定。

(2) 击球时脚尖向下或向上勾，造成球受力后向前或向后触碰身体，使球难以控制。

(3) 颠球时身体其他部位不够放松，以至于动作僵硬。

(4) 头部颠球时腿部、躯干、颈部配合用力不协调，仅靠颈部进行。

3. 练习方法示例

(1) 一人一球颠球：体会触球的时间、触球的部位、触球的力量和整个动作的协调配合。

(2) 两人一球颠球：用脚背、大腿、头部以及身体各部位触球，掌握好触球的力量，尽量不让球落地。每人可触球一次颠给对方，也可触球多次互颠。

二、踢球

踢球是指运动员有目的地把球击向预订目标的技术。踢球是足球技术中最重要的技术，主要用于传球和射门。

1. 技术动作要领

(1) 脚内侧踢球(又称脚弓踢球)。

直线助跑，支撑前的最后一步稍大些，支撑脚站在球的侧面约 15 cm 处，脚尖正对出球方向。支撑腿膝关节微屈。在支撑脚着地时，踢球腿大腿带动小腿由后向前摆动，在前摆的过程中大腿外展，当膝关节的摆动接近球的正上方时小腿做爆发式摆动，在触球前将脚跟送出使得脚内侧部位所形成的平面与出球方向垂直。踢球脚脚底与地面平行，脚尖微微翘起，踝关节功能性地紧张使脚型固定，触(击)球后身体跟随移动，髋关节向前送(图 6-2-1)。

图 6-2-1 脚内侧踢球

(2) 脚背正面踢球(又称正脚背踢球)。

直线助跑，支撑前的最后一步稍大些，支撑脚积极着地支撑，在球的侧面 10～12 cm 处，脚尖正对出球方向，膝关节微屈，踢球腿随跑动向后摆动小腿屈曲，支撑的同时踢球腿以髋关节为轴，大腿带动小腿由后向前摆动。当膝关节摆至接近球的正上方时，小腿做爆发式摆动，脚趾屈，以脚背正面部位击球的后中部。击球后身体及踢球腿随球前移(图 6-2-2)。

图 6-2-2 脚背正面踢球

(3) 脚背内侧踢球(又称内脚背踢球)。

这是一种用第一跖骨及跖趾关节部位触击球的踢球方法。准备踢球时，助跑方向与出球方向约成 45° 角，最后一步稍大。以支撑脚底积极着地，脚尖指向出球方向，距球内侧后方约 20～25 cm，膝关节微屈。在支撑同时，踢球腿已完成后摆，并开始以髋关节为轴，大腿带动小腿由后向前摆动，当大腿摆至与支撑腿接近同一平面时，小腿做爆发式摆动，此时脚尖外转、脚背绷直，以脚背内侧部位触击球。击球后踢球腿及身体继续随球向前(图 6-2-3)。

图 6-2-3 脚背内侧踢球

(4) 脚背外侧踢球(又称外脚背踢球)。

脚背外侧踢球是用第三、四、五跖骨部位接触球的一种方法。由于踢这种球的脚踝灵活性较大，摆腿方向变化较多，且助跑时又是正常的跑动姿势，故其出球隐蔽性较强，足球比赛中各种距离的弧线球及非弧线球均可使用。

用脚背外侧踢定位球时，助跑、立撑脚站位及踢球腿摆动均与脚背正面踢球技术的三个环节相同，脚触球部位是用脚背外侧。此时要求膝关节和脚尖内转，脚背绷紧，脚趾紧屈并提膝，触(击)球后身体随踢球腿的摆动前移(图 6-2-4)。

图 6-2-4 脚背外侧踢球

2. 易犯错误

(1) 支撑脚位置偏后，踢球时身体后仰或臀部后坐，脚触在球的后下部，踢出球偏高。

(2) 踢球腿的后摆较小或没有后摆，而仅是将球踢出以至前摆过分，造成踢球无力或出球较高。

(3) 在前摆过程中小腿爆发式的摆动过早，使得脚出球时并非小腿摆速最大之时，因而出球无力(对出球方向也有影响)。

(4) 踢球腿摆动方向不正，以致踢球施力方向没通过球的重心，出球旋转。

(5) 脚趾屈得不够，以致不能用脚的正确部位触球，出球力量和方向均受到影响，且易损伤脚趾。

(6) 踢球脚与球接触时未能按要求接触球的合理部位，影响了出球的准确性，对出球力量及性质也相应地产生影响。

3. 练习方法示例

(1) 各种踢球技术动作的模仿练习。设想在地面有一目标(足球)，跨步上前做踢球动作，然后过渡到几步慢速助跑的踢球模仿动作练习，最后可做快速助跑踢球的模仿动作练习。练习中应注意要求有设想球，尤其注意设想触球一瞬间踢球脚踝关节的固定和脚背绷紧。

(2) 一人用脚底挡球，另一人踢球。此方法应注意踢球腿摆动与触球部位的正确与否，同时还要检查其支撑阶段的状况。

(3) 距足球墙 5m 左右进行踢球技术练习。此种方法主要强调小腿的摆动(但仍是以大腿带动小腿进行摆动，只是由于距离墙近用力较小)、脚与球接触面、支撑环节是否正确。练习一段时间后，可将距离加到 25m 左右，再进行中等力量的练习，此时大腿的摆动更应引起重视。当踢静止球有一定基础后，可逐步增加难度踢个人控制的活动球以及足球墙所碰回来的活动球。利用足球墙进行各种踢球技术练习时，一般都应从静止到活动，从注意技术环节的正确与否到要求踢向预定的目标。

三、接球

接球是指运动员有目的地用身体的合理部位把运行中的球接下来，控制在所需要的范围内，以便更好地衔接下一个技术动作。接球是为下一个动作服务的，接球质量的好坏直接影响下一个动作的顺利完成。因为比赛中来球性质、状态不同，所以接球应根据不同情况，采用不同的动作方法。

1. 技术动作要领

1) 脚内侧接球

这是用脚内侧部位接球的一种技术，由于脚触球面积大，动作简单，较易掌握，比赛中经常使用这种技术接各种地滚球、平球、反弹球、夺中球。

用脚内侧接地滚球时，支撑脚脚尖正对来球，膝关节微屈，同侧肩正对来球。接球腿提膝，大腿外展，脚尖微翘，脚底基本与地面平行，脚内侧正对来球并前迎，当脚内侧与球接触的一刹那迅速后撤，把球接在脚下(图 6-2-5)。

图 6-2-5　脚内侧接地滚球

用脚内侧接空中球时，根据来球的速度及运行轨迹及时移动到位，将接球腿抬起，使脚内侧部位对准来球的方向并前迎，脚在接触球的一瞬间后撤，并将球接在所需的位置上(图 6-2-6)。

图 6-2-6　脚内侧接空中球

2) 脚背外侧接球

(1) 脚背外侧接地滚球：将接球点放在接球腿一侧，支撑腿膝关节微屈。接球腿提起屈膝，脚内翻使小腿和脚背外侧与地面成一锐角，并对着接球后球运行的方向，脚离地面的高度应略等于球的半径，然后大腿向接球后球运行的方向推送，同时身体随球移动(图 6-2-7)。

(2) 脚背外侧接反弹球：根据来球的落点及时移动到位，支撑脚站在来球落点的侧后方，除触球部位外，其他环节均与脚背外侧接地滚球相同。

3) 脚背正面接球

这种方法多用于接有较大抛物线的来球。根据球的落点，及时移动到位，脚背正面上迎下落的球，当球与脚面接触的一瞬间，接球脚与球下落的速度同步下撤，此时大腿膝关节、踝关节、脚趾均保持适度的紧张，脚尖微翘将球接到需要的地方。

脚背正面接高空落下之球时，也可以将脚微抬起，并适度背屈，当球接触脚背的瞬间，踝关节放松将球接到身体附近(图 6-2-8)。

图 6-2-7　脚背外侧接地滚球

图 6-2-8　脚背正面接球

4) 脚底接球

脚底接球常被用来接各种地滚球和反弹球。用脚底接地滚球时，身体正对来球方向，移动前迎，支撑脚站在球的侧面(或前或后均可)，脚尖正对来球方向，膝关节微屈。同时接球腿提起，膝关节微屈，脚略背屈，使脚底与地面约小于 45° 角(且脚跟离开地面)，一般以前脚掌接触球的上部为宜。在触球瞬间接球脚可轻微屈趾(前脚掌下部)将球停住，也可根据需要在接球同时将球推向前方或拉向身后(图 6-2-9)。

5) 大腿接球

大腿接球一般可以用来接抛物线较大的高空球和略高于膝的低平球。

(1) 大腿接抛物线较大的下落球：面对来球方向，根据球的落点迅速移动到位，接球腿大腿抬起，当球与大腿接触的瞬间大腿下撤将球接到需要的位置上(图 6-2-10)。

图 6-2-9 脚底接球

图 6-2-10 大腿接球

(2) 大腿接低平球：面对来球方向，根据来球高度，接球腿大腿微屈，送髋前迎来球，当球与大腿接触瞬间收撤大腿，使球落在所需要的位置上。

6) 胸部接球

胸部接球部位较高，加之胸部面积大、肌肉较丰满，易于掌握，是一种接高球的好方法。

(1) 挺胸式接球：多用于接高球，胸部接球时，正对来球，两膝微屈，身体稍后仰，身体重心放在后腿或两腿之间。当球与胸接触的瞬间，吸气，两脚蹬地，胸部迎球上挺，触球的后中下部，使球微微弹起，把球接在体前(图 6-2-11)。

(2) 收胸式接球：多用于接齐胸高的平直球，面对来球，两脚左右或前后开立，两臂自然张开，挺胸迎球，触球瞬间收胸、收腹、臀部后移将球接在体前。若需将球接在体侧时，则触球瞬间转体将球接在转体后相应的一侧(图 6-2-12)。

图 6-2-11 挺胸式接球

图 6-2-12 收胸式接球

2. 易犯错误

1) 接地滚球

(1) 球从脚下漏过，主要原因是未掌握好脚的触球部位距离地面的高度。

(2) 接球时将球卡死在接球地点(本想接成活动球)，触球的部位过高(接近球的直径)。

(3) 接球后，球未能达到理想的位置，缓冲、加力或触球时所形成的反射角不当。

(4) 接球后身体不能及时跟上，影响控制球。

2) 接空中球

(1) 对球在空中运行的速度与轨迹判断不准确，或迟或早、或高或低而造成漏接。

(2) 未能将球接到理想的位置。

3. 练习方法示例

1) 个人接球技术练习

(1) 利用足球墙进行练习。采用足球墙练习用各种力法接地滚球。由开始原地接逐渐过渡到迎上去接球，或开始接在脚下，逐渐过渡到接至所设想的适宜的位置。根据需要加大踢球力量，提高反弹球速，增加接球难度。另外，也可练习接反弹球与空中球，但利用足球墙进行接旋转球的练习效果不佳。

(2) 个人将球踢高，然后进行接反弹球的各种练习(用手抛起后再进行练习也可以)。

2) 多人接球技术练习

(1) 正面接地滚球。两人对面站立，相距 10m 左右，一人踢地滚球，另一人迎上去接球。

(2) 两人在跑动中进行传接球练习。两人一组使用一球，在一定范围内跑动练习，要求接球时尽量使用多种方法，传球时注意传出各种性质的球，距离近时以地滚球为主，距离远时以空中球为主，以提高接球能力。

(3) 两人一组面对面站立，相距 5m 左右，一人用手抛球，一人练习接各种空中球，如用大腿、腹部、胸部、头部接球，可逐渐加大距离、加大力量或增加旋转以适应各种变化的来球。

四、运球

运球技术从狭义上讲，仅是指运球的方法，即指用身体的某一部分触球，使球能随运球者一起运动；从广义上看，则不仅让球随人运动，还必须越过对方的防守，即如何使用这些运球方法达到越过对方防守的目的。

1. 技术动作要领

(1) 脚内侧运球。在运球前进时，支撑脚始终领先于球，位于球的侧前方，肩部指向运球方向，支撑腿膝关节微屈，重心移至支撑腿上，另一条腿提起屈膝，用脚内侧推球前进，然后运球脚着地。这种技术多用在球寻找配合传球时或有对方阻拦需用身体做掩护时(图 6-2-13)。

(2) 脚背正面运球。运球时，身体保持正常跑动姿势，上体稍前倾，步幅不宜过大，运球腿提起，膝关节稍屈，髋关节前送，提踵，脚尖下指，在着地前用脚背正面部位触球后中部将球推送前进。

(3) 脚背外侧运球。运球时，身体持正常跑动姿势，上体稍前倾，步幅不宜过大，运球腿提起，膝关节稍屈，髋关节前送，提踵，脚尖绕矢状轴向内旋转，使脚背外侧正对运球方向，在运球脚落地前用脚背外侧推拨球的后中部图(图 6-2-14)。

(4) 脚背内侧运球。身体稍侧转并自然协调放松，步幅小，上体前倾，运球腿提起外展，膝微屈外转，提踵，脚尖外转，使脚背内侧正对运球方向，在运球脚落地前用脚背内侧推拨球，使球随身体前进。

图 6-2-13　脚内侧运球

图 6-2-14　脚背外侧运球

2. 易犯错误

(1) 眼睛只盯着球，不能随时观察周围情况，因而不能根据临场情况及早采取措施。

(2) 身体僵硬影响了动作的协调自如，造成不恰当的触球，或触球时力量过大。

(3) 运球技术运用不合理，造成脚尖捅球。

(4) 运球时步幅过大，重心偏高，不能随心所欲地触球、控球。

(5) 由于触球部位不恰当，致使运球时球不能按照运球者的意图运行。

3. 练习方法示例

(1) 在慢跑中分别用单脚内侧运球、脚背正面运球、脚背外侧运球，运球方向沿直线进行。

(2) 在慢跑中沿弧线运球。用脚内侧、脚背内侧、脚背外侧沿圈线做顺时针、逆时针运球练习。

(3) 在慢跑中单脚交替用脚背内侧和脚背外侧沿折线运球。

(4) 在慢跑中双脚交替用脚背内侧沿折线运球。

五、头顶球

头顶球是指运动员有目的地用前额将球击向预定目标的动作。使用头顶球技术，不仅可以传球、抢断球、高球射门，而且利用鱼跃头顶球可以扩大运动员的控制范围，在防守时抢险。

1. 技术动作要领

(1) 前额正面原地顶球。身体正对来球方向，眼睛注视运动中的球，两脚左右开立(或前后开立)，膝关节微屈，重心置于两腿间的支撑面上(或后腿上)，两臂自然张开。当球运行到将垂直于地面的垂线时，两腿用力蹬地，迅速向前摆体，微收下颌，在触球瞬间颈部做爆发式振摆，用前额正面击球中部，上体随球前摆(图 6-2-15)。

图 6- 2-15　前额正面原地顶球

(2) 跳起顶球。用单脚或双脚起跳，在身体升空过程中做好顶球的准备，顶球的动作要领与原地顶球相同(图 6-2-16)。

图 6-2-16　跳起顶球

2. 易犯错误

(1) 由于害怕心理，顶球时闭眼，以致造成错误部位顶球。

(2) 对运行中球的速度、轨迹判断不准确，因而不能很好地选择顶球位置与起跳位置，顶不着球。

(3) 掌握不好起跳时机，造成顶不着球(或早或迟)，有时虽可顶着球，但也顶球无力。

(4) 身体摆动环节不能协调有力地进行，影响顶球力量。

(5) 由于习惯性闭眼或害怕缩颈等使接触球部位不准，影响出球的准确性。

(6) 跳起用头顶球时，由于不能很好地控制身体，容易产生不协调的摆动，不仅影响出球的力量，也影响出球的准确性。

3. 练习方法示例

1) 个人头顶球练习

(1) 做各种头顶球的模仿动作练习。

(2) 自己双手举球在头前，用前额正面或侧面去触击球，体会触球部位，培养顶球过程中注视来球的习惯。

2) 多人头顶球练习

(1) 两人或两人以上在一起进行抛球头顶球练习，这样可以培养对运行中球的速度、轨迹的判断能力，还可以培养身体摆动的协调能力，提高出球的准确性等。

(2) 顶球射门练习。顶球队员站在罚球弧附近，掷球队员站在球门内或球门侧面将球抛至罚球点附近，顶球队员跑上顶球入门。

六、抢截球

抢截球技术是指运动员在规则允许的范围内，使用身体的合理部位将对手的控球权夺过来或破坏掉。

1. 技术动作要领

(1) 正面跨步堵抢。抢球者两脚前后开立，迎着运球者而站，两膝微屈，身体重心下降并置于两脚间，当运球者与抢球者间的距离缩小到一定范围(即抢球者上前跨一大步可能触及球)，运球者脚触球后即将落地或刚刚落地时，抢球者后脚用力蹬地并跨步向前，以脚内侧去堵截球，当已堵住球时，另一只脚应迅速上步。若抢球脚堵住球，两位对手也堵住球时，则抢球者应将另一只脚迅速前移作支撑脚，抢球脚在不脱离球的情况下迅速向上提拉，使球从对手脚面滚过，身体重心也迅速跟上并将球控制好(图 6-2-17)。

(2) 合理冲撞抢球。当防守者并肩与运球者跑动追球时，防守者重心稍下降，靠近对手一侧的手臂紧贴身体，利用对方同侧脚离地的过程，用肘关节以上部位适当冲撞对手同样部位，使对手身体失去平衡，乘机将球控制住(图 6-2-18)。

图 6-2-17 正面跨步堵抢

图 6-2-18 合理冲撞抢球

(3) 正面铲球。移动接近控球者，膝关节微屈，重心下降，当控球者触球后尚未落地时，抢球者双脚沿地面向球滑铲，随即用手扶地向一侧翻滚并尽快起身。

(4) 异侧脚铲球。当双方都不能用正常的动作触球时(指跑动中)，防守者应根据与球的距离，同侧脚用力蹬地使身体跃出，异侧脚向前沿地面对着球滑出，脚底将球铲出，然后小腿外侧、大腿外侧、手依次着地。或铲出球后身体向铲球腿侧翻转，手撑地后立即起身，使身体恢复到与下一个动作衔接的状态和位置(图 6-2-19)。

(5) 同侧脚铲球。防守者在跑动中根据双方离球的距离作出判断，当对手不能立即触球时，用异侧脚用力蹬地，使身体向前方跃出，同侧脚沿地面向前滑出的同时向外摆踢(脚踝应有向外的动作)，用脚背外侧将球踢出。也可用脚尖将球捅出，接着向对手一侧翻转，手撑地迅速恢复到下一个动作所需要的位置。

图 6-2-19 异侧脚铲球

2. 易犯错误

(1) 正面铲球时，易产生堵抢触球部位不准确造成失误。当双方同时接触球时，未能及时提拉球而被对方抢先造成堵抢失误。还有堵抢时机不对，或迟、或早都会造成堵抢失误。

(2) 侧面抢球冲撞时，冲撞动作不正确造成犯规。时机选择不当，不应选择在对手同侧脚支撑时。

(3) 铲球时易犯以下错误：

① 铲球脚离地面超过球的高度，易伤害对手造成犯规。

② 由于时机选择不当，或时机与实施的动作配合不当，未触及球而铲到对手造成犯规

与失误。

③ 动作不协调造成失误或影响下一个动作的衔接。

④ 着地动作不正确易使抢球者受伤。

(4) “抢断”球的时机选择不当，以及出击时机与动作配合不及时、不协调造成失误，以至扑空。

3. 练习方法示例

(1) 两人一球练习。将球放在甲脚前，乙与其相距 2m，乙上步做正面脚内侧堵抢练习，当乙触球瞬间甲也用脚内侧触球。让抢球人乙体会上步动作及触球部位，两人可轮换抢球。

(2) 两人一球练习。甲、乙两人相对站立，甲运球跑向乙(慢速)，乙选择好时机实施正面脚内侧堵抢技术。

(3) 两人同方向慢跑，在跑的过程中两人可做适当的合理冲撞，体会冲撞的时机和冲撞的部位，以及冲撞时如何用力等。

(4) 在两人前 5m 处放一球，听哨音后两人同时向球跑去。要求两人同时跑动(互相配合)选择适当的位置和时机合理冲撞将球控制。经过一段时间练习后，可将静止球变为活动球，教练员持球站立，两人站立在其两侧，当球沿地面抛出后，两人同时起动追赶球，利用合理冲撞将球控制住。

(5) 一人直线运球前进，另一人由后赶至成并肩时伺机实施合理冲撞并控制球。练习时要求运球者能给予抢球者配合，让抢球者得到练习，速度可以由慢到中速循序进行。

第三节　足球运动的基本战术

现代足球阵型一般分为 4-4-2、4-3-3、5-4-1、5-3-2、4-5-1、3-6-1、3-5-2、3-4-3 等几大类，以及在实战中演变出来的 4-2-3-1、4-3-1-2、4-1-4-1、3-2-3-2 等阵型。比赛中无论采取哪种阵型，都是由局部战术组成的。

一、局部进攻配合的打法

1. 传切配合二过一的打法

传切配合二过一是两名进攻队员通过一传一切配合越过一名防守队员的配合方法。

方法有斜传直插二过一和直传斜插二过一，要求是一次传球就穿越防守队员，传球时两队员要保持适当的距离，前插的队员必须快速启动，避免越位(图 6-3-1)。

2. 踢墙式二过一的打法

踢墙式二过一是两名进攻队员通过两次传球穿越一名防守队员的配合方法。

对拿球队员的要求是，把防守队员吸引过来，传球后立即前插，准备接球。对接应队员的要求是，一次触球，要忽然摆脱防守者与拿球同伴形成三角形位置，传球后要立即跑位，寻找再次配合的位置(图 6-3-2)。

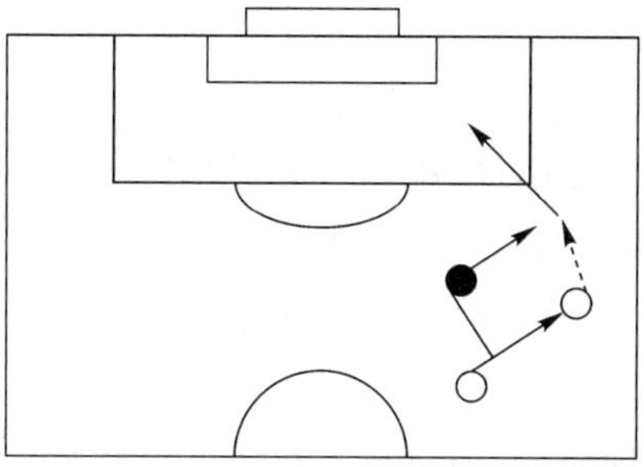

图 6-3-1 传切配合二过一的战术

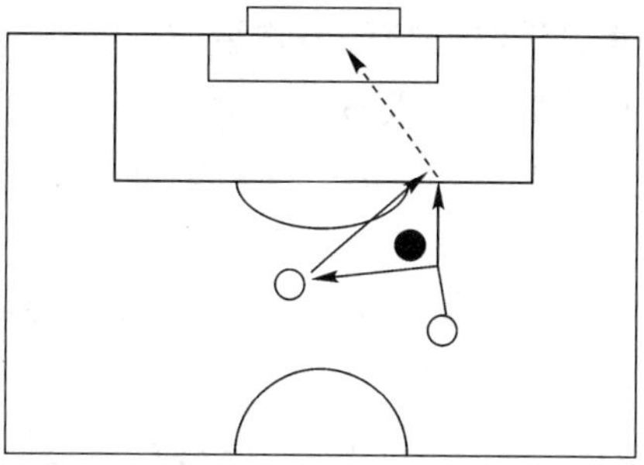

图 6-3-2 踢墙式二过一的战术

3. 回传反切二过一

回传反切二过一是通过三次传球完成的配合方法。

对拿球队员的要求是，传球要传到脚下，力量大些，回传后迅速转身插向防守队员身后空当。接球队员要求和拿球队员要求相同(图 6-3-3)。

4. 交叉掩护二过一

交叉掩护二过一是两名进攻队员通过运球与身体的掩护越过一名防守队员的配合方法。

对拿球队员的要求是，要将身体置于球与对手之间保护球，做假动作不触球，完成配合后继续跑位。对接球队员的要求是，靠近运球同伴接应迷惑对手，选择时机忽然起动接球越过对手(图 6-3-4)。

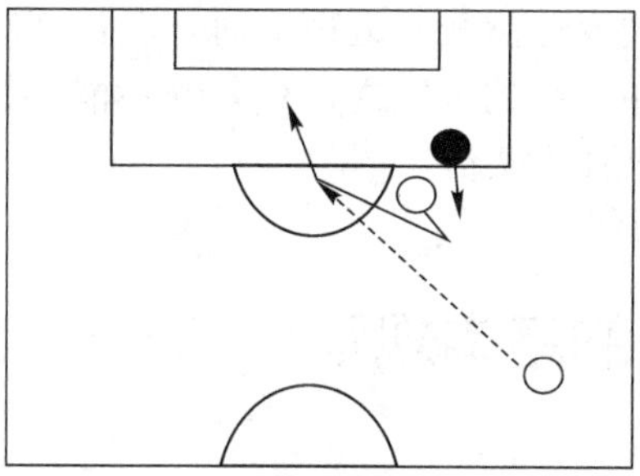

图 6-3-3 回传反切二过一的战术

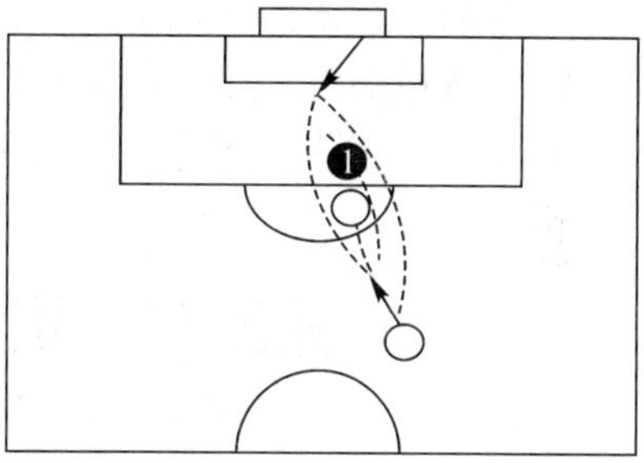

图 6-3-4 交叉掩护二过一的技术

二、常见的防守战术

1. 区域盯人与混合盯人

1) 区域盯人防守

区域盯人的基本概念是每一防守队员都有一定的防守区域，进攻者一旦进入该区域，防守队员即对其严密盯防，限制其在该区域的一切行动。利用空间优势来创造时间，是区域盯人的总特征。

2) 混合盯人防守

混合盯人防守是人盯人与区域盯人相互结合的一种防守形式，是根据对手情况，在某些区域实行人盯人，在某些区域实行区域盯人，充分发挥这两种形式的优点，提高整体防守的综合效益。应注意重点盯住进攻的组织者和主要得分手，以速度优势最大限度地限制他们的进攻空间。利用时间创造时间，又利用空间创造时间，是混合盯人的特征。

2. 常见的防守打法基本要求

1) 中前场逼迫式防守

中前场逼迫式防守一般在势均力敌或实力高于对方时运用。当本方在中前场一旦丢球，立即组织防守，丢球者迅速堵截控球者，其他防守队员对前来接应的进攻队员实行紧逼盯人。此时三条线保持较短的纵深距离，压住对手，令其回传、横传球。

2) 逐步回撤防守

逐步回撤防守在中前场由攻转守时运用。本方靠近对方控球者的队员及时上前封堵，不让他运球突破或向前传球，在封堵的过程中争取时间。其他队员迅速回撤，将防守区域由前场逐步撤到本方的中后场。这样，一方面占据了有利的防守位置，另一方面聚集了较多的防守队员，以利稳固防守。

3) 快速回收密集防守

快速回收密集防守一般多用于敌强我弱，或以“稳固防守，快速反击”为指导思想的球队。这种打法是在由攻转守时仅用一两名队员在中前场封堵控球者，其他队员快速回收到本方的后场，不在中前场与对方周旋。这种打法的主要特点是将防守重点部署在禁区前沿，形成严密的防守网络。防守队员相互之间保持一定的距离，形成稳固的保护状态，给对方的进攻造成极大困难。

4) 局部区域围抢

局部区域围抢一般由两名以上防守队员在边线或球门线附近地区对一名控球队员实施围抢。此时防守队员要从多个方向将持球者围逼在很小的范围内，使其既不能突破又无法传球。同时，外围防守队员应盯住前去接应的其他进攻队员。

第四节　足球运动的基本规则

一、比赛场地

比赛场地必须是长方形，其长度为 90～120 m，宽度为 45～90 m(国际比赛的场地长度为 100～110 m，宽度为 64～75 m)。在任何情况下，长度必须超过宽度。

场地由边线、端线、球门线、中线、球门区、罚球区、角球区、罚球点中点、中圈、罚球弧等区界构成。场地各界线的宽度不得超过 12 cm。球门宽 7. 32 m，高 2.44 m，角旗高 1.50 m。

比赛用球的外壳应用皮革或其他许可的材料制成。球的圆周为 68～71 cm。球的重量为 396～453 g，在比赛进行中，未经裁判员许可，不得更换比赛用球。

二、队员人数、队员装备

1. 队员人数

一场比赛应有两队参加，每队上场人数不得多于 11 人，其中必须有 1 名守门员。如果任何一个队少于 7 人则比赛不能开始。比赛中一队不足 7 人时，裁判员也应停止比赛。国际足联规定，正式比赛中，每场最多可以使用 3 名替补队员。

2. 队员装备

队员必需的基本装备是：运动上衣、短裤(如穿紧身内裤，必须与短裤的主色同一颜色)、护袜、护腿板、足球鞋。足球比赛守门员的服装颜色必须有别于其他队员、裁判员和助理裁判员。队员不得使用或佩戴可能危及自己及其他队员的装备或任何物件(包括各种珠宝饰物)。

三、比赛开始、进行和死球

开球前，双方队员均应在本方半场内，开球队的对方队员还须在中圈外。当裁判员鸣哨后，开球队员必须将放在场地中心的球踢向对方半场，待球滚动一周时方为比赛开始。

比赛开始至结束时均在进行中，包括以下情况：球碰门柱、横梁、角旗杆弹回场内；球碰裁判员或助理裁判员弹在场内；场上队员犯规而裁判员未予判罚。

当球的整体在地面或空中全部越过边线或端线和比赛被裁判员鸣哨停止时均为死球。恢复比赛的方式为罚球门球、角球、任意球、掷界外球、点球和重新开球。

四、越位

在比赛中，当队员处于下列情况时，即为进攻队员处于越位位置：在对方半场内，角球更接近对方球门线，且在该队员与对方球门线之间对方队员不足两人，以上三个条件缺少任何一条，均不构成越位。攻方一名队员处于与球平行的位置，不属于越位位置。攻方一名队员处于与对方倒数第二名队员平齐的位置上，不属于越位位置。

处于越位位置的队员，在同队队员踢或触及球的一瞬间，裁判员认为其干扰了比赛，或干扰了对方队员，或利用越位位置获得利益而“卷入”了现实比赛中时，判为越位犯规。

处于越位位置的队员，直接接到同队队员的球门球、界外球和角球时，则不构成越位。对于任何越位犯规，裁判员应判对方在犯规发生点踢间接任意球。

五、犯规与不正当行为

1. 直接任意球

队员故意违反下列任何一项规定，应由对方队员在犯规地点踢直接任意球：① 踢或企图踢对方队员；② 绊、摔对方队员；③ 跳向对方队员；④ 冲撞对方队员；⑤ 打或企图打对方队员；⑥ 推对方队员；⑦ 铲球时，触球前触到对方队员；⑧ 拉扯对方队员或向对方队员吐唾沫；⑨ 故意手球(守门员在本方罚球区内除外)。防守队员在本方罚球区内违反上述情况中的任何一种时，应判罚球点球。

2. 间接任意球

队员故意违反下列任何一项规定，应由对方在犯规地点踢间接任意球：① 队员有危险动作；② 阻挡；③ 守门员接回传球或手持球后有意延误比赛时间；④ 越位犯规；⑤ 蹬或企图蹬。

六、警告与罚出场

1. 黄牌警告

队员犯有下列七条中任何一条者将被出示黄牌警告：

(1) 犯有非体育道德行为。例如：跳起用手拉球门横木；向观众做鬼脸、打手势等；胜一球后脱掉上衣；场上抽烟。

(2) 以语言或行动表示异议。如判罚犯规后，队员鼓倒掌、提抗议及故意将球踢向远处等。

(3) 持续违反规则。

(4) 延误比赛重新开始。如踢球门球、角球、掷界外球时故意延误时间。

(5) 当以角球或任意球重新开始比赛时，不退出规定的距离。

(6) 未得到裁判员许可进入或重新进入比赛场地。

(7) 未得到裁判员许可故意离开比赛场地。但是在下列情况下，不应判为擅自离场：队员由于奔跑冲力过大跑出场外；队员在边线或球门线附近运球，从界外绕过对方后回到场内；球在场内边线或球门线附近，队员从线外助跑踢球；处在越位位置的队员，为了表明自己不参与比赛而临时跑出场外。

2. 红牌警告

队员违反下列七条中任何一条者将被出示红牌罚令出场：

(1) 严重犯规。

(2) 暴力行为。

(3) 对方或其他任何人吐唾沫。

(4) 故意手球破坏对方的进球或明显的进球得分机会(不包括守门员在本方罚球区内)。

(5) 用可判为任意球或球点球的犯规破坏对方向本方球门移动着的明显的进球得分机会。

(6) 使用无礼、侮辱或辱骂性的语言。

(7) 在同一场比赛中得到第二次警告。

七、裁判员手势

(1) 直接任意球：单臂侧平举，明确批示踢球方向。

(2) 间接任意球：单臂上举，掌心向前。此手势应持续到球踢出后，并被场上其他队员触及或成死球时为止。

(3) 球门球：单臂向前斜下举，指向执行球门球的球门区。

(4) 角球：单臂斜上举，指向执行角球的角球区。

(5) 罚球点球：单臂向前斜下举，明确指向执行罚球点球的罚球点。

(6) 示意继续比赛：队员犯规后，裁判员运用有利条款而不判罚时，应给以继续比赛的手势，即双臂前举，手臂向前稍作连续挥动。

(7) 罚令队员出场和进行警告：对队员罚令出场或警告时，分别出示红、黄牌。使用红、黄牌时，应一手持牌直臂上举，面向被处分队员，有短暂时间的停顿，使场内外均能看清是对哪名队员进行处分。

八、VAR(Video Assistant Referee)

足球专用术语，意指视频助理裁判，其实质是使用视频回放技术帮助主裁判作出正确判罚决定——VAR 本身不会作出任何决定，而是帮助主裁判作出决定。

第七章　篮　　球

第一节　简　　介

一、篮球起源

19 世纪中叶，伴随着美国工业革命的发展，极大地促进了生产力的提高，美国成为高度发达的国家。同时，人们的思想观念亦逐步转变，引起人们对于充实、创新教育体系和社会生活等方面的重视，于是许多活动性游戏应运而生，成为人们强身健体的活动形式。棒球、网球、高尔夫球、曲棍球、田径、游泳等户外活动相继得到了广泛开展。马萨诸塞州位于美国东部海岸，入冬早而且比较寒冷。1891 年，为了弥补冬季室内体育项目的不足，马萨诸塞州斯普林菲尔德市(旧译“春田市”)基督教青年会国际训练学校体育教师詹姆士·奈史密斯(James.Naismith)受人之邀设计一项室内的游戏活动。当地的儿童喜欢一种游戏，将球投向桃子筐(当地盛产桃子，各户均备有桃筐)。他从这个游戏中得到启发，创编了最早的篮球游戏。起初，奈史密斯将两只桃筐分别挂在健身房内看台的栏杆上，用足球作比赛工具，向筐投掷。投球入筐得 1 分，按得分多少决定胜负。每次投球进筐后，要爬梯子将球取出再重新开始比赛。后来逐步将竹筐改为活底的铁筐，再改为铁圈下面挂网。经过百余年的改进、发展与完善，这种“筐球”游戏逐步成为现代篮球运动。

二、篮球运动的特点和价值

篮球运动是一项兼具集体性、综合性、对抗性特点的竞技活动，比赛双方围绕“球权争夺、投篮得分和制约投篮得分”的目标而展开攻守对抗。在篮球比赛过程中，我们常会欣赏到快速灵活的跑动、眼花缭乱的运球、精准的传球、势大力沉的扣篮，也会看到诡异的抢断、神奇的封盖……而篮球比赛中运用的战术方法亦是变化多端，充满了智慧与想象，给人以高亢激昂、跌宕起伏、赏心悦目之感。

现代篮球运动作为奥运会、大型国际比赛、全运会的重要竞技项目，通过强者间的对抗与拼争，彰显出了生命的活力、勇敢的作风、顽强的意志品质和集体主义精神，以其独有的魅力，深受全世界各国人民的喜爱。篮球运动的起源发展历程折射出人类从个体到集体、从民族到国家的一种自强精神与创造精神，是世界文明进步绚丽的文化标志和社会人文现象。

三、篮球运动发展的趋势

当前篮球运动是向着“高、快、全、准、变”及攻守平衡的方向发展。高：运动员身高、弹跳与技术结合形成的高空优势，促进了投篮、补篮、封盖和抢篮板球技术的发展。攻、守双方在空中争夺的高度已在 3.50 m 以上。快：运动员的观察、判断、反应更加敏锐，技、战术运用更加合理，加之规则中一次进攻时间限制的改变，加快了攻、守转换的速度，从而出现了高比分的结果。全：首先是全队的实力较平均。其次是个人技术的全面发展，表现在运动员既能在自己的位置上发挥技术特点，又能打破位置的界限进行攻、守技术的运用。准：主要表现在投篮的准确性上。一些优秀运动员在比赛中的投篮命中率达到 60%以上，个别场次可达到 70%以上。变：从多变的移动进攻(进攻战术)和综合性防守(防守战术)中，体现战术灵活、综合多变的特点。攻、守平衡已成为世界强队的重要特征之一。

第二节　篮球运动的基本技术

一、移动

(一) 移动技术

移动技术包括基本站立姿势、起动、跑、跳、急停、跨步、转身、滑步、后撤步、交叉步、攻击步、绕步、碎步。常用的移动技术有以下几种。

1. 基本站立姿势

基本站立姿势是移动技术的准备姿势。

动作要领：两脚开立，与肩同宽，两腿微屈，上体稍前倾，身体重心位于两脚之间，两臂自然弯曲于体侧，两眼注视全场情况。

2. 跑

跑是基本的移动方法，有侧身跑、变向跑、变速跑、后退跑等，其中主要的是以下三种。

(1) 侧身跑。

动作要领：向前跑时，脚尖对着跑动方向，头和上体转向球的方向，以便观察场上情况。

(2) 变向跑。

动作要领：(以从左向右变向跑为例)顺步变向跑时，左脚落地制动，屈膝降低身体重心，用前脚掌内侧蹬地，同时扭腰转胯，右脚迅速向右跨步加速。交叉步变向跑时，左脚落地制动，腰胯向右转动，同时，左脚前脚掌内侧蹬地向右跨步，继续加速跑动前进。

(3) 变速跑。

动作要领：加速时，上体前倾，前脚掌积极蹬地，同时，迅速摆臂，加快频率。减速时，上体直起，步幅加大，用前脚掌抵地，缓冲降速。

3. 急停

急停是队员在跑动中突然制动速度的一种动作方法，分为跨步急停与跳步急停两种。

(1) 跨步急停。

动作要领：先向前跨出一大步，脚跟着地过渡到全脚掌抵住地面，迅速屈膝上体后仰，第二步着地时，身体侧转，脚尖内旋，用前脚掌内侧蹬撑地面保持身体平衡。

(2) 跳步急停。

动作要领：单脚或双脚起跳，上体后仰，两脚同时平行落地，用前脚掌内侧用力撑地，两膝弯曲，降低重心保持身体平衡。

4. 滑步

滑步是防守移动的主要动作方法，可分为侧滑步、前滑步和后滑步。

(1) 侧滑步。

动作要领：滑步前，两脚左右开立，两膝弯曲，上体稍前倾，手臂向两侧张开。向左滑步时，右脚前脚掌内侧蹬地，左脚向左跨出一步，落地的同时，右脚迅速随同滑行，然后依次重复上述动作，眼要注视对手；向右滑步时，动作相反。

(2) 前滑步。

动作要领：由前后站立姿势开始，向前滑步时，后脚前脚掌内侧蹬地，前脚向前跨步，着地后，后脚紧随着向前滑动，保持前后开立姿势。注意屈膝降低重心。

(3) 后滑步。

动作要领：与侧滑步相同，只是向侧后方向移动。

5. 转身

转身是以一脚做中枢脚，另一脚蹬地向前或向后跨出进行旋转，改变原来身体方向的一种动作方法，可分为前转身和后转身。

(二) 移动技术练习方法

(1) 根据信号按动作要求做各种移动技术练习。

(2) 结合运球、接传球等技术进行各种移动练习，如侧身跑、变向跑、转身等。

(3) 脚步动作综合性练习。

二、传、接球技术

(一) 传球技术

1. 持球

动作要领：两手五指自然分开，两拇指相对成“八”字型，用指根以上部位持球的两侧，掌心空出。

2. 传球

传球有双手胸前传球、双手低手传球、双手低手向后传球、双手头上传球、单手肩上传球、单手胸前传球、单手低手传球、单手低手向后传球、单手肩上向后传球、单手背后传球、单手体侧传球、勾手传球等。下面介绍两种最常用的传球方法。

(1) 双手胸前传球。

动作要领：身体呈基本站立姿势，双手持球于胸腹之间。传球时，两臂迅速向传球方向前伸，当手臂将要伸直时，手腕由内向外、由下而上翻转，同时拇指用力下压，食、中指用力拨球将球传出。

(2) 单手肩上传球(以右手传球为例)。

动作要领：双手持球于胸前，呈基本站立姿势。传球时，左脚向传球方向迈出半步，同时右臂引球至右肩上方，左肩对着传球方向，重心落在右脚上，右脚蹬地，同时转体并迅速向前挥臂，手腕前屈，通过食、中指拨球将球传出。

(二) 接球技术

接球是篮球运动中的主要技术之一，是获得球的动作，是抢篮板球和断球的基础。

1. 双手接球

双手接球有双手接胸部高度的球、双手接头部高度的球、双手接低于腰部的球、双手接反弹球、双手接地滚球。

下面介绍最常用的双手接胸部高度的球的方法，其动作要领：接球时，两眼注视来球，两臂向来球方向伸出迎球，手指自然分开，当手触及来球时，顺势随球后引至胸腹之间。

2. 单手接球(以右手接球为例)

动作要领：两眼注视来球，右臂微屈，手掌成勺形，手指自然分开，迎着来球的方向伸出，当手指触球时，手臂顺势向后下引球，左手立即帮助将球握于胸腹之间。

(三) 传、接球技术练习方法

(1) 做各种原地传、接球练习(两人或三人一组练习)。

(2) 行进间传、接球练习(两人或三人一组练习，四角传、接球练习，跳起空中传球练习)。

(3) 传、接球游戏。开始时，其他队员在半场内不得出界，两人在半场内行进传、接球追赶(不违例)。球只要在两传球人控制下，将球触及其他队员，则被触者就算被捉到，并加入传球队伍，直到剩下最后一个队员为止。

三、投篮技术

(一) 投篮技术

投篮技术包括原地投篮、行进间投篮、跳起投篮、补篮和扣篮。下面介绍常用的几种。

1. 原地投篮

原地投篮是最基本的投篮方法，是行进间投篮和跳起投篮的基础，有双手胸前投篮、双手头上投篮、单手肩上投篮、单手头上投篮等。以下介绍一种应用比较广泛的投篮方法。

原地单手肩上投篮，其动作要领：(以右手投篮为例)左手扶球的左侧，右臂屈肘，置球于右肩上，两脚前后或左右开立，两膝微屈，重心落在两脚之间。投篮时，下肢蹬地发力，右臂向前上方将要伸直时，手腕前屈，食、中指用力拨球，通过指端将球投出。

2. 行进间投篮

行进间投篮是比赛中广泛应用的一种投篮方法，有单手肩上投篮、单手低手投篮、双手低手投篮、反手投篮、勾手投篮等。下面介绍三种常用的投篮方法。

(1) 行进间单手肩上投篮(以右手投篮为例)。

动作要领：右脚跨出一大步的同时接球，接着左脚跨出一小步并用力蹬地起跳，举球于肩上，当身体接近最高点时，右臂向前上方伸直，手腕前屈，食、中指用力拨球，通过指端将球投出。

(2) 行进间单手低手投篮(以右手投篮为例)。

动作要领：右脚跨出一大步的同时接球，左脚接着跨出一小步并用力蹬地起跳，右腿屈膝上抬，右手掌心向上托球，并充分向球篮方向伸展，接着屈腕，食、中指用力拨球，通过指端将球投出。

(3) 行进间勾手投篮(以从球场左侧斜插到球篮右侧右手投篮为例)。

动作要领：右脚跨出一大步接球，同时右脚用力侧蹬，左脚向球篮方向跨出一小步，并蹬地起跳，右腿屈膝上提，右手持球由胸前经体侧向右肩上方画弧举球，当球举至头的侧上方接近最高点时屈腕，食、中指拨球，通过指端将球投出。

3. 跳起投篮

跳起投篮简称跳投，具有突然性强、出手点高和不易防守的优点。跳起投篮有原地跳起投篮(单手肩上投篮、单手头上投篮、双手头上投篮)和急停跳起投篮(接球急停跳起投篮、运球急停跳起投篮、转身跳起投篮和跳起转身投篮)。

原地跳起单手肩上投篮，其动作要领(以右手投篮为例)：两手持球于胸腹之间，两脚自然开立，两腿微屈，重心在两脚上。起跳时，脚掌用力蹬地向上跳起，双手举球至右肩上方。右手托球，左手扶球的左侧方。当身体接近最高点时，左手离球，右臂向前上方伸直，手腕前屈，食、中指拨球，通过指端将球投出。

(二) 投篮技术练习方法

(1) 两人一组一球相距 5 m 左右，相互做原地投篮练习或做接球、运球跨步上篮动作和跳起投篮动作。

(2) 两路纵队分别站在左、右边线内。开始时，右边队员跑上去接球投篮。投篮后，再跑到左边的排尾。左边队员及时跑上去接篮板球传给右边的第二人。以此类推，按同样的练习方法换左边队员投篮。

(3) 传球切入上篮。站在中线的队员传球给端线的同伴，然后跑向篮下接回传球上篮。投篮后，拿球回到队尾。传球动作与切入接球上篮动作要衔接好。

四、运球技术

(一) 运球技术

运球技术包括高运球、低运球、运球急停急起、体前变向换手运球、体前变向运球、背后运球、运球转身、胯下运球等。下面介绍几种常用的运球技术。

1. 高运球

动作要领：运球时，两腿微屈，上体稍前倾，双目平视，以肘关节为轴，前臂自然伸屈，用手腕、手指柔和而有力地按拍球的后上方。球的落点控制在运球手臂同侧脚的外侧前方，使球的反弹高度在胸腹之间。

2. 低运球

动作要领：运球时，抬头、目视前方，两膝深屈，降低重心，上体前倾，用上体、腿和另一手臂保护球。同时，用手短促地按拍球，使球从地面向上反弹的高度在膝关节以下。当受到对手紧逼时，常采用这种方法。

3. 运球急停急起

当运球队员被对手盯得很紧而又不能运用快速运球超越时，运球队员应突然降低运球速度，或突然急停原地运球。当对手也降低速度或急停时，运球队员则突然用力蹬地，加速运球以超越对手。

4. 体前变向换手运球

动作要领：(以运球队员从对手右侧突破为例)运球队员先向对手左侧运球，当对手向左侧移动时，运球队员突然向他的右侧变向。变向时，右手按拍球的右上方，使球从自己身体的右侧拍向左侧，同时，右脚向左前方跨出，上体左转探肩，以右臂和身体保护球，换左手按拍球的后上方，加速突破对手。

5. 背后运球

当对手距离较近，无法采用体前变向运球时，可采用背后运球突然改变前进方向，以摆脱防守。

动作要领：(以右手运球向左侧变向为例)变向时，右手将球拉到身后，迅速按拍球的侧后方，将球从身后拍至左侧前方，同时，右腿向左前方跨出，上体左转，换左手按拍球的后上方，加速突破对手。

6. 胯下运球

动作要领：(以右手做胯下运球为例)右手按拍球的右侧上方，使球从两腿之间穿过，右脚向左前方跨出，换左手运球继续前进。

(二) 运球技术练习方法

(1) 原地运球。体会运球的动作要领。练习改变运球的速度及运球部位：练习原地换手运球；结合脚步假动作和身体虚晃动作运球练习。

(2) 直线运球。运球练习的速度可由慢逐渐加快，并可练习突然变换高运球或低运球(运球急停急起)。

(3) 绕圆弧运球练习。将队员分成三组，绕三个跳球圈运球，可以顺时针或逆时针练习左、右手运球，速度可逐渐加快。运球时，身体要向内倾斜，并控制好球。

(4) 变向运球练习。在罚球线延长线近边线处和中跳球圈与中线交点处共放置六个立柱。将队员分成两组，分别从禁区底角处开始运球，到立柱位置时，做体前变向换手运球、背后运球、运球转身、胯下运球练习。

(5) 运球游戏。队员分布在半场内，由运球队员追逐同伴，在运球中能够把球控制住，并用另一只手触及同伴，变换由被触队员运球追逐。

五、持球突破

(一) 持球突破技术

持球突破可分为交叉步突破、顺步(同侧步)突破、前转身突破、后转身突破。下面介绍两种常用的突破方法。

1. 交叉步持球突破

动作要领：(以右脚作中枢脚为例)两脚左右开立，两膝微屈，身体重心降低，持球于胸腹之间。突破时，左脚向左前方跨出，做向左突破假动作，当对手重心跟着偏移时，左脚前脚掌内侧迅速蹬地，上体稍向右转，左肩向前下压，重心向右前方移动，左脚向右侧前方跨出，将球引于右侧，接着运球，中枢脚蹬地向前跨出迅速超越防守。

2. 同侧步持球突破

动作要领：(以左脚作中枢脚为例)准备姿势和突破前的动作要求与交叉步相同。突破时先做假动作，当对手重心前移时，右脚向右前方跨出一步，向右转体探肩，重心前移，右手运球。左脚前脚掌迅速蹬地，向右前方跨出，突破防守。

(二) 持球突破技术练习方法

(1) 原地持球练习交叉步突破和同侧步突破的动作。

(2) 一人抛球，一人向前跑动跳步急停接球后练习不同的突破方法。

(3) 运用假动作做不同的突破练习，以提高运用动作的变化能力和动作的变换速度。

(4) 一对一持球突破练习。进攻者应运用各种假动作诱骗对手，并将持球突破与中、远距离投篮结合进行练习。防守者应积极防守。

(5) 半场三对三按规定练习持球突破。练习时，防守队员只能用人盯人防守，不许交换防守。规定进攻队员不允许掩护，只能运用持球突破得分以及积极摆脱防守后接球进攻。

六、防守对手

(一) 防守技术

1. 防守无球队员

(1) 防守位置：防守队员要根据对手、球篮和球的位置距离以及对手的身高、速度、进攻特点和自身的特点来决定防守位置。一般来说，防守队员应在对手与球篮之间偏向有球一侧位置上，保持一定的角度和距离，对有球侧的防守，距离要近，对无球侧的防守，距离可适当远一些。对篮下的防守，要靠近对手，体现出“以球为主”“球、人、区兼顾”的原则，使防守变得积极主动，并带有一定的攻击性。

(2) 防守姿势：

① 防守离球较近的对手，采用面向对手侧向球的斜前站立姿势，靠近对手的异侧脚在前，伸前脚一侧的手臂封锁接球的路线，干扰对手接球。

② 防守离球较远的对手，采用面向球侧向对手的站立姿势，靠近对手的脚在前，两臂伸于体侧，观察球与对手的动向，堵截对手的接球路线。

(3) 防守方法：根据进攻队员和球的移动，运用上步、撤步、滑步、交叉步和快跑等脚步动作来堵截无球进攻队员的穿插、切入、溜底，不让对手在有利于进攻的位置上接球。

2. 防守有球队员

(1) 防守位置：应站在对手与球篮之间的位置上，对手离球篮远，则离对手远些，反之，则近些。

(2) 防守姿势：有平步防守和斜步防守两种。

① 防守投篮较准的对手，首先要掌握其投篮技术的特点及投篮点，积极干扰，迫使其改变投篮动作及投篮点；其次，当对手投篮时，要准确地判断其起跳时间，突然向上起跳封盖其投篮。

② 防守运球突破能力较强的对手，要根据其位置与习惯(中枢脚、突破方向、假动作)来采取对策，运用脚步动作，堵截其习惯的突破路线，迫使对手改变运球方向或停止运球。

③ 防守善于传球的对手时，由于对手经常助攻传球，给其同伴创造接球投篮的机会，所以防守队员要积极阻挠其传球，上前贴近对手，挥动手臂封堵其传球，迫使其向没有攻击威胁的位置上传球。

(二) 防守技术的练习方法

(1) 队员根据教师的信号做前、后、左、右各方向的滑步练习。

(2) 连续做滑步练习。队员位于两个立柱之间，距离 3～4 m，用滑步动作连续摸两边立柱。要求重心低，移动速度及转换方向快。滑半分钟到一分钟，要求尽最大能力进行。

(3) 专门练习打球和抢球。固定两人传球(传球可以先慢些)，防守人随球移动，判准时机突然上步打球或抢球。

(4) 抢、打、断球练习。练习时，由四人或五人传球，中间三人练习抢、打、断球。谁被断或被打球，就到圈里换做防守。

七、抢篮板球

(一) 抢篮板球技术

抢篮板球技术包括抢占位置、起跳动作、抢球动作、得球后的动作。

1. 抢占位置

根据对手和投篮队员所处的位置，正确判断篮板球的反弹方向、距离，运用快速的脚步移动(转身、跨步、上步)抢占有利位置。

2. 起跳动作

当抢占到有利位置时，应保持两腿屈膝，重心降低，上体稍前倾，两臂稍屈置于体侧的起跳准备姿势。起跳时，两脚用力蹬地，两臂上摆并向上伸，腰、腹协调用力，身体充分伸展，准备抢球。

3. 抢球动作

根据攻、防队员的位置及球的方向，抢球动作可分为单手抢球、双手抢球和点拨球。

单手抢篮板球动作：身体在空中要充分伸展，达到最高点时，用靠近球一侧的手臂尽力伸向球，当指端触及球时，屈腕、屈肘，用力将球拉至胸前，另一手扶球，将球握紧。

(二) 抢篮板球练习方法

(1) 起跳和抢球练习：原地双脚起跳模仿抢篮板球的动作。强调抢篮板球的准备姿势、踏跳、空中伸展及落地动作要领。

(2) 自己向头上抛球(高度 5 m 左右)，跳到最高点时，手臂伸直，用双手或单手抢篮板球练习，可连续练 10～20 次。

(3) 三人为一组，一人罚球，另两人一对一抢篮板球练习。进攻者抢到篮板球后补篮；防守者抢到篮板球后，即转三人一组发动快攻上篮。

第三节　篮球运动的基本战术

一、进攻战术

常用的进攻战术包括掩护配合和传切配合。

1. 掩护配合

掩护配合是指进攻队员选择正确的位置，借用自己的身体用合理的技术动作挡住同伴防守者的移动路线，使同伴借以摆脱防守，获得接球投篮攻击或其他进攻机会的一种配合方法。根据掩护者和同伴防守者的身体位置和方向不同，掩护配合分为前掩护、侧掩护、后掩护三种形式；根据掩护者的人数、移动路线、方法和变化，掩护配合可分为定位掩护、行进间掩护、反掩护、假掩护、运球掩护、连续掩护、双人掩护等。

动作要点：选择正确的位置，掩护者与对方队员保持适当的距离，两脚平行开立，两膝微屈，上体微前倾，两臂屈肘放于体侧或交叉放于胸前，有利于自我保护和攻守对抗。被掩护者适时以各种进攻动作吸引对方的注意力，隐蔽掩护意图。掩护时被掩护者身体要靠近掩护者，以防对方挤过。当对方换防时，掩护者应立即转身护送，参与进攻。

掩护配合的练习方法：

(1) 无球跑动掩护配合练习：④跑到防守队员的侧后方做掩护动作后，以靠近球篮的脚为轴做后转身切入篮下，依次进行练习。要求：掩护的姿势正确，距离适当，如图 7-3-1 所示。

(2) 无防守的两人掩护配合练习：分成两组，◎表示防守队员，⑤跑去给④做侧掩护，④贴近⑤的身体从右侧切入，⑤随后转身跟进，④、⑤交换位置，依次进行练习，如图 7-3-2 所示。

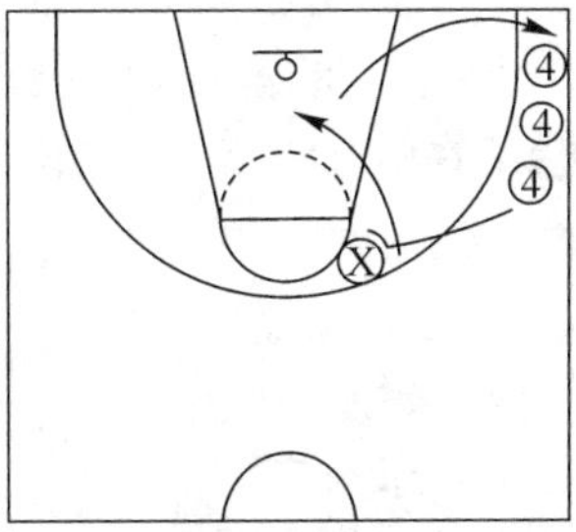

图 7-3-1　无球跑动掩护配合

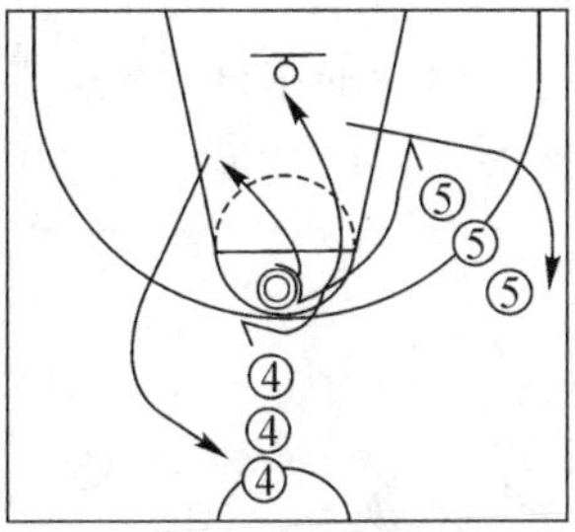

图 7-3-2　无防守的两人掩护配合

2. 传切配合

篮球战术的基础配合，是两三人之间组成的简单配合，也是组成各种战术的基础。有了熟练的基础配合，才能有灵活多变的全队战术。传切配合指传球的球员送出直传，无球队员空跑切入对方防守腹地，到点到位，接球后对对方的篮筐完成致命一击。

战术基础配合包括进攻战术基础配合和防守战术基础配合两部分。进攻战术基础配合有传切、突分、策应、掩护等；防守战术的基础配合有穿过、挤过、绕过、交换防守、补防、关门、夹击等。

传切配合包括一传一切(图 7-3-3)。

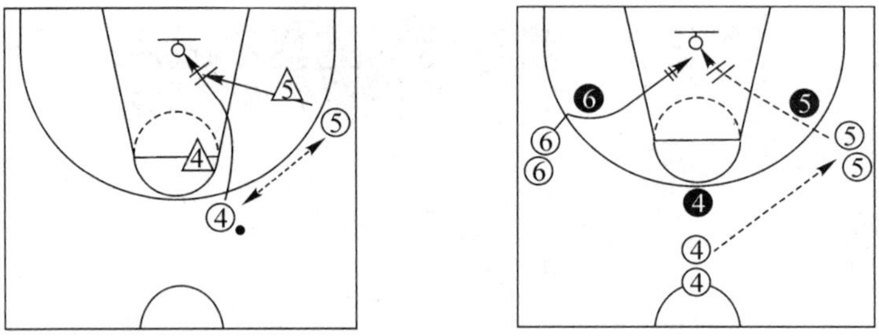

(a) (b)

图 7-3-3 一传一切

二、防守策略

篮球比赛中常用的防守策略是区域联防。

区域联防是一种半场防守的全队战术。由进攻转入防守时，防守队员退回半场后，每个人分别负责防守一定的区域，严密防守进入该区域的球和进攻队员，并与同伴协同防守，用一定的队形把每个防守区域有机地联系起来，组成区域联防战术。这种防守战术，由于队员所处的位置较为固定、分工明确，有利于组织抢后场篮板球和发动快攻。但是，由于受区域分工的限制，各种区域联防都存在一定的薄弱地区，容易被对方在局部区域内以多打少。区域联防根据五个防守队员所占的防守位置，组成各种区域联防，常用的形式有“2-1-2” “2-3” “3-2” “1-3-1”等，下面主要介绍“2-3”联防。

“2-3”区域联防的位置要求如图 7-3-4 所示。突前的❼、❻应是机智、灵活、快速、善于抢断球反击和组织快攻的队员。❽应是身材高大、补位意识强、善于抢篮板球的队员。❺、❹则要求身材高大、技术较全面、具有争夺篮板球和发动快速的。

球在侧面时的防守配合：防守时，应由离球较近的队员上去防守，如图 7-3-5 所示。□上去防守⑥，□向罚球线的中间移动，防止□空切。□站在□的前面，切断⑥与⑧的传球路线，❽站在⑧的侧后方，防止⑥传给⑧的高吊球。❹站在⑤的内侧，防止⑤向罚球区空切。

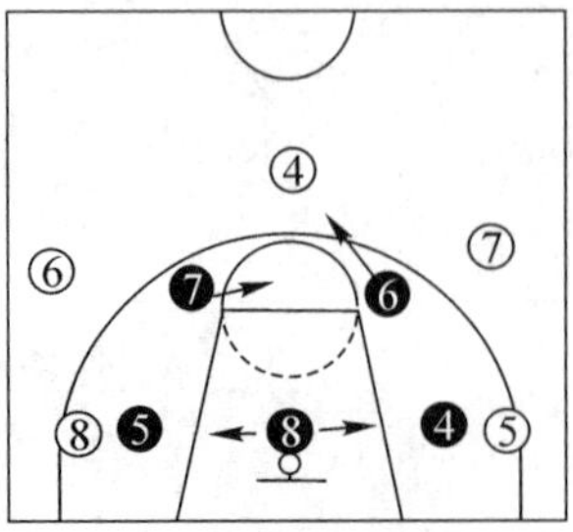

图 7-3-4 位置要求

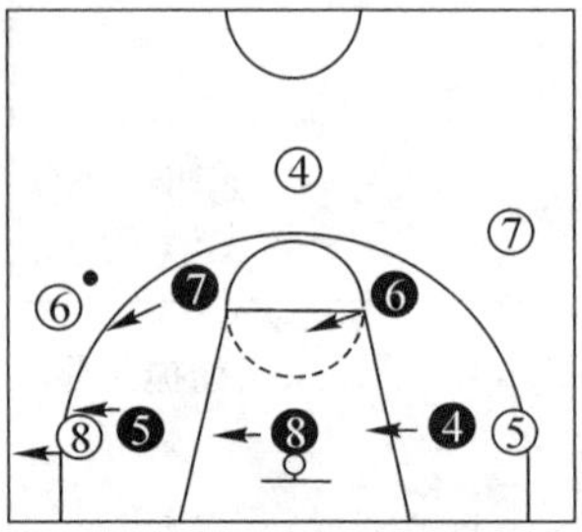

图 7-3-5 球在侧面的防守配合

第四节　篮球运动的基本规则

一、基本规定

篮球比赛每队场上队员 5 人，比赛过程由 4 节组成，每节 10 min。如果第 4 节比赛结束时比分相等，需要一个或多个 5 min 的加时赛来继续比赛，直至决出胜负。队员在 3 分线以内区域投中篮得 2 分，在 3 分线以外投中篮得 3 分，每次罚球中篮得 1 分。在规定的比赛时间内得分多的队获胜。比赛中每队的换人次数不限；每队上半时允许 2 次暂停，下半场 3 次暂停；每一加时赛有 1 次暂停。

二、比赛场地

比赛场地应是一块平坦且无障碍物的硬质地面，其尺寸是长 28 m、宽 15 m，均从界线的内沿丈量，如图 7-4-1 所示。

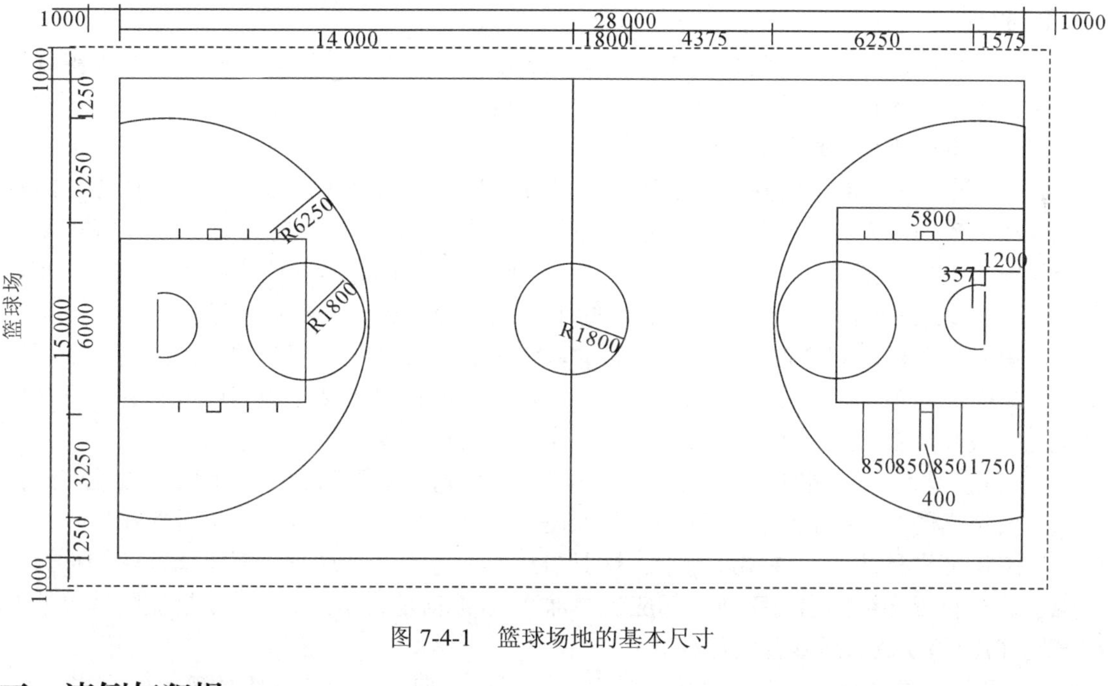

图 7-4-1　篮球场地的基本尺寸

三、违例与犯规

篮球比赛中违反竞赛规则的情况有违例和犯规两大类。违例没有双方队员之间的身体接触，而犯规则包含不当的身体接触或违反体育运动精神的行为。

1. 违例

常见的违例情况包括：带球跑、非法运球、拳击球和脚踢球、球回后场、3 s 违例、5 s 违例、8 s 违例、24 s 违例、干涉得分和对球干扰等。出现违例的球队一般将会失去球权，由对方掷界外球恢复比赛。而干涉得分与对球干扰违例判罚结果只是确认得分或者得分无效。

(1) 带球跑：持球队员发生的超出规则限制的非法移动。

(2) 非法运球：队员一次运球结束后不能再次运球，否则是违例。

(3) 拳击球和脚踢球：比赛中队员不能用拳击球，不能故意用脚踢球，也不能用腿、脚去拦阻球。

(4) 球回后场：在前场控制球的队员、球队使球回到其后场并且在后场最先去接触球、控制球。

(5) 3s 违例：一个队在其前场控制球，该队队员不能在限制区停留超过持续的 3s。

(6) 5s 违例：当持球队员被严密防守时(防守队员距离在正常的一步之内)，5s 内没有投篮、传球和运球即视为 5s 违例。

(7) 8s 违例：当在后场的球队获得控制球后，该队必须在 8s 内使球进入到前场。

(8) 24s 违例：一个队从控制一个活球开始，该队必须在 24s 内完成投篮。在一个进攻时间段内投篮的球中篮或者触及篮圈，才算完成了这次投篮。为了加快比赛攻防的速度，规则还设立了前场控制球时(例如抢到了进攻篮板球、前场进攻队员被侵犯时) 14s 的进攻时间规定。

2. 犯规

每位比赛的运动员在一场比赛中只能允许 5 次犯规，教练员出现 2 次自身行为犯规，或者 3 次球队席人员的行为犯规将会被取消比赛资格。每个队每一节比赛累计犯规 4 次以上时，对手将会执行罚球的罚则。

(1) 侵人犯规：指违反规则规定造成与对方队员不当的身体接触行为，包括防守的侵人犯规和进攻的侵人犯规，也可能出现双方队员间同时互相侵犯的情况(即双方犯规)。裁判将会根据处罚规定进行判罚，判罚结果一般包括被侵犯一方掷界外球、罚球或者双方争球。

(2) 技术犯规：指违反规则规定造成的不道德行为，属于非身体接触犯规。技术犯规不仅约束场上队员，同样也约束了球队席的教练员、替补队员和随队的其他人员。出现技术犯规将会使对手直接站上罚球线。赛场上经常出现的技术犯规行为有语言粗暴、对裁判员无礼、戏弄对手、过分挥肘、假摔、冒犯或者煽动观众等。

(3) 违反体育运动精神的犯规：指队员没有在规则的精神和意图范围内合法地使用技术动作而发生的身体接触犯规。赛场上经常出现的严重犯规、过分身体接触、在快攻队员的身后或侧面进行防守、伸脚绊对手、挥肘击打对手等都属于违反体育运动精神的行为。出现了这种犯规将被判由对手执行相应的罚球次数(根据是否是投篮动作、投篮区域等情况确定罚球次数)以及随后获得的球权。

(4) 取消比赛资格的犯规：队员、球队席人员的任何恶劣的违反体育运动精神的行为、违背公平竞赛的暴力行为都应该被取消比赛资格。

第八章 排 球

第一节 简 介

一、排球运动的起源与传播

1895 年，霍利奥克城基督教青年会的体育干事威廉姆·G·摩根想要发明一种没有身体碰撞、运动量适当、富有趣味性、老少皆宜的运动项目。在当时的美国，盛行橄榄球和篮球，而这两项运动要求身体的对抗性较强，运动量较大，对于上了年纪的人不太适宜。在经过了一段时间的摸索后，他发明了一种新的球类游戏，在体育馆内挂上网球网子，用篮球胆在球网上空来回打。打法上采用网球和手球的一些技术，规则类似棒球，由 9 局组成，连胜 3 分为 1 局，双方上场人数不限，但须对等。摩根给这种运动形式取了“一个颇为有趣的名字——Minionelte”，意为“小网子”。“小网子”活动一经推出，便受到了人们的普遍欢迎，满足了中老年人娱乐和体育运动的需要。于是，排球运动就这样从嬉戏篮球胆的球戏中发展起来了。

1896 年，在美国马萨诸塞州斯普林菲尔德基督教青年会体育指导大会上进行了这种游戏的首次表演赛。当时兴致勃勃观看表演的哈尔斯戴博士发现这种打法和网球有些相似，因而建议把这一运动命名为“Volleyball”，即“空中飞球”之意。这一提议形象地概括了排球运动的性质，得到了与会者的一致同意。从此，“Volleyball”的名称一直沿用至今。

1900 年，排球传入亚洲，为 16 人制排球(每排 4 人，按 4 排站位)。后来亚洲排球运动自成体系，演变成 12 人制(每排 4 人，分成 3 排站位)和 9 人制(每排 3 人，分 3 排站位)，以及至今的 6 人制排球。

1947 年，排球运动世界性组织——国际排球联合会成立。随着技术水平的不断提高，排球规则也逐步完善。1964 年，排球被列为奥运会正式比赛项目。

排球于 1905 年左右传入我国。在 1964 年举办的东京奥运会上，我国首次参加了排球比赛。

中国女排是一支具有光荣历史的队伍。20 世纪 80 年代曾获得辉煌的“五连冠”，即：1981 年和 1985 年获得世界杯冠军；1982 年和 1986 年获得世界锦标赛冠军；1984 年获得奥运会冠军。长期以来，我国男女排球队在亚洲成绩优异，在各类国际大赛上均成绩稳定。2008 年北京奥运会上分别取得了 8 强和第 3 名的好成绩。

二、排球运动的作用和特点

排球运动和其他运动一样，通过训练能发展人的力量、弹跳、速度、灵敏度等多项身体素质，提高中枢神经系统和内脏器官的功能，增进身体健康；并培养勇敢顽强、吃苦耐劳、遵守纪律、团结友爱和集体主义精神。

排球运动有其本身的特点：排球比赛规则规定要轮换位置，因此要求场上每个队员都必须全面掌握各项基本技术；在排球比赛中，每项技术既能得分，也能失分，这就要求运动员掌握技术既要全面，又要熟练；比赛时，由于每一方击球必须三次击球过网，又不允许球在手中停留，因而攻防转换快，需要高度的技巧性；排球比赛不受时间的限制，势均力敌的竞赛有时要激烈争夺两个多小时，需要高度的顽强性和耐久性。

排球运动的这些特点，要求运动员具备良好的身体素质，全面熟练的基本技术和顽强拼搏的精神，比赛中又要斗智。因此，排球运动有较强的全面锻炼价值，为广大人民所喜爱。

第二节　排球运动的基本技术

一、准备姿势和移动

1. 准备姿势

为了便于完成各种技术动作而采取的合理的身体姿势称为准备姿势。合理的准备姿势是指既要使身体重心处于相对稳定的状态，又要便于移动和完成各种击球动作。一般按照身体重心的高低，将准备姿势分为半蹲、稍蹲和低蹲。半蹲主要应用于接发球、后排防守；稍蹲主要应用于一般传球、垫球、准备拦网前；全蹲主要应用于中前场防守、前排接吊球或滚网球(图 8-2-1)，常用的是半蹲准备姿势。

(1) 半蹲准备姿势技术动作要点。半蹲准备姿势是两脚左右开立，略比肩宽，一脚在前、一脚在后，两脚尖向前微内收。膝关节保持一定的弯曲，上体前倾，重心在两脚尖之间略靠前。两臂自然弯曲，全身肌肉适当放松，双手置于腹前，两眼注视来球，两腿始终保持微动状态(图 8-2-2)。

(2) 稍蹲准备姿势技术动作要点。稍蹲准备姿势的身体重心比半蹲准备姿势稍高，动作方法基本相同，主要用于扣球和传球。拦网时两脚左右开立，平行站立(图 8-2-3)。

(3) 低蹲准备姿势技术动作要点。低蹲准备姿势身体重心比半蹲姿势低，重心靠前，肩超过膝，膝超过脚尖，手置于胸腹之间，主要用于后排防守及保护扣球(图 8-2-4)。

图 8-2-1　三种准备姿势

图 8-2-2　半蹲准备姿势

图 8-2-3　稍蹲准备姿势

图 8-2-4　低蹲准备姿势

2. 移动

移动包括并步移动、滑步移动、跨步移动、交叉步移动、跑步移动。移动的目的是迅速占据场上有利位置，争取时间和空间。队员是否及时移动到位，是完成技术动作的关键。距离较近时主要应用并步或跨步，中等距离时主要应用交叉步或滑步，远距离时则应用跑步移动。

(1) 并步技术动作要点。首先做好半蹲或稍蹲准备姿势，当来球离身体较近时，可采用并步移动。如向右并步，右脚先迈出一步，左脚迅速并上，落在右脚左侧，然后做击球动作。如连续做并步则为滑步。并步主要用于垫球、传球、拦网。

(2) 交叉步技术动作要点。当来球在体侧约 2 m 时可采用交叉步移动(图 8-2-5)，向右移动时，上体稍向右转，左脚从右脚前面向右交叉迈出一步，右脚再迅速向右跨步落于左脚的右边，同时身体转向来球方向，保持好击球前的准备姿势。交叉步主要用于接发球、防守、拦网等。

图 8-2-5　交叉步移动

(3) 跨步技术动作要点。当来球较低且在身前时，也常常采用向前跨步垫球，即向前跨出一大步，屈膝，上体前倾以低姿势垫球。跨步可以向前，也可以向侧面或侧方跨出。

3. 练习方法

(1) 站成两列横队，以半蹲准备姿势站立，看教师的信号做向前、后、左、右移动。

(2) 两人一组，一人持球做前、后、左、右抛球，另一人不停地快速移动用低手或上手接球。

(3) 站在中线与进攻线之间，用低姿势做左、右交叉步或滑步移动，并用手摸中线和进攻线。

(4) 两人一组，一人做半蹲准备姿势，另一人纠正错误动作。

(5) 成半蹲准备姿势，向前、后、左、右方向做跑步移动。

(6) 两人一组，用 2 个球，一人将球滚向另一人侧面，另一人移动将球滚回。

(7) 两人一组，用 2 个球，一人将球抛向另一人身体侧面，另一人移动将球接住送回(要求移动迅速，用并步或交叉步)。

(8) 结合传球、垫球技术做好各种移动步法。

4. 准备姿势与移动常犯错误与纠正方法

(1) 臀部后坐，纠正时讲明动作要领，重复动作示范，强调含胸收腹，上体前倾，脚步提起，两人一组，互相纠正。

(2) 弯腰、直腿。纠正时要求学生体会要领，要求屈膝移动。

(3) 起动慢、移动步子过大或过小。纠正时讲清要领，移动前重心前移，身体保持微动状态，用视觉信号反复进行练习。

(4) 移动时身体起伏过大。纠正时向学生分析移动时重心不能起伏过大的原理，多进行穿越网下的练习。

二、垫球

垫球是排球的基本技术之一，是用手臂从球的下部，利用来球的反弹向上击球的技术动作。垫球技术主要用于接发球、接扣球、接拦回球以及后排防守，是组织反攻战术的基础。

垫球技术动作可分为正面双手垫球、体侧垫球、背垫球、跨步垫球、单手垫球、低姿垫球、侧倒垫球、前扑垫球、鱼跃垫球、滚翻垫球等。这里仅介绍最基本的正面双手垫球技术。

1. 正面双手垫球技术

动作要点：准备接球时，调整位置迎接来球，一条腿向前自然跨出，成半蹲状，双臂合拢，双手重叠置于前方，双手掌自然放松，用前臂击球，击球时应抬臂、提腰、蹬地，全身协调动作，使身体重心向上方移动。击球时肩关节要放松，防止挺腹动作，要给球以缓冲的力量。初学者要从力量较轻的来球开始练习。垫力量大的来球时，要含胸，手随球屈肘后适当放松，以缓冲球的力量(图 8-2-6)。垫球时的手型和击球部位如图 8-2-7 所示。

图 8-2-6　正面双手垫球

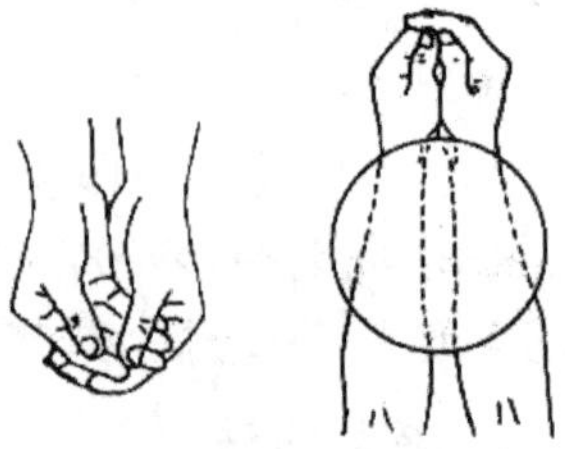

图 8-2-7　垫球手型和击球部位

2. 学练方法

(1) 两人一组，对面站立。一人做垫球的徒手练习，另一人观察动作并纠正错误。

(2) 两人一组，对面站立。一人持球于对方的击球点处，另一人用正确的击球动作击球的后中下部(不把球击出)，持球者可稍加压。

(3) 每人一球，自抛球后，连续向上自垫。

(4) 两人一组，相距 3～5 m，一抛一垫。

(5) 两人一组，相距 3～5 m，对垫。

(6) 对墙垫球或三角垫球。

(7) 围圈运用各种技术垫球。

3. 垫球练习常见错误及纠正方法

(1) 垫球时重心太高，纠正时要强调注意两臂弯曲，多垫低弧度球。

(2) 不能协调用力，两臂撩球，纠正时要多做对墙垫球练习，注意利用蹬地的伴送力量垫球。

(3) 挡球时用不上力，纠正时要做到肘关节弯曲，手臂后引，增大运行距离，增加击球力量。

(4) 挡球时击出的球太低太平，纠正时要做到击球时手腕后仰。

三、传球

传球是排球基本技术动作之一，在比赛中主要用于二传组织各种进攻战术。传球是用双手在前额上方，利用伸臂协同一致的动作及手指手腕的弹力完成的击球动作，是排球基本动作之一。传球可分为正面传球、背传球、侧传球和跳传球四种。这里仅介绍最基本的正面传球技术。

1. 正面传球技术

动作要点：两脚左右开立，约与肩同宽，一脚稍前，后脚跟略提起，两膝微曲，重心落于两腿之间略偏前腿。上体微向前倾，两臂放松，抬头注视来球方向。两臂屈肘抬起，手在头部前方。两肘自然下垂，手腕稍向后仰，以稍大于半球形的手型去迎球(图 8-2-8)。

当来球距额前 1m 左右时，则开始向上伸臂和伸膝，两手迎击来球，击球点在额前上方一球左右为宜。要用手指(而不是手掌)触球，击球时，依靠脚蹬地、手腕的力量及手指弹拨将球送出。击球后，手腕由于用力后的惯性向前随球前屈(图 8-2-9)。

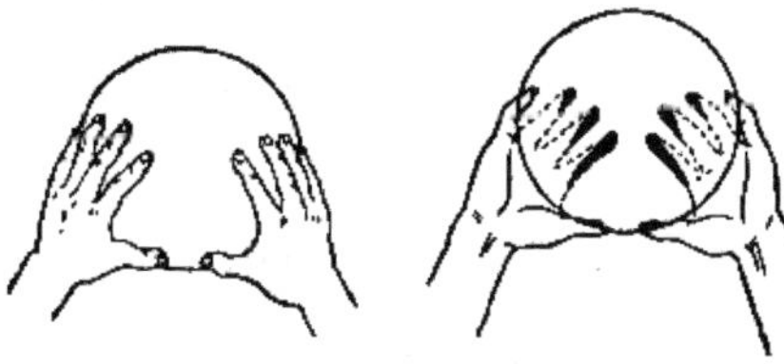

图 8-2-8 传球手型

图 8-2-9 正面传球

2. 练习方法

(1) 原地徒手模仿传球动作，一定要在额前上方做击球动作。

(2) 两人一球，一抛一接，额前接球时要用正确传球手型接球。

(3) 原地一人双手高举排球，另一人用传球手型及传球动作连续击固定球。

(4) 一人一球，原地额头上方连续传球，传球高度为两球高。

3. 传球练习中常见错误及纠正方法

(1) 传球手型不正确，纠正时要多做徒手模仿，多做自传球，并自我观察。

(1) 击球点不正确，纠正时要注意，如果过低则多练自传或背传，过高则多做自抛传球。

(3) 传球时手腕手指过于放松，纠正时要多做传篮球、实心球练习。

四、发球

发球是比赛的开始，也是进攻的手段之一。攻击性的发球，不仅可以直接得分，而且可以破坏对方的进攻。发球也容易受心理因素影响，如技术不熟练，缺乏信心或关键比分时，往往会由于心理紧张而失误。因此，在学习发球时，要熟练掌握好技术，比赛时要有信心，镇定自如，才能发出有威力的球。

发球分为下手发球、侧面手下发球、上手大力发球、上手飘球、勾手大力发球、勾手飘球、高吊球、跳发球等。下手发球动作技术难度小，适用于初学者，便于掌握；上手发球准确性较高，球运行力量较大，适用于一定水平的队员，比赛中常可以破坏对方一传，甚至直接得分；跳发球力量迅猛、难度大，适用于高水平运动员。

1. 正面上手发球技术

动作要点：面对球网，两脚自然开立，左脚在前、右脚在后(以右手发球为例)。左手或双手托球于身前，用左手或双手平稳地将球抛向右肩前上方约 50～100 cm 处，同时右臂上抬，屈肘后引，肘与肩平行，上体稍向右转动，肩、肘、腕关节放松。击球时利用蹬地、转体、收胸、收腹动作带动手臂挥动击球。击球时以全手掌击球的后中下部，手指自然张开吻合球，手腕有向前的推压动作，使击出的球呈上旋飞行过网(图 8-2-10 和图 8-2-11)。

图 8-2-10　正面上手发球

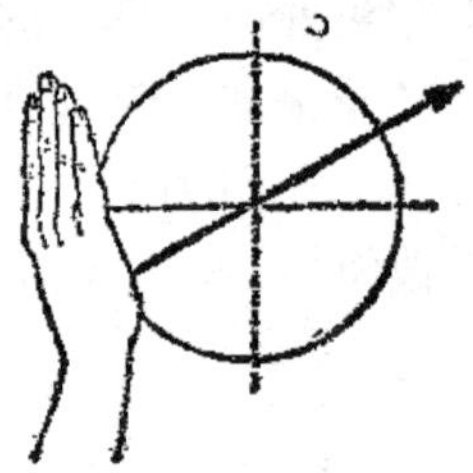

图 8-2-11　正面上手发球手法

2. 正面下手发球技术

动作要点：正面下手发球(以右手为例)，面对球网，两脚前后开立，左脚在前，两膝微屈，上体稍前倾，重心偏向后腿，左手持球于腹前。左手将球轻轻抛起在体前右侧，离手高约 20～30 cm；在抛球之前，右臂伸直，以肩为轴向后摆动。击球时借右脚蹬地的力量，身体重心随着右手向前摆动击球而移至前腿上，在腹前以全手掌击球的后下方，随着击球动作重心前移，迅速入场(图 8-2-12)。

图 8-2-12　正面下手发球

在比赛中应用的发球技术，必须要做到以下几点：

(1) 抛球要稳：抛出球的高度要合适，不能过于靠前或靠后。

(2) 击球要准：用正确的手型击准球的相应部位。

(3) 手法要正确：根据发飘球和发旋转球的不同技术要求，采用固定手腕和推压手腕的不同动作。

(4) 击球点要合理：击球点过低，易造成发球下网，击球点过高易发球出界。

(5) 用力要适当：根据发球的落点、站位远近，控制好发球的速度和弧度。

(6) 树立信心：每次发球要有信心，心理平稳，同时眼睛盯住球，这是发球成功的保证之一。

3. 练习方法

(1) 抛球练习。不离手抛球，同时做引臂击球动作，击球后两手在体前将球握住。

(2) 做一定高度的抛球练习，抛出的球要平稳垂直，而且不旋转。

(3) 击固定球练习，将球悬吊在空中适当高度，用发球动作击球体会击球动作。

(4) 站在进攻线附近面对球网发球，体会动作要领。

(5) 做距离由近到远、由高处到低处的过渡发球练习。

(6) 找目标或找区域发球，要求发出的球要到达指定目标。

4. 发球练习中常见错误及纠正方法

(1) 抛球不稳或不垂直，纠正时应站在篮筐下向篮筐里抛球。

(2) 击球部位不准确，纠正时要强调用正确手型反复击固定球。

(3) 击出的球速度慢，纠正时要求加大挥臂速度及保证击球部位准确。

(4) 发出的球不飘动，纠正时要求反复做直线挥臂动作，击球时手腕要适度紧张，保证击球时用力通过球的中心，用掌根击球。

五、扣球

扣球是排球运动的基本技术之一，是进攻的最有效方法，也是得分的重要手段。一个队攻击力的强弱，往往取决于该队的扣球技术水平。扣球技术主要有正面扣球、勾手扣球、扣快球、调整扣球、单脚起跳扣球。正面扣球技术稳定且容易配合给对方强有力的打击；快球时间短、速度快、突然性强，与正面扣球配合使用，可以互相起到牵制作用；轻扣或吊球主要是用手指对球进行点拨击球，击球时间短，一般用于近网隐蔽性强的突然进攻。

1. 正面扣球(图 8-2-13)

(1) 准备姿势：一般站在距离球网 3 m 左右处，两臂自然下垂，稍蹲，脚步不要站死，眼睛注视来球，做好助跑起跳准备。

图 8-2-13　正面扣球

(2) 助跑：球传出后开始助跑动作，助跑的最后一步正好赶上扣球的位置起跳。常用的起跳方法有并步和跳步法。在踏脚着地瞬间，摆臂至身体侧后方并开始向前摆动，当两脚弯曲到最深时，手臂摆至体侧，而后随即蹬直两腿画弧上摆，两脚迅速扒地，双膝猛伸，向上跳起。

(3) 起跳：起跳的目的是获得高度，起跳均为双脚起跳(单脚起跳扣球除外)。目前排球起跳中有两种类型，一种为并步型，即当一脚(或右脚)踏地后，另一脚(或左脚)再跟上落于该脚的侧前方，随即两脚蹬地跳起；另一种为跨步型，即当一脚(或右脚)跨出的同时，另一脚也跨出去，两脚几乎同时着地和蹬地跳起。并步型有助于调节起跳时机，适应性较强，跨步型有助于增大腿部蹬地力量，增加弹跳高度。

(4) 空中击球：起跳后，右肘屈肘后引，身体向后呈反弓形，并稍向右转(右手扣球为例)，右肘高于肩。击球时，以迅速的转体、收腹及伸肩动作发力，带动肩、肘、腕、手各环节依次加速成鞭打动作在右肩上方击球，击球手法是五指自然张开成勺形，全手掌包住球，击球的后中部或后中上部，击球瞬间有压腕动作(图 8-2-14)。

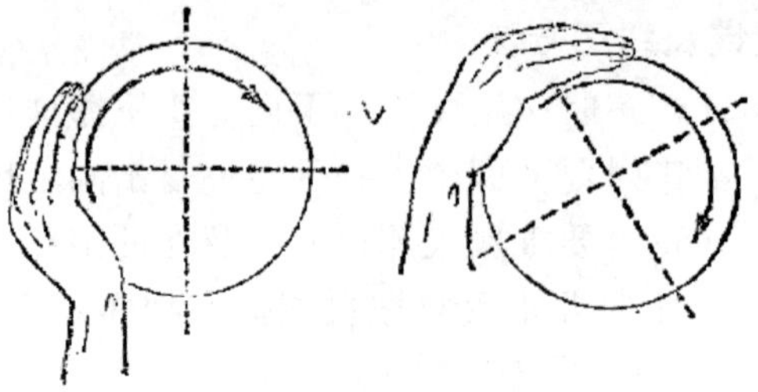

图 8-2-14 正面扣球手法

(5) 落地：身体自然下落，落地时前脚掌先着地，以缓冲身体下降压力。

2. 练习要求

扣球训练时，重点是手掌对球的完整包裹及对球飞行路线的判断，包括位置选择及起跳时间，判断并努力避开对方的拦网，以及对手型的掌握。应首先练习正面扣球技术的基础。

3. 练习方法

(1) 原地练习挥臂的鞭打动作，要求手臂、手腕、手指尽量放松。

(2) 面对一人或一面墙，两膝原地起跳练习，尽量不要前冲过大。

(3) 分别做一步、两步、三步助跑起跳练习，助跑由慢到快。

(4) 快速挥臂击打一定高度的树叶，手腕、手指达到最大放松状态。

(5) 逐渐由低网扣球向高网扣球过渡，最后达到正常网高练习。

4. 扣球常见错误及纠正方法

(1) 进行扣球时身体过于前冲，纠正时要明确起跳位置，或面对墙壁练习起跳。

(2) 起跳时机过早或过晚，纠正练习时听口令、信号或触及其身体，使其身体能正确体会上步时机。

(3) 挥臂动作僵硬无鞭打动作，纠正时要求多做原地快速挥臂动作，用力掷小皮球或垒球，体会鞭打动作。

(4) 击球时肘关节弯曲，击球点过低，纠正时要多用低网练习扣球，提高击球点。

六、拦网

拦网是排球运动基本技术之一，主要利用手臂、手掌、手指在球网上沿阻挡对方的攻击性击球，它是防守的第一道防线，也是得分的重要手段，是反攻的重要环节。拦网技术包括单人拦网和集体拦网。单人拦网适用于 3 号位快球或人盯人的固定拦网；集体拦网适用于拦对方 4 号位或 2 号位强有力的进攻扣球。

1. 单人拦网

面对球网，两脚平行开立，约与肩同宽，两膝微屈，两手自然弯曲置于胸前，侧身起跳在空中转身面对球网。两手从额前贴近并平行于球网向上方伸出，两臂伸直，两肩尽量上提，两手自然张开成勺状，当手触球时，用力盖球的前上方。落地屈膝缓冲(图 8-2-15，图 8-2-16)。

图 8-2-15　原地起跳单人拦网

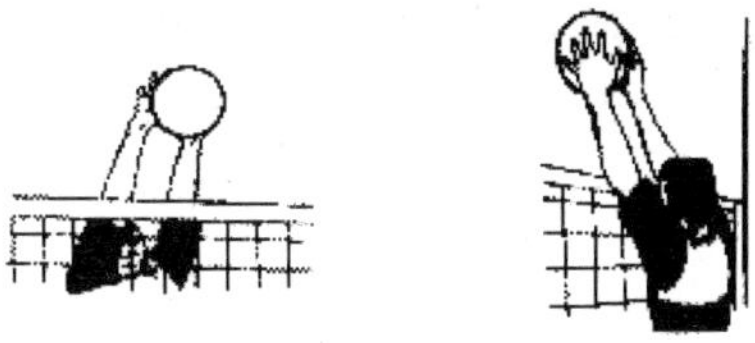

图 8-2-16　拦网击球手型

2. 集体拦网

两人或三人的协同拦网称为集体拦网，目的在于扩大拦网面积，多数为双人拦网。

3. 练习要求

拦网训练时，重点是拦网的判断，包括位置选择及起跳时间，集体拦网时的配合以及手型的掌握，单人拦网时应首先练习拦网技术的基础。

学练方法：

(1) 集体做各种距离、各种步法练习。

(2) 原地徒手模仿练习，原地一对一起跳拍手对掌练习。

(3) 两人隔网站立，一人双手持球于网上沿，另一人原地起跳拦固定球。

(4) 中间 3 号位拦网队员分别向左或向右移动与 2、4 号位队员组成双人拦网。

4. 拦网常见错误及纠正方法

(1) 手臂有扑打动作，容易触网犯规，纠正时要强调体会正确拦网技术要领，让学生认真观察正确动作与错误动作。

(2) 起跳时间不对，大部分是起跳过早，纠正时要让学生重新认识拦各种击球的起跳时间，克服急于求成的心理，教师可以用语言给予强化。

(3) 拦网时手腕、手指放松，易造成手腕、手指挫伤，纠正时原地扣球在学生手上，让学生体会手腕、手指在放松和紧张状态下的感受并加以总结。在低网上拦网练习体会手腕、手指的正确用力。

第三节　排球运动的基本战术

一、阵容配备

在排球比赛中常用的有“四二”配备和“五一”配备。

1. “四二”配备

“四二”配备即 4 个进攻队员和 2 个二传队员。4 个进攻队员中有 2 个主攻队员、2 个副攻队员，他们都站在对角位置上。这种配备方法主要在初学和一般水平队中采用较多(图 8-3-1)。

2. “五一”配备

“五一”配备即 5 个进攻队员和 1 个二传队员，其目的是加强拦网的力量。为了弥补在主要二传队员来不及投传球时出现的被动局面，可以在二传队员的位置上配备一名有进攻能力的接应二传队员。这种配备方式目前在水平较高的队中被普遍采用(图 8-3-2)。

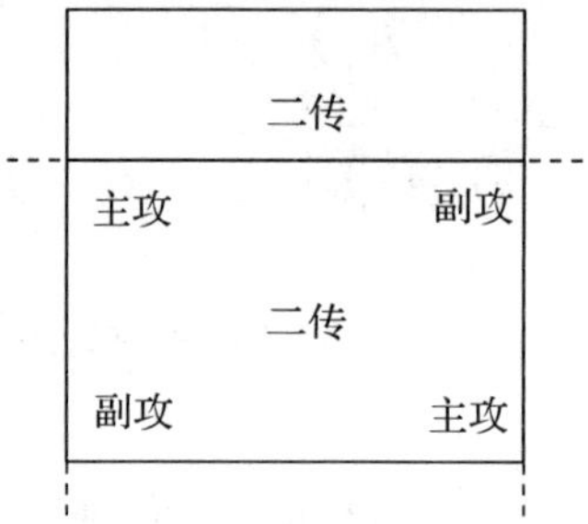

图 8-3-1 “四二”配备

图 8-3-2 “五一”配备

学练方法：

(1) 讲解示范，明确各个位置的作用。

(2) 徒手轮转位置，转 6 轮。

(3) 根据队员的技术水平排列阵形，进行分组比赛。

二、进攻阵形与进攻战术

进攻战术是指接对方来球后，全队所组成的有目的、有组织的配合。进攻战术由一传、二传、扣球三个环节组成，主要分为进攻阵形和进攻打法两个方面。

1. “中一二”进攻战术

由 3 号位队员作二传，2 号位、4 号位队员进攻的配合形式称为“中一二”进攻阵形。“中一二”进攻阵形是进攻战术的基本阵形之一。“中一二”进攻战术容易组织，比较简单，是初学者常采用的一种进攻阵形(图 8-3-3)。

2. “边一二”进攻战术

由 2 号位队员作二传，将球传给 3 号位、4 号位队员进攻的组织形式称为“边一二”进攻阵形。“边一二”进攻阵形的优点是右手扣球者在 3 号位、4 号位扣球比较顺手，战术变化也较“中一二”多；缺点是 5 号位接一传时离 2 号位距离较远，控球难度较大(图 8-3-4)。

图 8-3-3 “中一二”进攻阵形

图 8-3-4 “边一二”进攻阵形

3. “插上”进攻战术

站在后排的二传队员由后排插上到前排作二传，把球传给 4 号位、3 号位、2 号队员进攻的组织形式称为“插上”进攻战术。这种战术前排保持有 3 点进攻，是当前国内外高水平队普遍采用的一种进攻战术阵形。根据后排队员插上的位置不同，可分为 1 号位、6 号位、5 号位队员插上。

三、学练方法

(1) 讲解示范，明确各个位置的作用。

(2) 徒手轮转位置，转 6 轮。

(3) 接抛球组织进攻。

(4) 接发球组织进攻。

(5) 根据队员的技术水平排列阵形，进行分组比赛。

第四节 排球运动的基本规则

一、比赛场地

比赛场地为长 18m、宽 9m 的长方形，国际排联世界性比赛场地边线外的无障碍区至少 5m，端线外至少 8m，场地上空的无障碍空间至少 12.5m(图 8-4-1)。

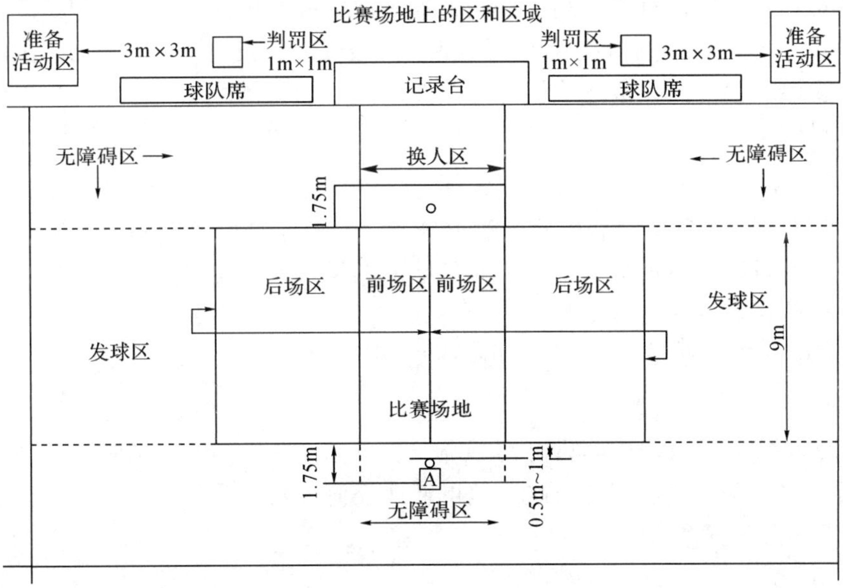

图 8-4-1 排球比赛场地

二、主要规则

1. 发球犯规

(1) 发球次序错误：未按位置表的顺序发球。

(2) 发球区外发球：发球时踏及端线或踏越发球区短线(或延长线)。

(3) 发球延误：必须在第一裁判鸣哨后 8s 之内将球发出。

2. 位置错误

发球队员击球瞬间，双方任何队员不在规则规定的位置上。

3. 击球时的犯规

(1) 持球：没有将球击出，造成接住或抛出。

(2) 连击：指一名队员连续击球两次或球连续触及身体不同部位。但在第一次击球时，允许身体不同部位在同一击球动作中连续触球。所谓第一次击球是指接对方的发球、扣球、吊球、推攻球、被拦回的球等。所谓同一动作中的连续触球，是指在一个击球动作后，球多次明显连续地触及身体不同部位，如球触及前臂、上臂后，又触及肩部或头部。

(3) 四次击球：三次未将球击到对方场区。

(4) 借助击球：有意识借助同伴或物体去击球。

4. 球网附近的犯规

(1) 过网击球：在对方场区空间内击球。

(2) 触网：比赛进行中，队员触及球网为犯规，但在未试图进行击球的情况下偶尔触网除外。队员击球后，在不影响比赛的情况下，脚部以上身体任何部位的无意触网则不视为触网犯规。

5. 后排队员进攻性击球犯规

后排队员在前场区，对整体高于球网上沿的球完成进攻性击球则为犯规。但同时应具备三个条件：第一，后排队员在前场区或踏及进攻线(或其延长线)；第二，击球时整个球体高于球网上沿；第三，完成进攻性击球，即击出的球整体由过网区通过球网的垂直面或触及拦网队员的手。

6. 拦网犯规

(1) 后排队员拦网犯规：后排队员靠近球网，在高于球网处阻挡对方来球，并触及球则犯规。如果后排队员参加集体拦网，即使球未触及本人，但只要触及集体拦网成员中的任何一名拦网队员，也应判为犯规。

(2) 拦发球：拦对方发过来的球并触球即为犯规。

7. 替换

规则规定正式队员每局比赛只可换下场一次，在同一局再次上场时，只能换下替换他的替补队员。替补队员只能上场一次，他可替换任何一名正式队员，但同一局中他只能被他替下场的正式队员来替换。

8. 换人

每局比赛每队最多替换 6 人次。1 人上场 1 人下场为 1 人次，一次请求换人，人次不受限制。

9. 暂停

正式比赛中，在比分是 8 分和 16 分时有两次技术暂停，时间为 1min。另外，每队有两次暂停权利，每次 30s。决胜局中无技术暂停。

10. 弃权的处理

全场比赛的弃权，对方以 3∶0 胜，每局为 25∶0 计。一局比赛的弃权，判对方胜该局，保留弃权队弃权前的比分。

11. 轮转次序

轮转次序应按该局上场阵容顺序进行，直至该局结束。场上每个队必须始终保持 6 名队员进行比赛。

12. 胜一场、胜一局、胜一球

胜三局的队胜一场，如果 2∶2 平局，决胜局则仍采用每球得分制的比赛方法。先得 25 分并同时超出对方 2 分的队胜一局，当比分为 25∶25 时，比赛继续进行直至某队领先 2 分为止，无最高分限。决胜局(第五局)当比分为 15∶14 时，比赛继续进行直至某队领先 2 分为止，最高分限为 17 分。

13. 自由球员的规则

(1) 球队可以没有自由队员，如有则最多只登记两人。

(2) 一队在比赛时只能有一位自由球员在场上。

(3) 自由球员必须身着与其他同球员明显不同颜色的球衣。

(4) 自由球员的替换不计入普通球员的替换次数(不记录)。

(5) 自由球员的替补必须于一球落地之后至第一裁判哨音响起前完成(教练无须请求自由球员的替补或使用号码牌)，并只限于替换同一人，且同一自由球员的替换至少以一球的往返为间隔(即一次死球)。

(6) 记录表须注明自由球员。

(7) 自由球员不得列于轮转表上，但可于比赛前替换上场。

(8) 自由球员的轮换只限于后排。不得发球或轮转至前排，并不得拦网或企图拦网。

(9) 如球的位置高于网高，自由球员不得于场上任何位置将球处理过网至对方场地。

(10) 自由球员于前排以高手将球第二次传出，第三次击球攻击高度不得超过网高。

(11) 自由队员不得为球队长。

第九章 乒 乓 球

第一节 简 介

乒乓球运动起源于英国，流行于欧美国家，在我国被誉为“国球”。它的英语官方名称是“Table Tennis”，意即“桌上网球”。“乒乓球”一名起源于1900年，因其打击时发出“Ping Pong”的声音而得名，中国大陆、香港及澳门等地区以“乒乓球”作为它的官方名称。我国台湾地区和日本则称之为“桌球”，意指球桌上的球类运动。1988年，乒乓球被列入奥林匹克运动会的正式比赛项目，大大推动了世界乒乓球运动的推广和发展。

乒乓球为圆球状，2000年悉尼奥运会之前(包括悉尼奥运会)国际比赛用球的直径为38 mm，2000年之后国际比赛用球的直径为40 mm。乒乓球比赛在中间隔有横网的长274 cm、宽152.5 cm、高76 cm的球台上进行。球直径为40 mm，重2.53～2.70 g，白或橙色，用赛璐珞或塑料等制成。双方运动员各站球台一侧，用球拍击球，2001年9月1日前21分为一局，现11分为一局；采用五局三胜、七局四胜等规则。

乒乓球运动的特点是球小而轻，击球距离近、速度快、变化多而复杂、趣味性强等；场地、设备和器材较简单，具有广泛的适应性和群众性。经常参加乒乓球运动，不仅可以锻炼人体的灵活性和协调性，提高动作速度，改善心血管系统的机能，而且有助于培养勇敢顽强、机智果断等品质。

第二节 乒乓球运动的基本技术

一、握拍

乒乓球的握拍法基本上分直握法和横握法两种。不同的握拍法有不同的优缺点，从而产生各种不同的打法。

1. 直拍

(1) 快攻型握拍法。拍前食指第二指节和拇指第一指节在拍的前面呈钳形，两指间距离1～2 cm，拍柄贴住虎口，另外三指自然弯曲贴于球拍后的1/3上端(图9-2-1(a))。

(2) 弧圈型握拍法。弧圈型握拍法与快攻型握拍法基本相同，其区别是：拇指和食指形成一个小环状，其他三指在拍背面自然重叠，由中指的第一指关节顶于拍柄的延长线上。

2. 横拍

横拍的握拍法分为浅握和深握两种(图9-2-1(b))。

(a) 直拍　　(b) 横拍

图 9-2-1 握拍方法

浅握以中指、无名指、小指自然地握住拍柄，拇指在球拍的正面轻贴在中指旁边，食指自然伸直斜放于球拍的背面，虎口轻微贴拍。拍肩贴近拇指与食指之间的虎口位置，根据使用正反手而做适当调整，正手时虎口位置偏拇指，反手偏食指。横拍浅握由于握拍较松可以灵活地运用手腕，对台内球的处理方式多种多样，可以运用搓、撇、拉、拧、弹等多种回击手段。退台后正反手多以拉球为主，这种握拍方法多用于两面弧圈的打法。由于浅握方法手腕容易运用，所以在击球时一定要保持好手腕的形状，否则在扣杀或拉弧圈球时不容易发力。

深握与浅握的握法基本相同，但虎口紧贴球拍。深握的最好方法是将右手伸直，食指与拇指水平放置，左手将球拍放置于食指和拇指之间，虎口顶住拍肩位置，其他手指自然握紧。食指与拇指的位置可根据自己习惯自行调整，食指位置偏拍肩利于反手，食指位置远离拍肩利于压拍。

二、准备姿势

1. 身体姿势

两脚开立，与肩同宽或比肩稍宽，两膝微屈，前脚掌着地(主要以脚内侧蹬地)，脚趾轻微用力压地，脚跟微离地面，重心置于两脚之间，上体略前倾、收腹，持拍手臂自然弯曲，直握拍的肘部略向外张，球拍置于腹部右前方，手腕自然放松，拍头指向右斜前方；横握拍的肘部向下，前臂自然平举，手腕自然放松，拍头指向上方。非持拍手臂自然弯曲于身体左侧，两眼注视来球。

2. 站位

不同打法的人，其站位方式也不同。直拍左推右攻打法的站位，一般是左脚稍前于右脚，左脚位置基本处于球台左边线的延长线上。身体与球台端线的距离约为 40 cm。直拍两面攻和横拍快攻打法的站位基本同上，但身体与球台端线的距离约为 50 cm。直拍弧圈打法的站位是左脚在前，右脚在后，左脚基本位于球台左边线延长线外约 25 cm 处，身体面向对方台面的左角，与球台左角的距离约为 60 cm。横拍两面拉打法的站位是左脚可略前于右脚，或两脚基本平行，左脚基本处于球台左边线的延长线上，身体与球台端线的距离约为 65 cm。防守型(包括削、攻结合打法)的站位是两脚基本平行，左脚处于球台左边线的延长线上，身体与球台端线的距离约为 1 m。

三、发球技术

发球技术种类繁多，如下旋球、不转球、奔球、左侧上(下)旋球、右侧上(下)旋球等，下面介绍常用的几种。

1. 正手发平击球

以右手握拍为例，发球前身体略向右转，持球手将球抛起，同时右臂内旋，使球拍略向前倾，待球落至稍高于球网时，快速挥拍击球中部偏上，击出的球第一落点应在对方球台中区。

2. 反手发平击球

发球时，身体稍向左转，持球手将球向上抛起，同时右臂外旋，使拍面略向前倾，当球下落至稍高于球网时，击球中上部，击球后球的第一落点要在对方球台中区。如果在球拍触球的一刹那，球拍前倾，小臂加快挥拍速度，手腕配合外展，使球拍正对左角，则成为反手斜线急球。同样，如果手腕向左扭动，使球拍正对右角，就成为反手直线急球。

3. 正手发下旋加转球

发球时，左脚在前，右肩侧对球台，持球向上抛球，同时，持拍手臂将拍引至后上方略比肩高，肘部后移，带动手腕内旋，球拍呈横向，拍面垂直，身体重心后移。当球回落时，肘关节加速运动，前臂带动手腕猛然加力外旋，在胸腹前偏右一臂距离处，拍面后仰，用球拍下部靠左的部位触球正后位底部，加大力臂摩擦球体，击球后，顺势将身体重心移至前脚。“切”球愈薄，发球愈转。

4. 正手发上旋球

发球时，球拍用力向前上方移动，摩擦球的中上部。球拍接触点应比网稍高或与网等高。

5. 正手发左、右侧旋球

发左侧旋球时，将拍面稍向左倾斜，用力向身体左方发力，擦击球的中部，发右侧旋球时将拍面向右倾斜，用力向身体右方发力，擦击球的中部。

6. 反手发右侧上、下旋球

发球时，右脚稍前，重心在右脚上。抛球的同时向左后方引拍，腰略向左转，拍面稍后仰，手腕适当内旋，当球下落时手臂自左上方向右下方挥摆。在触球瞬间加大前臂、手腕的爆发力，同时注意配合转体动作，使腰、臂协调用力，有利于增大发球的速度和力量，以增加球的旋转。发右侧上旋球，触球时拍面从球的中下部向左侧上部摩擦；发右侧下旋球，触球时拍面从球的左侧中下部向右侧摩擦。

7. 正手高抛发球

左脚稍前，右脚稍后，两脚与肩同宽，身体与球台端约成 60°，抛球前持球手臂微贴身体，稍收腹，球置于掌心，两膝微屈；抛球时手腕固定，前臂平稳向上直抛，腰和膝同时顺势向上延伸，重心在左脚上；同时，向右后上方引拍，手腕充分外展，挥拍击球时，球拍从右后上方向前方快速摆动，腕关节内收发力，腰向左转配合用力。

四、接发球技术

接发球的方法一般由点、拨、拉、搓、削等技术组成。接球时判断的正确与否，直接影响接发球的方式和接发球的成败。为了判断发球的旋转性质、旋转强度及来球线路和落点，应利用各种信息进行综合分析。下面介绍常用的接球方法。

1. 接上旋球(奔球)

用正反手攻球或推挡回接，拍面适当前倾，击球的中上部，调节好向前的力量。

2. 接下旋长球

用搓球、削球、提拉球回接，搓或削时多向前用力送球。

3. 接左侧上(或下)旋球

可采用攻挡和推挡(搓球或拉球)回接，拍面稍前倾(或后仰)并略向左偏斜，击球偏右中上(或中下)部位，以抵消来球的左侧上(或下)旋力。如果把球回到对方的右角，发力方向正对对方右角；如果把球回到对方左角，发力方向对着中线即可。

4. 接右侧上(或下)旋球

可采用攻球或推挡(搓球或拉球)回击，拍面稍前倾(或后仰)并向右偏斜，击球偏左中上(或中下)部位；回接要点和方法与接左侧上(或下)旋球相同。

5. 接近网短球

用快搓、快攻或台内突击回接，主要靠手腕和前臂的力量，同时要根据来球的旋转性能调节拍面角度和用力方向。

6. 接转与不转球

在判断不准的情况下可轻轻地托一板或将球铲起，增加向上用力，要注意回球弧线和落点。

五、推挡球技术

推挡球技术有平挡、快推、加力推、减力挡、推下旋、推侧旋等，本书介绍常用的三种。

1. 平挡

身体离台 30～50cm，两脚开立，比肩稍宽，右脚略后或两脚平站，两膝微屈，收腹含胸。来球从台面弹起后，前臂向前，以拍迎球，在来球的上升期，以接近垂直的拍形推击球的中部。击球瞬间只以前臂和手腕轻轻用力，主要借助来球的反弹力将球挡回。击球后，手和臂顺势向前挥动，并迅速还原成击球前的准备姿势。平挡分反手挡球和正手挡球两种。

2. 快推

站位在球台中间或偏左，身体离台约 40cm。两脚平站或右脚略后，两膝微屈，收腹含胸，体向前或略向左转。右上臂和肘关节靠近身体右侧。手自然弯曲，引拍至身前或偏左，同时前臂外旋，使拍面稍前倾。来球从台面弹起后，前臂和手腕向前，挥拍迎球，在来球的上升期，以稍前倾的拍形推击球的中上部。球拍击球瞬间，前臂和手腕自然向前或向前兼略向上发力，并主要借助来球的反弹力将球快速击回。击球后，手和臂顺势向前挥动，并迅速还原成准备姿势。

3. 加力推

站位在球台中间或偏左，身体离台约 50cm。两脚平站或右脚稍前，两膝微屈，收腹含胸，身体向前或略向左转；右上臂和肘关节靠近身体右侧，前臂外旋并向上提起，引拍至身前或偏左。与球网同高或略高，拍面稍前倾。来球飞越球网时，上臂、前臂和手腕向前，挥拍迎球，同时腰、髋向左转动，在来球的上升后期或高点期，以前倾的拍形推击球的中上部。球拍击球瞬间，上臂、前臂和手腕向前上方发力推压，腰、髋也协助用力。击球后，手和臂顺势向前下方挥动，并迅速还原成准备姿势。动作过程中，身体重心从左脚移到右脚上。

六、攻球技术

1. 正手攻球技术

正手攻球速度快、力量大、球路广、照顾范围大，是克敌制胜的主要技术。

(1) 正手快攻。站位在球台中间或偏左，身体离台约 50cm。左脚稍前，身体重心放在右脚上，两膝微屈，收腹含胸，身体稍向右转；右臂自然弯曲，前臂后引，将拍引至身体右侧，略偏后，同时前臂内旋，使拍面稍前倾。来球从台面弹起后，在上臂带动下，以前臂和手腕为主向左前方或左前上方挥拍迎球，同时，腰、髋带动上体向左转动，在来球的上升期，以前倾拍形迎击球的中上部。球拍击球瞬间，以前臂和手腕为主向左前方或左前上方发力击球，腰部也协助用力。击球后，手和臂顺势向左前方或左前上方挥动，并迅速还原成准备姿势。动作过程中，身体重心从左脚移到右脚上(图 9-2-2)。

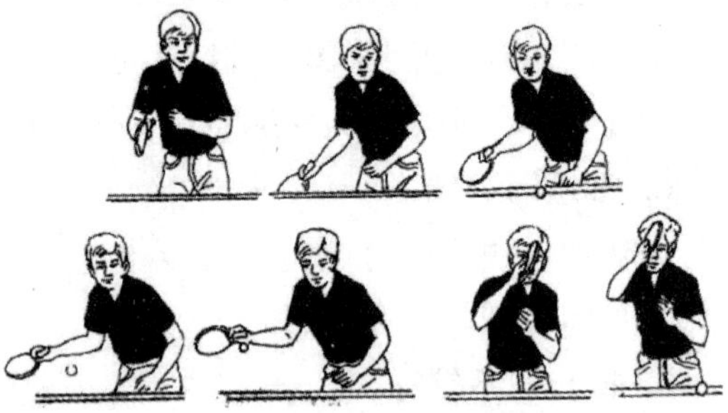

图 9-2-2　正手快攻

(2) 正手中远台攻球。身体离台约 1 m，左脚稍前，身体重心放在右脚上，两膝微屈，收腹含胸，身体稍向右转；右臂自然弯曲，将拍引至身体右后方，同时前臂内旋，使拍面接近垂直。来球从台面弹起到高点时期，上臂带动前臂向左前上方挥拍迎球，同时，腰、髋带动上体向左转动，在来球的下降前期，以垂直拍形迎击球的中部，并向前上方摩擦球。球拍击球瞬间，以上臂和前臂为主向左前上方发力击球，腰、髋也协助用力。击球后，手臂顺势向左前上方挥动，并迅速还原成准备姿势。动作过程中，身体重心从左脚移到右脚上。

(3) 正手扣杀。站位在球台中间或偏左，多半在近台位置；左脚稍前，两脚距离比其他攻球时稍宽，身体重心放在右脚上，两膝微屈，收腹含胸，腰、髋及上体稍向右转；右臂自然弯曲，前臂后引，将拍引至身体右侧偏后，同时前臂内旋，使拍稍前倾。来球从台面弹起后，腰、髋带动身体及上臂向左转动，与此同时，上臂积极发力带动前臂和手腕向左前方挥拍迎球，在来球的高点期，以前倾拍形猛击球的中上部。球拍击球瞬间，以上臂和前臂为主向左前方发力击球，腰、髋也积极协助用力。击球后，手和臂顺势向左前方挥动，并迅速还原成准备姿势。动作过程中，身体重心从左脚移到右脚上。若来球下旋，则拍形不要过分前倾，应击球的中部，并适当增加向上的力量。

(4) 正手拉攻。站位在球台中间或偏左，身体离球台 50～60 cm。左脚稍前，身体重心放在右脚上，两膝微屈，收腹含胸，身体稍向右转；右臂自然弯曲，前臂后引并下沉，将拍引至身体右后下方，同时前臂外旋，使拍面稍后仰。待来球弹起到高点时期，在上臂带动下，以前臂为主向左上前方挥拍迎球，在来球的下降期，以后仰拍形迎击球的中下部。球拍击球瞬间，以前臂为主向左前上方发力摩擦击球，使球上旋。

2. 反手攻球技术

(1) 直拍反手攻球。

引拍动作：两脚开立，体略向左转，右髋和腰右侧略向左后方压转重心，双膝微屈，前臂稍向后摆，举拍稍高。

击球动作：髋关节略向右转，前臂向右前方用力，肘部内收，左肩稍向后拉，击球中部稍偏左侧，手腕辅助发力，稍带摩擦球，食指掌握好拍形，拍后中指决定发力方向。

结束动作：因惯性作用，球拍至头右侧前下方渐止。迅速还原，准备下一次击球。

(2) 横拍反手攻球。

引拍动作：腰、髋略向左转的同时，带动前臂略向后引拍，手腕稍后屈。

击球动作：在腰、髋略向右转的同时，前臂手腕向前右方发力，触球中部或中上部，前臂和手掌背部的运行方向决定击球的方向，拇指控制拍形和击球弧线。

反手快拨是横拍进攻型选手用来对付上旋球的一项相持性技术，具有站台近、动作小、快速、稳健的特点，前臂发力为主，在借力中发力，击球时间为球上升期，触球中上部。

反手弹击，即在台内或近台出现了略高于网的无旋转或旋转较弱的球时，手腕迅速向后做一小动作引拍，然后急速向前爆发用力将球弹出，击球时间为高点期。

七、搓球基本技术

1. 快搓

(1) 反手快搓。站位靠近球台，右脚稍前，击球前稍向左前上方引拍，拍面略后仰，击球时，前臂主动前伸迎球，在上升期击球的中下部，触球瞬间，手腕向前下方用力。

(2) 正手快搓。身体稍向右转，并向右上方引拍；击球时，前臂带动手腕向左前下方用力，在球的上升期触球的中下部。

2. 慢搓

(1) 反手搓球。击球前，持拍手向左上方引拍；击球时，前臂和手腕向前下方用力切球，前臂内旋并配合转腕动作，拍面稍后仰，在球的下降期触球中下部；击球后，前臂顺势前送。横拍搓球时，拍形略竖，击球后前臂向右下方挥摆。

(2) 正手搓球。左脚稍前，身体稍后右转。击球前，向右上方引拍；击球时，前臂和手腕向左前下方用力，在下降期击球的中下部。

3. 搓转与不转球

(1) 搓加转球。手臂和手腕加速向前下方用力，有意识地增大球拍触球的面积和摩擦时间。

(2) 搓不转球。调节好后仰角度，将球托出。

八、弧圈球技术

1. 正手拉前冲弧圈球

引拍向右后方，身体重心比拉加转弧圈球时稍高，球拍与来球同高或稍低于来球；挥拍击球时，身体重心、前臂、手腕应向左前方发力，击球的中部或中上部，击球瞬间，应先向前撞球，再向前摩擦球，直拍选手的中指应有一顶拍动作，横拍选手的食指应有一向前甩的动作。击球时间为上升后期或高点期；反冲时，少或不向后拉手，球拍与来球同高，应善于运用腰、髋、腿的动作，以身体重心来控制击球弧线，拍形稍前倾，击球时间为上升期后段或高点期，前臂稍用力，触球时自己发力和摩擦都比快带多一些。

2. 正手拉侧旋弧圈球

挥拍线路应由后下方向右侧前方，再向左前上方用力摩擦球。引拍位置略低于拉前冲弧圈，手腕要放松，注意蹬腿和转动腰、髋的动作，以加大拉侧旋的力量。

3. 反手拉弧圈球

引拍时，两脚基本平行，间距略大于肩宽，双膝自然弯曲，腰、髋略向左转，腹微收，前臂自然弯曲，引拍动作为向左后方划一小弧；击球时，球渐近身前，两脚用力蹬地、伸膝、展腹，腰、髋略向右转，前臂带动手腕同时向右前上方发力，击球的中部，撞球后迅速转为摩擦。用拇指调节击球的弧线。球出手后，因惯性作用球拍至右肩前才渐停止，应迅速还原，准备下一次击球。

九、削球技术

削球和攻球一样，按其部位划分，也有正手削球、反手削球两种。

1. 正手削球

正手削球时，左脚与左肩靠近球台右角，右脚后退一步。身体与球台成 75° 角并稍向前倾，两腿微屈，重心先放在右脚上。手臂自然弯曲伸出，球拍略高于来球弹起高度，拍柄向下。当球飞到身前时，手臂即向前、下、左方挥动，球拍在右腰前 35 cm 的地方触及球的中下部(或下部)。随后，手臂加速发力，小臂与地面接近平行，身体重心逐渐由右脚移至左脚。球削出后，手臂肌肉立刻放松，球拍因惯性仍往前向左下方摆动，上体转向球台，准备继续削球。

2. 反手削球

在进攻反手削球时(横拍)，右脚应伸出球台的左边，左脚在后，重心落在右脚上，背斜对球台。小臂弯曲，把球拍举起与头齐高，拍柄向下，拍面正对对方左脚。手臂从上向前、下、右方摆动。当球拍触球的一刹那，小臂与手腕加速发力挥拍，将球勾到对方台内。球削出后，手臂肌肉立刻放松，上体顺势向右移动，球拍也摆至身体右侧，重心由右脚移到左脚上，右脚后退一步，恢复准备姿势。

第三节 乒乓球运动的基本战术

一、发球抢攻

发球抢攻是我国直板快攻打法的“杀手锏”，是力争主动、先发制人的主要得分手段之一。各种类型打法的运动员也都普遍采用发球抢攻来抢占每个回合的上风。发球战术运用的效果主要取决于发球的质量和第三板进攻的能力。尤其是现在实行的 11 分赛制，每人发两个球，不仅加快了比赛的节奏，对运动员发球抢攻套路的技术含量要求更高。下面介绍两套发球抢攻的技术组合。

1. 正手发近网短球，配合发长球伺机抢攻

技术特点：发球以发至中路偏右近网处为佳，使对方正手搓球不易控制；有时可发出台急球，由于有反差较大的旋转变化，可造成对方直接失分。

练习方法：

(1) 右手执拍低抛发对方中路偏右近网，练习中以第二跳不出台为标准，注意第一跳要近网。

(2) 发对方底线急球，练习中以第二跳到底线为标准。

(3) 组合两种发球方法进行练习。

2. 侧身低抛发左侧上、下旋球进行抢攻

技术特点：采用此战术时，站位偏左角，发球落点以左大角为主，迫使对方不能侧身抢攻而只好用反手搓或挤，然后再进行抢攻。同时，要尽量落点深、角度大，控制对方用拉回接。如果对方回球质量不高，便可主动反攻或主动发力。

练习方法：

(1) 发左侧上旋球练习时，要求摩擦时间长一点，加强球的上旋强度。

(2) 发左侧下旋球练习时，要求球到底线，注意落点不要过于单一。

(3) 组合两种发球方法进行练习。

二、左推右攻

技术特点：左推(或快拨)右攻的组合技术以速度为主，快速多变。台内球控制较好，变化灵活，突击性强；常以反手快速推挡为侧身进攻制造机会。其缺点是反手推挡只能起助攻作用。为了加强反手一侧的进攻威力，主要依靠加强侧身攻，因而正手位就容易暴露出较大的空当；由于站位较近，当被迫退台后，就相当被动。

练习方法：

(1) 双方先进行反手推挡练习，力量在 70%，要求落点要准。

(2) 一方推挡，另一方进行正手攻直线练习。

(3) 一方推挡，另一方进行摆速练习(左推右攻)，要求力量在 50%，注意步法要灵活。

三、搓中突击

技术特点：球速快，动作小，击球带有突然性，在对搓中或对付下旋球和削球中突然起板进攻，令对方很难提防，往往能直接得分，是对付下旋球的重要手段之一。

练习方法：

(1) 双方进行搓球练习。

(2) 一方推挡，另一方进行侧身正手攻球，注意制造弧线。

(3) 一方发球，另一方搓一板后侧身进行突出下旋球练习。

第四节 乒乓球运动的基本规则

一、场地、器材(图 9-4-1)

(1) 球台长 2.74 m，宽 1.525 m，离地面高 76 cm。

(2) 球网装置包括球网、悬网绳、网柱及将它们固定在球台上的夹钳部分。球网长 1.83 m、高 15.25 cm。

(3) 球直径为 40 mm，球重 2.7 g。球用赛璐珞制成，呈白色或橙色，且无光泽。

(4) 球拍的大小、形状和重量不限，但底板应平整、坚硬。底板厚度至少应有 85%的天然木料。用来击球的拍面应用一层颗粒向外的普通颗粒胶覆盖，连同黏合剂，厚度不超过 2 mm；或用颗粒向内或向外的海绵胶覆盖，连同黏合剂，厚度不超过 4 mm。

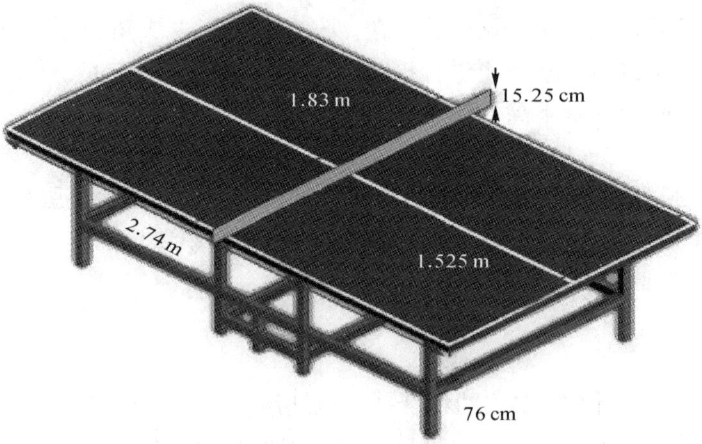

图 9-4-1 乒乓球台

二、基本概念

(1) 回合：球处于比赛状态的一段时间。

(2) 球处于比赛状态：从发球时球被有意向上抛起前静止在不执拍手掌上的最后一瞬间开始，直到该回合被判得分或重发球。

(3) 重发球：不予判分的回合。

(4) 一分：判分的回合。

(5) 执拍手：正握着球拍的手。

(6) 不执拍手：未握着球拍的手。

(7) 击球：用握在手中的球拍或执拍手手腕以下部分触球。

(8) 阻挡：对方击球后，在比赛台面上方或向比赛台面方向运动的球，在没有触及本方台区，也未越过端线之前，即触及本方运动员或其穿戴的任何物品。

(9) 发球员：在一个回合中首先击球的运动员。

(10) 接发球员：在一个回合中第二个击球的运动员。

(11) 裁判员：被指定管理一场比赛的人。

(12) 副裁判员：被指定在某些方面协助裁判员工作的人。

三、合法发球与合法还击

1. 合法发球

发球开始时，球自然地置于不持拍手的手掌上，手掌张开，保持静止。发球员须用手将球几乎垂直地向上抛起，不得使球旋转，并使球在离开不执拍手的手掌之后上升不少于

16 cm，球下降到被击出前不能碰到任何物体。当球从抛起的最高点下降时，发球员方可击球，使球首先触及本方台区，然后越过或绕过球网装置，再触及接发球员的台区。在双打中，球应先后触及发球员和接发球员的右半区。

运动员发球时，应让裁判员或助理裁判员看清他是否按照合法发球的规定发球。在同一场比赛中，如果该运动员或其双打同伴发球动作的正确性再次受到怀疑，不管是否出于同样的原因，均判接发球方得 1 分。无论是否第一次或任何时候，只要发球员明显没有按照合法发球的规定发球，接发球方将被判得 1 分，无须警告。运动员因身体伤病而不能严格遵守合法发球的某些规定时，可由裁判员做出决定免予执行。

2. 合法还击

对方发球或还击后，本方运动员必须击球，使球直接越过或绕过球网装置，或触及后再触及对方台区。

四、比赛次序

在单打中，首先由发球员合法发球，再由接发球员合法还击，然后两者交替合法还击。

在双打中，首先由发球员合法发球，再由接发球员合法还击，然后由发球员的同伴合法还击，再由接发球员的同伴合法还击，此后，运动员按此次序轮流合法还击。

五、重发球

1. 回合出现下列情况应判重发球

(1) 如果发球员发出的球，在越过或绕过球网装置时触及球网装置，此后成为合法发球，或被接发球员或其同伴阻挡。

(2) 如果接发球员或接发球方未准备好时球已发出，而且接发球员或接发球方没有企图击球。

(3) 由于发生了运动员无法控制的干扰而使运动员未能合法发球、合法还击或遵守规则。

(4) 裁判员或副裁判员暂停比赛。

2. 裁判员可以在下列情况下暂停比赛

(1) 纠正发球、接发球次序或方位错误。

(2) 实行轮换发球法。

(3) 警告或处罚运动员。

(4) 比赛环境受到干扰，以致该回合结果有可能受到影响。

六、1 分、一局、一场

1. 1 分

以下情况得 1 分：① 运动员未能合法发球；② 对方运动员未能合法还击；③ 运动员在合法发球或合法还击后，对方运动员在击球前，球触及了除球网装置以外的任何东西；④ 对方击球后，该球没有触及本方台区而越过本方端线；⑤ 对方阻挡；⑥ 对方连击；⑦ 对方用不符合规则规定的拍面击球；⑧ 对方运动员或其穿戴的任何东西使球台移动；

⑨ 对方运动员或其穿戴的任何东西触及球网装置；⑩ 对方运动员不执拍手触及比赛台面；⑪ 双打时，对方运动员击球次序错误。

2. 一局

在一局比赛中，先得 11 分的一方为胜方。10 平后，先多得 2 分的一方为胜方。

3. 一场

一场比赛由奇数局组成。

七、发球、接发球和方位的次序

选择发球、接发球和方位的权力应由抽签来决定。中签者可以选择先发球或先接发球，或选择先在某一方位。当一方运动员选择了先发球或先接发球，或选择了先在某一方位后，另一方运动员必须有另一个选择。

在获得每 2 分之后，接发球方即成为发球方，以此类推，直至该局比赛结束，或者直至双方比分都达到 10 分或实行轮换发球法，这时，发球和接发球次序仍然不变，但每人只轮发一分球。

在双打的第一局比赛中，先发球方确定第一发球员，再由先接发球方确定第一接发球员。在以后的各局比赛中，第一发球员确定后，第一接发球员应是前一局发球给他的运动员。

在双打中，每次换发球时，前面的接发球员应成为发球员，前面的发球员的同伴应成为接发球员。一局中首先发球的一方，在该场下一局应首先接发球。在双打决胜局中，当一方先得 5 分时，接发球方应交换接发球次序。一局中，在某一方位比赛的一方，在该场下一局应换到另一方位。在决胜局中，一方先得 5 分时，双方应交换方位。

八、发球、接发球次序和方位的错误

裁判员一旦发现发球、接发球次序错误，应立即暂停比赛，并按该场比赛开始时确立的次序，按场上比分由应该发球或接发球的运动员发球或接发球；在双打中，则按发现错误时那一局中首先有发球权的一方所确立的次序进行纠正，继续比赛。

裁判员一旦发现运动员应交换方位而未交换时，应立即暂停比赛，并按该场比赛开始确立的次序，按场上比分运动员应站的正确方位进行纠正，再继续比赛。

在任何情况下，发现错误之前的所有得分均有效。

九、轮换发球法

如果一局比赛进行到 10 min 仍未结束，一局比赛比分已达到至少 18 分除外，或者在此之前任何时间，应双方运动员或配对要求，应实行轮换发球法。

当时限到时，球仍处于比赛状态，裁判员应立即暂停比赛。由被暂停回合的发球员发球，继续比赛。当时限到时，球未处于比赛状态，应由前一回合的接发球员发球，继续比赛。此后，每个运动员都轮发一分球，直至该局结束。如果接发球方进行了 13 次合法还击，则判发球方失一分。

轮换发球法一经实行，将一直使用到该场比赛结束。

第十章 羽 毛 球

第一节 简 介

羽毛球运动起源于 14、15 世纪的日本，发展于印度，形成于 18 世纪的英国。羽毛球运动从斯堪的纳维亚传到英联邦各国，20 世纪初流传到亚洲、美洲、大洋洲，最后传到非洲。

1877 年，英国的巴斯羽毛球俱乐部成立，第一本羽毛球比赛规则在英国出版。

1893 年，在英国成立了世界上第一个羽毛球协会。1899 年，该协会举办了第一届“全英羽毛球锦标赛”，每年举办一次，沿袭至今。

1934 年，成立了国际羽毛球联合会，总部设在伦敦。1939 年国际羽毛球联合会通过了各会员国共同遵守的《羽毛球竞赛规则》。首届世界男子团体锦标赛“汤姆斯杯”和世界女子团体锦标赛“尤伯杯”分别于 1948 年和 1956 年举办。

20 世纪 20 年代到 40 年代欧美国家的羽毛球运动发展很快，其中英国、丹麦、美国、加拿大的水平相当高。50 年代亚洲羽毛球运动发展很快，马来西亚取得两届“汤姆斯杯”赛冠军。同时印度尼西亚队在技术和打法上有所创新很快取得了霸主地位。60 年代以后羽毛球运动的发展逐渐移向亚洲。羽毛球运动是在 20 世纪传入我国的。1963 年前后，随着华侨中的羽坛名将归国，我国羽毛球运动跃入了鼎盛时期。1980 年以后，中国选手在世界大赛中连续取得优异成绩。1981 年 5 月国际羽毛球联合会重新恢复了中国在国际羽联的合法席位，从此揭开了国际羽坛历史上新的一页，进入了中国羽毛球选手称雄世界的辉煌时代。1982 年中国首次参加第 12 届“汤姆斯杯”赛即获团体冠军。1984 年的第 10 届“尤伯杯”赛，中国女队首次加盟也捧杯而归。

1988 年汉城奥运会(第 24 届)，羽毛球被列为表演项目，1992 年巴塞罗那奥运会(第 25 届)被列为正式比赛项目，1996 年亚特兰大奥运会(第 26 届)混双被列为比赛项目，从此羽毛球运动进入新的发展时期。2006 年，羽毛球的新规则在试行了 3 个月后正式实施，在该年“汤尤杯”赛中首先采用。

羽毛球是一项广受群众喜爱的体育运动项目，它具有球小、速度快、变化多等特点；运动器材设备比较简单，在室内、外都可以进行；运动量可大可小，不同年龄、性别和身体条件的人都可以参加，特别适合广大青少年学生，因此，这项运动易于开展和普及。经常参加羽毛球运动不仅可以锻炼人的灵敏性和协调性，提高动作速度和上下肢活动的能力，改善心血管系统的机能，而且有助于培养人的勇敢顽强、机智果断等品质，亦有利于更好地学习和工作。

第二节　羽毛球运动的基本技术

一、握拍法

羽毛球基本握拍法有两种，即正手握拍法和反手握拍法。

1. 正手握拍法

正确的握拍与握手姿势非常相似。虎口对着拍柄内侧的小棱边，拇指和食指贴在拍柄的两个宽面上，中指、无名指并拢握住拍柄，掌心不要紧贴，拍柄末端与小鱼际肌相平，拍面与地面基本垂直(图10-2-1)。

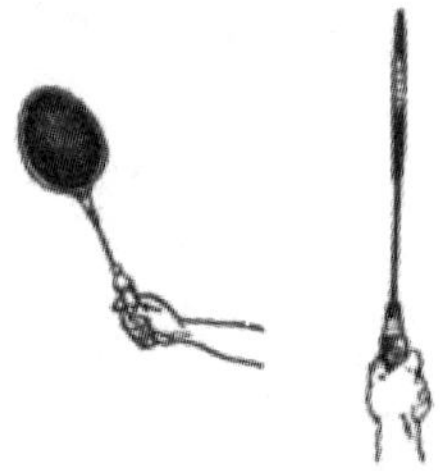

图 10-2-1　正手握拍法

2. 反手握拍法

在正手握拍的基础上，拇指和食指将拍柄稍向外转，食指稍向中指收拢，拇指上内侧顶贴在拍柄内侧的宽面上，中指、无名指和小指握住拍柄，柄端靠紧小指根部，使手心留有空隙(图 10-2-2)。

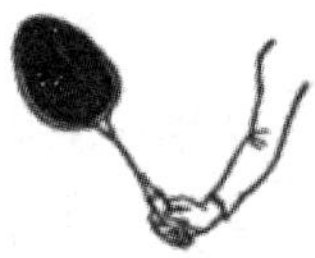

图 10-2-2　反手握拍法

二、发球与接发球法

(一) 发球法

发球有正手发球和反手发球两种。根据球在空中飞行的弧线，可分高远球、平高球、平快球、网前球等。

1. 正手发高远球

高远球是指将球发得又高又远，几乎垂直下落在对方底线附近。站位应靠近中线一侧，离前发球线约 1 m 的位置处。以右手握拍为例，左脚在前，右脚在后，身体稍侧对网，两脚与肩同宽，身体重心放在右脚上。左手持球，右手握拍并自然屈肘于身体右侧。发球时，右臂后引，由上而下向左前方挥拍，同时左手放球。挥拍过程中，重心由右脚转到左脚。当球拍挥至右侧稍前下方时(击球点)，右前臂加速，握紧球拍，手腕由后伸经前臂稍内旋到屈收，急速向前上方闪动击球。击球后，球拍随势向左上方收拍至胸前(图 10-2-3、图 10-2-4)。

图 10-2-3　正手发高远球

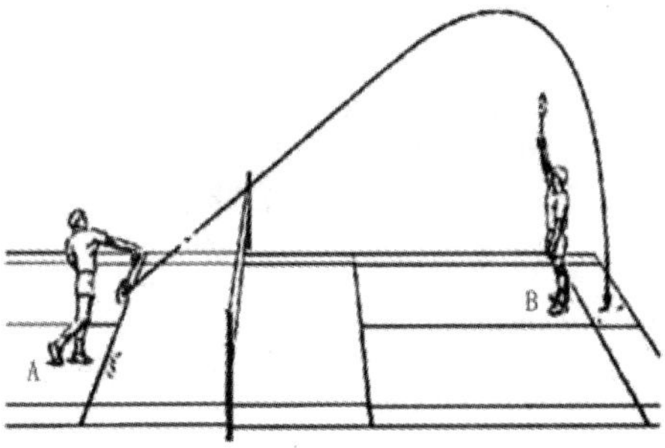

图 10-2-4 发球高过同伴

2. 反手发网前球

站位靠近前发球线，以右手握拍为例，右脚在前，身体重心在前脚，上体前倾，左后脚跟提起。右手反握拍柄稍前部位，肘关节提起，手腕稍前屈，球拍低于腰部，斜放在小腹前；左手持球在球拍面前方。发球时，球拍由后向前推送击球，使球的最高弧线略高于网顶，球过网而下行，落在对方前发球线附近(图 10-2-5)。

5 4 3 2 1

图 10-2-5 反手发网前球

发球的练习方法：

(1) 徒手做发球前的准备姿势，模仿发球的动作练习。

(2) 在场上两人对练发球。

(3) 先练习发定点球，后练习发不定点球。

(4) 综合练习发不同区域位置的球。

(二) 接发球法

击打对方发过来的球叫接发球。接发球技术在每场比赛中都起着重要的作用。如果说发球发得好是争得每分球胜利的开端，那么接发球接得好也同样是争得每分球胜利的第一步。因此，接发球对初学者来说也是不可忽视的技术。

1. 单打站位

通常要站在离前发球线约 1.5m 靠近中线的位置。以右手握拍为例，左脚在前，右脚在后，双膝微屈，身体重心放在前脚上。后脚跟稍抬起，身体半侧向球网，球拍举在身前，两眼注视对方(图 10-2-6)。

图 10-2-6 单打站位

2. 双打站位

由于双打发球区较单打发球区短，发高远球易出界和被对方扣杀，所以双打发球多以发网前球为主，接发球时应站在靠近前发球线的地方。双打接发球的准备姿势同单打基本相同，略有区别，即身体前倾较大，球拍高举，在球来自网上的最高点击球。

接发球的练习方法：

(1) 开始练习接发球时，最好采用一种固定的基本技术去接对方的单一发球(可用多球)。

(2) 练习接球时应在对方球拍触球的瞬间观察球的飞行方向，提高判断能力。

(3) 在上述基础上，还要进一步研究控制回球落点，以避免在接球后给对方较多的攻击机会。

(4) 在掌握了较好的适应能力和能够较自如地控制回球落点之后，应逐步提高防御对方抢攻的能力。

三、基本击球法(手法)

正确的击球手法是打好羽毛球的主要条件之一。有了正确的击球动作就能更好地掌握和发挥羽毛球的各项技术。羽毛球基本手法一般分为后场高空击球技术、网前上手击球技术、下手击球技术、中场平手击球技术等。

(一) 后场高空击球技术

后场高空击球技术是打好羽毛球的主要手法之一。根据其技术的性质特点不同，通常可分为高球、吊球、杀球(扣杀)。由于大纲的内容有限，这里只对部分技术作介绍。

1. 高球

高球分为高远球和平高球。高远球是指将球击得高而远，球飞至对方底线上空垂直落到有效场区内。平高球是从高远球发展来的，它飞行的速度比高远球快，弧线比高远球低，是后场进攻的有效技术之一。

(1) 正手击直线高球和对角高球：在后方场区击球的位置上，左脚在前，右脚在后，稍屈膝。侧身对网，重心在右脚前掌上，左手自然上举，头抬起注视来球，右手持拍于身体右侧；击球前，重心下降准备起跳，起跳的同时右臂后引，胸舒展；当球将落至额前上方击球点时，侧身转体上臂往右上方抬起，肘部领先，前臂自然后摆，手腕尽量后伸，前臂急速内旋往前上方挥动，手腕向前闪动发力(手指由松突然握紧球拍)击球托，球即朝直线方向飞去；若手腕控制拍面击球托的右侧下部，球则向对角方向飞行；击球后，球拍向左下方收拍随势自然收至胸前(图 10-2-7)。

图 10-2-7　正手击高球

(2) 头顶击直线高球和对角高线：准备姿势和动作要领基本与正手击高球相似，由于来球是飞往左后场区，身体侧身幅度要大于正手场区，但击球前要求上体稍弓身后仰，以便更好地发力。右上臂右后上抬，球拍由后方绕过头顶，前臂向前上方经内旋带动手腕突然屈收闪动发力击球托，球即飞往直线方向。头顶击对角高球，握拍稍有改动，即用拇指和食指向内捻动拍柄，使虎口对准拍柄靠边的小棱边，球拍仍由右后绕过头顶，前臂自然往前摆动，前臂向右前方内旋带动手腕屈收闪动发力，击球托的左部。击球后，球拍向左下方随势自然收至胸前。

(3) 正手、头顶击平高球：准备姿势与动作要领基本与正手击高远球相似，主要区别在于击球点较击高远球稍前，拍形角度稍前倾。

高球的练习方法：

(1) 徒手练习击球的模仿动作，体会动作要领。

(2) 一点打一点，即固定直线或斜线对打。

(3) 一点打两点。

2. 吊球

把对方击来的高球，从后场轻击、轻切或拦吊到对方的网前区叫吊球。吊球按飞行的弧度和击球动作的不同主要分为劈吊、轻吊和拦截(都有正手、头顶和放手)等。

(1) 正手臂吊直线和对角线球：直线劈吊，击球前动作和击直线高球、杀球相似。击球时用力较轻，带有劈切动作，落点一般离网较远。不同点是击球瞬间前臂突然加速，用手腕的闪动向前下方切球托的右侧下部，使球越网下坠，击球后，手臂顺势自然会收至胸前。对角线劈吊，击球前的动作同正手击对角高球，不同点是击球瞬间，用加速的力量把球向对角方向切击，击球后球拍顺势自然回收到胸前(图 10-2-8)。

图 10-2-8 正手吊球

(2) 正手轻吊直线和对角线球：轻吊击球前动作和劈吊动作相似，不同点是，落点离网较近。击球时拍面正对来球，在接触的瞬间，轻切来球，使球一过网即下坠。

吊球的练习方法：

(1) 按动作要领进行模仿练习，体会动作要领。

(2) 通过击定点球练习，体会“切击”动作，即挑一点，吊一点。

(3) 做变方向的吊球练习，即挑一点，吊两点。

3. 杀球(扣杀)

杀球是把高球用力向前下方重压、重切或重点击球，球飞行的弧线较直，落地快，对对方的威胁较大。杀球从手法上可分为正手扣杀、头顶扣杀和反手扣杀；从力量上又可分重杀、轻杀和点杀，还有长杀和劈杀等。

(1) 正手扣杀直线和对角线球：正手扣杀直线准备姿势和动作要领与正手击高球技术

大体相同。不同点是右脚起跳后，身体后仰呈反弓侧身转体后收腹用力，侧身转体，前臂带动手腕用力下压，球拍正面击球托，击球点较击高球稍前，无切力，使球沿直线向前下方飞行。击球后立即回动(图 10-2-9)。正手扣杀对角线球的准备姿势和动作要领与正手扣杀直线相同，不同点是起跳后身体向左前方转动用力，协助手臂向对角方向击球。

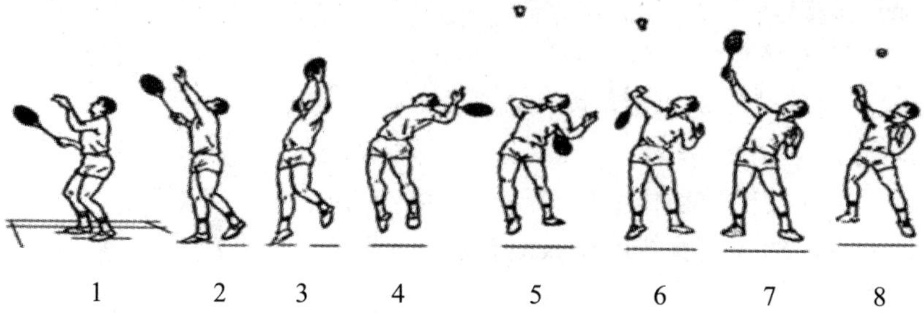

图 10-2-9　正手扣杀直线球

(2) 头顶扣杀直线和对角线：准备姿势和动作要领与头顶击高球相同，不同点是挥拍击球时，要集中全力往直线方向下压。球拍面和击球方向面夹角小于 90°。

杀球的练习方法：

(1) 按动作要领进行模仿挥拍练习，体会动作要领。

(2) 通过向前下方用力投掷羽毛球(或垒球)，体会鞭打动作。

(3) 做定位扣杀练习，即“杀一点或两点”的固定练习，并注意准确性。

(二) 网前击球技术

1. 放网

放网是指运动员在运用网前放网技术使球回击至对方网前区域的击球，通常可分为正、反手两种放网。

(1) 正手放网前球：侧身对右边网前，右脚跨前或弓箭步，重心在右脚上。右手持拍于右侧体前约与肩高，拍面右边稍高斜对网。左臂自然后伸，起平衡作用。击球前，前臂稍外旋，手腕外展引拍至右侧前。击球时，手腕稍内收，食指和拇指控制拍面和用力大小，轻切球托把球轻送过网。击球后，在身体重心复原的同时，收拍至胸前。

(2) 反手放网前球：侧身对左边网前，右脚跨前或弓箭步，重心在右脚上。右手反手握拍，持拍于身侧前约同肩高，拍面左边稍高斜对网。左臂自然后伸，击球前，前臂稍内旋，手腕外展引拍。击球时，手腕内收，食指和拇指分别在拍柄内、外侧的小棱边上，用拇指的推力轻托球把球送过网。击球后，随重心复原收拍至胸前。

放网的练习方法：

(1) 徒手挥拍模仿放网动作，体会动作要点。

(2) 利用多球进行正、反手两个部位的放网练习。

(3) 在本场区的中心位置进行上网放网练习。

2. 网前搓球

搓球是运动员用网前搓球技术使球带旋转或翻滚而越网至对方前场近网区域内的击球，通常可分为正、反手搓球。

(1) 正手网前搓球：准备姿势同正手放网。击球前，前臂外旋，手腕外展引拍至右侧；

击球时，在正手放网动作的基础上，加快挥拍速度，切搓球托底或侧部；由于球托受较大的摩擦力和作用力线不直接通过球心，就使球产生旋转翻滚越网而过(图 10-2-10)。

6 5 4 3 2 1

图 10-2-10 正手搓球

(2) 反手网前搓球：准备姿势同反手放网。击球前，前臂稍往上举，手腕前屈；手背约与网高，拍面低于网顶；击球时，手腕和手指控制拍面角度，用肘关节和腕关节前伸稍下降及前臂稍外旋的合力，搓切球托的侧底部。另外，也可在反手放网前球动作的基础上，前臂稍伸直，手腕由外展到内收，带动球拍向前切送，击球托的后底部。

网前搓球的练习方法：

(1) 徒手挥拍模仿搓球动作，体会动作要领。

(2) 利用多球进行正、反手两个部位的搓球练习。

(3) 一对一站在网前，做送球、搓球或对搓练习。

(4) 在本场区中心位置进行不定点的上网搓球练习。

3. 网前挑球

挑球是将对方击来的网前球、吊球、杀球等从下手位挑高过网还击至对方后场底线附近区域的击球。它是网前挑球技术的泛称，通常可分正、反手挑球。

(1) 正手网前挑球：准备姿势，压低重心，准备在右前方下手位击球。击球前，前臂充分外旋，手腕尽量后伸；击球时，从右下向右前方至左上方挥拍击球。在此基础上，若拍向右前上方挥动，挑出的是直线高球；若球拍向左前方挥拍，挑出的则是对角高球(图 10-2-11)。

5 4 3 2 1

图 10-2-11 正手网前挑球

(2) 反手网前挑球：准备姿势，压低重心，准备在左前方下手击球。击球前，转换反手握拍法，右臂往左后拉抬时引拍；击球时，前臂充分内旋，手腕由屈至后伸闪动挥拍，由大拇指发力击球。若球拍由左下向左前上方挥动，则球向直线方向飞行；若球拍由左下向右前上方挥动，则球向对角线方向飞行。

网前挑球的练习方法：

(1) 徒步挥拍模仿挑球动作，体会动作要领。

(2) 利用多球进行正、反挑球练习。

(3) 做固定线路的吊、挑练习。

4. 网前扑球

在双打项目中，用网前扑球的方式击打对方太短的防守球制胜是进攻一方前面运动员的重要任务。

正、反手扑球：击球时，拍面前倾，上臂带动手腕和手指快速闪动发力，击球后立即收拍，以免触网犯规。正手扑球见图 10-2-12。

图 10-2-12 正手扑球

网前扑球的练习方法：

(1) 利用多球进行正、反手两个部位的扑球练习。

(2) 在本场区中心位置进行不定点的上网扑球练习。

(三) 防守技术

防守技术，虽然没有上手击球那样具有主动性和威胁性，但仍是羽毛球技术中不可缺少和不可忽视的部分。初学者不仅要学习和掌握好进攻技术，还要学习和掌握好防守技术。防守技术通常可分为接杀球、接吊球两种。

1. 接杀球技术

所谓接杀球技术，是指对于对方扣杀过来的球，运动员利用接杀球技术将球还击至对方某场区内的接球技术，通常可分为正手、反手接杀球技术。这种技术在不同的位置上利用有关技术配合相应的步法和手法，可打出不同的球，如挡、勾、抽球等。

2. 接吊球技术

所谓接吊球技术，是指对于对方吊过来的球，运动员利用接吊球技术将球还击至对方某场区内的接球技术，通常可分为正手、反手接吊球技术。这种技术在不同的位置上利用有关技术配合相应的步法和手法，可打出不同的球，如放、挑、勾球等。

接吊球的练习方法：

(1) 学习接杀球、接吊球时，应在掌握网前技术和中场平击技术的基础上，配合相应的步法进行接杀球、接吊球技术练习。

(2) 按动作要领进行正、反手接杀球，接吊球的放网、挡、挑等技术的模仿练习。

(3) 利用多球进行练习。

(4) 定位“一攻一守”的练习(先左半场或右半场，后再到全场)。

(5) 不定位的全场攻守练习。

四、基本步法

(一) 上网步法

技术要点：判断来球后，左脚掌内侧用力蹬地并向来球方向迈出，接着右脚也向前迈出一大步，落地后，右膝关节弯曲缓冲并成弓步，紧接左脚自然向前脚靠上一小半步。击球后，右脚蹬地用并步退回中心位置(图 10-2-13、图 10-2-14)。

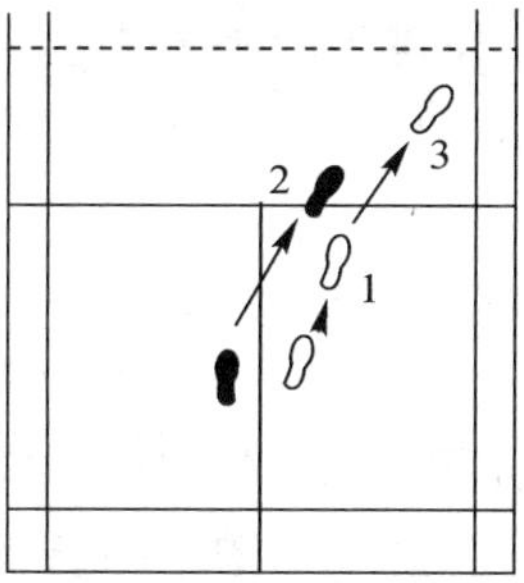

图 10-2-13 上右网前

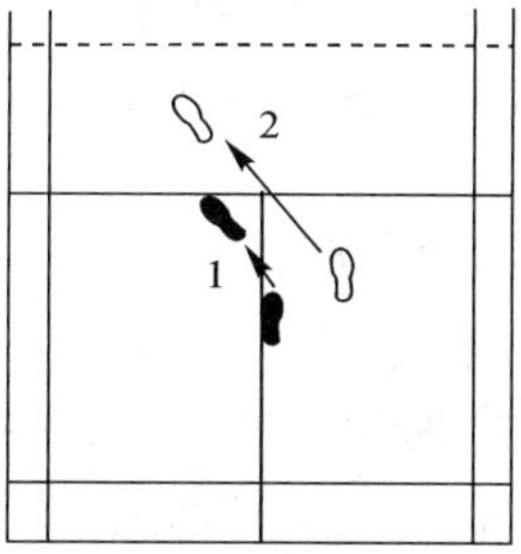

图 10-2-14 上左网前

练习方法：

(1) 先做分解步法练习，再过渡到完整上网步法练习。

(2) 在场外教师手势的指挥下做上网步法练习。

(3) 结合多球击网前技术，从中心位置向左右两边网前做上网步法练习。

练习提示：右脚成弓步时，要防止因上网前冲力过大使身体重心越过右腿而失去平衡。另外，前脚落地时，脚尖应朝着边线，而不应朝着内侧。

(二) 后退步法

技术要点：判断来球后，右脚蹬地一步同时侧身右转，左肩侧对网，接着左脚用并步靠近右脚，右脚再跟上移至球下，起跳转身击球。在移动过程中，必须完成挥拍击球前的引拍动作。击球后，身体重心随右脚前移，迅速用小并步回到中心位置(图 10-2-15、图 10-2-16)。

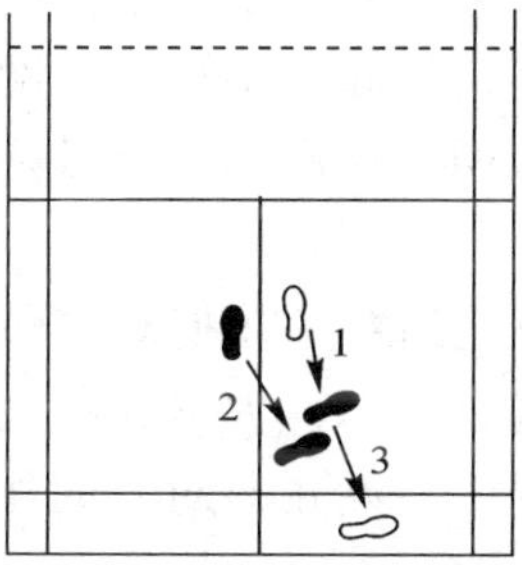

图 10-2-15 正手后退右后场

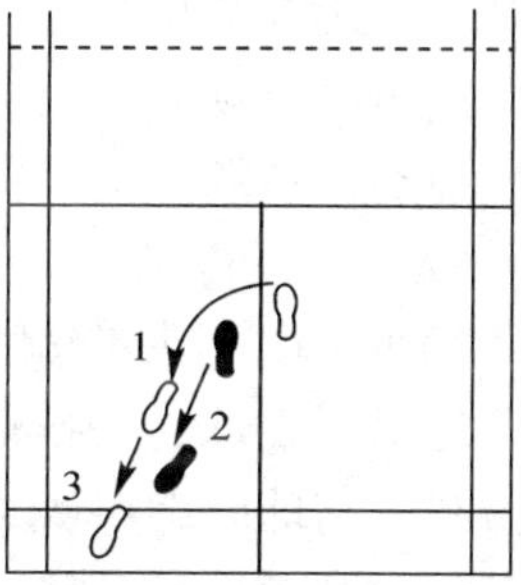

图 10-2-16 反手后退左后场

练习方法：后退步法练习方法同上网步法。

练习提示：在练习后退步法时，要注意侧身后退，前几步要小，最后一步要大，在做完击球动作后重心由后前移，并回到场地中心位置。

第三节 羽毛球运动的基本战术

一、单打战术及运用

(1) 压后场战术：此战术是通过采用高远球或平高球反复压对方后场两角，造成对方被动，然后伺机采用杀球和吊球攻击对方空当。压后场战术用来对付初学者和后退步法慢或急于上网的对手较为有效。

(2) 发球抢攻战术：此战术主要以发网前球和平快球为主，限制对方的进攻，迫使对方挑球，然后用杀球和吊球进攻对方的空当和弱点。发球抢攻战术主要用于对付防守能力较差的对手。在比赛进入最后关键时刻，运用此战术往往会使临场经验不足的选手感到束手无策。

(3) 控制网前战术：此战术是通过各种手段主动抢先放网或故意让对方先放网，然后上网重复放网，并与搓、推、勾、扑球结合运用，造成对方网前直接失误或被动挑球，此时抓住有利时机大力扣杀和快速吊球。这种战术用来对付后场技术较好而网前技术较差的对手。

(4) 拉吊突击战术：此战术是以快速准确的落点控制对方场区的四个角落，迫使对方前后左右奔跑，当对方来不及回中心位置或身体失去平衡时，抓住空当和弱点进行突击(扣杀)。这种战术对付步法移动慢、灵活性差和体力较差的对手是行之有效的。

(5) 打对角线战术：此战术无论是在进攻或防守、前场或后场，都以打对角线球为主。它主要用于对付灵活性较差、转体慢的对手。

二、双打战术及运用

(1) 攻人：这是双打中常用的一种战术。对付两名技术水平高低不一的对手时，一般都采用这种战术。对付两名队员技术水平平均的对手时也可以使用。它集中攻击对方一名队员，常能取得成功，当另一名队员抢来协助时，又会暴露出空当，或另一名队员不警惕时又可突袭他。

(2) 攻中路：守方左右站位时把球打在两个人中间，可以造成守方两人抢接这一球或同时让球，限制守方在接杀时挑大角度的高球调动攻方，有利于攻方封网。守方前后站位时把球下压或轻推在边线半场处，这多半是在接发网前球和守中反攻抢网时运用。这种球守方前场队员拦截不到，后场队员只能以下手击球放网或挑高球，后场两角便会露出很大空当，因而有机可乘。

(3) 攻后场：这种战术常用来对付后场扣杀能力差的对手，把对方弱者调到后场后也可以使用。此战术是用平高球、平推球、接杀挑底线把对方一人紧逼在底线两角移动，在对方还击出半场和网前高球时即可大力扣杀。如在逼底线两角时对方同伴要后退支援，则可攻击网前空当或向后退者打追身球。

(4) 后攻前封：后场队员积极大力扣杀，在对方接杀放网、挑高球或者企图反击抽挡时，前场队员以扑、搓、推、勾控制网前，或拦截吊封前半场，使整个进攻连贯而又凶狠、凌厉。

(5) 防守：

① 调整站位：为了摆脱被动，伺机转入反攻，首先要调整好防守时的站位。如果是网前挑高球，那么击球者应直线后退，切忌对角后退。直线后退路线短，站位快，对角线后退路线长，也容易被对方打追身球。另一名队员应该补到空当位。双打防守时的站位调整，都是一名队员在跑动击球时另一名队员填补空当。特别是后站者，观察较全面，更要主动去弥补。

② 防守球路：攻方杀球者和封网队员在半边场前后一条直线上，接杀球应打到另半边

前场或后场。攻方杀球者和封网队员站在前后对角位上，接杀球可还击到杀球者的网前或封网者的后场。攻方杀球者杀大对角后，另一名队员想要退到后场去助攻时，接杀球可还击到网前中路或直线网前。把攻方杀来的直线球挑对角，杀来的对角球挑直线以调动杀球者。

以上几种球路，都是为了破坏攻方的连续进攻，在攻方杀球质量不高时即可以平抽或蹲挡。攻方站位混乱出现空当时，守方也可反守为攻。

第四节 羽毛球运动的基本规则

一、计分

(1) 21 分制，3 局 2 胜。

(2) 每球得分制。

(3) 每回合中，取胜的一方加 1 分。

(4) 当双方均为 20 分时，领先对方 2 分的一方赢得该局比赛。

(5) 当双方均为 29 分时，先取得 30 分的一方赢得该局比赛。

(6) 一局比赛的获胜方在下一局率先发球。

二、赛间休息与换边规则

(1) 在一局比赛中，当领先的一方达到 11 分时，双方有 60 s 休息时间。

(2) 在两局比赛之间，双方有 2 min 的休息时间。

(3) 在决胜局中，当领先的一方达到 11 分时，双方交换场地。

三、羽毛球比赛规则——单打

(1) 在一局比赛开始时(比分 0∶0)或发球方得分为偶数时，发球方在右半场进行发球。当发球方得分为奇数时，在左半场进行发球。

(2) 如果发球方取得 1 分，那么下一回合其继续发球。

(3) 如果接发球方取得 1 分，那么下一回合其成为发球方。

四、羽毛球比赛规则——双打

(1) 与单打一样，发球方得分为偶数时，发球方在右半场进行发球。当发球方得分为奇数时，在左半场进行发球。

(2) 如果发球方取得 1 分，那么下一回合其继续发球，且发球人不变。

(3) 如果接发球方取得 1 分，那么下一回合其成为发球方。

(4) 当且仅当发球方得分时，发球方的两位选手交换左右半场。

羽毛球双打比赛规则图解如图 10-4-1 所示，描述了一场羽毛球双打比赛 ，A & B vs C & D，比赛开始时，由 A 率先发球，C 接发球。

比赛进程的说明	比分发球区	发球&接发	获胜方图解
比赛开始	0-0右侧半场	发球A发球，C接发球	A & B
A & B 得一分，A & B 将换边，A在左侧半场继续发球，C & D 保持各自所在半场不变。	1-0左侧半场	发球A发球，D接发球	C & D
C & D 得一分，A B C D 均保持各自所在半场不变。	1-1左侧半场	发球D发球，A接发球	A & B
A & B 得一分，在右半场发球，A B C D 均保持各自所在半场不变。	2-1右侧半场	发球B发球，C接发球	C & D
C & D 得一分，在右半场发球，A B C D 均保持各自所在半场不变。	2-2右侧半场	发球C发球，B接发球	C & D
C & D 得一分，C & D 将换边，C在左侧半场继续发球，A & B 保持各自所在半场不变。	2-3左侧半场	发球C发球，A接发球	A & B
A & B 得一分，在左半场发球，A B C D 均保持各自所在半场不变。	3-3左侧半场	发球A发球，C接发球	A & B
A & B 得一分，A & B 将换边，A在右侧半场继续发球，C & D 保持各自所在半场不变。	4-3右侧半场	发球A发球，D接发球	C & D

图 10-4-1　双打比赛过程图解

五、羽毛球场地标准尺寸

(1) 羽毛球场地应是一个长方形，用宽 40 mm 的线画出。

(2) 场地线的颜色最好是白色、黄色或其他容易辨别的颜色。

(3) 所有的线都是它所界定区域的组成部分。

(4) 从球场地面起，网柱高 1.55 m。

(5) 网柱必须稳固地同地面垂直，并使球网保持紧拉状态。

(6) 网柱应放置在双打的边线上。

(7) 羽毛球球网应由深色优质的细绳编织成，网孔为均匀分布的方形，边长为 15～20 mm。

(8) 羽毛球球网上、下宽 760 mm。

(9) 绳索或钢丝须有足够的长度和强度，能牢固地拉紧并与网柱顶部取平。

(10) 场地中央网高 1.524 m，双打边线处网高 1.55 m。

(11) 球网的两端必须与网柱系紧，它们之间不应有空隙。

(12) 场地长 13.40 m，双打宽 6.10 m，单打宽 5.18 m，双打球场对角线长 14.723 m，单打球场对角线长 14.366 m(图 10-4-2)。

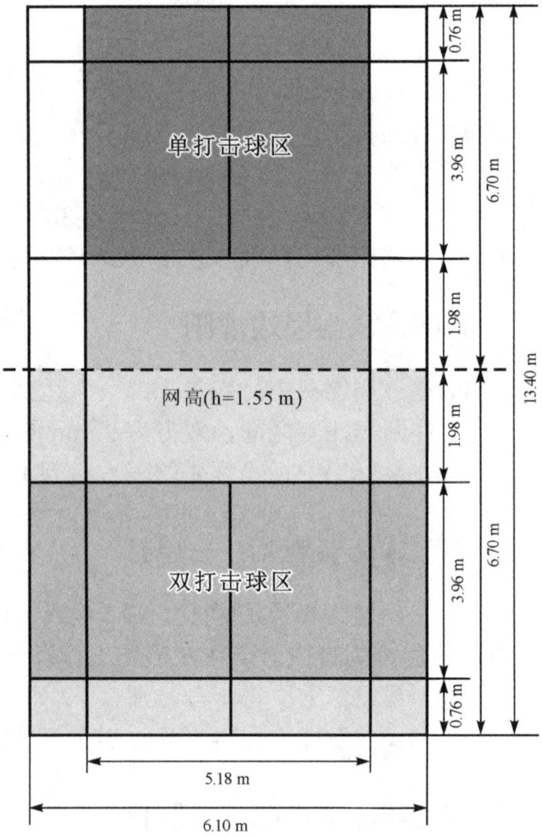

图 10-4-2　羽毛球场地标准尺寸

六、羽毛球团体赛规则

按照苏迪曼杯的规则，比赛顺序是男单、女单、男双、女双、混双。顺序可依双方协议定，但是选手不能兼项，就是不能一人参加两项。每项比赛都是 3 局 2 胜，每局 21 分。

七、发球违例

(1) 击球点不能高于 1.15 m。

(2) 脚步不能踩线，不能移动。

(3) 未将球发在相应的区域内。

(4) 球挂在网上或停在网顶。

(5) 球过网后挂在网上。

(6) 双打时，接发球员的同伴接到球或被球触及。

八、比赛进行中违例

(1) 球落在场地界线外。

(2) 球从网孔或网下穿过。

(3) 球未从网上方越过。

(4) 球触及天花板或四周墙壁。

(5) 球触及运动员的身体或衣服。

(6) 球触及场地外其他物体或人。

(7) 球被击时停滞在球拍上，紧接着被拖带抛出。

(8) 球在一个回合中被同一方队员多次击中。

(9) 运动员的球拍、身体或衣服，触及球网或球网的支撑物。

(10) 过网击球(击球时，球拍与球的最初接触点在击球者网这一方，而后球拍随球过网的情况除外)。

第十一章 网 球

第一节 简 介

网球(Tennis)是一项优美而激烈的运动，网球运动的由来和发展可以用四句话来概括：孕育在法国，诞生在英国，开始普及和形成高潮在美国，现在盛行全世界，被称为世界第二大球类运动。

现代网球运动一般包括室内网球和室外网球两种形式。网球运动最早起源于 12 至 13 世纪法国传教士在教堂回廊里一种用手掌击球的游戏，后来成为宫廷里的一种室内消遣娱乐活动。1878 年，第一次男子双打锦标赛在英格兰举行。1879 年，第一次女子单打和混合双打比赛在爱尔兰举行。1884 年，温布尔登增加了女子单打和男子双打锦标赛。1913 年又增加了女双和混双锦标赛。1913 年 3 月 1 日，由澳大利亚等 12 个国家的网球协会代表，在巴黎成立了国际网球联合会(ITF)，协调国际网球活动，安排全年比赛日程表，修订网球规则并监督它的执行。1919 年，网球比赛抽签采用“种子”制度。1927 年，英国首创无缝网球，使球速加快。1945 年至 60 年代，网球比赛趋向职业化。1963 年开始举办女子团体赛——联合会杯赛。1968 年，温布尔登首先实行不区分业余选手和职业选手的参赛制度。1972 年，国际男子职业网球选手协会成立。1973 年，国际女子网球协会成立。1896 年在雅典举行的现代第一届奥运会上，网球男子单打与双打被列为正式比赛项目。

第二节 网球运动的基本技术

本节主要介绍网球的握拍方法、常用的步法和熟悉球性的方法。初学时应采用最舒适和最易掌握的握拍方法，在技术提高后应根据自身的特点，逐步调整握拍方法。初学者在学习时应采用“关闭式”步法进行各种击球练习。

一、基本技术要领

(一) 握拍方法

握拍的基本方法可分为以下四种。

1. 东方式握拍法(图 11-2-1)

握拍时拍面与地面垂直，正手握拍时虎口中央对准拍柄右上斜面握紧，由于与握手姿势相似，因此也称之为“握手式”握拍法。反手握拍时虎口中央对准拍柄左上斜面握紧。

这种握拍法的优点在于简单易学，拍面稳定，容易击准球，但是正反手交替击球时，需要在左手的帮助下变换握拍方法。

2. 大陆式握拍法(图 11-2-2)

大陆式握拍法也称英国式握拍法，握拍时拍面与地面垂直，虎口中央对准拍柄上平面握紧，是准备姿势、网前截击和发球常用的一种握拍方式。

这种握拍法的优点在于无论是正、反手击球时都不需要转换握拍方法，简单灵活。但缺点是底线击球时不容易发力，因此底线攻击性打法不适宜采用此握拍方法。

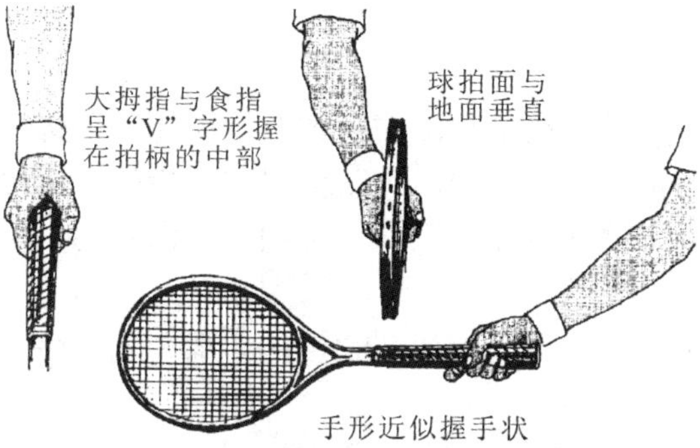

图 11-2-1 东方式握拍法

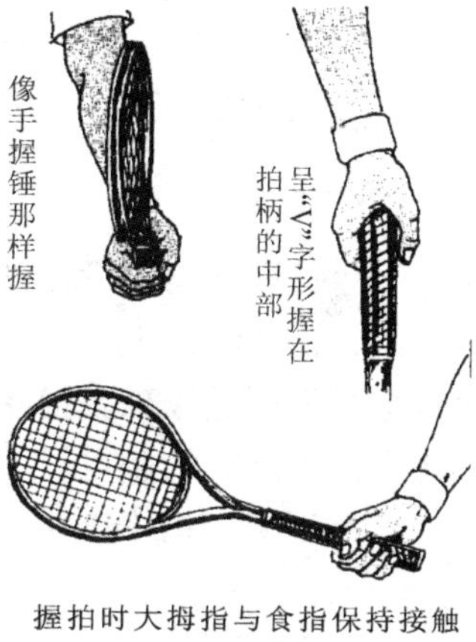

图 11-2-2 大陆式握拍法

3. 西方式握拍法(图 11-2-3)

握拍时拍面与地面平行，手掌从上面握住拍柄。这是底线上旋攻击型打法的首选握拍方法。

这种握拍法的优点在于能击出强有力的上旋球，且稳定性强，但是其技术难度相对较大，初学者在开始学习时较难掌握。

4. 双手反手握拍法

握拍时右手是东方式反手握拍，握在球拍拍柄的底部，左手自然握在右手的上方。

这种握拍法的优点在于动作和拍面容易稳定，初学者容易掌握，但是由于双手握拍，相对单手反手击球而言，动作灵活性和控制范围稍逊。

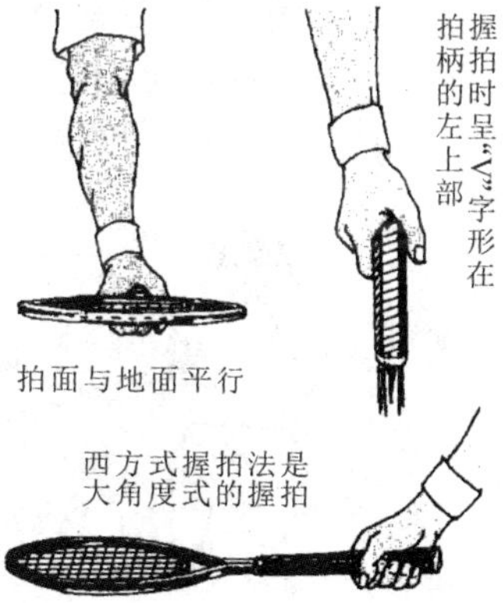

图 11-2-3 西方式握拍法

(二) 步法

网球击球时，其脚步主要采用“关闭式”和“开放式”两种方法。

1. “关闭式”步法(图 11-2-4)

“关闭式”步法以前脚掌为轴，另一脚向侧上方跨出，形成两脚交叉步法。这种步法在底线正反手击球和网前截击中大量运用。初学者应首先学习这种步法。

2. “开放式”步法(图 11-2-5)

“开放式”步法击球时，两脚平行站立，以前脚掌为轴，转胯转体形成击球步法。通常在有一定技术基础的前提下运用这种步法。

图 11-2-4 “关闭式”步法

图 11-2-5 “开放式”步法

(三) 熟悉球性

熟悉球性是进行网球学习的第一步，其目的在于对球拍和球的性能加以了解，并体会手持拍时人、拍之间，人、球之间的空间距离，对持拍击球动作建立初步的本体感觉。熟悉球性的练习主要是以球拍简单击球，练习中一方面注意保持握拍的方向和稳定，另一方面要主动寻找击球时的感觉。

(1) 两手各抓一球，同时左手抛向右边，右手抛向左边，在空中同时用异侧手接住球(图 11-2-6)。

(2) 两人面对面抛球，分别接住落地球或空中球，距离逐渐拉长(图 11-2-7)。

(3) 运用西方式握拍法，用拍击球于地面，使其反弹，从单个拍击逐渐过渡到连续拍击(图 11-2-8)。

(4) 运用大陆式握拍法，以拍面往上连续垫球。

(5) 以拍面向上击球，让球落地一次后再以拍面向上击球，重复进行(图 11-2-9)。

(6) 两人一组，网上进行短距离的来回击球练习，不限制球的落地次数(图 11-2-10)。

图 11-2-6 熟悉球性(1)

图 11-2-7 熟悉球性(2)

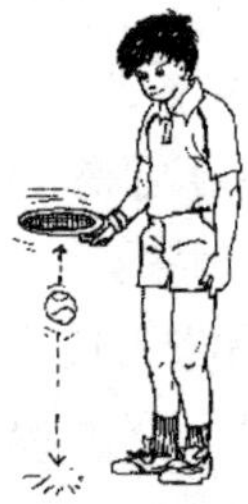

图 11-2-8 熟悉球性(3)

图 11-2-9 熟悉球性(4)

图 11-2-10 熟悉球性(5)

二、底线正手击球技术

(一) 技术动作方法

底线正手击球是指在握拍手同侧于后场击对方反弹来球的技术动作，这种击球方法通常用于接对方发球和反弹来球。

底线正手击球动作由准备姿势、后摆引拍、挥拍击球和随挥跟进四个技术环节组成。

1. 准备姿势(图 11-2-11)

面对球网，两脚自然开立成稍蹲姿势，身体重心落在前脚掌上，稍向前倾。左手扶住拍颈，拍面与地面垂直，拍头指向对方，注意对方来球，做好击球准备。

图 11-2-11 准备姿势

图 11-2-12 后摆引拍

2. 后摆引拍(图 11-2-12)

当判断来球需要用正拍回击时，以右脚为轴，左脚向右前方跨出成“关闭式”击球步法，同时转动身体并使右臂沿直线向后上方快速引拍，球拍指向球场后端的挡网，拍头向上稍高于手腕，尽量保持侧身迎击球，左手随着侧身转体而指向前面的来球。

3. 挥拍击球(图 11-2-13)

当球接近身体时，身体重心前移，以肩关节为轴，大臂带动小臂向前挥拍，手腕固定，向前挥拍时带动身体转动。击球时拍面垂直于地面并沿着来球的方向挥出，击球点应在左脚尖身体右侧方约与腰部同高的位置上。

4. 随挥跟进(图 11-2-14)

击球后，球拍沿着球飞行的方向继续向上挥动，然后肘关节顺势弯曲，使右臂自然接触下巴，拍头随挥至左肩上方，并用左手扶住拍颈，右脚停留在身后，脚尖触地面结束动作，恢复准备姿势。

学习要点：

(1) 击球全过程盯住球。
(2) 尽早、尽快地后摆引拍。
(3) 保持侧身击球。
(4) 击球时绷紧手腕、紧握球拍。
(5) 球拍随球送出，充分随挥跟进至左前上方。
(6) 尽量延长与球拍的接触时间。

图 11-2-13 挥拍击球

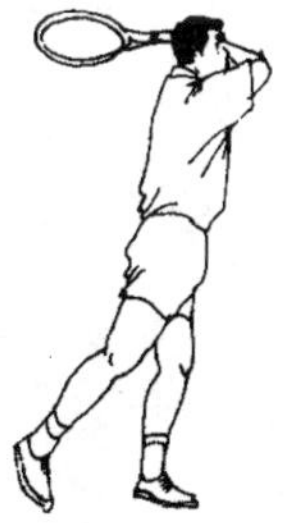

图 11-2-14 随挥跟进

(二) 各种底线正手击球技术要点

1. 正手平击球(图 11-2-15)

正手平击球是指以底线正手击球方法击出不旋转或略带旋转球的技术动作。这种击球方法简单易学，适合初学者使用，是底线正手击球的主要方法之一。

正手平击球打法要使用东方式正手握拍方法，平击球时由于球拍面正击球体使球不旋转或略有旋转飞行，特点是球的速度快，飞行路线较直，球落地后弹跳低、前冲力大，但其准确性和控制性较差。其技术要点是：

(1) 后摆引拍时，手腕稍上翘使拍头高于手腕，并引拍至头部同高。

(2) 挥拍时手腕相对固定握拍以减少拍面挥动过程中的变化。

(3) 击球时拍面与地面保持垂直并以同样拍面继续前挥。

(4) 引拍和挥拍击球的整个过程保持拍头不能下垂。

(5) 击球后，球拍向前挥动于左肩上方自然收拍。

图 11-2-15　正手平击球

2. 正手上旋击球(图 11-2-16)

正手上旋击球是指以底线正手击球方法击出强烈上旋球的技术动作。这种击球方法适合于有一定技术基础，能发力击球的人使用，是底线正手击球的主要方法之一。

正手上旋击球打法要使用西方式握拍法或使用介于东方式与西方式握拍之间的半西方式握拍方法。上旋球时由于球拍向上摩擦整个球体使球产生上旋，特点是飞行弧线高，落地后反弹高且冲力较大，是一种具有较强的攻击性和失误较少的打法。其技术要点是：

(1) 后摆引拍时，拍头稍下垂，手腕翻转与手背形成角度。

(2) 挥拍时，球拍从上向下再向前上方做环形挥拍动作。

(3) 击球时拍面斜向下盖住球并做向上提拉动作，同时加大腰部的转动。

(4) 击球后，柔软地使用手腕，使球拍挥至身体内侧。

(5) 挥拍击球过程拍面是一直变化着的。

图 11-2-16　正手上旋击球

小　知　识

● **网球比赛习惯用语**

Out——在抽击球中球出界。

Net——发出擦网的有效球。

Fault——发球失误。

Game——一局比赛结束。

Deuce——双方比分平分。

Ace——发过去的球未触及接发球员而直接得分的有效球。

3. 正手削球(下旋球)(图 11-2-17)

正手削球是指以底线正手切削方法击出下旋球的技术动作。正手削球是底线正手击球主要技术方法的补充，在比赛中较少使用。

图 11-2-17　正手削球

正手削球打法一般使用大陆式握拍法，击球时由于拍面向前下方切削使球产生下旋，其特点是过网点很低，球落地反弹低并稍伴有前冲或回弹现象，是一种很省力的打法，但缺点是攻击力量不大。其技术要点是：

(1) 后摆引拍时，直线将球拍引至身体后侧，动作较小。

(2) 挥拍时手腕固定握拍，使拍面斜向地面稳定前挥。

(3) 击球时用斜向地面的拍面以切削动作在身体侧前方击球。

(4) 击球后球拍随球前送，并在身体前方以左手扶拍结束动作。

(5) 后摆引拍和挥拍击球过程中保持拍面相对稳定。

(三) 底线正手击球练习方法

1. 徒手练习方法

徒手练习方法是指不结合球的各种挥拍练习及步法练习。对初学者来说，徒手练习容易被忽视，但非常必要，它是形成规范动作的最佳途径。在进行徒手练习时，练习者可以不受来球的干扰，集中注意力进行挥拍动作及步法的练习。

(1) 后摆引拍练习(图 11-2-18)：练习者站在障碍物前约 1.5 m 处，做后摆引拍动作，使拍头前端触及障碍物，以体会后摆引拍的伸展程度。

图 11-2-18　后摆引拍练习

(2) 挥拍击球练习：练习者站在障碍物前约 1 m 处，做挥拍击球动作，使拍面触及障碍物，并观察拍面是否与障碍物平行，以体会挥拍击球时拍面的角度。

(3) 完整动作练习：以准备姿势站立，结合“关闭式”步法做后摆引拍、挥拍击球和随挥动作练习，重点体会整个动作过程及收拍动作。

2. 定位球练习方法

定位球练习是指练习者击由他人或自己抛定点球的练习。定位球练习有利于初学者击准球，掌握正确的击球点。

(1) 自抛击球练习：以后摆引拍姿势站立，左手握球前伸，使球自由下落反弹至腰部，同时右手挥拍击球。

(2) 击抛球练习：以准备姿势站立，结合“关闭式”步法，击他人短距离抛来的定点球。

这两项练习最好选择在挡网或挡墙前练习，以便捡球。

(3) 击对方前场抛球练习(图 11-2-19)：练习者站在发球线后约 1 m 处，迎击对场网前抛来的球。

图 11-2-19　击对方前场抛球练习

3. 移动击球练习方法

移动击球练习方法是指结合移动步法完成各种击球的练习。

(1) 两人对墙练习(图 11-2-20)：两人分别站于挡墙约 6 m 处，以底线正手击球方法连续迎击同伴打过来的反弹球。

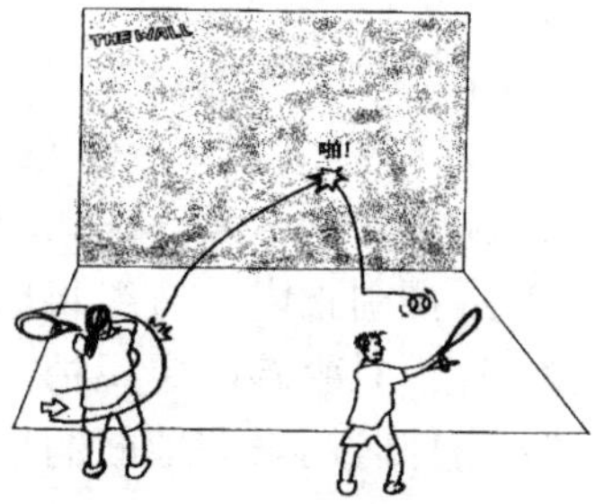

图 11-2-20　两人对墙练习

(2) 底线击对方前场来球：由他人在对方前场送球，练习者在底线迎击来球。

(3) 两人底线正手击球：两人分别于两底线处站立，以中等力量迎击对方来球，要求击球时动作顺畅、完整。

三、底线反手击球技术

(一) 技术动作方法

底线反手击球是指在握拍手的异侧于后场击对方反弹来球的技术动作。这种击球方法通常用于接对方发球和反弹来球。

底线反手击球动作由准备姿势、后摆引拍、挥拍击球和随挥跟进四个技术环节组成。

1. 准备姿势

反手击球的准备姿势动作方法与正手击球相同。

2. 后摆引拍(图 11-2-21)

当判断对方来球朝你的反手方向飞来时，扶住拍颈的左手应迅速帮助右手变换为反手握拍法，右脚向左前方跨出成“关闭式”击球步法，身体重心在右脚上，同时转动身体带动球拍向左后方摆动，球拍指向球场后端的挡网，后摆时手臂相对伸直，手腕用力使拍头稍翘起，右肩对着来球。反手后摆动作较正手后摆动作完成得更早些。后摆引拍整个过程，左手始终扶住拍颈，直到开始做前挥动作为止。

3. 挥拍击球(图 11-2-22)

当球接近身体时，球拍由后向前上方挥出，前挥时手臂仍保持伸直，重心在右脚上，击球时手腕绷紧使拍面与地面保持垂直，击球点在右脚左侧前方膝与腰之间的高度上，结合转体和转肩的动作将球击出。

4. 随挥跟进(图 11-2-23)

击球后，球拍沿着球飞行的方向继续向右前上方挥动，单手握拍流畅、舒展，随挥至右外侧；双手握拍挥拍至右肩上方结束；左脚保持留在身后，脚尖触地。

学习要点：

(1) 击球全过程眼睛始终盯住球。

(2) 要提早后摆引拍，引拍后可保持其动作停顿片刻才挥拍击球。

(3) 绷紧手腕，锁定球拍，保持拍面稳定。

(4) 击球时紧收下颌，有“手背击球”的意识。

(5) 向前上方挥拍，球拍随球送出(反拍下旋球是向下、向前挥拍)。

图 11-2-21　后摆引拍

图 11-2-22　挥拍击球

图 11-2-23　随挥跟进

(二) 各种底线反手击球技术要点

1. 反手平击球(图 11-2-24)

反手平击球是指以底线反手击球方法击出不旋转或略有旋转球的技术动作。这种击球方法适合于单手反手击球的初学者使用。

反手平击球一般使用东方式反手握拍方法，特点是球速快，球的飞行路线比较平直，球落地后的前冲力量大。其技术要点是：

图 11-2-24　反手平击球

(1) 后摆引拍时右脚向左侧前方跨出并用力踏地，屈膝降低重心。

(2) 击球时手腕绷紧，使球拍与地面垂直。

(3) 挥拍击球的路线是从后向前上方比较平缓地挥击，同时左臂自然展开留在身后，保持身体的平衡。

(4) 击球后，球拍应随着惯性挥至右肩上方，持拍手臂挥直。

2. 反手上旋击球(图 11-2-25)

反手上旋击球是指以底线反手击球方法击出强烈上旋球的技术动作。这种击球方法适合于有一定技术基础的人使用。

图 11-2-25　反手上旋击球

反手上旋击球打法一般使用东方式反手握拍方法，特点与正手上旋击球基本一样，是一种进攻性反拍击球打法。其技术要点是：

(1) 后摆引拍时，持拍手肘关节微屈并稍靠近身体。

(2) 击球时拍面稍向后倾斜，利用球拍向上摩擦球体使球产生旋转。

(3) 击球过程中，前肩应该像一个卷曲的弹簧被放开一样，平滑地转动，这个放开动作决定了拍头出去的速度，并把力量作用于击球。

(4) 击球完成后，球拍不要停止，应继续向右前上方挥动。

3. 反手削球(下旋球)(图 11-2-26)

反手削球是指以底线反手切削击球方法击出下旋球的技术动作。这种击球方法较为简单易学，且比较安全，适合于初学者使用。

反手削球一般使用大陆式握拍方法，其特点是球过网时很低平，落点容易控制，稳健省力，但球的攻击力不强，常常作为防守性打法。其技术要点是：

(1) 后摆引拍时，拍头要比反手上旋击球起得高，球拍要相对远离身体，手腕上翘，使拍头高于手腕，拍面稍斜向地面。

(2) 向前挥拍时肘关节外展，手臂伸直，保持拍面稳定。

(3) 击球时手腕绷紧，拍面微开，球拍由后上向前下方做切削动作，击球点比反手上旋击球稍前。

(4) 击球后球拍的随挥动作由下稍向上成弧形前挥至肩部或头部高度。

4. 双手反手击球(图 11-2-27)

双手反手击球是指以双手握拍方法在握拍手异侧击对方反弹来球的技术动作。这种击球方法由于双手握拍，拍面容易稳定，初学者易于学习和掌握。

图 11-2-26　反手削球

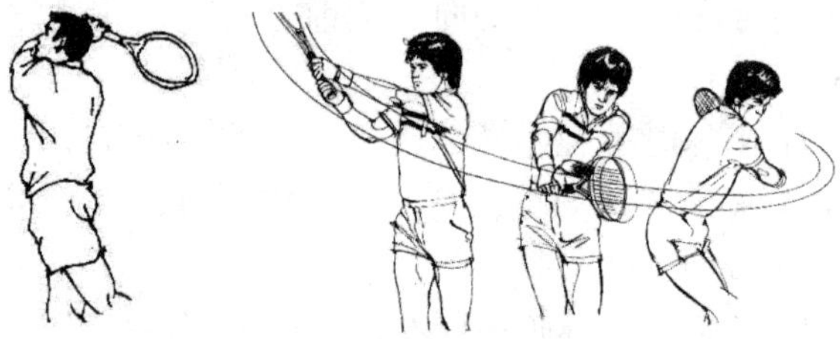

图 11-2-27　双手反手击球

> **网 球 之 最**
>
> 耗时最长的一场职业比赛：11 小时 5 分钟，2010 年 6 月 22 日 18 时 13 分开始，24 日 16 时 48 分结束。这个记录是在 2010 年温布尔顿网球锦标赛男子单打比赛中，由美国的伊斯内尔迎战法国的马胡时创下的。5 盘比数分别是 6∶4，3∶6，6∶7，7∶6，70∶68。

双手反手击球的特点是拍面比较稳定，击球准确性高，不论来球高低，都便于对球施加上旋，发力击球比较容易，攻击性强，能够弥补反拍击球力量不足的弱点。但对脚步移动和判断能力的要求很高，体力消耗较大，扩大了对方的攻击范围。其技术要点是：

(1) 当判断需要用双手反击球时，右手立即换成东方反手握拍法，左手顺着拍柄向下滑，直到双手相接，左手掌贴在拍柄背面以东方式正手握拍法握拍。

(2) 后摆引拍时右脚向左前方跨出，身体重心在右脚上，侧身转肩背朝网，双臂相对靠近身体，直线向后充分引拍。

(3) 挥拍时回身扭腰，球拍由后下向前上方挥出，挥拍过程尽量保持拍面与地面垂直。

(4) 击球点位于身体左前体侧与腰部同高处。

(5) 击球时右臂伸直，拍面垂直于地面，并有向前推击球的感觉。

(6) 击球后随挥动作充分向右前上方挥动，环绕至右肩上方收拍，收拍时左臂不能挡住脸部。

(7) 挥拍结束时保持后脚留在身后并与地面接触。

(三) 底线反手击球练习方法

1. 徒手练习方法

(1) 挥拍动作练习(图 11-2-28)：练习者左手持固定物于身后，右手持拍做挥拍徒手练习，体会挥拍时两手臂展开，保持身体平衡的感觉。

(2) 挥拍击球练习(图 11-2-29)：练习者站到障碍物前约 1 m 处，做挥拍击球动作，使拍面触及障碍物，并观察拍面是否与障碍物平行，以体会挥拍击球时拍面的角度。

(3) 对镜挥拍动作练习：练习者站立于镜子前，做反手徒手挥拍练习，检验与纠正自己的挥拍动作。

图 11-2-28　挥拍动作练习

图 11-2-29　挥拍击球练习

2. 固定球练习方法

(1) 自抛击球练习(图 11-2-30)：练习者原地对挡墙或挡网站立，进行反手的自抛击球练习。

(2) 多球自抛击球练习：练习者站在底线后，做多球连续自抛击球过网练习，体会整个动作过程及人与场地的关系。

(3) 击对方前场抛球练习：练习者站在发球线后约 1 m 处，迎击对场网前抛来的球。

3. 移动击球练习方法

(1) 对墙击球练习(图 11-2-31)：练习者站于挡墙前约 6 m 处，以单手反手握拍或双手反手握拍方法对墙连续击球。

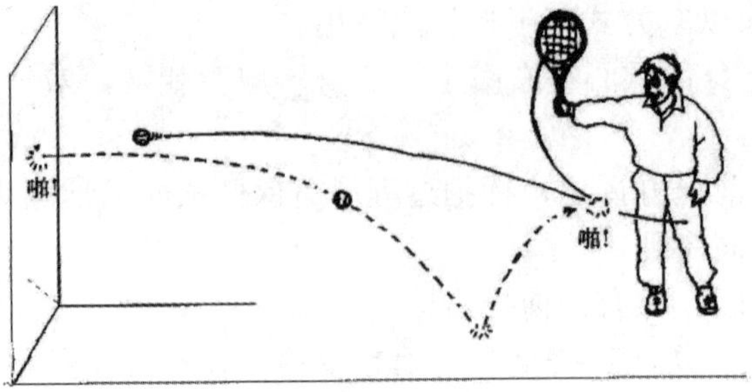

图 11-2-30 自抛击球练习

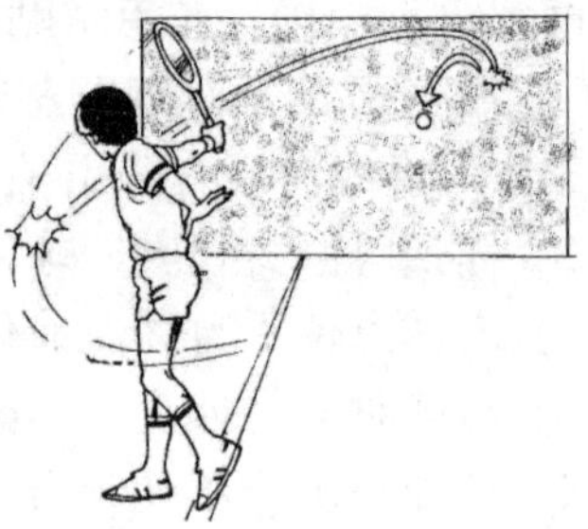

图 11-2-31 对墙击球练习

(2) 底线击对方前场来球(图 11-2-32)：由他人在对方前场送球，练习者在底线以反手削球动作方法迎击来球。

(3) 双手反手移动击球(图 11-2-33)：练习者站立底线中间，以双手反手握拍方法移动迎击对方前场送于左侧的来球。击球后返回原来位置，准备迎击下一个来球。要求判断球的落点，迅速移动到位，及时后摆引拍。

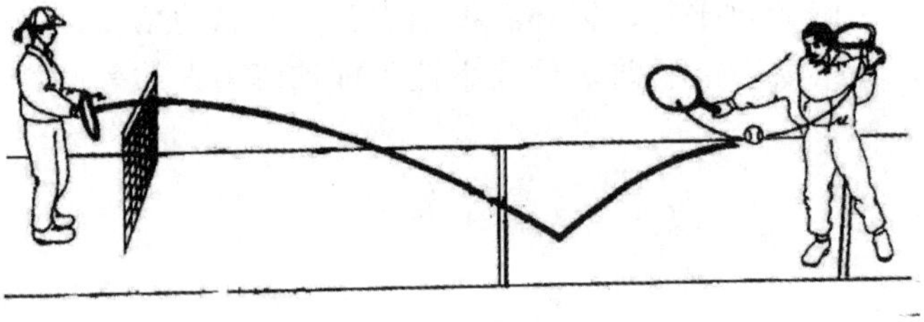

图 11-2-32 底线击对方前场来球

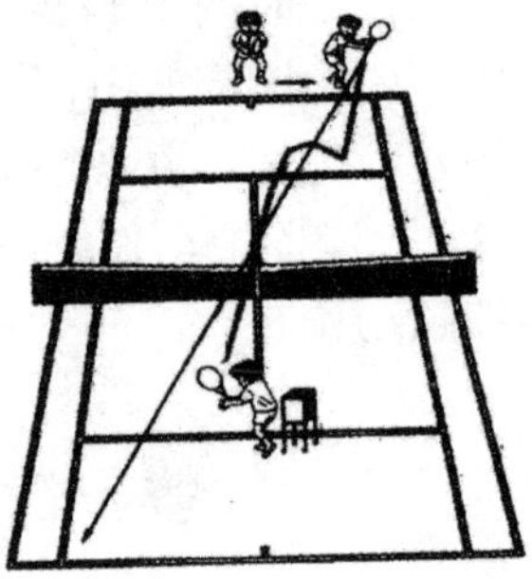

图 11-2-33 双手反手移动击球

四、截击球技术

(一) 截击球技术方法

截击球是指凌空击对方来球的技术动作，即当球在落地之前将来球击回对方场区，可以在网前截击，也可以在场内任何地方截击空中球。截击球以网前截击为主。截击球的特点是缩短击球距离，扩大击球的角度，加快回球速度，是网球比赛中一种主要的打法和进攻手段。

截击球的动作技术包括准备姿势与站位、后摆引拍、挥拍击球、随挥动作四个技术环节。

1. 准备姿势与站位(图 11-2-34)

截击球的准备姿势与底线击球相同，因来球速度快、距离短，所以要集中注意力，眼睛注视来球，重心稍降低并落在前脚掌上，上体前倾，做好充分的击球准备。网前截击的一般站位应离网 2～3 m，单打应位于前场中间，双打则位于距同侧边线约 2 m 处。截击球以大陆式握拍法为主。

图 11-2-34 准备姿势与站位

2. 后摆引拍(图 11-2-35)

当判断来球需要截击时，异侧脚向反方向前侧跨出成“关闭式”步法。同时，以肩带动转体后摆引拍，引拍时手腕锁紧球拍使拍面固定，要保持球拍与肩平行，拍头高于手腕且稍高于肩膀，眼睛紧盯着来球。迅速、简单、幅度小是截击后摆引拍动作的特点。

3. 挥拍击球(图 11-2-36)

向前挥拍时，手腕固定，保持适度开放的拍面，结合“关闭式”步法，重心前移，带动紧张固定的右肩膀顺势向前挥拍。击球时，手腕紧固，击球点保持在体前，主动上前迎击球，充分利用身体前冲的力量，以短促的动作向前、向下切削来球。

4. 随挥动作(图 11-2-37)

截击球的随挥动作一般短促有力，击球后球拍随惯性向前下方做随挥动作，送出 30 cm 左右即停止。

截击球的学习要点：

(1) 准备动作和位移要充分。

(2) 结合“关闭式”步法击球。

(3) 整个动作过程短促、简单。

(4) 网前截击尽可能高空击球。

图 11-2-35 后摆引拍

图 11-2-36 挥拍击球

图 11-2-37 随挥动作

(二) 各种截击球技术要点

1. 正手截击球 (图 11-2-38)

正手截击球是指在握拍手同侧进行凌空击球的技术动作。其技术要点是：

(1) 后摆引拍时，左脚立即向右前方跨出，同时转肩，带动球拍向后引，拍头要高于握拍手，绷紧手腕，握紧球拍。

(2) 截击球的动作有点像挡击或撞击，在拍面短促向前撞击的同时微微向下做切削球的动作，击球时保持拍头上翘，拍面稍向后仰。

(3) 击球后有一个小幅度向前的随挥动作，随挥过程手腕仍紧握拍。

图 11-2-38 正手截击球

2. 反手截击球(图 11-2-39)

反手截击球是指在握拍手异侧进行凌空击球的技术动作。对于大多数参加网球运动的人来说，反拍截击比正拍截击更容易，因为它更符合人体解剖学肌肉用力的结构特点。其技术要点是：

图 11-2-39 反手截击球

(1) 后摆引拍时，右脚立即向左前方跨出，左手扶拍手向后拉拍，同时转肩，做短距离后摆引拍动作，拍头高于握拍手，眼睛注视来球。

(2) 挥拍击球时，左手松开稍后伸，右手握紧球拍前挥并在身体前方切削来球。

(3) 向前挥拍时，两只手的动作好像在拉长一根橡皮筋，以保持身体平衡。

3. 截击高球(图 11-2-40)

截击高球是指在体前高位置上截击对方来球的技术动作。当对方来球高度比较高，但又不够高压球的高度时，需要以截击球技术在身体前面高点截击来球。其技术要点是：

(1) 后摆引拍时加大后摆引拍的幅度，手腕上翘使拍头竖起。

(2) 击球时球拍对准球做高位切削动作。

(3) 重心前移，然后做简短的随挥动作。

(4) 反手截击高球时，扶拍手帮助球拍向后引拍，同时，控制好拍面，球拍后摆引拍幅度不要太大，拍头朝上，体前击球。

图 11-2-40 截击高球

4. 截击低球(图 11-2-41)

截击低球是指在体前靠低姿势截击低于球网的球的技术动作。截击低球比截击高球难度大一些，其技术要点是：

(1) 击低于球网的来球时，首先要降低身体重心，屈膝至来球的适宜高度，移动时如采用前弓步，后膝盖甚至可触及地面，所以截击低球通常被誉为“膝盖打球”。

图 11-2-41 截击低球

(2) 击球时拍头略低于手腕，拍面开放，在身体前面击球。

(3) 击球动作和随挥动作更短促。

5. 近身截击球(图 11-2-42)

近身截击球是指截击朝着自己身体快速飞来的“追身”球的技术动作。在网前截击时，经常会遇到这种朝身体飞来的球，因为其速度快、来球距离短，截击者没有时间往一侧跨步打正规的正手或反手截击球。其技术要点是：

(1) 迅速把球拍放在体前，并使反拍面向前。

(2) 击球时保持手腕绷紧，拍面在身体正前方挡击来球。

(3) 这种截击受动作限制无法加力，以防御为主，技术水平高的人，可以通过手腕的变化来控制球的落点。

图 11-2-42 近身截击球

6. 中场截击球

中场截击球是指以截击方法在本方发球线附近截击来球的技术动作，一般在发球上网战术中使用。其技术要点是：

(1) 击球点大部分在腰部及其以下的部位。

(2) 对不同高度的来球应及时调整拍面的角度。

(3) 来球力量较小时，应加大后摆引拍动作和前摆力量。

(三) 截击球练习方法

1. 徒手练习法

(1) 后摆引拍练习(图 11-2-43)：背对挡墙或挡网 0.5 m 处站立，做后摆引拍动作练习，以体会短距离引拍。

(2) 单个动作徒手练习：连续正手或反手徒手截击球动作练习。

(3) 正、反手徒手练习：结合步法，交替进行正、反手徒手练习。

图 11-2-43 后摆引拍练习

2. 固定球练习方法

(1) 短距离击抛球练习(图 11-2-44)：两人一组，相距约 4 m，一人准确抛球，一人以半跪姿势撞击来球，体会击球时拍面的角度。

(2) 网前短拍截击练习(图 11-2-45)：两人一组，隔网站立，一人送球，一人先用手掌接对方来球，然后以短拍截击对方来球，体会击球动作。

(3) 网前截击练习：练习者站在网前，连续用正手或反手截击对方固定来球。

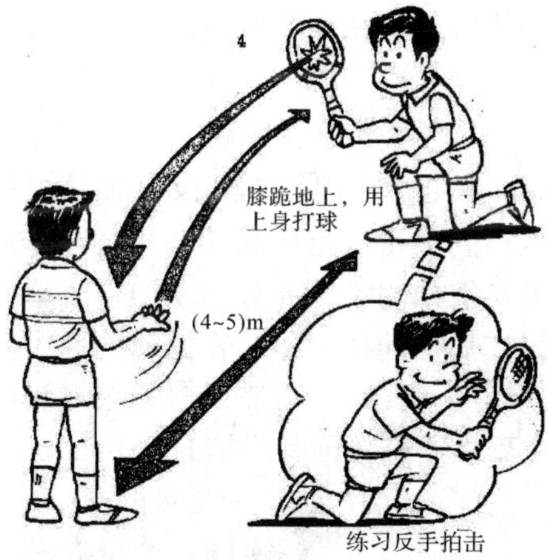

图 11-2-44 短距离击抛球练习

图 11-2-45 网前短拍截击练习

3. 移动击球练习方法

(1) 正、反手截击练习：结合步法，网前交替以正、反手动作方法截击对方中场送来的球。

(2) 移动截击球练习(图 11-2-46)：练习者站在网前一侧边线处准备，移动连续截击对方三个不同位置的来球，以体会移动击球动作。

(3) 截击高球练习(图 11-2-47)：练习者站在发球线中间，判断对方来球后，以截击高球的动作截击对方来球。

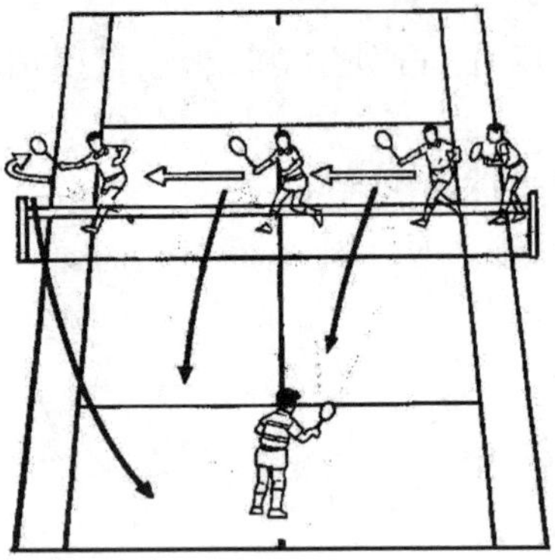
图 11-2-46　移动截击球练习

图 11-2-47　截击高球练习

五、发球技术

(一) 发球动作方法

发球是指在底线单手抛球，再将球击至对方发球区的技术动作。发球是网球比赛中唯一由自己掌握而不受对方影响的技术，其好坏直接关系到 1 分的得失。发球动作由准备姿势和站位、抛球与后摆、挥拍击球和随挥动作四个技术环节组成。

1. 准备姿势和站位

准备发球时，两脚前后分开与肩同宽，左脚与底线相距 5 cm 并成 45° 角，右脚与底线平行，左肩侧对球网，重心放在右脚上，把球和球拍放在体前腹部的高度。对于初学者而言，在右区发球时，一般站立在中点与右边线中间的位置上；在左区发球时，一般站在离中点约 1.5 m 处(图 11-2-48)。

2. 抛球与后摆

抛球时用拇指、食指和中指第一、二关节托住球，掌心向上(图 11-2-49)。抛球时整个手臂伸直向上托送，利用手臂向上的惯性使球平稳地离开手指，避免屈腕、屈肘动作，尽可能让球垂直向上。抛球偏向右前方，抛出球的高度是握拍的手臂充分向上伸直时球拍的顶部再加一个拍面的高度，抛球后左手上举片刻。抛球后摆动作开始，在抛球的同时球拍从前方开始往下向后上方摆起，同时做屈膝、转体展肩的动作，后摆完成时拍头在头后指向天，身体重心随着抛球先移向后脚，后摆动作完成后重心开始前移(图 11-2-50)。

图 11-2-48　发球准备姿势

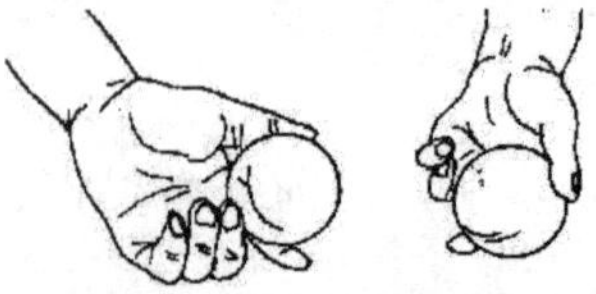
图 11-2-49　抛球时的托球

图 11-2-50　抛球与后摆

3. 挥拍击球

挥拍时，右肘伸直高抬拍头指向天上，手腕微转将拍面正对出球方向，当球落到击球点的瞬间，迅速挥臂击球后上部，并伴随着扣腕动作，击球点保持在体前右上方。挥拍同时左手自然下落，此时，身体重心前移，身体面对球网(图 11-2-51)。

图 11-2-51　挥拍击球

4. 随挥动作

击球后，继续保持完整的向前上方伸展的随挥动作，拍面随惯性挥至身体的左下方，右脚跨过底线进入场区，并迅速调整好所处的位置，准备接对方来球(图 11-2-52)。

学习要点：

(1) 稳定的抛球是发好球的重要因素。

(2) 抛球后左手上举片刻有利于身体平衡。

(3) 球拍击球整个过程保持抬头看球。

(4) 击球时，尽可能提高击球点，有利于提高击球的过网点。

图 11-2-52　随挥动作

初学者开始用东方式正手握拍法发球会更自然舒适，这样发出的球会比较平，不太旋转。当发球达到一定水平后，可以考虑用大陆式握拍法或东方式反手握拍法来发旋转球。但如果正手握拍发球感到既稳又有速度时，就不必非要变换握拍方法。

(二) 各种发球技术要点

1. 平击发球(图 11-2-53)

平击发球是指以拍面中心平直击球的后中上部，使球平直飞行的发球技术动作。平击发球以大陆式握拍法为主，这种发球几乎没有旋转，球差不多笔直地下去，力量大，往往贴着网才能进入场内，在绝大多数场地上球的反弹较低，一般用于第一发球，发球成功时有时能直接得分，但平击发球失误率较高。其技术要点是：

图 11-2-53　平击发球

(1) 发球时站立的位置应相对靠近中点，以缩短球的飞行路线。

(2) 击球点的位置在右肩上方，高度接近身体向上伸展的最高点。

(3) 拍面的触球点在球的正后方中部。

(4) 挥拍击球时拍面垂直地面有向前上方挥动的动作，并顺势向下平稳挥出。

(5) 击球后，球拍随挥至体前左侧膝部位置。

2. 切削发球(图 11-2-54)

图 11-2-54　切削发球

切削发球是指以切削的方法击球的发球技术动作。切削发球是使用率较高的一种发球技术，它可以用于第一发球和第二发球，是每个初学者必须要经常练习和掌握的技术。切削发球带有侧旋，因为它以曲线进入发球区，发球成功率高，但它速度往往较慢。其技术要点是：

(1) 发球时站立的位置相对离中点稍远。

(2) 击球点的位置稍靠右肩外侧，其高度比平击发球的位置稍低。

(3) 拍面的触球点在球的中部偏右方，甚至在中下部偏右方。

(4) 球拍接触球的一刹那，球拍从后侧擦击球(像切菜一样)，使球产生侧旋。

(5) 击球后，球拍随挥至体前左侧下方结束。

3. 上旋发球(图 11-2-55)

上旋发球是指发出的球带有强烈上旋的发球技术动作。上旋发球综合了侧旋和上旋的特点，球的过网点较高，落地急速，球落地后反弹很高，但这种发球难度较大。这是一种以上旋球为主，侧旋为辅的发球方法。其技术要点是：

(1) 发球时站立的位置与切削发球相同。

(2) 抛出球的位置在头后偏左的上方。

(3) 拍面的触球点在球的中部偏下方。

(4) 击球时身体呈弓形，利用杠杆力量对球施加旋转，球拍快速从左向右方挥动，并从下向上擦击球的背面，使球产生右侧上旋。

(5) 击球后，球拍随挥至体前靠右侧结束。

图 11-2-55　上旋发球

(三) 发球练习方法

1. 徒手练习方法

(1) 碰背挥拍练习：持拍手肘关节向上并弯曲，使拍头在背后下垂，拍边碰背，然后向前上方挥拍，以体会挥拍动作。

(2) 辅助挥拍练习(图 11-2-56)：在同伴的帮助下进行挥拍练习。

(3) 对墙挥拍练习(图 11-2-57)：沿墙挥拍练习以体会击球时的运动路线，对墙挥拍练习以体会击球时拍面的位置和方向。

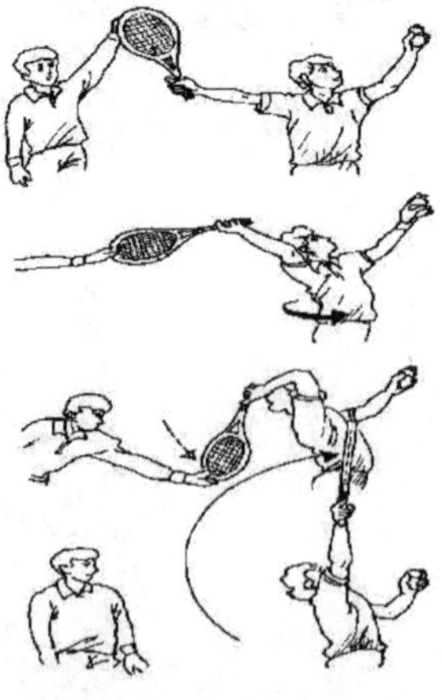

图 11-2-56　辅助挥拍练习

图 11-2-57　对墙挥拍练习

2. 固定球练习法

(1) 握拍颈挥拍击球练习(图 11-2-58)：练习者站在网前，侧身对网，挥拍击球，以体会击球时拍面触球部分。

(2) 跪姿挥拍击球练习(图 11-2-59)：练习者半跪在中场，先抬肘并弯曲使拍头碰背，然后抛球挥拍将球击过网。

(3) 站立挥拍击球练习(图 11-2-60)：练习者站在后场，先抬肘并弯曲使拍头碰背，然后抛球挥拍将球击过网。

图 11-2-58　握拍颈挥拍击球练习

图 11-2-59　跪姿挥拍击球练习

图 11-2-60　站立挥拍击球练习

3. 完整动作练习方法

(1) 对墙发球练习(图 11-2-61)：练习者站在离墙约 12 m 处，以完整的发球动作对墙发球，以体会完整的发球动作。

(2) 发球区发球练习(图 11-2-62)：练习者站在底线一侧，以完整的发球动作将球发至对场另一侧发球区，以体会发球的动作和目标。

(3) 连续发球练习：练习者站在底线一侧，用一种发球方法连续发球练习，以巩固发球动作。

图 11-2-61　对墙发球练习

图 11-2-62　发球区发球练习

六、其他技术

(一) 高压球(图 11-2-63)

高压球(也叫扣杀球)是指在头上用扣压的动作完成的一种技术动作。当对方挑高球时，你可以用高压球技术给对方一个落点准、力量大的高压击球，这不仅能加强自身的进攻力，而且能使对方产生恐惧心理。

高压球分为凌空高压球和落地高压球两种。

图 11-2-63　高压球

1. 凌空高压球

凌空高压球是指以高压球技术迎击对方高空来球的技术动作。其技术要点是：

(1) 基本动作与发球动作相似，握拍方法通常使用大陆式握拍法。

(2) 侧身以交叉步或垫步移动于来球下方。

(3) 右手早举拍于头部后上方，眼睛全神贯注地盯住球，左手上举指着来球。

(4) 挥拍击球时身体侧向来球，向前上方挥拍并做扣腕动作，使球拍前挥通过手腕的扣击加大击球力量。

(5) 击球点比发球稍偏前，击球时拍面正对来球。

(6) 击球后的随挥动作与发平击球相同。

2. 落地高压球

落地高压球是指以高压球技术迎击对方高空落地弹起的球的技术动作。其技术要点是：

(1) 准确判断球的落点和弹起的位置，快速移动取位。

(2) 其技术动作和凌空高压球相同。

网 球 之 最

耗时最长的一个(点)球：51 分半钟。1977 年，全美青少年分龄网球赛在加州阿罕市举行时，由两位 11 岁的女孩卡莉和卡萝创下。最后是卡莉上网打了一个穿越球才结束这一点，但在这个球出现之前，这个球已经在网上来回穿梭了 1029 次。这场比赛用时 3 小时 35 分，卡莉以 2 比 6，6 比 4，6 比 3 获胜。

(二) 挑高球(图 11-2-64)

挑高球技术主要是对付对方网前进攻的一种方法，它具有进攻和防御两重性。当对方上网时，可使用进攻性上旋挑高球于对手后场，使对手疲于奔跑；当对手进攻凌厉时，可以用挑高球放慢节奏以减弱对方攻势。挑高球技术包括正手上旋和下旋球，反手上旋和下旋球。其技术要点是：

图 11-2-64　挑高球

(1) 正/反手上旋挑高球的握拍方法和基本动作与底线正/反手上旋击球相同，正/反手下旋挑高球的握拍方法和基本动作与底线正/反手下旋击球动作相同。

(2) 上旋挑高球击球时拍头略低于手腕，手腕和前臂有滚翻动作，使拦上旋动作更夸张、更充分向上，击球点相对靠近身体。

(3) 下旋挑高球击球时拍面更开放，由后下方向前上方平缓挥拍击球，并伴有充分的上送动作。

(三) 放小球

放小球是指把球轻轻回击到对方网前的技术动作。放小球也叫放短球，通常在对手远离端线，回击一个慢而浅的球时，在网前突然放一个小球，让对方扑救不及，是一种结合战术意识的打法。其技术要点是：

(1) 以正反手下旋击球动作为主，其基本动作与正反手击球动作相同。

(2) 击球时挥拍有停顿动作，并轻轻削击球的下部，尽量使拍触球的时间长一些，降低球的飞行速度。

(3) 后摆引拍和挥拍击球动作应有隐蔽性。

(4) 击球后的随挥动作较小。

(四) 反弹球

反弹球是指在来球落地后刚刚弹起的一刹那进行击球的技术动作，通常用于回击对方向你脚旁打来的球，技术难度较大。打反弹球是一种应急的打法，因稳定程度和攻击力不强，一般情况下应尽量避免使用。其技术要点是：

(1) 以大陆式握拍法为主。

(2) 迅速转身侧体并降低身体重心，后摆引拍幅度小。

(3) 击球时，绷紧手腕，拍面靠近地面并稍向前倾，球拍触球时有前推动作。

(4) 击球后的随挥动作不宜太长。

(五) 随击球(图 11-2-65)

随击球是指在中场快速击球后上网的技术动作。当对方来球落于中场时，迅速移动并快速击落地球，击球后应立刻上网，目的是为上网进攻创造条件。其技术要点是：

(1) 随击球基本动作与底线正反手击球动作相同。

(2) 边跑动边后摆引拍，后摆引拍的幅度较小。

(3) 击球时根据来球情况尽量提高击球点，击球动作短促。

(4) 击球后的随挥动作在上网跑动中完成。

图 11-2-65　随击球

第三节　网球运动的基本规则

一、计分方法

1. 胜 1 分

遇到下列情况时，判对方胜 1 分：

(1) 发球员连续两次发球失误或脚误时；

(2) 接球员在来球没有着地前用球拍击球，或球触及自己的身体及所穿戴的衣物时；

(3) 在球第二次落地前未能还击过网时；

(4) 还击球触及对方场区界线以外的地面、固定物或其他物件时；

(5) 还击空中球失败时；

(6) 在比赛中，击球员故意用球拍拖带或接住球，或故意用球拍触球超过一次时；

(7) “活球”期间，运动员的身体、球拍(不论是否握在手中)或穿戴的其他物件触及球网、网柱、单打支柱、绳或钢丝绳、中心带、网边白布或对方场区以内的场地地面时；

(8) 还击尚未过网的空中球(过网击球)；

(9) 除握在手中(不论单手或双手)的球拍外，运动员的身体或穿戴的物件触球；

(10) 抛拍击球时；

(11) 比赛进行中，运动员故意改变其球拍形状。

2. 胜一局

运动员每胜一球得 1 分，先胜 4 分者胜一局。但遇双方各得 3 分时，则为“平分”(duece)。“平分”后，一方先得 1 分时，为“占先”(advantage)。占先后再得 1 分，才算胜一局(其中得 1 分为 15，2 分为 30，3 分为 40)。

3. 胜一盘

一方先胜 6 局为胜一盘，但遇双方各得 5 局时，一方必须净胜两局才算胜一盘。

4. 决胜局

当每盘的局数为 6 平时，进行决胜局，先得 7 分为胜该局及该盘，若分数为 6 平时，一方须净胜 2 分。

二、网球比赛的基本规则

网球比赛时必须按照以下基本规则进行：

(1) 发球前：发球员应站在端线后、中点和边线的假定延长线之间的区域里，用手将球向空中抛起，在球接触地面前用拍击球。

(2) 发球时：发球员在整个动作中不得通过走或跑改变原先站的位置；两脚只准站在规定的位置内，不得触及其他区域。发出的球应从网上越过，落在对角的对方发球区内或其周围的线上。

(3) 发球员的位置：每局开始先从右区端线后发球，得或失 1 分后，应换到左区发球。

(4) 出现以下情况为发球失误：未击中球；发出的球在落地前触及固定物(球网、中心带和网边白布除外)；违反上述发球站位的规定。发球员第一次发球失误后，应在原发球位置进行第二次发球。

(5) 出现以下情况为发球无效：发球触网后仍然落到对方发球区内；接球员未做好接球准备。发球无效均应重发球。

(6) 交换发球：第一局比赛结束，接球员换为发球员，发球员成为接球员。以后每局终了，均依次交换，直至比赛结束。

(7) 交换场地：双方应在每盘的第一、三、五等单数局结束后，以及每盘结束后双方局数之和为单数时或决胜局比分相加为 6 和 6 的倍数时，交换场地。

(8) 失分：

① 在球第二次着地前未能还击过网；

② 还击的球触及对方场区界线以外的地面、固定物或其他物件；

③ 还击空中球失败；

④ 故意用球拍触球超过一次；

⑤ 运动员的身体、球拍在发球期间触及球网；

⑥ 过网击球；

⑦ 抛拍击球。

⑧ 压线球，落在线上的球都算界内球。

⑨ 双打发球次序：每盘第一局开始时，由发球方决定由何人首先发球，对方则同样在第二局开始时决定由何人首先发球。第三局由第一局发球方的另一球员发球。第四局由第二局发球方的另一球员发球。以后各局均按此顺序发球。

⑩ 双打接球次序：先接球的一方，应在第一局开始时决定何人先接发球，并在这盘双数局继续先接发球。他的同伴应在每局轮流接发球。

⑪ 双打还击：接发球后，双方应轮流由其中任何一名队员还击。如运动员在其同伴击球后，再以球拍触球，则判对方得分。

第十二章 匹 克 球

第一节 简 介

匹克球(Pickle ball)起源于 1960 年代美国西雅图的本不里奇岛。1972 年被正式注册，是一种类似于羽毛球、网球和乒乓球的混合运动。匹克球的球拍比乒乓球拍略大(图 12-1-1)，材质由最初的木质发展到现在的碳纤维、TPE 等。匹克球是由塑料制成的空心球体(图 12-1-2)，球身布满圆孔，重量大小设置不一。

图 12-1-1 匹克球拍

图 12-1-2 匹克球

匹克球作为“速度最慢的网球”“球网更低的羽毛球”和“球拍更大的乒乓球”，是一项具有独特魅力的新兴运动项目。匹克球简单易学，它集合了乒、羽、网球运动的部分元素，具有学习门槛低、学习容易、运动成本低、场地设施简易、适宜人群广、运动强度适中、机体损伤小的特点和属性，因此，匹克球运动具有区别于传统球类或健身运动的健康价值和商业价值。匹克球还是一项集合了击、挡、跑、跳等快速反应的体育运动，根据这一特点，大学生可以通过这一项运动全面锻炼自身的快速反应、急停急起速度、来回折返跑等能力，从而提高身体的协调性、爆发力、心肺功能等素质。

国际匹克球联合会(IFP)于 2010 年初成立，旨在促进匹克球的国际推广。2017 年 10 月，国内首家匹克球社会团体——深圳市匹克球协会成立，陆续组织开展了国际合作和内地推广等工作，标志着中国匹克球运动拉开了在全国普及、推广的序幕。匹克球运动具有的健身价值、娱乐价值、人文价值和竞技价值，符合当下中国体育产业发展的需求，在学校体育、社区体育、竞技体育等领域具有广阔的发展前景。

第二节 匹克球运动的基本技术

匹克球运动技术是匹克球比赛中所运用的各种专门动作方法的总称，是运动员竞技能力水平的重要决定因素。合理的、正确的运动技术必须符合匹克球规则的要求，且有利于运动员的生理、心理能力得到充分发挥，有助于运动员取得良好的竞技效果。

匹克球运动的各种技术动作，都有着符合人体运动力学基本原理的标准技术及规范的技术要求；但对每名运动员来说，又必须依据个体的生理学特点，选择和掌握具有个人特征的运动技术，才能更为有效地参与运动竞赛。

一、握拍、准备姿势和基本步伐

1. 握拍(Grip)

初学匹克球，首先要学握拍方法。通常来讲，握拍分为大陆式握拍法(Continental)和“V”式握拍法。

大陆式握拍法：握拍时拍面与地面垂直，大拇指与食指呈 V 字形握在拍柄的中部，就如同与人握手一样，自然握住拍柄。

“V”式握拍法：握拍角度和大陆式握拍法一致，区别在于食指非握紧拍柄，而是伸直紧贴拍面。

因为在实战中比赛节奏较快，正反手握拍一致比较适应比赛中的快节奏，所以采用大陆式和“V”式握拍法都是可行的，具体采用哪种方式取决于运动员的习惯。“V”式握拍法通常会有较好的稳定性和拍头控制。

2. 基本准备姿势(Ready Position)

基本准备姿势可以让队员快速有效地往球场任意方向移动，从而打出最有效率的回击球。

动作要领：两脚左右开立，两膝微屈，重心放在脚尖上，上身稍向前倾，身体保持平衡。右手轻握球拍，左手扶住球拍，球拍置于肚脐与胸之间的高度，位于胸口前 1 到 1.5 把球拍的距离。两眼目视前方，观察来球和对手球拍拍面。

3. 基本步伐：分腿垫步 (Split Step)

正确的步伐可以帮助队员快速接近球，提高在场上移动的效率。

动作要领：位于底线时，从准备姿势以交叉步向左或向右移动，在底线击球后，保持重心前移，回到准备姿势；位于非截击线时，以垫步左右移动，肩膀和球网平行，保持重心微微向前，前脚掌着地，有利于迅速启动。

二、发球与接发球

1. 发球 (Service)

比赛的每一分都是从发球开始的。

动作要领(以右手发球为例)：在底线后方，双腿前后站立，重心略微向前，身体侧对发球场地，右手持拍，左手持球。当左手把球放开的一瞬间，右手持拍从后下方挥拍至前上方。击球时球必须低于肚脐且拍面不高于手腕，球拍必须从下往上挥动，眼睛注视击球点，击球时拍面的角度决定发球的方向和高度。

2. 接发球(Return of Service)

动作要领：双腿左右站立，重心降低，双手持拍放于体前，两眼看准对方发球员的动作，提前预判来球方向，迅速对球进行回击。击球时，可以将球高击过网，落点在对方球场的后三分之一区域；也可以强力抽球回击，在保证不下网的前提下，尽量贴近球网；落点尽量位于中线附近，或者对方球员反手位。

三、丁克球与截击球

1. 丁克球(Dink Shot)

丁克球是匹克球特有的击球技术，是一个无法攻击的球。在赛场上通常可用丁克球来制造攻击的机会。

动作要领：站在非截击线后，面对球网双脚开立与肩同宽，双膝微屈，身体略向前倾，重心落在双脚的前脚掌上，双肘微屈，球拍置于胸前位置，双眼平视前方。当判断对方来球是软而轻的丁克球时，首先应采用短而快的步伐移至球边，然后将球拍放在身前，膝盖弯曲，身体重心往下，用球拍的开放面去击球，当球从地面弹起时以向上、向前的动作击球，使球与拍面的接触时间尽可能地长。

2. 截击球(Punch Volley)

站在非截击线前，不等球落地，对来球直接进行击打，加快节奏将对手压制在底线进行防守，在适当的时机击球是得分的一种技术。

动作要领：

(1) 网前截击球准备姿势：两脚自然开立，约与肩同宽，重心放在前脚掌上，足跟提起，两手持拍置于胸前，拍头竖起在眼前，两肘离开身体，左肘高于右肘，上体微前倾，两眼注视来球，形成一个可向任何方向移动的待发状态。

(2) 网前截击动作要领：手腕略竖起，拍头高于手腕。拍拉动作小，击球位置控制在眼睛斜前方，击球时以肘为轴，肩关节固定随身体向前转动，锁住腕关节，使手掌、球拍和球在一条直线上。

四、正手与反手击球

1. 正手底线抽球(Forehand Stroke)

动作要领(以右手握拍为例)：两脚左右开立，两膝微屈，重心放在脚尖上，上身稍向前倾，右手轻握球拍，左手扶住球拍，球拍置于肚脐与胸之间的高度。两眼目视前方观察来球，当球过来时，迅速转体并调整位置，将击球点控制在身体右侧的侧前方，同时，右手向后拉拍到拍柄指向的来球场地，手腕固定，看准来球，在球落地后反弹起来的最高点击球，挥拍轨迹自右下方挥到左上方。

2. 反手底线抽球(Backhand Stroke)

动作要领(以右手握拍为例)：两脚左右开立，两膝微屈，重心放在脚尖上，上身稍向前倾，右手轻握球拍，左手扶住球拍，球拍置于肚脐与胸之间的高度。两眼目视前方观察来球，当球过来时，迅速转体并调整位置，将球控制在身体左侧的侧前方，同时，右手向后拉拍到拍柄指向的来球场地，手腕固定，看准来球，挥拍轨迹自左下方挥到右上方。

五、第三拍短吊球 (Third Shot Drop)

第三拍短吊球是指发球员发球后，对方将球接回，接下来发球一方需要击打的回合。选手通常采用过网短球技术，这个技术可以让发球方有机会前进到非截击线前，抵消对方在网前的优势。第三拍短吊球是匹克球较为关键的技术，回球技术的好坏是发球方变被动为主动态势的关键。

动作要领：双腿左右开立，重心降低，双手持拍放于体前，面对对方比较具有攻击力的回球时，提前预判球的位置，迅速启动并且拉好拍，到达击球位置后，保持拍面斜前方45°角，最佳击球高度为膝盖与大腿之间的高度，采用平稳钟摆式的挥拍将球挡回到对方的非截击区，想象球在本方非截击线上空时达到最高点，做到球过网急坠，高度低且离球网近，发球方有机会随球上网。

六、高吊球与高压球

1. 高吊球

动作要领：准备动作与正、反手底线抽球动作相同，在击球的全过程中，眼睛紧紧盯住球，手腕要紧固，握紧球拍击打球的后下部，挥拍轨迹由后下方向前上方挥出，击球点在身体的侧前方，身体重心放在后脚上，击球后随挥动作尽量远伸，球拍向着击球方向充分运送。

2. 高压球

动作要领：当对方挑高球时，判断球大致的落点，立即转身并用短促的脚步调整，同时持拍手上举至头部并向后引拍，非持拍手指向来球，眼睛紧紧盯住球，重心在前脚掌上，后腿弯曲，随时准备扣杀。

第三节 匹克球运动的基本战术

当掌握匹克球运动的基本技术后，就可以开始学习比赛的基本战术。在不断变化的比赛过程中，战术能发挥很大的作用。战术应基于球员所具备的击球技巧和防守能力而选择。大多数情况下，初学者采取防守策略，高阶球员除了防守外，可以开始使用压制和攻击性的战略。

使用基本战术时必须遵循以下基本要求：

(1) 回球的首要任务是每一球都应打过网。

(2) 发球要长，要发到对方后场 1/3。

(3) 接发球要长，要回到对方后场 1/3。

(4) 先上网(前进到 NVZ (非截击区)线)的一方，可以更好地掌控比赛节奏并得分。

(5) 如果本方先上网而对方还在底线，击球时应采用长而深的截击，迫使对方停留在底线。

(6) 短球打进非截击区是第三拍的首选。

(7) 丁克球应该是打给对方绝大部分的球，培养在 NVZ 线上的持续性和耐性。

(8) 尽可能调动对手，将球击向对方两人中间，或离他们站位较远的地方。

(9) 如果对方回球反弹的高度低于球网，将球回击到对方的 NVZ 线。

(10) 及时和同伴沟通，例如，“我的”“出界”等。

(11) 在随球前进方向移动时，要和同伴同进同出，两人之间始终保持 1.8 m 的距离，这样场上不会有太大的空当区。

(12) 通常来说，落点在两人中间的球应该让持正手拍的人去打，持正手拍的人可以超过中线 30～45 cm 击球。

一、单打战术要点

(1) 接发球落点要深。

(2) 尽量将回球落点控制在两边边界处。

(3) 寻找对手场上空位，回球回在空位处。

(4) 打对方的底线反手位。

二、双打战术要点

1. 抢网

双打最重要的战术就是先上网(NVZ 线)，先上网的一方有 70%的几率能赢得这一分。

(1) 网前的一方在平面上拥有更大的击球角度，底线的球员可选择的击球角度更小。

(2) 网前的一方在垂直面上拥有更多的击球角度。

2. 接发球方的战术

(1) 接发球时，接发球员站在底线处接球，其同伴站在非截击线前(外)。

(2) 接发球员在底线接球后，必须在发球方击打第三拍之前，快速跑动到网前，与同伴一同站在非截击线前，封锁对方回球路线，形成进攻态势。

3. 发球方的战术

(1) 由于双反弹原则，发球员发球后，发球方两人都必须站在底线处，随时准备球二次反弹后的第三拍击球。

(2) 第三拍回球打进对方非截击区的短球是第三拍的首选。

(3) 第三拍回球也可采用快速大力抽球的方式，让对方在网前占据优势地位的同时失误增加，从而赢得比分。

4. 叠式站位(Stacking)

叠式站位在匹克球中是属于专业级运动员的双比赛策略，其主要思想为擅长正手的队员防守正手位，擅长反手的队员防守反手位。由于发球方得分后，发球方队员需互换位置继续发球，此时擅长正手位的队员就到了反手位，而叠式站位就是为了解决此问题而制定的策略。

叠式站位在实施过程中极易混淆，导致错误的队员在错误的位置发球或接球，从而失去球权或丢失分数，因此建议在熟练基础规则后学习。

1) 发球方的叠式站位

以第一发球员(位于场地右边的球员)，比分为 0-0-1 为例发球得分后，比分为 1-0-1，第一发球员到二区(左边)发球而其队友(第二发球员)无须到一区(右边)站位，第二发球员则站在第一发球员的左边。简单地说，第一发球员永远在第二发球员的右边，第二发球员永远在第一发球员的左边。当比分为奇数时，第一发球员在二区(左边) 发球；当比分为偶数时，第一发球员在一区(右边)发球。

2) 接球方的叠式站位

接球方站位与本方的分数有关，当得分为奇数时，第一发球员即正手位的球员到二区(左边)接球，反手位的球员站到二区非截击线旁的边线界外，待第一发球员接球后，立即回到一区正手位，反手位队员则直接进入非截击线前。当得分为偶数时，球员的站位与正常双打接发球站位一致。

5. 回合战术

通常来说，每一回合的过程分为以下四个阶段。

(1) 发球、接发球阶段：双方没有明显的优劣势，较少失误，也没有太多进攻机会。

(2) 第三拍阶段：第三拍回球质量的好坏是发球方化被动为主动的关键。因为接发球方接球后，两名队员能迅速上网封锁，占据优势地位。如果发球方第三拍短球质量高，球过网急坠，则同样有机会迅速上网，那么就与接发球方先上网的优势打平。

(3) 丁克球阶段：当双方站位都上到网前时，必须进入耐心的、高质量的丁克球相持阶段。

(4) 快速网前截击阶段：当一方回球出现高位时，则给对方提供截击进攻的机会，双方在网前进入快速截击球阶段。通常来说，首先采取进攻的一方获胜概率较大，因为对方防守回球质量偏低，很容易给进攻方二次进攻的机会。

第四节　匹克球运动的基本规则

一、匹克球比赛场地设施

1. 球场规格

匹克球可以双打或单打，双打比较常见。

双打和单打所使用的场地规格一致，为长 13.41 m、宽 6.1 m 的长方形。

为方便场地外回球，场地尺寸应不少于 9.14 m 宽和 18.28 m 长，最好能达到 10.36 m 宽和 19.5 m 长。

2. 球网规格

球网尺寸：球网净长度应至少 6.1 m，净宽度应至少 0.8 m。

悬挂高度：球网应悬挂在球场中央，两侧的高度为 0.914 m，球场中心处位置的高度为 0.86 m。

3. 球拍和球

匹克球的球拍比乒乓球拍略大，由一开始的木质发展到现在的碳纤维、TPE 等材质。匹克球是由塑料制成的空心球体，球身布满圆孔，分为室内球和室外球两种。

1) 室内球

材质：TPE 材料；

尺寸：直径 72.4 mm；

孔洞数：26；

质地：偏软；

速度：中等；

重量：±23 g。

室内球孔洞数为 26 个，相比于室外球具有更大的孔，更柔软，更轻。室内球更易于控制，并且往往会有更长的反弹时间。

2) 室外球

材质：TPE 材料；

尺寸：直径 72.4 mm；

孔洞数：40；

质地：偏硬；

速度：快；

重量：±25 g。

室外球更重、更硬且孔更小，移动速度也比室内球快。它们具有厚壁结构，增加了耐用性，但由于其快节奏的特性而难以控制。而且，室外球的弹跳性比室内球略低，小孔可以使它们保持受控状态，并减少风和其他天气情况的影响。

二、匹克球比赛发球规则

1. 发球

(1) 发球必须以下投手势发球。

(2) 球拍和球的接触点必须低于腰部 (肚脐高度)。

(3) 球必须在未落地前用球拍击出。

(4) 发球是从底线后至少一英尺(约 30 cm)处启动，击球前双脚不得踩底线或踏进球场。

(5) 发球时必须以对角线发到对方半场的有效接球区。

(6) 发球只有一次，除非是一个重发球(发球触网后弹入对方有效接球区，发球员重新发球)。

2. 决定发球权

球员以抛硬币 (猜正反面) 来决定发球权，赢的一方可以选边，或选发球 (或接发球)。

3. 压线球的判定

(1) 发球时，除了非截击区线和非截击区两旁边线，压线算界内。

(2) 发球时，压在非截击区线和非截击区两旁边线，算发球违例。

4. 单打发球顺序

(1) 在每局比赛开始时，球员首先位于右侧开始发球。如果该球员一直保有发球权，则在得分后轮流在本方左右侧发球。

(2) 球员在右边发球时，发球队的得分总和是偶数(0，2，4，6，8，10，…)；球员在左边发球时，发球队的得分总和是奇数(1，3，5，7，9，…)。

5. 双打发球顺序

(1) 发球方的两名球员都有机会发球得分，直到发生违例为止(每场比赛的第一次发球除外)。

(2) 每场比赛首先发球的一方，只有位于场地右边的球员拥有一次发球权，发生违例后，对方取得发球权。第二球开始，每队的两位球员将各自拥有一次发球机会，直至该队两次发球权都失误，换对方发球。

(3) 换边发球时，无论比分多少，均由右边场地的队员先发球。

(4) 如果发球得分，发球员换到左边场地开球。

(5) 如果继续得分，发球员重复左右场地开球，直到发生违例失去第一个发球权为止。

(6) 当第一位发球员失去发球权时，他/她与同伴不交换位置，由其同伴接着从其所在的位置进行第二次发球(每场比赛的第一次发球除外)。

(7) 第二位发球员继续发球，直到他/她或同伴发生违例，失去发球权，发球权转由对方取得。

(8) 当发球权转由对方取得(换边发球)时，对方由右边场地开始发球，对方两名球员都有机会发球得分，直到发生两次违例为止。

(9) 如果球是由错误球员或从错误的发球区域发出的，算一次发球失误。

(10) 接发球时，只有接球员才可以把球击回，接球员的队友可以站在球场内外的任何地方。如果由其队友把球击回，那么发球方将得一分。

(11) 当发球方得分时，接球队员不需要相互换位。只有当接球方取得发球资格并得分后，队员才可以交换位置。

(12) 比赛进行中双方对打时，双方球员均可以互换位置。当对打结束，球员们必须按照正确位置站位。

6. 双反弹规则

(1) 发球后，接球方须等球反弹后才能接球，回球后，发球方也须等球反弹后才能击球，这是匹克球特有的双反弹规则。

(2) 当球在双方球场各弹一次后，双方都可以截击(在球没落地前击球)，或等球落地后再击球。

(3) 双反弹规则让发球方无法发球后上网截击，弱化了发球方的优势。

三、匹克球比赛得分规则

1. 得分

(1) 只有发球方才能得分。

(2) 比赛通常打 11 分，须净胜 2 分。

(3) 大型正式的比赛通常打 21 分或 15 分，须净胜 2 分。

2. 报分

比分呼叫包含 3 个数字。正确的比分呼叫顺序为：发球队的分数—接球队的分数—发球员 1 或发球员 2 (只限于双打)。例如，一场比赛开始前，比分呼叫是：0-0-2 (0 比 0，第二次发球)。

3. 非截击区

(1) 非截击区是球网两边 7 英尺 (约 2.13 m)内的区域。

(2) 在非截击区内不能在空中截击球，这个规则让球员无法在非截击区内杀球。

(3) 如果球员截击时踏入非截击区(包括非截击区线)，或因击球惯性踏入非截击区(包括非截击区线)以及两旁边线，都算违例。

(4) 截击后，即使已宣告为死球，击球员如果因击球惯性踏入非截击区或触及非截击区，仍然是一个违例。

(5) 除了截击外，球员随时都可以进入非截击区。

(6) 非截击区通常也叫“厨房”(Kitchen)。

四、匹克球比赛犯规规则

1. 违例

(1) 任何因违反规则使该回合终止的行为动作，都算违例。

(2) 如果接球方出现违例，发球方得分。

(3) 如果发球方出现违例，失去一次发球权(换第二位发球)或换边发球。

2. 其他违例

(1) 发球没有发到接球区内。

(2) 发球或接发球时没有过网。

(3) 球在两边球场各落地反弹一次之前进行凌空截击。

(4) 击球出界。

(5) 在非截击区使用截击。

(6) 回球时球已弹跳两次。

(7) 比赛进行中，球员身体、所穿衣物或球拍触及球网和球柱。

(8) 违反任何发球规定。

(9) 比赛中，球击中球员身体、所穿衣物或随身携带物品。

(10) 比赛中，球落到对方球场前，击中任何场内固定物(灯、天花板、墙体等)。

(11) 在球越过球网平面前击球。

第十三章　游　　泳

第一节　简　　介

一、游泳运动的起源与发展

游泳是一种凭借自身肢体动作和水的相互作用力，在水中活动或前进的技能活动。

人类的游泳活动源远流长，有着悠久的历史。游泳的产生和人类社会发展的历史一样，是在不断地与自然界的斗争中逐步产生和发展的。为了生存，人们依山打猎，下水捕鱼；为了追猎动物或躲避猛兽的侵袭，经常需要跋山涉水；当洪水泛滥时，更是要与水进行搏斗。人类就这样在与大自然斗争的过程中不可避免地要和水打交道，逐渐学会了游泳，并使游泳得到了发展。随着人类社会的发展，游泳逐渐成为一项人们喜爱的体育运动项目。

随着军事与娱乐性游泳活动的发展，开始产生了竞技性游泳活动。游泳作为一项竞技体育活动，还是近百年来的事情。1867 年，在英国伦敦成立了第一个游泳协会，并出现了传统的竞赛性游泳——横渡拉斯曼海峡。1876 年，英国首次在正规的游泳池举行游泳比赛。当时的游泳姿势主要是侧游和大爬式。1896 年，在希腊举行的第一届现代奥林匹克运动会上，男子游泳被列为正式竞赛项目。当时只有 100 m、500 m、1200 m 这 3 个项目的比赛，到第二届奥运会上增设仰泳和蛙泳比赛。1908 年，英国伦敦举办第 4 届奥运会时成立了国际业余游泳联合会(简称国际泳联)，审定了各项游泳世界纪录，并制定了国际游泳比赛规则，规定比赛距离单位统一用“米”。第 5 届奥运会，开始把女子游泳列入正式比赛项目。以后的奥运会游泳比赛不断增加新的项目，至 1952 年国际泳联决定把蝶泳列为奥运会竞赛项目，形成了蝶、仰、蛙、自由泳四种竞技游泳姿势和 32 个游泳竞赛项目。

我国近代竞技游泳运动是 19 世纪中叶由欧美传入并逐渐流行起来的。开始在香港及沿海各省市，而后传入内地。游泳作为一项竞技项目，现在国际性的重大游泳竞赛除了奥运会和亚运会等综合性运动会外，还有每两年举行一次的世界游泳锦标赛和世界短池(25 m 游泳池)游泳锦标赛，以及每年都举行的世界杯短池系列赛等。近二十年来，中国游泳运动员在这些重大比赛中都取得了很多好成绩，使中国游泳步入了世界游泳强国之林。国内的重大游泳比赛有全国冠军赛、全国锦标赛和全国短池游泳锦标赛，这三个比赛代表了我国最高水平的游泳比赛，此外还有全国少儿年龄组锦标赛和少儿年龄组游泳分区赛等。

二、游泳运动的分类

随着人类社会的发展和需求的变化，游泳逐渐被用于军事作战、娱乐、竞赛、健身和体疗，游泳的姿势和内容也发展得多种多样。根据不同的目的和功能，游泳可分成竞技游泳、实用游泳、大众游泳三类，如图 13-1-1 所示。

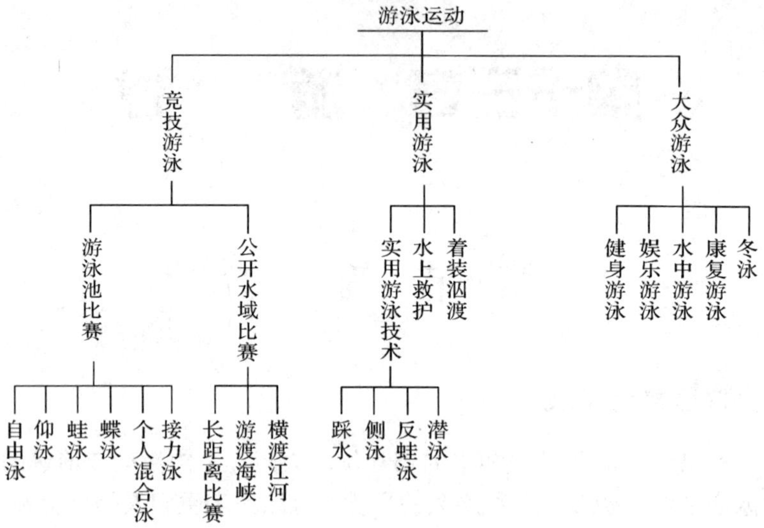

图 13-1-1 游泳运动的分类

(一) 竞技游泳

竞技游泳是指有特定技术要求，按游泳竞赛规则规定进行竞赛的游泳运动项目。随着游泳运动的发展，竞技游泳的内容不断充实和丰富。目前竞技游泳分为游泳池比赛和公开水域比赛两大类别。

1. 游泳池比赛

在游泳池比赛的竞技游泳包括自由泳、仰泳、蛙泳、蝶泳四种泳式和由这四种泳式组成的个人混合泳以及接力泳。按国际泳联规定，在 50 m 池比赛中，列入游泳世界纪录的男、女项目共 40 项，奥运会游泳比赛只设 32 项。在 25 m 池比赛中，国际泳联承认男、女共 42 项世界纪录。根据国家体育总局中国游泳协会 2003 年审定的游泳竞赛规则，50 m 池全国纪录与世界纪录项目相同，男、女共 40 项。25 m 池比赛增加 4 × 50 m 自由泳和 4 × 50 m 米混合泳接力项目，男、女共 46 项纪录。

2. 公开水域比赛

公开水域比赛是指在江、河、湖、海这些自然水域进行的游泳比赛，包括公开水域长距离比赛、游渡海峡比赛和横渡江河比赛。这类比赛各有特定的规则要求，但没有严格的游泳泳式要求，运动员多数采用自由泳参赛。

(二) 实用游泳

实用游泳是指直接为生活、生产或军事服务的游泳技术。它是一类专门技能，包括踩水、反蛙泳、侧泳、潜泳等，在泅渡、水中拖带、水下作业、水上救生等方面有广泛的应用。竞技游泳和实用游泳的区分是相对的，蛙泳、爬泳等竞技游泳技术虽不归入实用游泳的行列，但实际上也常被用于各种实用目的。

(三) 大众游泳

大众游泳是指以游泳动作为基本手段，以增进身心健康、丰富业余生活为直接目的的各种游泳活动。虽然健身性、娱乐性的游泳活动早已有之，但只有在物质文明高度发达的现代社会，大众游泳才能得以迅速发展，成为现代游泳的重要组成部分。

大众游泳包括健身游泳、娱乐游泳、康复游泳等。它不受姿势与速度的限制，不追求严格的技术规范，注重锻炼价值，可以借鉴竞技游泳和实用游泳的各种技术来进行水中活动。

第二节 熟悉水性的方法

熟悉水性是学习游泳的第一步，其目的是让初学者体会和了解水的特性，逐步适应水环境，消除怕水心理，掌握一些游泳的最基本动作，如呼吸、浮体、滑行和站立等，为学习和掌握各种竞技游泳姿势打下良好的基础。熟悉水性练习，宜在齐腰深的水中进行。

一、水中行走练习

练习目的：体会水的阻力和浮力，初步掌握身体在水中保持平衡的方法，消除怕水心理。

练习方法：

(1) 扶池边向前、向后行走。

(2) 集体拉手(或由同伴拉手)向前、向后、向侧移动。

(3) 用两手保持平衡，做变换方向的行走。

(4) 各种方向的走、跑、跳、转身、跃起、下沉等。

二、呼吸练习

练习目的：初步掌握游泳的呼吸方法，适应头浸入水的刺激，消除怕水心理。

练习方法：

(1) 闭气练习。扶池边(池槽)或在同伴帮助下，用口吸气后闭气，慢慢将头浸入水中，停留片刻起立，口鼻出水后，先呼气后用口吸气，反复进行(图 13-2-1)。

(2) 呼气练习。同上练习，头浸入水稍闭气后，用口或鼻开始缓慢、均匀地呼气。呼气阶段应边呼边站起(抬头)；当口将露出水面时，呼气量加大，在脸部离开水面前将气呼尽，头出水后张口吸气。练习时可先由拉同伴手或扶池边(池槽)过渡到徒手练习(图 13-2-1)。

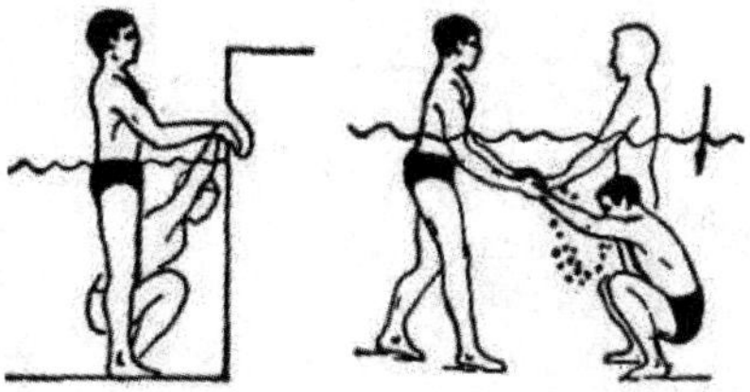

图 13-2-1 呼吸练习

(3) 连续呼吸练习。同上练习，呼吸次数逐渐增加，能连续做 20～30 次。吸气要快而深，呼气要慢而均匀，并逐渐加大呼气量，口离开水面前快速用力将气呼完，紧接着快而深地吸气。掌握抬头呼吸后，可进行转头呼吸练习。

呼吸练习是初学者学习的重点和难点，应从第一课就开始，并贯穿于整个学习过程中。

三、浮体与站立练习

练习目的：提高身体在水中的平衡能力，使身体保持一定的姿势停留在水面，以及能自如地在水中恢复站立的姿势。

练习方法：

(1) 抱膝浮体。深吸气后，身体下蹲，团身抱膝低头，自然漂浮于水中，停留片刻后，两臂松开前伸，向下压水抬头，同时两腿伸直，两脚积极向下踩池底站立(图 13-2-2)。

图 13-2-2 抱膝浮体

(2) 展体漂浮。深吸气后，两脚稍蹬池底，上身向前倾并略低头，两臂、两腿自然伸直使身体漂浮于水面。站立时，收腹、收髋、屈膝前收，两臂向下压水，脚踩池底后，抬头站立。

四、滑行练习

练习目的：能使身体漂浮于水面滑行前进，它是熟悉水性练习中的重点技术动作。

练习方法：

(1) 蹬池底滑行练习。两脚前后开立，两臂前伸。深吸气后屈膝，上体前倾并低头，当头和肩浸入水中时，前脚掌蹬池底，接着两腿并拢伸直，身体呈流线型姿势向前滑行(图 13-2-3)。

(2) 蹬池壁滑行练习。背向池壁，先一手抓水池，同侧腿屈膝，脚贴池壁；另一侧手臂前伸，脚站立。深吸气后低头，上体前倾俯卧水中，并屈腿收腹，使站立的脚与贴池壁的脚一起贴住池壁，同时拉水池的手松开向前摆出，两臂伸直并拢，头夹于两臂之间，两脚用力蹬离池壁，身体呈流线型向前滑行(图 13-2-4)。

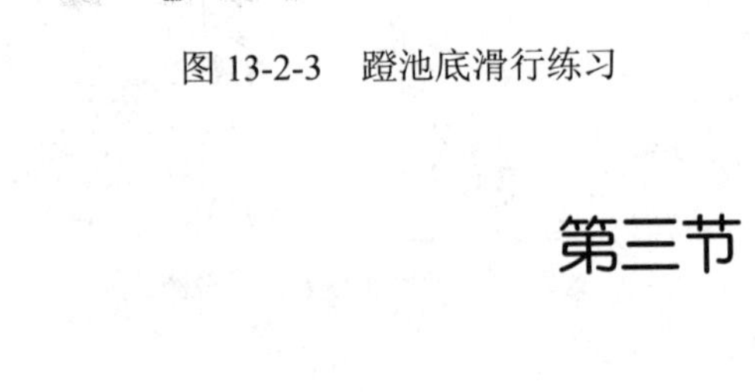
图 13-2-3 蹬池底滑行练习

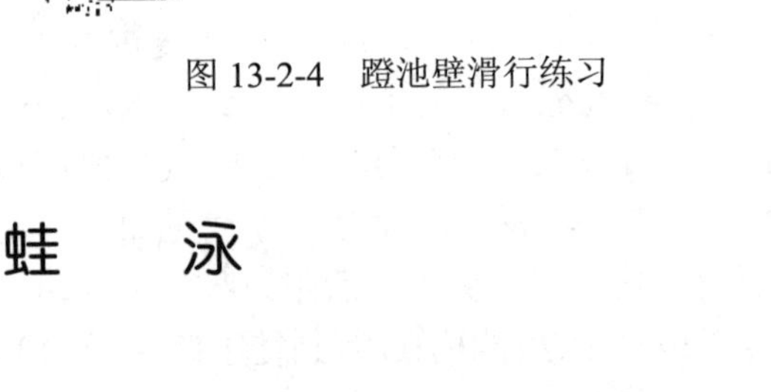
图 13-2-4 蹬池壁滑行练习

第三节 蛙　泳

一、蛙泳基本技术

蛙泳因其动作像青蛙游水而得名。蛙泳时，人体俯卧于水面，两手同时在水面下划水，在胸前伸出，两腿同时在同一水面上弯曲并向侧后方蹬水，一次划水配合一次蹬腿和一次抬头呼吸，为一个完整的蛙泳动作周期。

(一) 身体姿势

在蛙泳游进过程中，身体的位置随着手脚动作的变化而不断变化。当一个动作周期完成后，身体水平俯卧于水面，两腿伸直并拢，两臂前伸，眼睛直视池底，身体纵轴与水平面约成 5°～10° 角(图 13-3-1)。

当手臂划水和抬头吸气时，头露出水面，肩部升起，此时身体与水平面的夹角约为 15° (图 13-3-2)。

图 13-3-1　身体姿势一

图 13-3-2　身体姿势二

(二) 腿部动作

蛙泳的腿部动作是使身体前进的主要推动力之一。蛙泳的腿部动作由收腿、翻脚、蹬夹腿、滑行四个紧密相连的阶段组成。

(1) 收腿。双腿并拢伸直，开始收腿时，两腿要同时屈膝，双脚向前慢收并慢慢分开，小腿和脚尽量靠近臀部，收在大腿的投影截面内，大腿与躯干之间的夹角为 120° ～140° (图 13-3-3)，两膝之间的距离与肩同宽或宽于肩(图 13-3-4)。

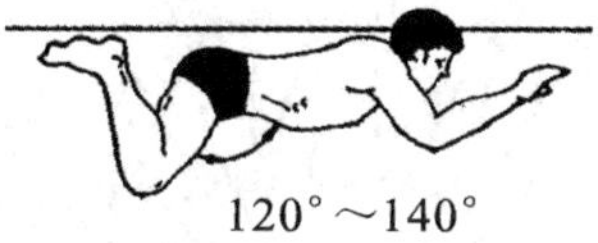

图 13-3-3　收腿一

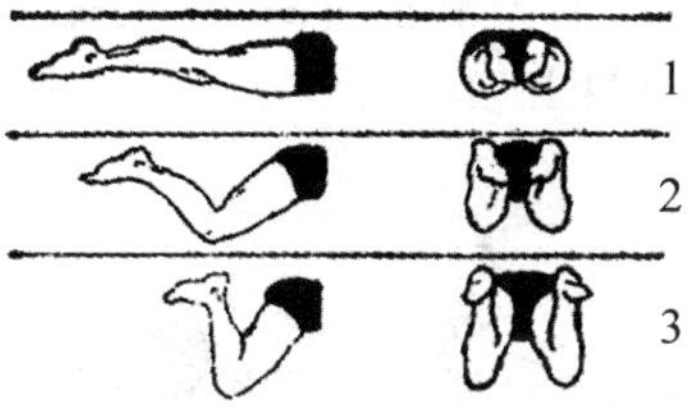

图 13-3-4　收腿二

(2) 翻脚。收腿将要结束时，两膝关节内收，两脚外翻，脚尖朝外，使小腿和脚掌内侧垂直于蹬水方向。翻脚结束时，两脚之间的距离应大于两膝之间的距离(图 13-3-5)。

(3) 蹬夹腿，也叫“蹬水”。蹬夹腿动作实际包含了夹水动作和鞭水动作。翻脚后，以大腿发力，依次伸髋、伸膝、伸直关节，两脚迅速有力地向后、向内蹬夹，小腿和脚掌向后、向下做鞭水动作。蹬腿动作结束时，两腿应并拢伸直(图 13-3-6)。蹬夹水的路线像两条弧线(图 13-3-7)。

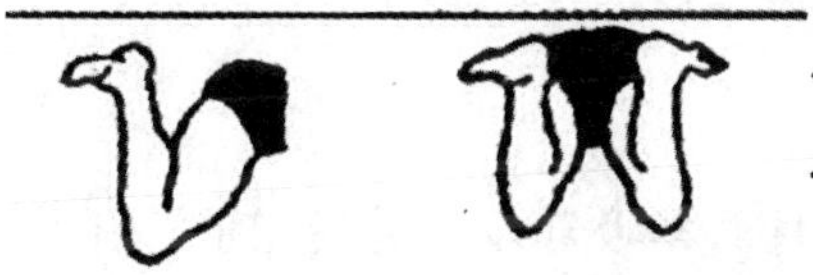

图 13-3-5　翻脚

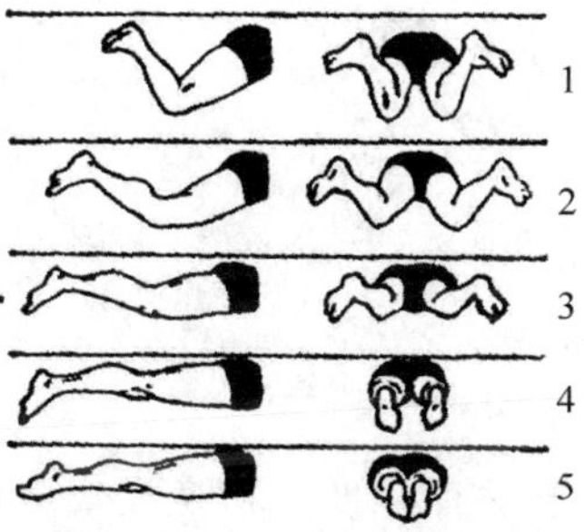

图 13-3-6　蹬夹腿动作

图 13-3-7　蹬夹水的路线

(4) 滑行。借助蹬腿产生的惯性作用，向前做适当的滑行。手臂和腿应完全伸直，使身体呈较好的流线型，为下一个动作周期做好准备。

(三) 手臂动作

现代蛙泳手臂动作所产生的推进力已接近腿部蹬水的推进力，因此，掌握合理正确的手臂划水动作十分重要。蛙泳的手臂动作可分为开始姿势、滑下、划水、收手和前伸五个阶段。

(1) 开始姿势。两臂自然前伸与水平面平行，手指并拢，掌心向下，使身体保持较好的流线型(图 13-3-8)。

(2) 滑下。滑下也叫“抓水”。抓水时，两肩和手臂向前伸，手掌与前臂向外斜下方压水，并稍勾手腕(图 13-3-9)。当手臂感到有水的压力时，则开始进入划水阶段。

图 13-3-8 开始姿势

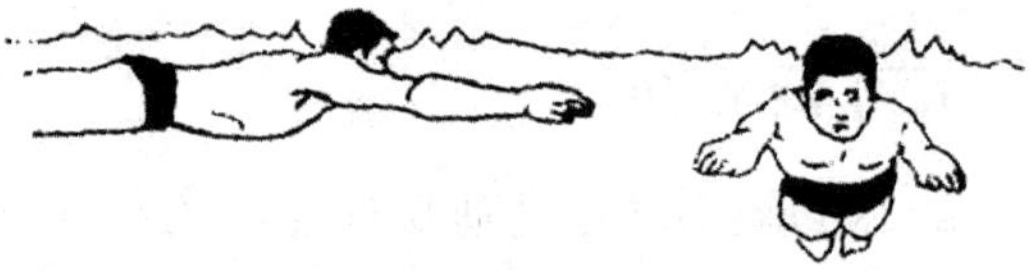

图 13-3-9 滑下

(3) 划水。划水是手臂动作产生推进力的主要阶段。滑下后，手臂开始屈肘，在整个划水过程中，肘关节要保持较高的位置。手臂的划水路线应是向下、向后、向内加速运动，划水将结束时，肘关节屈约 90°，手在肩的前下方(图 13-3-10)。蛙泳的划水路线从水下看像个“心”形(图 13-3-11)。

图 13-3-10 划水

图 13-3-11 蛙泳的划水路线

(4) 收手。收手是划水阶段的继续，收手也能产生较大的上升力。划水结束后，手臂外旋，手快速向内、向上、向前运动，前臂和肘收拢于胸前。收手结束时，肘关节低于手，上臂和前臂间的角度应为锐角(图 13-3-12)。

(5) 前伸。收手后，立即向前伸肩和伸肘，两臂尽量地伸直，手指并拢，掌心向下(图 13-3-13)。

图 13-3-12 收手

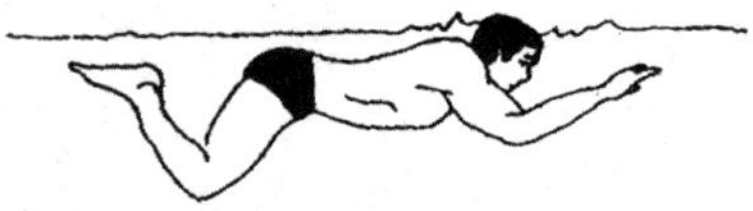

图 13-3-13 前伸

(四) 呼吸及完整配合

蛙泳采用抬头呼吸，呼吸技术有早吸气和晚吸气两种。早吸气技术是指在手臂开始进入划水阶段时，抬头吸气，早吸气技术适用于初学者。晚吸气技术是指在手臂结束划水阶段动作时，抬头吸气，晚吸气技术一般多被专业运动员所采用(图 13-3-14)。

蛙泳手臂、腿、呼吸的配合必须采用 1∶1∶1，即一次手臂动作、一次腿部动作和一次呼吸为一次配合动作周期。

蛙泳完整配合动作是：手臂划水时，腿并拢伸直，抬头、吸气；收手时，开始慢收腿；手臂前伸时，继续收腿，收腿将结束时翻脚掌，并低头闭气；两臂快伸直时，腿向后做蹬夹水动作；蹬腿动作结束后，手臂和腿完全伸直并拢，继续低头吐气，身体保持好流线型向前滑行。蛙泳配合动作的要领也可用四句口诀来概括：划手腿不动，收手又收腿，先伸手臂后蹬腿，臂腿伸直漂一会(图 13-3-15)。

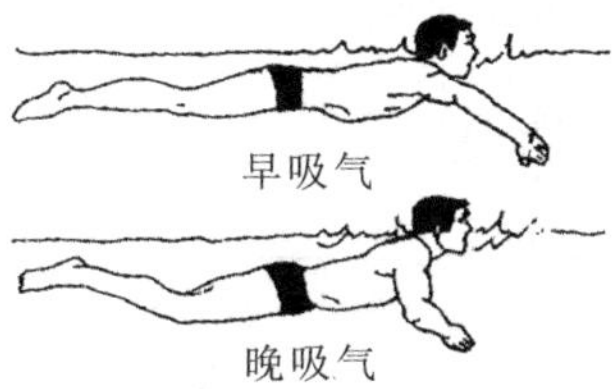

图 13-3-14 呼吸

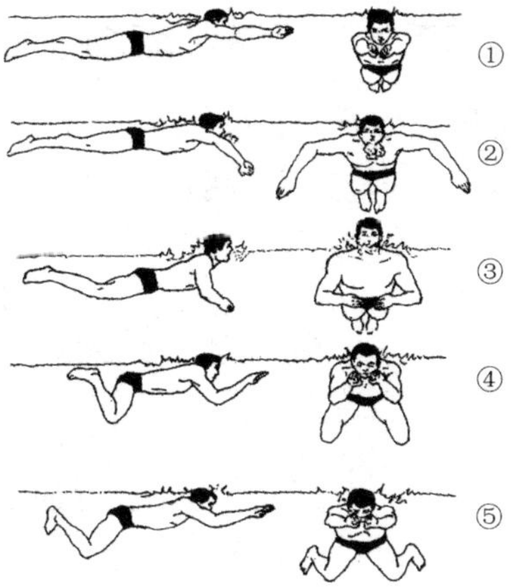

图 13-3-15 蛙泳完整配合

二、蛙泳教学方法与练习

(一) 蛙泳腿部练习

1. 陆上模仿练习

(1) 坐撑模仿蛙泳腿。坐在池边，上体稍后仰，两手后撑，两脚伸直并拢，髋关节展开，听口令做蛙泳腿的收、翻、蹬夹、停动作，先分解练习，逐步过渡到连贯做动作。注意翻脚动作，体会翻脚时的肌肉感觉(图 13-3-16)。

(2) 俯卧于出发台上做收腿、翻脚、蹬夹水、停的动作。先分解做，再连贯起来做腿的完整动作。也可由同伴或老师帮助体会和纠正动作，注意体会翻脚、蹬夹水路线以及动作的节奏(图 13-3-17)。

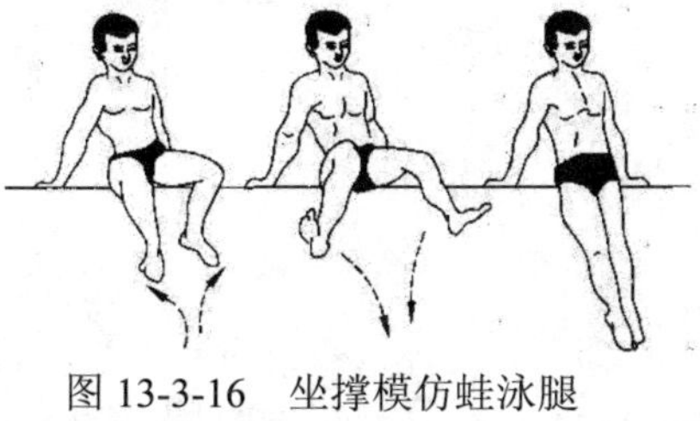

图 13-3-16 坐撑模仿蛙泳腿

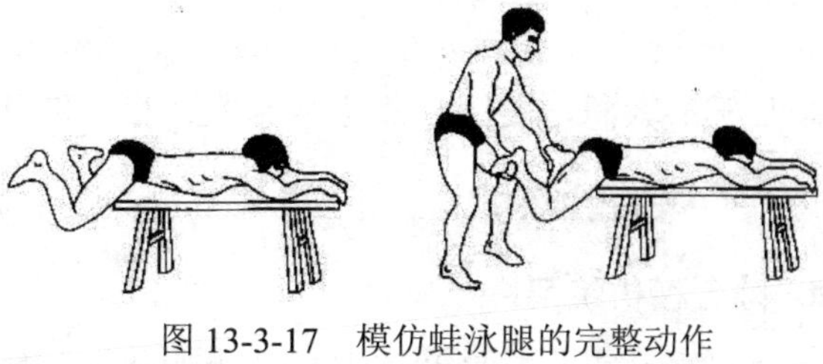

图 13-3-17 模仿蛙泳腿的完整动作

2. 水中练习

(1) 身体平卧水中，双手扶水槽或池边，做收腿、翻脚、蹬夹水、停的动作。这一练习可由同伴帮助托腹部做腿部动作(图 13-3-18)。

(2) 双臂向前伸直，双手扶浮板近端，做蛙泳收蹬腿动作。

(3) 蹬池底或池壁滑行后，做蛙泳腿部动作。基本掌握腿的动作后，可做腿和呼吸的配合练习，即蹬腿动作结束，双腿并拢伸直时，抬头吸气，接着低头闭气收腿，重复练习。

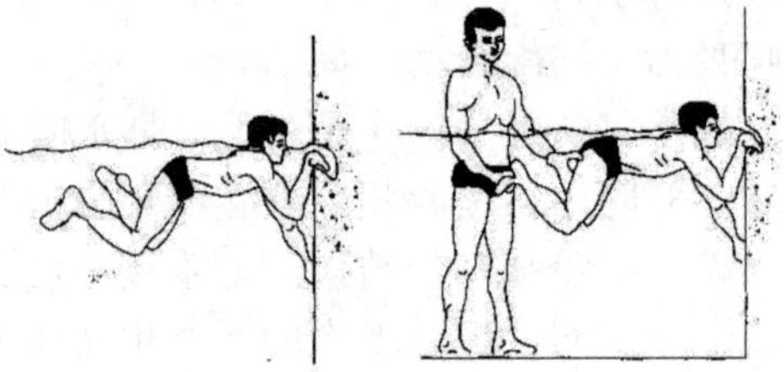

图 13-3-18 水中练习

(二) 蛙泳手臂动作和呼吸配合练习

1. 陆上模仿练习

(1) 站立，上体前倾，两臂前伸，掌心向下，按口令做蛙泳手臂的划水、收手、前伸动作，先做分解练习，直至手臂动作连贯起来练习(图 13-3-19)。

图 13-3-19 陆上模仿练习

练习时先按划——收——伸分三拍节奏做，再按划、收——伸分两拍做，最后将划、收、伸动作连贯起来一拍完成。

(2) 同上练习，配合呼吸练习。手臂开始划水时，抬头吸气；收手时低头闭气，伸臂时呼气。

2. 水中练习

(1) 水中站立划臂。两脚开立站于齐胸深水中，上体前倾，按陆上模仿练习要求做蛙泳手臂动作及呼吸配合练习。可以原地练习，也可以边走边做练习，体会水对手掌的压力。

(2) 俯卧滑行做手臂划水及配合呼吸的练习。俯卧于水中，由同伴抱住练习者双腿，先做手臂与呼吸的配合练习。

(3) 做一次划臂、两次或三次蹬腿、一次呼吸的配合动作。保护人可在旁边指导(图 13-3-20)。

(4) 做一次划水、一次呼吸、一次蹬腿的练习。动作要求慢而正确，不要太急，要放松，不要紧张，以防动作变形。

图 13-3-20 水中练习

(三) 完整配合练习

1. 陆上模仿练习

身体直立，两臂伸直并拢上举，两脚并拢。练习时一腿支撑，另一腿做收腿、蹬夹水、并拢的腿部模仿练习。先按口令做动作：两臂向两侧划水；收手时收腿，收腿将结束时翻脚；手臂将伸直时蹬腿；两臂、两腿并拢伸直稍停一会，然后逐渐连贯起来做动作(图 13-3-21)。

2. 水中练习

(1) 滑行后，闭气做手臂和腿的分解练习，即一次手臂动作结束后，再依次做蹬腿动作，手臂和腿依次交替做动作，建立臂先腿后的动作概念(图 13-3-22)。

(2) 在上述练习的基础上结合呼吸动作，即做一次划臂、一次蹬腿、一次呼吸的完整配合练习，并逐步增加游距，同时注意改进技术。

图 13-3-21 陆上模仿练习

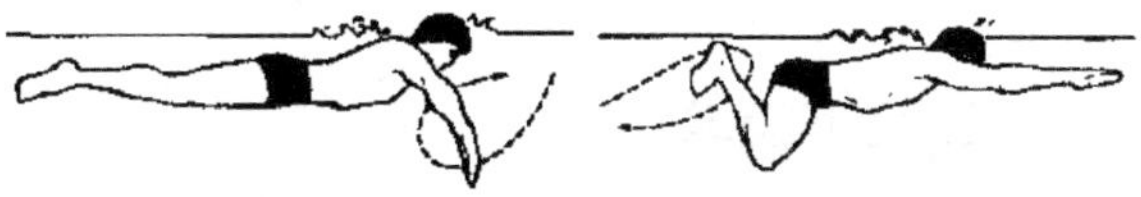

图 13-3-22 水中练习

三、学习蛙泳时的常见错误与纠正方法

(1) 头部抬得过高，大腿收得过多过猛，使身体呈直立状，不能形成平卧姿势和保持流线型。

纠正方法：抬头，嘴出水面时快吸气，马上低头没入水中，使身体平卧。收腿时少收大腿，主动收小腿，尽量靠近臀部。

(2) 蹬腿不翻脚，或一脚外翻、一脚绷直剪水。

纠正方法：明确翻脚时脚尖要朝外，脚底尽量朝上，多做陆上和水中模仿练习，形成动力定型。

(3) 手臂划水路线太后超过肩的延长线，影响了收手动作，增加了阻力，打乱了节奏。

纠正方法：在陆上和水中多做模仿练习，手在肩前完成划水，不能划得太宽，两臂划至与肩同宽就要屈肘，并将肘部抬高。

(4) 吸气不足或吸不到气。原因是吸气前未呼气；手臂划水动作太快，抬头不及时，抬不起头，嘴露不出水面。

纠正方法：水中行走做划臂与呼吸的配合练习，注意水中吐气和嘴出水面快吸气动作。

第四节 爬 泳

自由泳项目比赛中，规则规定可以采用任何一种姿势，因为爬泳的速度最快，所以在自由泳比赛中一般都采用爬泳这种姿势。爬泳是身体俯卧水中，依靠两臂轮换划水，两腿上下交替打水向前游进。这种姿势的两臂轮换划水很像爬行，所以称为爬泳。

一、爬泳基本技术

(一) 身体姿势

爬泳时身体俯卧水中，背部和臀部肌肉保持适当紧张，身体自然伸展呈流线型，身体纵轴与水平面成 3° ～5° (图 13-4-1)。爬泳游进中，身体可以围绕身体纵轴做有节奏的转动，转动的角度一般为 35° ～45° (图 13-4-2)。如果速度加快，角度就会相对减少。

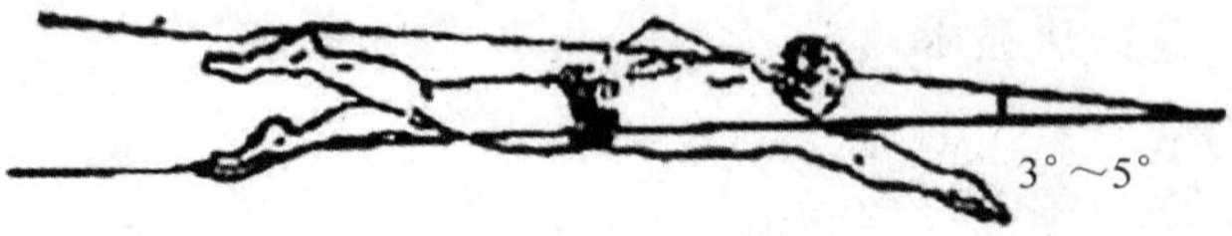

图 13-4-1　身体姿势一

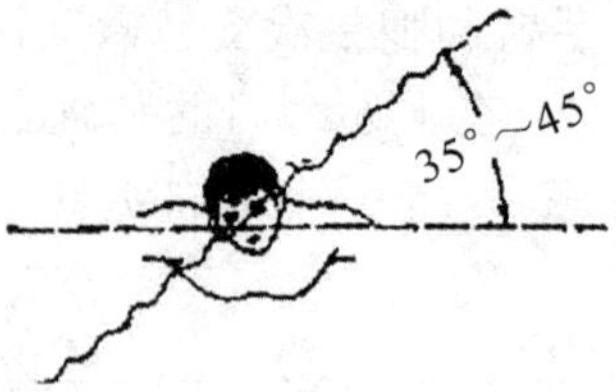

图 13-4-2　身体姿势二

(二) 腿的技术

爬泳腿打水动作的主要作用是抬高下肢，维持身体平衡，使身体保持较好的流线型，以及与两臂划水协调配合。爬泳腿的动作是以髋、膝、踝为支点的多关节运动。打水时，主要是以髋关节为轴，大腿发力，大腿带动小腿和脚，做上下鞭状打水动作。

当大腿带动小腿从下直腿向上移至髋、膝、踝关节与水平面平行时，大腿稍向上以完成动作，随即开始向下打水。在大腿的带动下，开始了向下的鞭打动作。鞭状打水的上鞭和下鞭动作之间不能停顿，而是连续动作，两脚尖上下垂直距离约为 30～40 cm。膝关节弯曲的角度约为 160° (图 13-4-3)。两腿配合要连贯、协调而有节奏。

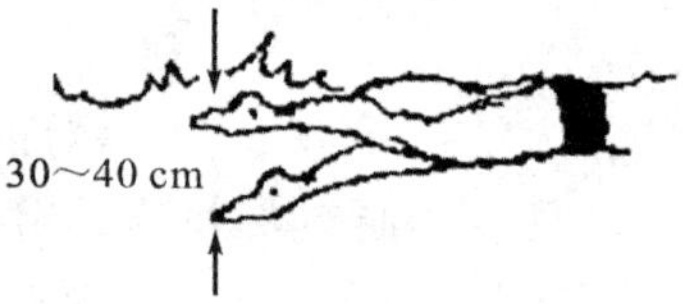

图 13-4-3　腿的动作

(三) 手臂划水技术

爬泳的臂部动作是推动身体前进的主要动力，分为入水、抱水、划推水、出水和空中移臂等几个阶段，这几个阶段在划水动作中是紧密相连的一个完整动作。

1. 入水

手臂在完成空中移臂后，在同侧肩线附近入水。入水时，手指自然并拢，臂稍内旋，肘部处于高位，掌心朝外以大拇指领先切入水中(图 13-4-4)。入水顺序是手、前臂、上臂和肘关节依次入手。

2. 抱水

臂入水后，应积极插向前下方，此时小臂和大臂应积极外旋，并屈腕、屈肘。在形成抱水的动作中，开始手臂是直的，当手臂划下至与水平面约成 15° ～20° 角时，应逐渐屈肘，使肘关节高于水面。在划水开始前，也就是手臂约与水面成 40° 角时，肘关节屈至 150° 左右(图 13-4-5)。抱水动作主要是为了划水做准备，因此相对放松和缓慢。抱水就好像用臂去抱一个大圆球一样。抱水时，手的运动由向后——向下——向外三个分运动组成。

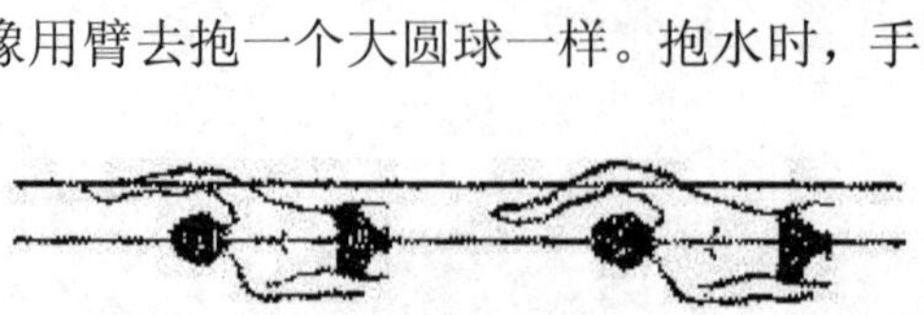

图 13-4-4　入水

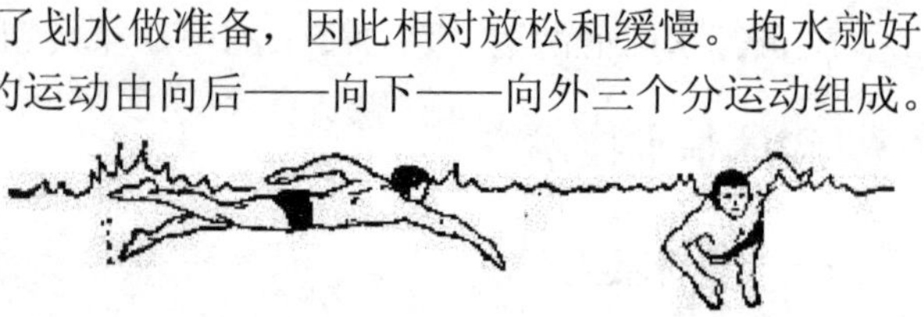

图 13-4-5　抱水

3. 划推水

划推水是发挥最大推进作用的主要阶段，其动作过程可分为拉水和推水两个部分。从抱水结束到划至与水面垂直之前称为“拉水”，过垂直面后称为“推水”。拉水时，应保持高肘姿势，手向内——向上——向后运动。当拉水结束时，手在体下接近中线，这时，肘关节弯曲的角度约为90°～120°，小臂由外旋转为内旋，掌心由向内后方变为向外后方(图 13-4-6)。

向后推水是通过屈臂到伸臂来完成的。在推水过程中，手是向外——向上——向后的运动。肘关节要向上、向体侧靠近，并且手掌始终要与水平面保持垂直。整个划推水过程，手掌的运动路线并不是始终在一条直线上和同一平面上，实际上是一个较复杂的三度曲线。从身体的额状面来看是一个“S”型，从身体的矢状面来看是一个“W”型(图 13-4-7)。划推水的开始阶段，手的位置在肩线前；划推水的中间阶段，手在胸腹下；划推水结束时，手在大腿旁。

图 13-4-6　划推水

图 13-4-7　划推水时手掌的运动路线

4. 出水和移臂

臂的出水是在划推水结束后，借助推水的惯性使肩、肘上提，肩和上臂几乎同时出水。出水时，由上臂带动肘部向外上方做“提拉”动作将前臂和手提出水面。在整个移臂过程中，肘关节始终高于手臂和肩，手臂尽量放松(图 13-4-8)。

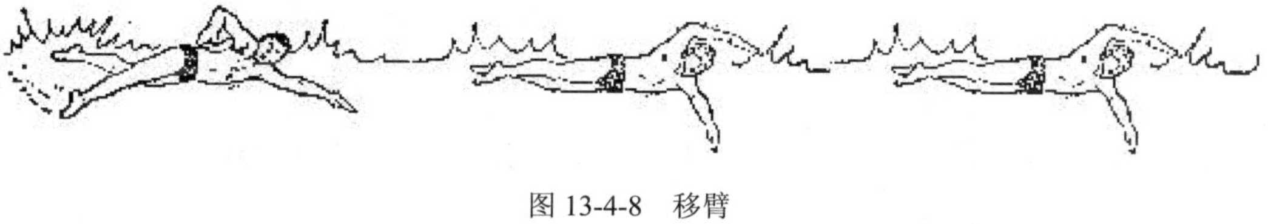

图 13-4-8　移臂

(四) 完整动作配合技术

爬泳完整动作配合技术有 6 次腿、4 次腿、2 次腿，即 1 次呼吸、2 次划水与 6 次或 4 次、2 次打腿配合技术。6 次腿技术较适合于游泳初学者和短距离项目，4 次和 2 次腿技术则有利于中、长距离项目。爬泳时，以 6∶2∶1 配合技术为例，两腿连续做上下交替“鞭打”打水，当右臂入水时，左臂向后手掌对水推水；右臂向后划水时，左臂经空中向前移臂；右臂向后推水结束，左臂入水的同时侧头吸气；右臂前移准备入水(图 13-4-9)。

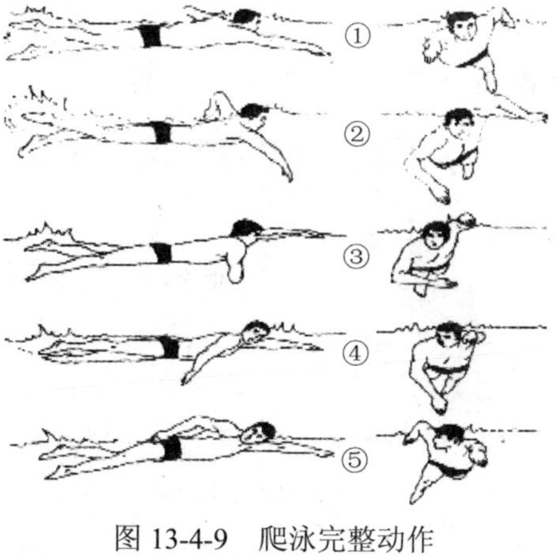

图 13-4-9　爬泳完整动作

二、爬泳教学方法与练习

(一) 腿部练习

1. 陆上模仿练习

(1) 坐在池边，上体稍后仰，两手后撑，两腿向前伸直并拢，脚背绷直，脚尖稍向内旋，直腿上下交替做模仿打水动作的练习。练习时要求大腿带动小腿(图 13-4-10)。

(2) 俯卧池边或岸边做模仿爬泳打水动作练习。练习时要求手臂尽量前伸，髋关节展开，脚稍内旋，踝关节放松，大腿带动小腿(图 13-4-11)。

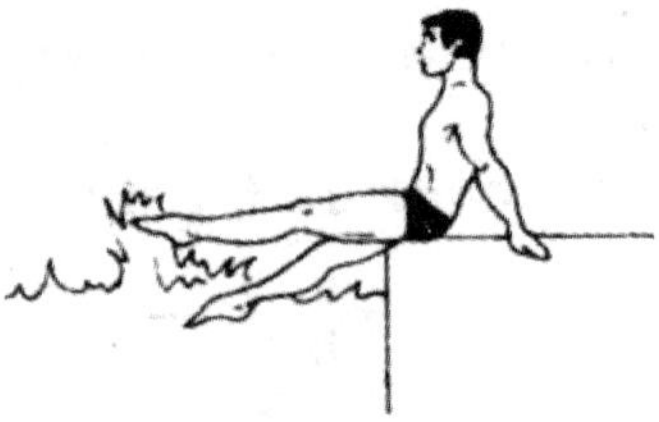

图 13-4-10　陆上模仿练习

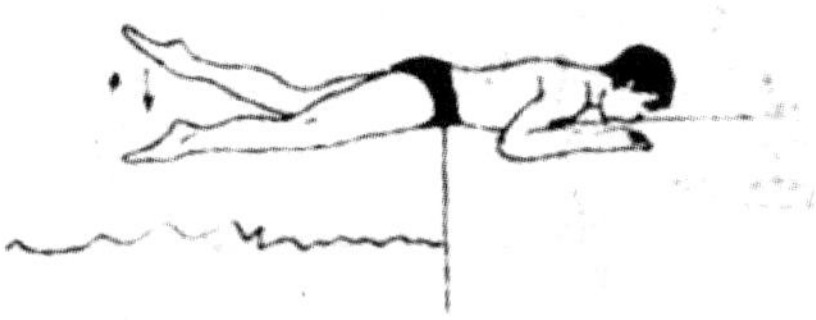

图 13-4-11　打水动作练习

2. 水中练习

(1) 扶池边打腿：手扶水槽或池边，身体平卧于水中，两腿上下交替打水(图 13-4-12)。

(2) 滑行打腿：在蹬边滑行的基础上做滑水打腿练习(图 13-4-13)。

图 13-4-12　扶池边打腿

图 13-4-13　滑行打腿

(3) 扶板打腿：两臂伸直，两手扶浮板，身体平卧于水中做爬泳打腿练习。

(4) 打腿与呼吸结合练习：采用双手或单手扶板做打腿与呼吸结合练习。单手扶板打腿时，一手臂伸直手扶板，另一手臂置于体侧，向非扶板臂一侧吸气。动作熟练后，单手扶板练习可改为单臂徒手打腿结合呼吸的练习。

(二) 手臂动作和呼吸配合练习

1. 陆上模仿练习

(1) 两脚开立，上体前倾，一臂前伸不动，另一臂做爬泳手臂练习(图 13-4-14)。

(2) 两脚开立，上体前倾，双臂交替做爬泳手臂练习。练习时要求动作连贯，除划水阶段用力外，其他动作应放松。

(3) 呼吸练习。两脚开立，上体前倾，双手扶膝，做向一侧转头吸气练习(图 13-4-15)。

(4) 手臂与呼吸配合练习。同(1)练习，配合呼吸动作，同侧手臂开始划水时呼气，推水时转头吸气。同(2)练习，配合呼吸动作(图 13-4-16)。

图 13-4-14　陆上爬泳手臂练习

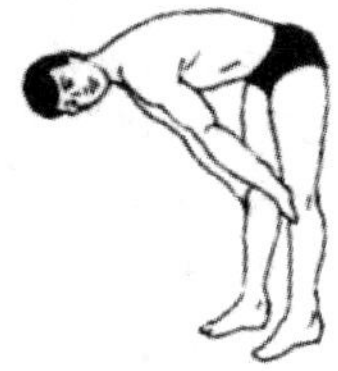

图 13-4-15　呼吸练习

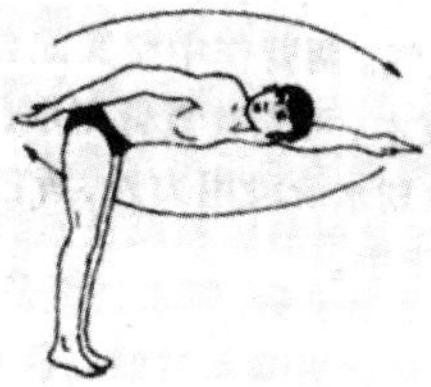

图 13-4-16　手臂与呼吸配合练习

2. 水中练习

(1) 站立水中，做法同陆上模仿练习(1)和(2)，要求闭气做，重点体会高肘抱水划水动作。

(2) 站立水中，做法同陆上模仿练习(4)，加上呼吸练习。要求把气呼尽、吸足，不要抬头吸气。体会臂与呼吸配合的时机。

(3) 俯卧姿势，一手扶浮板，另一手做爬泳手臂动作。先闭气练习，再把转头呼吸动作加上，要求两腿不间断地做爬泳腿部动作。

(4) 蹬边或蹬底滑行后打腿，一手臂前伸，另一手臂做爬泳手臂练习，游一段距离后换另一手臂练习。

(5) 蹬边滑行后，边打腿边做手臂分解练习。

(6) 呼吸练习。蹬边滑行打腿，一手臂前伸，另一手臂向后划水至手臂伸直于体侧，同侧转头做呼吸气练习。

(7) 滑行打腿或双腿夹浮板做两臂前交叉配合练习。

(8) 爬泳完整配合练习，逐渐增长游距。

第五节　游泳比赛基本规则

一、裁判员设置

(1) 采用人工计时，裁判人员设置如下：总裁判 1 人、副总裁判 1～4 人；技术检查员 4 人；发令员 2～3 人；转身检查长 2 人(终点端和转身端各 1 人)，转身检查员每条泳道 1 人；计时长 1 人，副计时长 1～2 人，计时员每条泳道 3 人(其中 1 人由终点端转身检查员兼任)；编排记录长 1 人，副编排记录长 1～2 人，编排记录员 4～8 人；检录长 1 人，副检录长 1～2 人，检录员 5～8 人；宣告员 1～2 人；替补裁判员 2～4 人。

(2) 采用自动计时装置而未使用录像计时系统时，须使用半自动计时装置或人工计时作替补，需增设自动计时长 1 人，自动计时员 1～2 人。

(3) 未采用自动计时装置时，可配备终点裁判长 1 人，副终点裁判长 1 人，终点裁判员若干名。

(4) 基层比赛的裁判员人数可根据比赛的具体条件安排。

二、泳池

全国性的游泳比赛对游泳池有严格的要求。游泳池长 50 m、短池池长 25 m(误差

+0.030 m、−0.000 m)，宽是 25 m 或 21 m，水深应在 2 m 以上，水温应在 25℃～28℃。比赛时，池水必须保持正常水位，水面要平稳。如采用水循环装置，池水不能有明显的流动和旋涡。泳池水要清澈，应使运动员能看清池底和池壁标志线。游泳池由九条分道线构成八条泳道，每条泳道宽 2.5 m。游泳池两端都应设有出发台，否则无法进行 50 m 项目的比赛。出发台的号码顺序应出发一端(面对泳池)从右至左排列。基层比赛的游泳池水深应不低于 1 m，出发端的水深应不低于 1.35 m，泳道宽不能少于 2 m，第一泳道和最后泳道与两侧池壁的距离不能少于 20 cm，泳道数和池宽不限。

三、组别和泳道编排

(1) 运动员参赛人数只有一组时，其赛次应作为决赛。

(2) 运动员参赛人数有两组或三组时，成绩最好的运动员或接力队应编在最后一组，次好的编在第二组，依次类推。从最后一组编到第一组后，再以同样的办法编排每个组的第二个运动员或接力队，依次类推。

(3) 运动员人数超过三组时，成绩最好的 24 名运动员或接力队按上述(2)的办法编最后三组，所剩运动员或接力队按其成绩顺序编满倒数第四组，如还剩有运动员或接力队再编满倒数第五组，依次类推。

(4) 两组或两组以上的任何预赛组内至少应有三个运动员或三个接力队。但在编排后，如有运动员或接力队弃权，预赛组内可少于三个运动员或三个接力队。

(5) 比赛中不得将不同项目、不同距离和不同性别的运动员混合编组。

(6) 在设有 8 条泳道的游泳池比赛时，同一组成绩最好的运动员或接力队应安排在第 4 泳道上，运动员或接力队按成绩优、次以 5、3、6、2、7、1、8 泳道的顺序进行安排。成绩相同的运动员或接力队应用抽签的方法决定先后。基层比赛可根据具体情况编排。

四、出发

自由泳、蛙泳、蝶泳的各项比赛必须从出发台起跳出发，仰泳应在水中出发。当听到总裁判发出长哨声信号后，运动员应站到出发台上；仰泳各项运动员下水，在总裁判发出第二声长哨时，仰泳运动员应迅速游回池端做好出发准备。当发令员发出“各就各位”的口令后，运动员应至少有一只脚立即在出发台前缘做好出发准备；仰泳各项运动员在水中做好出发准备。当所有运动员都属于静止状态时，发令员应发出“出发信号”(鸣枪、电笛、鸣哨或口令)。运动员在听到“出发信号”后才能做出出发动作，如在出发信号发出前出发，应判出发抢码犯规。

五、计时

被承认的计时方法有自动计时、半自动计时和人工计时三种。这里简单介绍人工计时方法：在三名计时员中，有两个以上的计时表所计的成绩相同时，此成绩应为正式成绩。如三个计时表所计的成绩都不相同时，应以中间的成绩作为正式成绩。如只有两个计时表，而所计的成绩不相同时，应以较差的成绩作为正式成绩。若终点名次和计时成绩顺序不一致(如第二名的成绩反而比第一名的成绩好)，应听从总裁判的判定。

六、比赛和犯规

(1) 参赛者必须在自己的泳道内按竞赛规则完成比赛。

(2) 比赛中，参赛者转身时必须使身体某部位触及池壁，转身必须从池壁完成。

(3) 比赛中，除自由泳允许在池底站立外，其他泳式(包括自由泳)均不得在池底跨越或行走。

(4) 比赛中，不允许拉分道线，参赛者不能使用或穿戴任何有利于速度、浮力和耐力的器具(如划手掌、脚蹼等)，但可以戴护目镜。

(5) 比赛中，不允许陪游、带游，不允许诱导或采取任何能起到速度诱导的办法。

(6) 在接力比赛中，每一接力队应有四名队员，任一队员犯规即算该队犯规。任何接力队员在一次接力比赛中只能参加一棒比赛。如果参赛者在抢码后(在本队前一参赛者未触及池壁，即离台出发为抢码)，重新返回并以身体任何部位触及池壁，再游出时，不作犯规论。

第六节　游泳安全卫生和救护

一、安全卫生

1. 安全第一

切实确立安全第一的思想。俗话说：“人命关天”“水火无情”“欺山莫欺水”。游泳是与水打交道的运动，切记安全第一，不能麻痹大意，必须慎之又慎。

2. 游泳场所的选择

首先尽量选择人工游泳场馆。人工游泳场馆的管理比较规范，池水须经常消毒、排污和过滤，清晰度较高，深水和浅水有明显标志。如果在自然水域游泳时，应充分了解水情(包括水质、水深、水流、水中和水底障碍等)，如有污染源或病源史、血吸虫等水域不能游泳。有急流、险滩、旋涡、污泥、乱石、暗礁、水草丛生等处，以及船舶码头等水域也不宜游泳。

3. 游泳前必须体检

下列情况不宜游泳：

(1) 患有精神病、心脏病、皮肤病、肝炎、急性结膜炎、高血压、癫痫、中耳炎，以及其他传染病者不宜游泳；女性在月经期不应该游泳，以免引起感染。

(2) 饭后、酒后或激烈运动之后，不宜立即下水游泳。

(3) 暴风雨期间不宜游泳，应立即上岸，勿在大树下躲避。

4. 准备活动要充分

入水前要做充分的准备活动，如徒手操、慢跑及模仿游泳动作练习等。下水前，应该用水擦面部、胸部、大腿等部位，使身体对冷水的刺激有适应的过程。游泳时间长短，应根据身体情况、水温、气温、游泳技术水平等来确定，一般一次游 1～1.5 h。如身体出现不良反应，如嘴角发紫、打冷颤、头晕，应立即上岸休息。冬泳爱好者在冬天游泳时准备活动要更充分。

5. 预防眼、耳疾病

由于水中有杂质和细菌，游泳者容易产生眼、耳疾病。要预防眼病，除要选择干净的游泳场所进行游泳外，还要注意维护公共卫生。游泳后要向眼中点滴氯霉素眼药水或金霉素眼药膏，切勿用脏手乱擦眼睛，以防挫伤结膜，或使细菌进入眼内。

游泳时如果有水进入耳内，常常有刺痒、耳鸣等不适感，这时切勿用手指挖耳，以免擦破耳道，招致污水感染，引起中耳炎。水进入耳内时，可把头偏向进水耳朵的一侧，并用同侧的脚连续震跳，使水从耳朵内流出来。或者将头偏向进水耳朵一侧，用手掌紧压耳廓，屏住呼吸，然后迅速提起手掌，反复几次后，就可以吸出水来。实在倒不出水时，也不要着急，应及时请医生诊治，排出耳朵中积水。

6. 量力而行不逞能

下水游泳时，初学者应在浅水区域活动。会游泳者也要量力而行，不要好胜逞能，应合理安排运动量，当自感身体有异常反应时，如头晕、头痛、胃痛、恶心或呕吐时应立即上岸，擦干身体，休息至恢复后再下水。若过高估计自己的体力和技术，因而远游，结果无力返回，容易造成溺水事故。

游泳时要避免一切危险动作，如在浅水区跳水、互相打闹、过长时间地憋气潜水、在湿滑的池边奔跑追逐等，均应避免。

二、实用救护方法

游泳时，如发现溺水者应迅速进行救护，并根据溺水者当时的情况和周围的环境选择救护的方法。水上救护包括间接救护和直接救护。

(一) 间接救护

间接救护是指利用救生器材进行救护，如救生圈、救生衣、竹竿、绳子和木板等物。间接救护适用于神志较清醒的溺水者，并且溺水者必须离岸或船较近。间接救护的具体方法是：将救生器材抛至或伸到正在呼救或挣扎的溺水者能够拿到的位置，让其抓住器材并将其拖回岸边，或救护者下水将其拖带上岸。投掷救生器材时应注意避免击伤溺水者(图 13-6-1)。

图 13-6-1　间接救护

(二) 直接救护

在没有任何救生器材时，或者溺水者已神志不清的情况下，必须果断采取直接救护的方法。直接救护是指救护者徒手对溺水者进行施救的一种方法。直接救护包括入水前的准备、入水、游近溺水者、水中解脱、拖带、上岸和施救等过程。

1. 入水前的准备

入水前要迅速脱去妨碍游进的衣物，同时迅速观察周围环境及水情等状况，救护者要选择适当的入水点，以便入水后能尽快游近溺水者进行施救。

2. 入水

在熟悉的水域或游泳池，可采用起跳远、速度快的头臂先入水的跳水动作。在不熟悉的水域，应采用脚先入水的跳水动作，如“八一”式起跳动作，即起跳后，两臂侧平举，一腿前伸微屈，一腿后屈，当身体接近水面时，两腿夹水，两臂压水，防止身体下沉过多，也防止碰到石头和暗礁。

3. 游近溺水者

一般都采用头在水面上的自由泳和蛙泳游近溺水者，以便观察溺水者的情况。当游到离溺水者 3～4 m 处，调整呼吸，深吸气，从其背后接近。如果溺水者面朝自己，则应先潜入水中，游到溺水者身旁，两手扶住其髋部将其转至背向自己，然后拖带上岸。或者是正面游近溺水者后，用左(右)手抓住其右(左)手，用力向左(右)拉，使其背向自己后，再进行拖带(图 13-6-2)。

图 13-6-2　游近溺水者

4. 水中解脱

游近溺水者时，难免被其抓住或抱住，此时必须利用反关节和杠杆原理进行解脱，动作要做到迅速、熟练、突然。

① 抓手臂解脱法。若被溺水者从上或从下抓住双臂时，应两手握拳，向溺水者大拇指方向旋压起虎口，即可解脱；若手臂被溺水者两手抓住，则被抓的手握拳，另一手从其两臂之间穿出，抓住自己握拳的手，突然下拉，即可解脱(图 13-6-3)。

② 抱颈解脱法。若被溺水者从前面或后面抱住颈部，则一手抓住其手腕，另一手推其肘关节，顺势将自己的头从溺水者手臂下钻出来，再趁势将其背向自己进行拖带(图 13-6-4)。

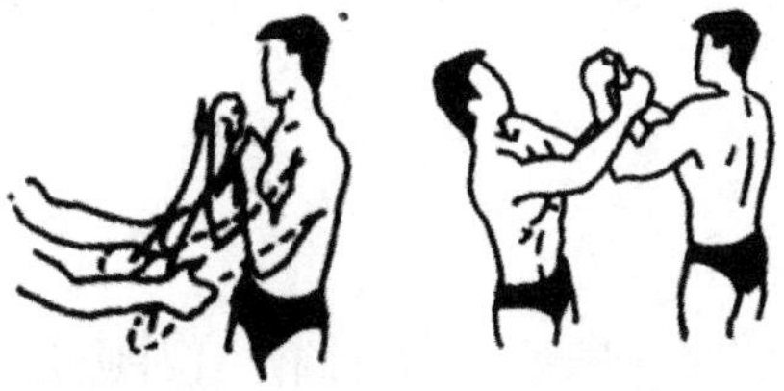

图 13-6-3　抓手臂解脱法

图 13-6-4　抱颈解脱法

③ 抱腰解脱法。若被溺水者从前面抱住腰部时，一手推其下颌，另一手按其后脑，向外扭转其头部，使其背向自己，顺势拖带；若被溺水者从后面抱住腰部时，则应握住其一手指用力向外扳，即可解脱；若被溺水者从前面或后面抱住身体和两臂时，救护者应先向

下蹬夹水，使身体迅速上顶，然后两臂向外撑，同时身体迅速向下沉，即可解脱(图 13-6-5)。

图 13-6-5　抱腰解脱法

5. 拖带

拖带是指救护者将溺水者带至岸边。一般采用侧泳和反蛙泳进行拖带，拖带时，溺水者的口鼻应始终露出水面。侧泳拖带的方法是，救护者用一手挟住溺水者的颈部或胸部，另一手则在体侧划水；反蛙泳拖带的方法是，救护者用双手托住溺水者颈部，两腿做反蛙泳蹬夹水动作(图 13-6-6)。

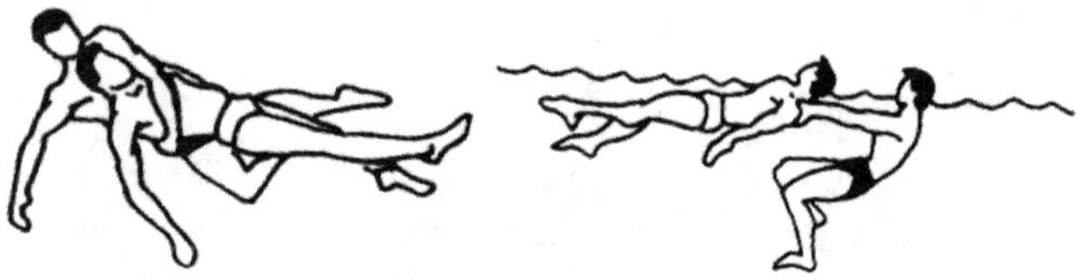

图 13-6-6　拖带

6. 上岸

将溺水者拖带到岸边后，应尽快将其救上岸进行抢救。上岸时，可用从下向上拉的方法，将溺水者提拉上岸(图 13-6-7)，也可采用俯卧肩背的方法进行施救(图 13-6-8)。

图 13-6-7　上岸

图 13-6-8　施救

(三) 岸上急救

溺水者被救上岸后，应立即检查其意识、呼吸和脉搏，同时确定其呼吸是否通畅。如果呼吸道阻塞，则开始急救的第一步是开通呼吸道。先解开溺水者的衣扣和裤带，清除口鼻中的阻塞物，如黏土、食物、假牙等。若溺水者紧闭牙关，救护者可用两手大拇指由后向前顶住其下颌关节，并用力前推，同时用中指和食指向下扳颌骨，即能扳开其牙关；接着是给溺水者倒水，救护者一腿跪着，另一腿弯曲，将溺水者的腹部贴在弯曲的大腿上，一手扶其头，使其嘴向下，另一手压其背部，使其把喝入肺或胃内的水排出。如果溺水者呼吸已停止，在确定呼吸道已畅通时，就必须及时对溺水者进行口对口呼吸与胸外按压，切勿因倒水而浪费时间。

1. 口对口人工呼吸

口对口人工呼吸是一种迅速而有效的供应氧气的方法，将溺水者仰卧，救护者跪坐在另一侧，一手压其额头，另一手的手指放在其下巴上，打开其口腔，接着救护者用口对着溺水者的口先吹两口气，再松开手观察其胸部有无起伏，以及有无空气从嘴部呼出，如此反复操作，一般按每分钟 14～20 次的频率进行。如果溺水者的心脏停止跳动，无法测得脉搏时，则应在做人工呼吸的同时，做胸外按压。

2. 胸外按压

胸外按压的具体操作方法是：救护者将两手上下重叠，手掌根部按压在溺水者胸骨下端三分之一处，两臂伸直，借助身体重量，稳健有力地向下压，然后放松使心脏舒张。

胸外按压每分钟按压频率为 60～80 次。人工呼吸和胸外按压同时进行时，如果是单人操作，则每做 2 次口对口呼吸，配合胸外按压 15 次；如果是双人操作，则人工呼吸做 1 次，胸外按压做 5 次。如此反复持续进行，直至医务人员接手。注意，在整个急救过程中，要保护好溺水者的头部。

(四) 自我救护

自我救护是指溺水者在没有他人救助的情况下，通过自身努力而获救的救生技术。掌握水中自我救护技术是十分重要的，这样可以排除险情和争取时间等待他人救护。

游泳者在水中遇到意外事故时，要沉着、冷静，按照一定的方法进行自我救护。实在不行时，发出呼救信号，以便及时得到同伴或救生员的救护与帮助。

1. 解除抽筋

抽筋是指肌肉突然发生强直性收缩，同时产生剧痛，破坏了正常的动作节奏。游泳时有时会发生抽筋，此时，如果游泳者惊慌则易发生溺水事故。

游泳时抽筋的常见部位是小腿、手指、脚趾、大腿及胃部等。抽筋的主要原因是下水前没有做准备活动或准备活动不充分，身体各器官及肌肉组织没活动开，下水后突然做剧烈的蹬水和划水动作。另外，也有由于水凉刺激肌肉突然收缩而出现抽筋。游泳时间长、过分疲劳及体力消耗过多、机体大量散热或精神紧张、游泳动作不协调等情况下也会出现抽筋。

预防抽筋的方法是：充分做好游泳前的各项准备活动，容易抽筋的部位多活动一些，也可以在大小腿、脚趾及腹部等部位进行适当的按摩与放松；下水前用冷水冲洗，既卫生又能使身体适应冷水刺激；游泳时间要根据自己的体力和技术情况而定，不宜过长；上岸后要注意保暖，及时更衣。

解除抽筋的方法主要是拉长抽筋的肌肉，使收缩的肌肉伸展和松弛。

(1) 解除小腿和脚趾抽筋法：若因水温过低或疲劳产生小腿或脚趾抽筋，则可使身体成仰浮姿势，用抽筋肢体对侧的手将抽筋肢体的脚趾用力向身体方向拉，使抽筋腿伸直；同时用同侧手掌压在抽筋腿的膝盖，帮助抽筋腿伸直(图 13-3-9)。另外，若抽筋情况减轻时，可用另一脚踩水，另一手划水，帮助身体上浮并向岸边游近，上岸后用中指、食指尖掐承山穴(小腿后面正中、腓肠肌两侧肌腹交界的下端)或委中穴(在窝横纹的正中点)进行穴位按摩，帮助恢复正常。

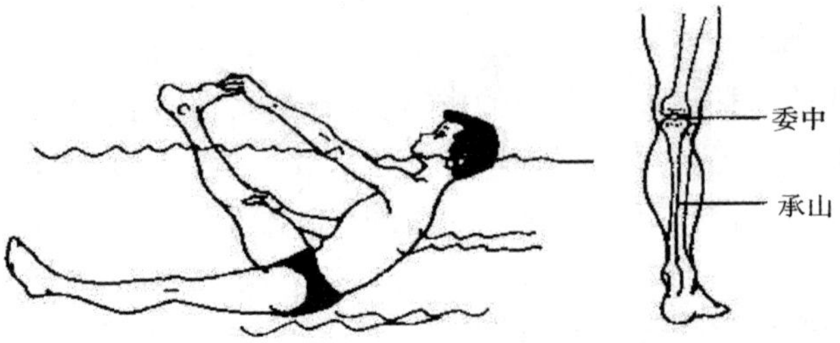

小腿抽筋自救　　小腿抽筋按摩穴位

图 13-6-9　解除小腿抽筋法

(2) 解除手指抽筋法；两手抽筋时，应迅速握紧拳头，再用力伸直(图 13-3-10)，反复多次，直至复原。如单手抽筋，除做上述动作外，可按摩合谷穴(第一和第二掌骨中间陷处偏食指侧)、内关穴(手腕掌面横纹上二寸肌腱之间陷凹中)、外关穴(手腕背面与内关穴相对处)。

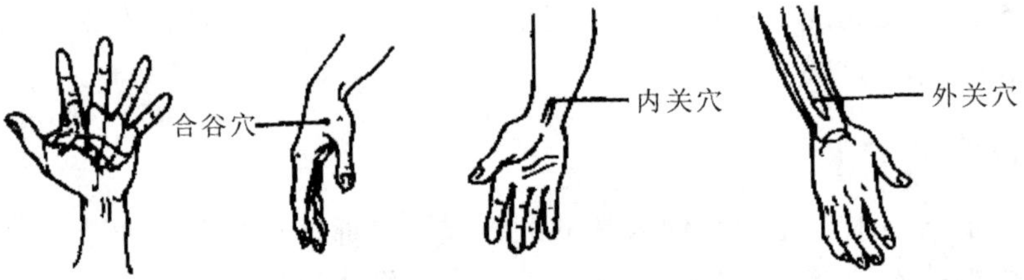

图 13-6-10　解除手指抽筋法

2. 呛水的预防与处理

游泳时水从鼻腔或口腔进入呼吸道，影响呼吸器官与外界进行气体交换而引起的咳嗽，称为“呛水”。

呛水的预防与处理的方法：游泳者在游泳时应注意练习和掌握正确的水中呼吸动作，在水面上用嘴吸气，吸气结束后应有一瞬间的憋气，然后在水下用嘴鼻呼气(千万不要在水中吸气)，没有呼完的气可在水面上换气前迅速呼出，紧接着做吸气动作。此外，掌握正确的避浪技术也可避免呛水。在出发、滚翻转身前，要吸好气，在水中动作时不要吸气，在爬泳前滚翻转身过程中头朝下时，鼻要向外呼气，不能吸气，否则很容易使水进入鼻中产生呛水。如果已经呛水了，也不要心慌，应迅速调整呼吸，或使头露在水面做几次水面游泳动作，也可以做原地踩水动作，休息一会儿即可恢复正常：也可顺势将头没入水中，稍憋一口气，在水下深吐气，再抬头换气，以恢复正常的呼吸节奏。

第十四章　武　　术

中华武术作为一项具有广泛社会价值和民族文化特色的体育运动，属于中国传统文化的一部分。它历史悠久，有着广泛的群众基础，在经过不断地创新、提炼和发展之后，逐渐形成了以技击动作为主要内容，以套路和格斗为运动形式，注重内外兼修的中国传统体育项目。武术文化的传播也有助于世界各国人民通过强身健体、修身养性，改善人的精神面貌和生活质量，使之成为凝聚世界各族人民的文化精神纽带，对助力推进建设体育强国具有重要作用。党的二十大报告强调“推进文化自信自强，铸就社会主义文化新辉煌”“传承中华优秀传统文化，满足人民日益增长的精神文化需求，巩固全党全国各族人民团结奋斗的共同思想基础，不断提升国家文化软实力和中华文化影响力”。

如今武术已发展成现代竞技体育项目，其健身价值就显得更为突出。通过武术锻炼可以从多方面增进人体健康，全面发展人的身体素质，如对力量、耐力、速度、灵敏度、柔韧性等素质的发展都有良好的影响。由于武术的内容非常丰富，不同拳种又有各自不同的运动特点，所以不同拳种对人的身体素质的影响也不尽相同，但彼此之间可以相互补充，使武术的健身作用得到更好地发挥。我们可根据自己的实际情况选择相应的武术内容进行练习。

第一节　武术基本功和基本动作

一、手型及要点

(1) 拳：拳握紧，拳面平，直腕(图 14-1-1)。
(2) 掌：掌心开展，竖指(图 14-1-2)。
(3) 勾：腕关节不要过松(图 14-1-3)。

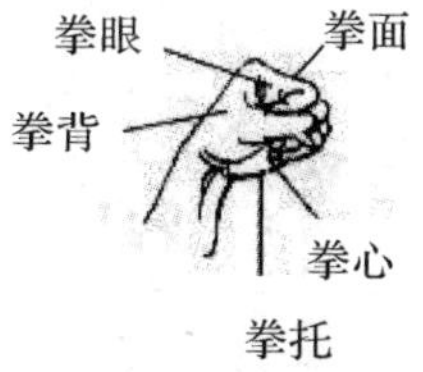

图 14-1-1　拳

图 14-1-2　掌

图 14-1-3　勾

二、步型及要点

(1) 弓步：挺胸、塌腰、沉髋，前脚与后脚跟内侧成一直线(图 14-1-4)。
(2) 马步：挺胸、塌腰、直背，膝微内扣(图 14-1-5)。

(3) 仆步：挺胸、塌腰、沉髋(图 14-1-6)。

(4) 虚步：挺胸、塌腰、虚实分明(图 14-1-7)。

(5) 歇步：挺胸、塌腰、两腿靠拢贴紧(图 14-1-8)。

图 14-1-4　弓步

图 14-1-5　马步

图 14-1-6　仆步

图 14-1-7　虚步

图 14-1-8　歇步

三、手法及要点

(1) 冲拳：挺胸、收腹、拧腰、顺肩，快速有力(图 14-1-9)。

(2) 劈拳：松肩、直臂、立圆抡劈，力达拳轮(图 14-1-10)。

(3) 推掌：挺胸、收腹、立腰；拧腰、顺肩，出掌快速有力，力达掌外缘(图 14-1-11)。

(4) 架掌：松肩、前臂内旋，上架以掌外缘为力点(图 14-1-12)。

图 14-1-9　冲拳

图 14-1-10　劈拳

图 14-1-11　推掌

图 14-1-12　架掌

四、腿法及要点

(1) 正踢腿：挺胸、收腹、立腰；腿上摆过腰后加速用力，收腹、收髋，上体正直(图 14-1-13)。

(2) 单拍脚：收腹、立腰，击拍脚要脆、快、响(图 14-1-14)。

(3) 弹腿：挺胸、立腰、收髋，弹踢要有寸劲(图 14-1-15)。

(4) 蹬腿：挺胸、立腰、勾紧脚尖，蹬踢要脆、快、有力(图 14-1-16)。

图 14-1-13　正踢腿

图 14-1-14　单拍脚

图 14-1-15　弹腿

图 14-1-16　蹬腿

五、身法(腰功)及要点

(1) 前俯腰：向前屈体，膝伸直，挺胸、塌腰(图 14-1-17)。

(2) 甩腰：动作要快速、紧凑、有弹性(图 14-1-18)。

(3) 涮腰：尽量增大绕环幅度(图 14-1-19)。

图 14-1-17　前俯腰

图 14-1-18　甩腰

图 14-1-19　涮腰

六、平衡动作及要点

(1) 提膝平衡：提膝过腰，脚面绷平(图 14-1-20)。

(2) 燕式平衡：挺胸、抬头、塌腰，上体前俯；两腿伸直，后举腿，脚面绷平(图 14-1-21)。

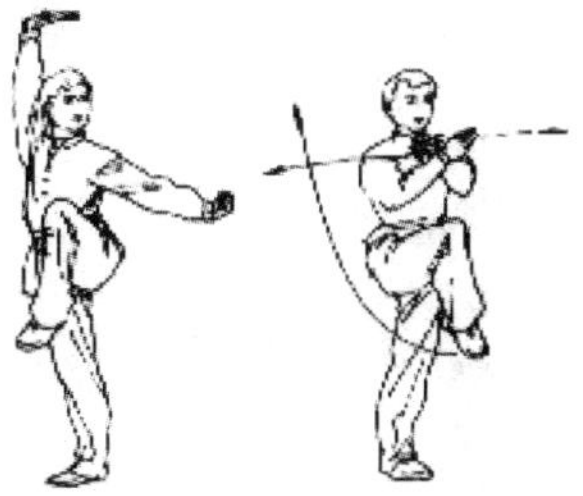

图 14-1-20　提膝平衡

图 14-1-21　燕式平衡

第二节　五　步　拳

五步拳是查拳入门拳套，也是学习国标武术入门之基本拳术组合小套，亦是武术里必学、最基础的拳套。它包含了武术中最基本的弓、马、仆、虚、歇五种步型和拳、掌、勾三种手型，以及上步、退步步法和搂手、冲拳、按掌、穿掌、挑掌、架打、盖打等手法。通过五步拳的练习可以增进身体的协调能力，掌握动作与动作之间的衔接要领，提高动作质量，为进一步学习武术打下基础。

一、五步拳的基本动作

动作名称：① 预备势；② 弓步冲拳；③ 弹踢冲拳；④ 马步架打；⑤ 歇步盖打；⑥ 提膝穿掌；⑦ 仆步穿掌；⑧ 虚步挑掌；⑨ 收势。

(1) 手型：拳、掌、勾。

(2) 手法：冲拳、推掌、架打。

(3) 步型：马步、弓步、仆步、虚步、歇步。

(4) 步法：弹腿、蹬腿。

二、五步拳的动作图解

1. 预备势(图 14-2-1)

两脚并拢，双手握拳抱于腰间，拳面与小腹在同一个平面，双肘后顶，向左摆头，目视左前方。

2. 弓步冲拳(图 14-2-2)

弓步搂打之马步搂手：(过渡动作)左脚向左横跨一大步成马步，同时左拳变掌向左搂出，掌指朝上，虎口撑开，目视左方。

弓步搂打之弓步冲拳：左掌变拳收回腰间，拳心朝上。马步向左拧腰转胯成左弓步，右拳同时内旋击出，拳心向下，力达拳面，目视前方。

3. 弹踢冲拳(图 14-2-3)

右拳外旋收回腰间，拳心向上。左拳拧旋击出，同时右脚向前弹出，脚面绷平，力达脚尖。左拳拳心向下，上身直立，目视前方。

4. 马步架打(图 14-2-4)

右脚前落成马步，左拳变掌向上撩架，右拳向前击出成平拳，眼看右方。

图 14-2-1　预备势

图 14-2-2　弓步冲拳

图 14-2-3　弹踢冲拳

图 14-2-4　马步架打

5. 歇步冲拳(图 14-2-5)

歇步盖打之转身盖掌：向左转身，左脚后撤右脚后方，左掌变拳收回腰间，右拳变掌从上向左下横盖，目视前方。

歇步盖打之歇步冲拳：下蹲成右歇步，右掌变拳收回腰间，左拳平拳击出，目视前方。

6. 提膝穿掌(图 14-2-6)

左拳变掌下横盖，起身右腿直立，左脚提膝，同时右拳变掌从腰间向右上方穿出，目视右掌。

7. 仆步穿掌(图 14-2-7)

左脚向左落步成左仆步，左掌向左下方穿出，目视左方。

(a) 歇步盖打之转身盖掌　(b) 歇步盖打之歇步冲拳

图 14-2-5　歇步冲拳

图 14-2-6　提膝穿掌

图 14-2-7　仆步穿掌

8. 虚步挑掌(图 14-2-8)

右脚向前上步成右虚步，左掌顺式向上、向后成下勾手(低不过肩，高不过耳端)。右掌向前、向上挑出，掌指向上，右肘微屈，目视前方。

9. 收势(图 14-2-9)

左脚向右脚并拢，双手变拳收回腰间。向左摆头，目视左前方。

图 14-2-8　虚步挑掌

图 14-2-9　收势

第三节　剑　　术

剑素有“百刃之君”之称，是一种由尖、刃、脊、锋、护手、柄等部分组成的短器械(图 14-3-1)，源于殷商以前。而剑术是以刺、点、崩、劈、挂、撩等剑法，配合步型、步法等构成套路。其运动特点是：轻快、敏捷、潇洒、灵活多变、富有韵律。

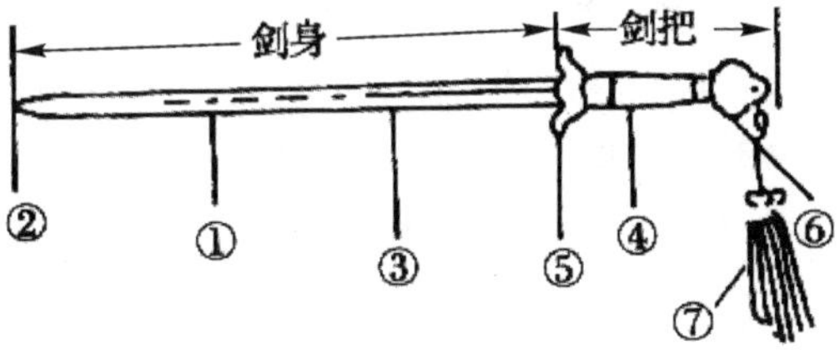

①—剑刃；②—剑尖；③—剑脊；④—剑柄；⑤—护手；⑥—剑首；⑦—剑穗。

图 14-3-1　剑的构造

一、剑术基本技法

1. 剑的持握法

剑的持握法有持剑(图 14-3-2)和握剑(图 14-3-3)两种。

图 14-3-2 持剑

图 14-3-3　握剑

2. 剑的基本技法

剑的基本技法有刺剑、点剑、崩剑、劈剑、挂剑、撩剑(图 14-3-4)。

(a) 刺剑　(b) 点剑　(c) 崩剑

(d) 劈剑　(e) 挂剑

(f) 撩剑

图 14-3-4　剑的基本技法

二、初级剑术

(一) 动作名称

(1) 预备式。

(2) 第一段：① 弓步直刺；② 回身后劈；③ 弓步平抹；④ 弓步左撩；⑤ 提膝平斩；⑥ 回身下刺；⑦ 挂剑直刺；⑧ 虚步架剑。

(3) 第二段：① 虚步平劈；② 弓步下劈；③ 带剑前点；④ 提膝下截；⑤ 提膝直刺；⑥ 回身平崩；⑦ 歇步下劈；⑧ 提膝下点。

(4) 第三段：① 并步直刺；② 弓步上挑；③ 歇步下劈；④ 右截腕；⑤ 左截腕；⑥ 跃步上挑；⑦ 仆步下压；⑧ 提膝直刺。

(5) 第四段：① 弓步平劈；② 回身后撩；③ 歇步上崩；④ 弓步斜削；⑤ 进步左撩；⑥ 进步右撩；⑦ 坐盘反撩；⑧ 转身云剑。

(6) 结束动作。

(二) 动作说明

1. 预备式

身体正直，并步站立，左手持剑，以拇指为一侧，中指、无名指和小指为另一侧，分握护手盘与剑柄的分界处，手背朝前，食指贴于剑柄，剑身贴于小臂后侧。右手握成剑指，即食指和中指伸直并拢，无名指和小指屈向手心，拇指压在无名指的指甲上，手腕反屈、手背朝上，食指、中指内扣指向左下侧，目向左平视(图 14-3-5(a))。

要点：持剑时，前臂与剑身要紧贴并垂直于地面。

2. 第一组动作

(1) 上身半面向右转，右脚向右上一步，成右弓步。在右脚上步的同时，右手剑指从身体右侧经胸至左肩后，向右前方平伸指出，拇指一侧在上，目视剑指(图 14-3-5(b))。

(2) 上身右转，左手持剑由左侧直臂上举，向右侧划弧，至身前时，拇指一侧朝下作反臂平举；同时，右手剑指屈肘收于右腰侧，手心朝上(图 14-3-5(c))。

(3) 左脚向右脚并步，左手持剑随之下落，垂直于身体左侧；同时，右手剑指向右侧平伸指出，拇指一侧在上，目视剑指(图 14-3-5(d))。

要点：上述的上步剑指平伸、转体持剑向右侧划弧和并步剑指平伸三个分解动作，必须连贯起来做。

3. 第二组动作

(1) 左脚向左上一步，成左弓步，上身随之向左转，在左脚上步的同时，左手持剑屈肘经胸前向上、向前弧形绕环，平举于身体左侧，拇指一侧在下(图 14-3-5(e))。

(2) 左腿伸直站立，右脚向前并步。左手持剑随之从身前下落，垂直于身体左侧；同时，右手剑指屈肘沿右耳侧向前平伸指出，拇指一侧在上，目视剑指(图 14-3-5(f))。

要点：右手剑指向前指出时，肘要伸直，剑指尖稍高过肩。

4. 第三组动作

(1) 左手持剑向右手剑指上面向前平伸穿出，拇指一侧在下；右手剑指顺左臂下面屈肘收于左肩前，并且屈腕使手指朝上。上身右转，右脚向右侧跨步，成右弓步，目向左平视(图 14-3-5(g))。

(2) 上身右转，右手剑指经身前向右侧平伸指出，拇指一侧在上，目视剑指(图 14-3-5(h))。

要点：上身略向前倾，挺胸、塌腰，左手持剑伸平，左肩放松。

(a)　(b)　(c)　(d)

(e)　(f)　(g)　(h)　(i)

图 14-3-5　初级剑术动作说明

5. 第四组动作

右脚的前脚掌里扣，上身左转，左脚随之移回半步，成左虚步。在左脚移步的同时，左手持剑向胸前屈肘，手心朝外；右手剑指也向胸前屈肘，手心朝里，准备接握左手之剑，目视剑尖(图 14-3-5(i))。

要点：做左虚步时，右实左虚要分明，两肘要平，剑尖稍高于左肘。

三、初级剑术的动作图解

(一) 第一段

1. 弓步直刺

右手接握左手之剑，左手握成剑指。左脚向前上半步，成左弓步，同时，上身左转，右手持剑向身前平伸直刺，拇指一侧在上，左手剑指随之伸向身后平举，拇指一侧在上，目视剑尖(图 14-3-6(a))。

要点：上身稍向前倾，腰要向左拧转、下塌，臀部不要凸起，剑尖稍高于肩。

2. 回身后劈

左脚不动，膝部伸直；右脚向前上一步，膝略屈，上身右转。同时，右手持剑经上向后劈，剑高与肩平，拇指一侧在上；左手剑指随之由下向前上弧形绕环，在头顶上方屈肘侧举，拇指一侧在下，目视剑尖(图 14-3-6(b))。

要点：上步、转身、平劈和剑指向上侧举必须协调一致，剑身和持剑臂必须成直线。

3. 弓步平抹

左脚向左前方上一步，成左弓步。同时，左手剑指由胸前下降，经左下向上弧形绕环，在头顶上方屈肘侧举，拇指一侧在下；右手持剑(手心转向上)随之向前平抹，剑尖稍向右斜，目视前方(图 14-3-6(c))。

要点：抹剑时，手腕用力须柔和。

4. 弓步左撩

(1) 上身左转，右腿屈膝在身前提起，脚尖下垂。同时，右手持剑至后方时屈肘使手腕前臂贴靠腹部，手心朝里，左手剑指下落，附于右手腕部(手心朝下)，目视剑身(图 14-3-7(a))。

(2) 右脚继续向右前方落步，成右弓步。同时，右手持剑由后向下、向前反手撩起，小指一侧在上；左手剑指随右手运动，仍附于右手腕处，目视剑尖(图 14-3-7(b))。

(a) (b) (c)

图 14-3-6 弓步直刺、回身后劈及弓步平抹

(a) (b)

图 14-3-7 弓步左撩

要点：剑由前向后和由后向前弧形撩起时，必须与提膝和向前落步的动作协调一致。握剑不可太紧，剑尖稍低于剑指。

5. 提膝平斩

左脚向前上一步，右手手腕向左上翻转、屈肘，使剑向左平绕至头部前上方，右脚随之由后向前屈膝提起，右手继续翻转手腕，使剑向右平绕至右方后(手心朝上)，再用力向前平斩；左手剑指由下向左、向上弧形绕环，屈肘横举于头部左上方，目视前方(图 14-3-8)。

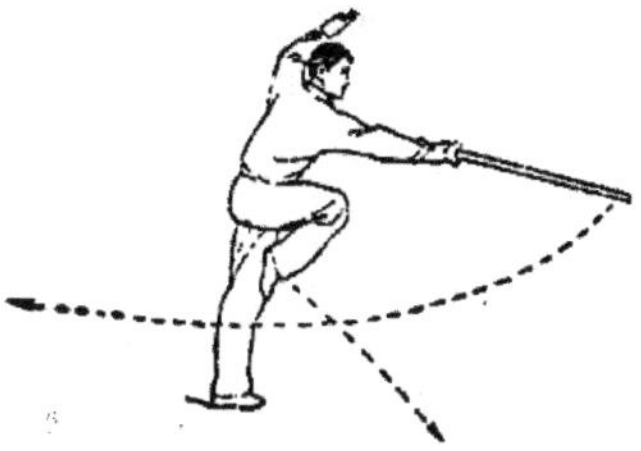
图 14-3-8 提膝平斩

要点：剑从左向后平绕时，上身必须后仰，使剑从脸部上方平绕而过，不可从头顶绕行。

6. 回身下刺

右脚向前落步，同时，右手持剑手腕反屈，向后下方直刺，剑尖低于膝，拇指一侧在上；左手剑指先向右手靠拢，然后在刺剑的同时向前上方伸直，拇指一侧在上，目视剑尖(图 14-3-9)。

图 14-3-9 回身下刺

要点：右手持剑收于身前，在右脚向前落步和上身右转的同时，将剑用力刺出，剑指、两臂和剑身成一直线。

7. 挂剑直刺

(1) 左脚向前上一步，屈膝略蹲，右臂内旋先使拇指一侧朝下成反手，然后翘腕、摆臂，使剑尖向左、向上抄挂。当持剑手抄至左肩时，再屈肘使剑平落于胸前，手心朝里；此时左腿伸直站立，右腿随之在身前屈膝提起，左手剑指屈肘附于右手腕处(图 14-3-10(a))。

(2) 接着，以左脚前脚掌碾地，上身右转，右手持剑使剑向下插，左手剑指仍附于右手腕处，目视剑尖(图 14-3-10(b))。

(3) 上述动作不停，仍以左脚前脚掌为轴碾地，右脚向身后跨一大步，成右弓步；同时，右手持剑向前直刺，剑尖与肩同高，拇指一侧在上；左手剑指随之向后平伸，拇指一侧在上，目视剑尖(图 14-3-10(c))。

要点：挂剑、下插、直刺三个分解动作必须连贯，它们与跨步、提膝、转身、弓步的动作要协调一致。

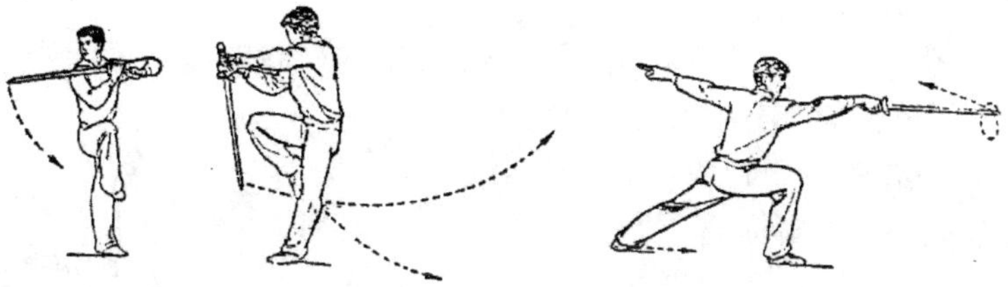
(a) (b) (c)

图 14-3-10 挂剑直刺

8. 虚步架剑

(1) 右手持剑先将剑尖由左向右搅一小圈，以右脚跟和左脚前脚掌为轴碾地，上身从右向后转，左脚向前收拢半步，两膝均略屈成交叉步。在转身的同时，右手持剑反手向后上方屈肘上架；左手剑指屈肘经左肩前附于右手腕处，目向左平视(图 14-3-11(a))。

(2) 右腿屈膝不动，左脚向前进一步，成左虚步，在右手持剑略向后牵引的同时，左手剑指向前平伸指出，手心朝下，目视剑指(图 14-3-11(b))。

要点：虚步必须虚实分明，右肘略屈，使剑身成立剑架于额前上方，左臂伸直，剑指稍高过肩。

(a)　　(b)

图 14-3-11　虚步架剑

(二) 第二段

1. 虚步平劈

左脚脚跟外展，上身右转，重心移于左腿，成为右虚步。左转身的同时，右手持剑向下平劈，拇指一侧在上；左手剑指即向上屈肘，手心向左上方，目视剑尖(图 14-3-12)。

要点：虚步必须虚实分明，劈剑时手腕要挺直。

图 14-3-12　虚步平劈

2. 弓步下劈

右脚踏实，身体重心前移，左手剑指伸向右腋下，右手持剑臂内旋使手心朝下，左脚随即向左前方上步，成左弓步；同时，右手持剑屈腕向左平绕，划一小圈后向前下方劈剑，剑尖高与膝平；左手剑指随之由右腋下面向左、向上绕环，在头顶上方屈肘侧举，上身略前俯，目视剑尖(图 14-3-13)。

要点：劈剑时，右肩前倾，左肩后引，剑尖与手、肩成一直线。

图 14-3-13　弓步下劈

3. 带剑前点

(1) 右脚向左脚靠拢，以前脚掌虚着地面，两腿均屈膝略蹲，右手持剑向上屈腕，使剑向右耳际带回，肘微屈；左手剑指随之由前下落，附于右手腕处，目向右前方平视(图 14-3-14(a))。

(2) 上述动作不停，右脚向右前方跃一步，落地后即屈膝半蹲，全脚着地，左脚随之跟进，向右脚并步屈膝，以脚尖点地，成丁步。同时，右手持剑向前点击，拇指一侧在上；左手剑指即屈肘向头顶上方侧举，手心朝上，目视剑尖(图 14-3-14(b))。

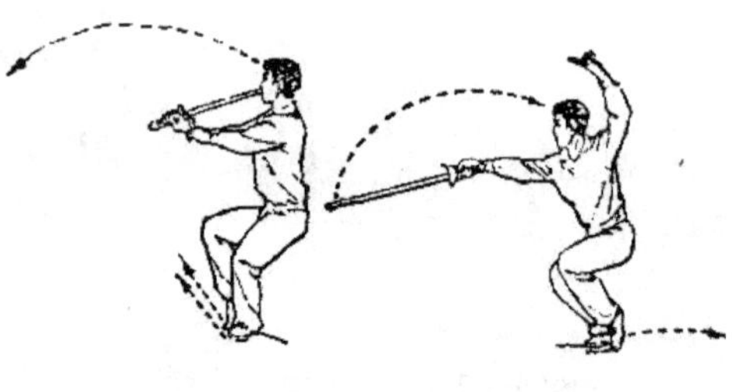

(a)　　(b)

图 14-3-14　带剑前点

要点：向前点击时，右臂前伸，屈腕、力点在剑尖，成丁步后，右腿大腿尽量蹲，左脚脚背绷直，脚尖点在右脚脚弓处。

4. 提膝下截

(1) 右腿伸直，左腿退步后屈膝，上身后仰，右臂外旋手心朝上，使剑向右、向后上方弧形绕环，左手剑指不动(图 14-3-15(a))。

(2) 上述动作不停，右臂内旋使手心朝下，继续使剑向左、向前下方划弧下截，同时上身向前探倾，左腿屈膝提起，目视剑尖(图 14-3-15(b))。

要点：剑从右向左的圆形划弧下截是一个完整动作，必须连贯起来做。右臂和剑身成一直线，剑身斜平。

5. 提膝直刺

(1) 右腿略屈膝，左脚向前落步。右臂外旋使手心朝上，并在左脚落步的同时向上屈肘，将剑柄收抱于胸前，手心朝里，剑尖高与肩平；左手剑指随之下落，屈肘按于剑柄上，此时两腿成为交叉步，目视剑尖(图 14-3-16(a))。

(2) 右腿向身前屈膝提起，左腿伸直站立。右手持剑向前平直刺出，拇指一侧在上；同时左手剑指向后平伸指出，手心朝下，目视剑尖(图 14-3-16(b))。

要点：抱剑与落步，直刺与提膝，必须协调一致。

(a)　(b)

图 14-3-15　提膝下截

(a)　(b)

图 14-3-16　提膝直刺

6. 回身平崩

(1) 右脚向前落步，同时上身向右后转，成交叉步。右手持剑臂外旋使手心朝上，屈肘向胸前收回，剑身与右前臂成水平直线；左手剑指经左耳侧屈肘前落，附于右手心上面，目视剑尖(图 14-3-17(a))。

(2) 上身稍向右转，左脚挺膝伸直，右腿略屈膝。同时，右手持剑使剑的前端用力向右平崩，手心仍朝上；左手剑指屈肘向额部左上方侧举，目视剑尖(图 14-3-17(b))。

要点：收剑和平崩两个动作必须连贯起来做，平崩时，用力点在剑的前端。

7. 歇步下劈

右脚蹬地起跳，左脚向左跃步横跨一步，落地后，右腿即向左腿后侧插步，继而两腿屈膝全蹲，成歇步。在跃步的同时，右手持剑向上举起，并在形成歇步时向左下劈，拇指一侧在上，剑尖与踝关节同高；左手剑指随着下劈动作，下按于右手腕上面，目视剑身(图 14-3-18)。

要点：劈剑与跃步成歇步动作须同时完成。

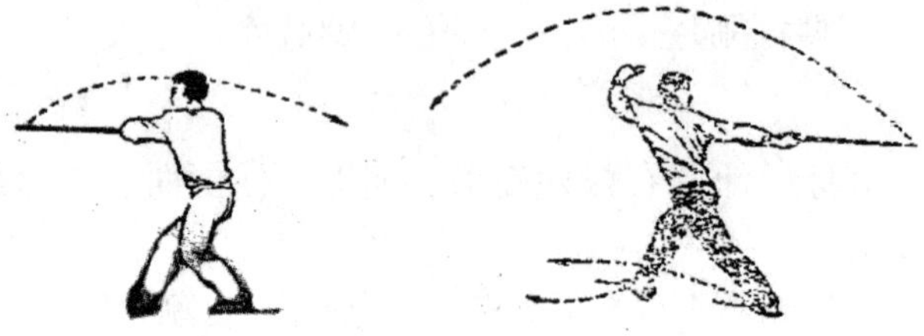

(a)　　(b)

图 14-3-17　回身平崩

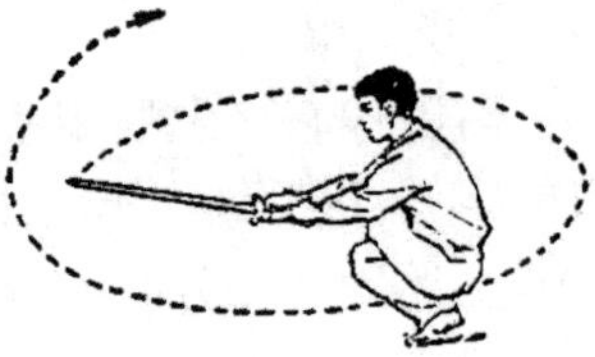

图 14-3-18　歇步下劈

8. 提膝下点

(1) 右手持剑先使手心朝下成平剑，然后上身向右转动，两腿边转边站立起来，右手持剑平绕一周。当剑绕至上身右侧时，上身稍向左后仰，同时剑身继续向外、向上弧形绕环，剑尖接近右耳侧；此时左手剑指离开右手腕向上屈肘侧举，目视前下方(图 14-3-19(a))。

(a)　　(b)

图 14-3-19　提膝下点

(2) 上述动作不停，右腿伸直站立，左腿屈膝提起，上身向右侧下探俯，同时右手持剑向前下点击，拇指一侧在上，目视剑尖(图 14-3-19(b))。

要点：仰身外绕剑与提膝下点动作必须连贯、同时完成。点剑时，右手腕要下屈；剑劈时，剑身、右臂、左臂和剑指要在同一个垂直面内。

(三) 第三段

1. 并步直刺

(1) 以右脚前脚掌为轴碾地，使上身向左后转，在转身的同时，使剑尖指向转身后的身前；左手剑指向正前方指出，手心朝下，目视剑指(图 14-3-20(a))。

(2) 左脚向前落步，右脚随之跟进并步，两腿均屈膝半蹲。同时，右手持剑向前平伸直刺，拇指一侧在上；左手剑指顺势附于右手腕处，目视剑尖(图 14-3-20(b))。

要点：两腿半蹲时大腿要蹲平，两臂伸直，剑尖与肩相平。

2. 弓步上挑

右脚上步屈膝，成右弓步。右手持剑直臂向上挑举，剑尖向上，手心朝左；左手剑指仍向前平伸指出，手心朝下，上身稍微前倾，目视剑指(图 14-3-21)。

要点：左臂伸直，左肩前顾，剑指略高过肩；右臂直上举，上身挺胸、直背、塌腰。

(a)　　(b)

图 14-3-20　并步直刺

图 14-3-21　弓步上挑

3. 歇步下劈

右腿伸直，左脚向前上步，随之两腿交叉屈膝全蹲，成歇步。同时，右手持剑向前下劈，拇指一侧在上，剑尖与踝关节同高；左手剑指屈肘附于右手腕里侧，上身稍前俯，目视剑身(图 14-3-22)。

要点：劈剑时，右臂尽量向前下方伸直，剑身与地面平行。

4. 右截腕

两脚以前脚掌碾地，使上身右转，成左虚步。右臂内旋使拇指一侧朝下，用剑的前端下刃向前上方划弧翻转，随着上身起立成虚步，右手持剑再向右后上方托起，左手剑指仍附于右手腕，两肘均微屈，目视剑的前端(图 14-3-23)。

要点：两腿虚实必须分明，上身稍向前倾，剑身平横于右额前上方，剑尖稍高于剑柄。

5. 左截腕

左脚向前上半步，并以前脚掌碾地使上身向左后转，右脚随之向前上一步，成右虚步。在右脚进步的同时，右臂外旋，使剑身的前端向左前上方划弧翻转，手心朝上，剑身与地面平行；左手剑指随之离开右手腕，屈肘向上侧举，目视剑的前端(图 14-3-24)。

要点：同上述右截腕。

图 14-3-22　歇步下劈

图 14-3-23　右截腕

图 14-3-24　左截腕

6. 跃步上挑

(1) 左脚前上一步，右脚离地，小腿后弯。同时，右臂手心朝里，使剑由右向上、向左屈肘划弧，剑至上身左侧时，右手靠近左胯旁，拇指一侧在上并向上屈腕；左手剑指附于右手腕上，目视剑尖(图 14-3-25(a))。

(2) 左脚蹬地，右脚向右侧跃步，落地后屈膝略蹲，左脚随之离地屈膝从身后伸向右侧方，形成望月式平衡，上身向左侧倾俯。右手持剑由左胯旁向下、向右划弧，当剑到达右侧方时，臂外旋并向拇指一侧屈腕，使剑向上挑击；左手剑指即向左上方屈肘横举，拇指一侧在下，目视右侧方(图 14-3-25(b))。

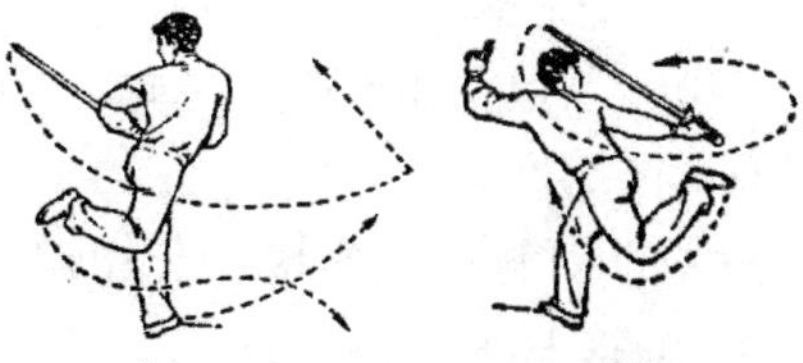

(a)　(b)

图 14-3-25　跃步上挑

要点：跃步和上挑动作必须协调一致，迅速进行。挑剑时，腕部要猛然用力上屈，左小腿尽量向上抬起。

7. 仆步下压

(1) 右手持剑向身后，向右弧形平绕，当剑绕到右侧时，即屈肘将剑柄收托于胸部前下方，手心朝上。同时，右膝伸直，上身立起；左腿屈至膝提于身前，左手剑指仍横举于左额前上方(图 14-3-26(a))。

(2) 上述动作不停，左手剑指经身前下落，按在右手腕上。左脚随之向左侧落步，成右仆步。同时，右手持剑用剑身平面向下带压，剑尖斜向右上方，上身前探，目向右平视(图 14-3-26(b))。

要点：做仆步时，左腿全蹲，臂部紧靠脚跟，不要凸起，两脚全脚掌均着地。

8. 提膝直刺

两腿直立站起，左腿屈膝，右手持剑向身前，平伸直刺，拇指一侧在上，左手剑指屈肘在左侧上举，拇指一侧在下，目视剑尖(图 14-3-27)。

要点：上身稍右倾，右肩、右臂和剑身要成一直线，左臂屈成半圆形。

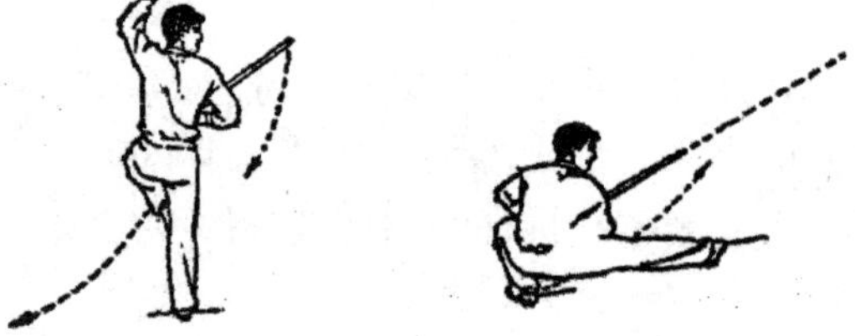

(a) (b)

图 14-3-26　仆步下压

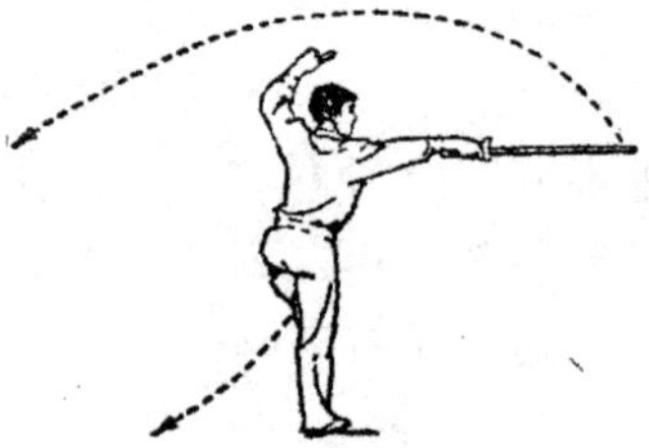

图 14-3-27　提膝直刺

(四) 第四段

1. 弓步平劈

右臂外旋，先使手心朝向背后，剑的下刃转翻向上，继而上身左转，同时左脚向左后侧落一大步，成左弓步；左手剑指随着持剑臂的运行而向右、向下、向左、向上圆形绕环，仍屈肘举于头部左侧上方；同时，右手持剑向身前平劈，拇指一侧在上，臂要伸直，剑尖略高于肩，目视剑尖(图 14-3-28)。

要点：向前劈剑和剑指绕环这两个动作必须协调一致，同时完成。

2. 回身后撩

右脚向前上一步，左脚随之离地，小腿向上弯曲，上身前俯，腰向右扭转。右手持剑而后反撩，剑尖斜向下方，拇指一侧在下；左手剑指前伸成侧上举，拇指一侧在下，目视指尖(图 14-3-29)。

要点：右脚站立要稳，左脚脚背绷直，上身挺胸。

3. 歇步上崩

(1) 右脚蹬地，左脚向前跃步，上身随之向右后转，左脚落地，右腿摆向身后，右臂外旋使拇指一侧在上，左手剑指在身后平伸，手心朝下，目视指尖(图 14-3-30(a))。

(2) 上个动作不停，右脚在身后落步，成歇步。同时，右手持剑直臂下压，手腕向拇指一侧上屈，使指尖上崩；左手剑指屈肘在左侧上举，拇指一侧在下，目视剑尖(图 14-3-30(b))。

要点：上身稍右倾，右肩、右臂和剑身要成一直线，左臂屈成半圆形。

图 14-3-28　弓步平劈

图 14-3-29　回身后撩

(a)　(b)

图 14-3-30　歇步上崩

4. 弓步斜削

(1) 上身右转，右脚随之向前上步，成右弓步。右手持剑向左肋前收回；左手按在剑柄上。上身向右前倾，目视前方(图 14-3-31(a))。

(2) 上述动作不停，右手持剑由后向前上方斜面弧形上削，手心斜向上方，手腕稍向掌心一侧弯曲；同时左手剑指伸向后方，拇指一侧在上，目视剑尖(图 14-3-31(b))。

要点：斜削时，右臂稍低于肩，剑尖略高于头，左臂剑指略高于肩。

5. 进步左撩

(1) 上身向左转，左腿稍屈膝。同时，右手持剑转身向左划弧，剑至体前时，左手剑指附于右手腕里侧，目视剑尖(图 14-3-32(a))。

(2) 上身向右后转，左脚随之向前上步，以左脚掌虚着地面；右手持剑反手向下、向前、向上继续划弧撩起，剑至前上方时，肘部略屈，拇指一侧在下，剑尖高与肩平；左手剑指随右手动作，仍附于右手腕上，目视剑尖(图 14-3-32(b))。

要点：上述两个剑身的划弧动作必须连贯成一个完整的绕环动作。

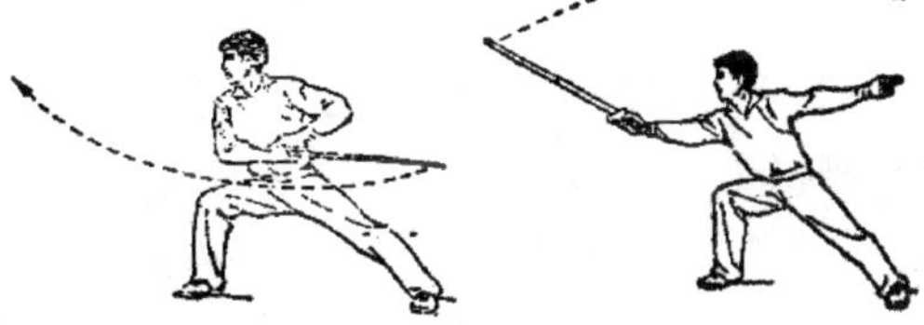

(a)　(b)

图 14-3-31　弓步斜削

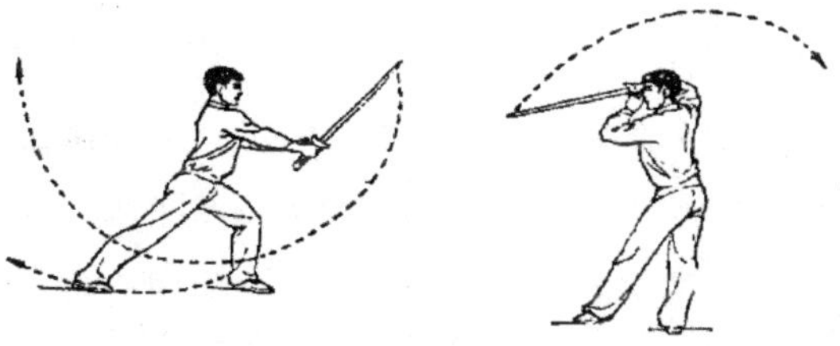

(a)　(b)

图 14-3-32　进步左撩

6. 进步右撩

(1) 右手持剑直臂向上、向右后方划弧，左手剑指随势收于右肩前，手心朝左，目视剑尖(图 14-3-33(a))。

(2) 右脚随之向左脚前上一步，前脚掌虚着地面。同时，右手持剑由右向下、向前划弧抡臂撩起，剑至前方时，肘微屈，手心朝上，剑尖高与头平；左手剑指随之由右肩前向下、向前、向后上方绕环，屈肘侧举于头部左上方，目视剑尖(图 14-3-33(b))。

7. 坐盘反撩

右脚向前上一小步，左脚从右脚后向右侧插一步成坐盘式。在左脚插步的同时，右手持剑向上、向左、向下、再向右上方反手绕环斜上撩，剑尖高过头顶；左手剑指向下、向后下方划弧，屈肘横举于左耳侧，拇指一侧在下，上身向左前倾俯，目视剑尖(图 14-3-34)。

要点：坐盘必须与反撩剑动作协调进行，上身倾俯时胸要内含，剑尖与右臂、左肘、左肩成一直线。

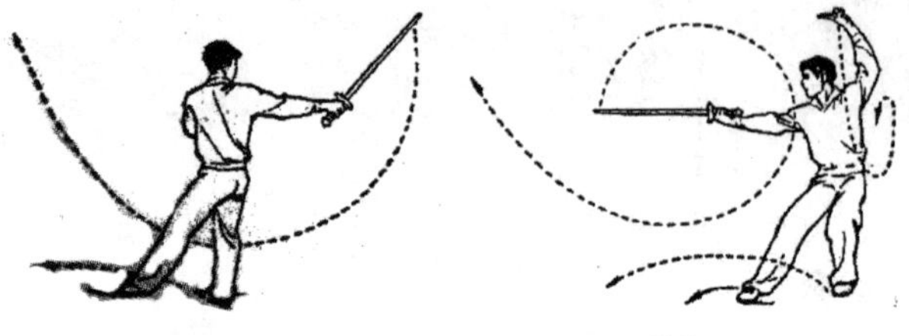
(a) (b)
图 14-3-33　进步右撩

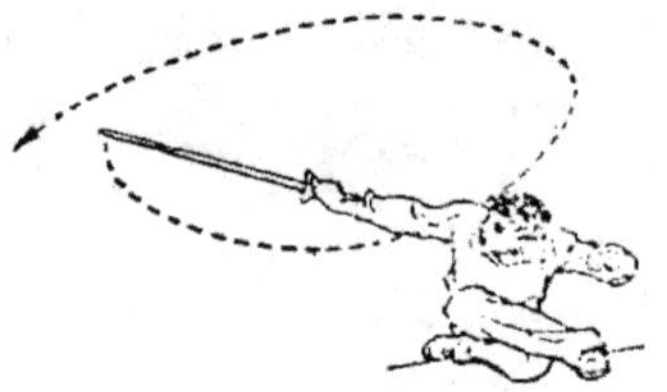
图 14-3-34　坐盘反撩

8. 转身云剑

(1) 右脚蹬地，两腿伸直站立，使上身向左转，左膝微屈，前脚掌虚着地面，身体重心落于右腿。同时，右手持剑随身体转动一周后屈肘使剑平举，拇指一侧在下；此时左手剑指附于右手腕处，目视剑尖(图14-3-35(a))。

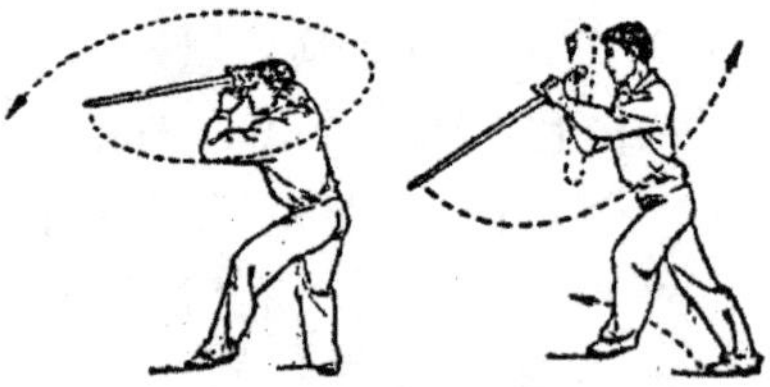
(a) (b)
图 14-3-35　转身云剑

(2) 上述动作不停，上身后仰，右手持剑向左、向后、向右、向前圆形云绕一周，剑至身前时，右手手心朝上、松把，使剑尖下垂；左手剑指放开，准备接握右手之剑，目视左手(图 14-3-35(b))。

要点：转身和云剑动作必须连贯，云剑要平、要快，腕关节放松使之灵活。

(五) 结束动作

1. 动作一

右手成剑指，左手接剑后反握住剑柄向身体左侧下垂，此时右脚向右前方上步，上身随之左转，左脚随之向前移步，以前脚掌虚着地面，膝微屈；在上身左转的同时，右手剑指随之由身后向上屈肘侧举于头部上方，手心朝上，目向左平视(图 14-3-36(a))。

要点：重心落于右腿，剑身紧贴前臂后侧，并与地面垂直。

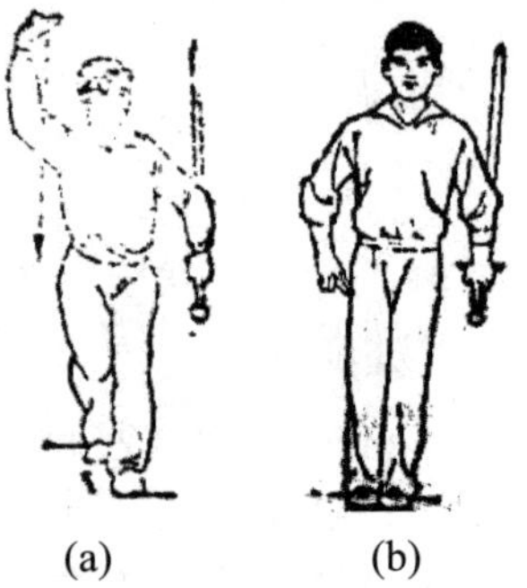
(a) (b)
图 14-3-36　结束动作

2. 动作二

右腿伸直，右脚向左脚靠拢，并步站立，右手剑指下落于身体右侧，手心朝下，恢复成预备式，目向正前方平视(图 14-3-36(b))。

要点：同预备式。

第四节　太　极　拳

太极拳是根据《易经》的阴阳学说和中医经络学说理论，结合古代导引吐纳之术创编的一种轻灵、缓慢、柔和、沉静的拳术。"太极"一词源出《周易·系辞》之"易有太极，是生两仪……"意即"太极"是产生万物的本源，含有至高、至极、绝对、唯一之意，以此来解释拳理，故名太极拳。从形式上看，太极拳属于武术的一个拳系，具有技击的特点；从其主旨来说，则属于养生保健类的体育，其创编目的在于"益寿延年不老春"，是我国古代导引术发展的结晶。

太极拳流派较多，拳式风格特点各有不同，其中流传较广的有陈式、杨式、吴式、武式、孙式太极拳等。为了便于普及和推广太极拳运动，国家体育总局武术运动管理中心先后编写出版了二十四式、十式、十六式太极拳，以及四十八式太极拳为主的竞赛套路，对太极拳的竞赛、健身、交流都起到了巨大的推动作用。限于篇幅，本书只着重介绍简单易学、便于推广的二十四式太极拳。

一、太极拳运动的特点和作用

太极拳运动的特点是：静心用意、呼吸自然、中正体松、柔和缓慢、上下相随、圆活连贯、轻慢沉着、虚实分明、刚柔相济。

太极拳的作用有：健体强身，提高身体机能；修身养性，调节心理状况；娱乐身心，丰富文化生活；康复医疗，增进健康长寿。

二、太极拳的基本技术要求

(一) 身形技术(图 14-4-1)

1. 头部

要求：头顶虚领，项部竖直。

做法：头顶的百会穴处要向上轻轻顶起，头正、顶平，处于一种自然用劲的状态；下颌微内收，保持颈肌有弹性；口微闭，齿轻扣，舌上顶，耳静听，目专注，面自然。

2. 上肢

要求：沉肩坠肘，舒指坐腕。

做法：将肩顶骨落下，肩井穴处放松，两肩微扣，向下沉劲；肘微屈并向下垂沉；腕关节要有韧性地活动，沉着下塌；掌心虚含，指关节放松，手指舒展，气贯指端。

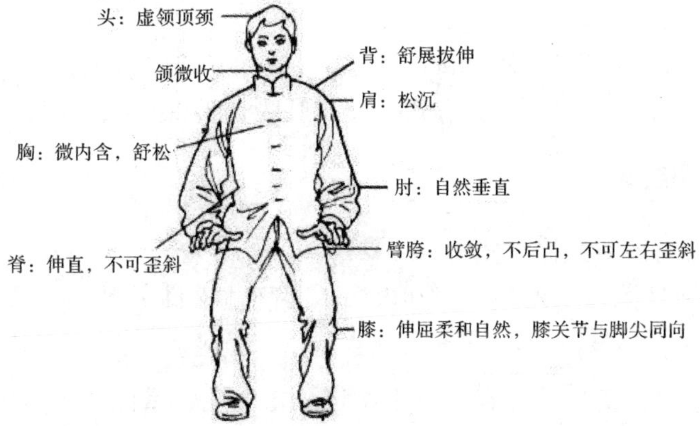

图 14-4-1　身形技术

3. 躯干

要求：含胸拔背，松腰敛臀，沉气实腹，尾闾中正。

做法：将胸背部和肋间肌肉在意识引导下自然放松，使撑起来的胸廓微内收，背部肌肉向下松沉并保持一定的张力；腰部肌肉放松，臀部向里收敛，通过提肛配合完成收臀动作；用腹式呼吸来加深气息的吞吐，使小腹充实，气沉丹田；脊柱要自然地中正垂直，不可偏斜。

4. 下肢

要求：圆裆松胯，裹膝抓足。

做法：松开髋关节及附着其上的肌群，膝关节向里微扣，配合胯根(股骨头)撑开撑圆，自然产生裆劲；膝与脚尖相对，脚心涵空，脚趾抓地。

(二) 运动技术

1. 运动心理

要求：心静用意。

做法：排除杂念，稳定情绪，集中思想，专注练习。

2. 动作力量

要求：体松轻柔。

做法：在思想放松的前提下，将各关节、肌群协调配合，“以意导动”，保持肌肉的适度松软。

3. 动作速度

要求：均匀缓慢。

做法：太极拳动作较慢，而且要均匀连贯地进行，身体各部分类似“匀速运动”。

4. 动作轨迹

要求：弧形旋转。

做法：以腰带动四肢做弧线运动，同时又以每个关节的中轴为转动轴自身旋转，形成旋转弧形运动。即“源动于腰，旋腕转膀，旋踝转腿，一系列空间螺旋运动”。

5. 动作呼吸

要求：开呼合吸。

做法：凡动作性质属于开、伸、进、落、俯、实的为呼气，对应的合、屈、退、起、仰、虚则为吸气。太极拳运动的呼吸方式为腹式呼吸，要深、长、细、匀。

三、太极拳基本功练习

1. 基本桩功：浑元桩(太极桩)(图 14-4-2)

歌诀：两手环抱臂撑圆，顶头沉肩胸内含；心静体松目平视，气息绵绵求自然。

2. 基本手型(图 14-4-3)

(1) 拳：五指卷曲，拇指压于食指、中指第二指节上，拳面要平。

(2) 掌：五指自然舒展，掌心微含，虎口呈弧形。

(3) 勾：五指第一指节自然捏拢、屈腕。

图 14-4-2　浑元桩(太极桩)

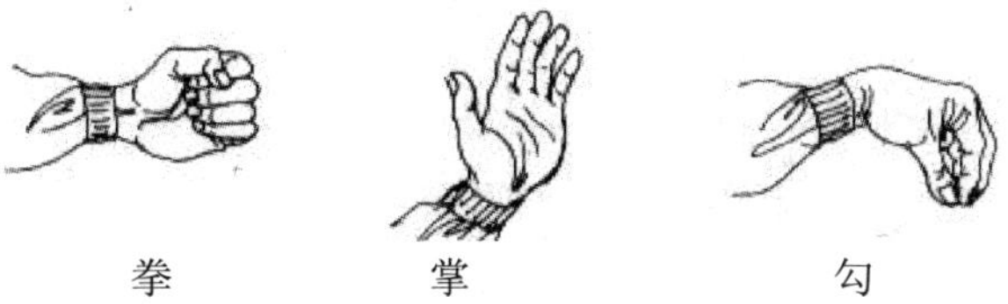

图 14-4-3　基本手型

3. 基本手法(图 14-4-4)

基本手法有冲拳、搬拳、贯拳、推掌、搂掌、分掌、云掌、抱拳等。

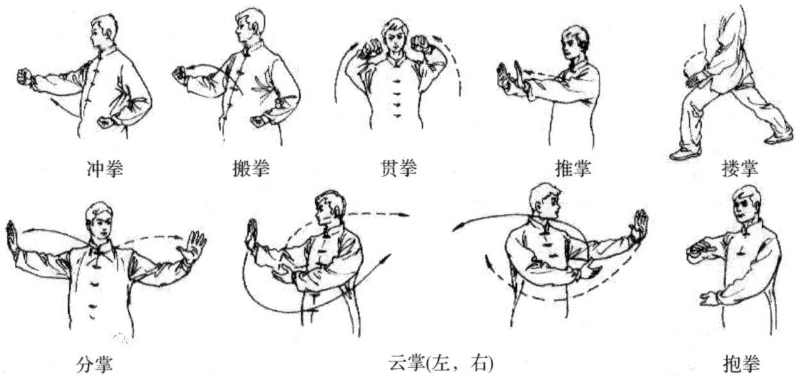

图 14-4-4　基本手法

4. 基本步型(图 14-4-5)

基本步型有弓步、仆步、虚步、撤步、丁步、独立步等。

图 14-4-5　基本步型

5. 基本步法(图 14-4-6)

(1) 上步：一腿支撑，另一腿提起经支撑腿内侧向前上步，脚跟先着地，随着重心前移，全脚着地。

(2) 退步：一腿支撑，另一腿经支撑腿内侧向后退一步，脚前掌先着地，随着重心后移，全脚着地。

(3) 碾步：一脚以脚跟为轴，脚尖外撇或内扣；另一脚以脚前掌为轴，脚跟外展或内合。

6. 基本腿法(图 14-4-7)

蹬脚：支撑腿微屈，另一腿屈膝提起，脚尖上翘，以脚跟为力点蹬出，腿自然伸直，脚不得低于腰部。

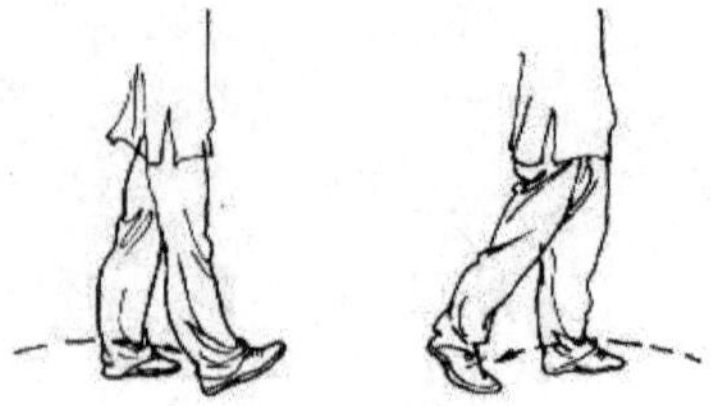

图 14-4-6　基本步法

图 14-4-7　基本腿法

四、二十四式太极拳

(一) 简介

二十四式太极拳的动作名称：(1) 起势；(2) 左右野马分鬃；(3) 白鹤亮翅；(4) 左右搂膝拗步；(5) 手挥琵琶；(6) 左右倒卷肱；(7) 左揽雀尾；(8) 右揽雀尾；(9) 单鞭；(10) 云手；(11) 单鞭；(12) 高探马；(13) 右蹬脚；(14) 双峰贯耳；(15) 转身左蹬脚；(16) 左下势独立；(17) 右下势独立；(18) 左右穿梭；(19) 海底针；(20) 闪通背；(21) 转身搬拦捶；(22) 如封似闭；(23) 十字手；(24) 收势。

(二) 动作说明

预备势(图 14-4-8(a))：

身体自然直立，两脚并拢，两腿自然伸直，两臂下垂，两手垂于大腿外侧，手指微屈；头颈正直，下颌回收，精神集中，眼平视前方。

1. 起势(图 14-4-8(b))

(1) 左腿向左开半步，两脚平行向前同肩宽。

(2) 两臂前举。两臂慢慢向前平举，与肩同高，肘关节微屈，肘尖下垂，两手心向下。

(3) 屈腿按掌。两腿慢慢屈膝半蹲成马步，两手轻轻下按至腹前，上体保持正直，眼平视前方。

要点：两臂下落和身体下蹲的动作要协调一致。

(a) 预备势　　(b) 起势

图 14-4-8　预备式和起势

2. 左右野马分鬃(图 14-4-9)

(1) 左野马分鬃。

① 抱手收脚。上体稍向右转，右臂屈抱于右胸前，右手心向下；左手翻转向上，左臂屈抱于腹前。两手上下相对，如在右肋前抱球，左脚收至右脚内侧，脚尖点地，眼看右手。

② 转体上步。上体左转，左脚向左前方迈出一步，脚跟轻轻着地，重心仍在右腿。

③ 弓步分手。上体继续左转，左脚踏实成左弓步；两掌前后分开，左手分至体前，高与眼平，手心斜向上，右手按至右胯旁，手心向下，指尖向前，两臂稍屈，眼看左掌。

要点：上体不可前俯后仰，两臂分开时保持弧形，身体转动时要以腰为轴，弓步动作与分手的速度保持均匀一致。做弓步时先是脚跟着地，然后脚掌慢慢踏实，膝盖不要超过脚尖。

(2) 右野马分鬃。

① 转体撇脚，重心稍后移，左脚尖翘起外撇，上体稍左转，两手准备翻转“抱球”。

② 抱手收脚。同左野马分鬃，左右相反。

③ 转体上步。同左野马分鬃，左右相反。

④ 弓步分手。同左野马分鬃，左右相反。

(3) 左野马分鬃。

① 转体撇脚。重心稍后移，右脚尖翘起外撇，上体稍右转，两手准备翻转“抱球”。

② 抱手收脚。同(1)左野马分鬃。

③ 转体上步。同(1)左野马分鬃。

④ 弓步分手。同(1)左野马分鬃。

图 14-4-9　左右野马分鬃

3. 白鹤亮翅(图 14-4-10)

① 跟步抱手。上体稍左转，右脚向前跟步，前脚掌轻轻落于右脚后；两手翻转相对，在胸前屈臂“抱球”，左手在上，眼看左手。

② 后坐转体。重心后移，右脚踏实，上体后坐并向右转体；两手开始交错分开，右手上举，左手下落，眼看右手。

③ 虚步分手。左脚稍向前移动成左虚步。右手分至右额前，掌心向内，左手按至左腿旁，上体转正，眼平视前方。

图 14-4-10　白鹤亮翅

要点：完成动作时胸部不要挺出，两臂上下保持半圆形，左膝微屈，脚尖点地。

4. 搂膝拗步(图 14-4-11)

(1) 左搂膝拗步。

① 转体摆臂。上体稍左转。右手摆至体前，手心转向上，眼看右手。

② 摆臂收脚。上体右转。两臂交叉摆动，右手自头前下落，经右胯侧向右后方上举，与头同高，手心向上；左手自左侧上摆，经头前向右划弧落至右肩前，手心向下；左脚收至右脚内侧，脚尖点地，头随体转，眼看右手。

③ 上步屈肘。上体稍左转，左脚向左前方迈出一步，脚跟轻轻落地。右臂屈肘，右手收至肩上、头侧，虎口与耳相对，掌心斜向前；左手落经腹前，眼转看前方。

④ 弓步搂推。上体继续左转，重心前移，左脚踏实，左腿屈弓成左弓步。左手经左膝前上方搂过，停于左腿外侧，掌心向下，指尖向前；右手向前推出，与鼻尖相对，掌心向前，五指向上，右臂自然伸直，肘微屈垂，眼看右手。

要点：推掌要沉肩垂肘，坐腕舒掌，同时与松腰、弓腿上下协调一致。

(2) 右搂膝拗步。

① 转体撇脚。重心稍后移，左脚尖外撇，上体左转，两臂外旋摆动，眼看右手。

② 摆臂收脚。与左搂膝拗步②相同，左右相反。

③ 上步屈肘。与左搂膝拗步⑨相同，左右相反。

④ 弓步搂推。与左搂膝拗步④相同，左右相反。

(3) 左搂膝拗步。

动作与右搂膝拗步相同，只是左右相反。

图 14-4-11　左右搂膝拗步

5. 手挥琵琶(图 14-4-12)

① 跟步展臂。右脚向前收拢半步，脚前掌轻落于左脚后，相距约一脚长。右臂稍向前伸展，腕关节放松。

② 后坐引手。重心后移，右脚踏实，左脚跟提起，上体略右转。左手向左，上划弧摆至体前，掌心斜向下；右手屈臂后引，收至胸前，掌心斜向下。

③ 虚步合手。上体稍向左回转，左脚前移成左虚步，左脚跟点地。两手前后交错，侧掌合手体前。左手与鼻相对，掌心向右；右手与左肘相对，掌心向左，眼看左手。

图 14-4-12　手挥琵琶

要点：左手上起时不要直向上挑，要由左向上、向前，微带弧形，身体重心后移与左手上起和右手回收要协调一致。

6. 左右倒卷肱(图 14-4-13)

(1) 右倒卷肱。

① 转身撤手。上体稍右转，两手翻转向上，右手向下经腰侧向右后方划弧上举，与头同高；左手停于体前，头随体转，眼先向右看，再转看左手。

② 退步卷肱。上体稍左转，左脚提起向后退一步，脚前掌轻轻落地。右臂屈肘卷收，右手收至肩上，经耳侧前推，掌心斜向前下方；左手开始回收，眼看左手。

③ 虚步推掌。上体继续左转，重心后移，左脚踏实，右脚脚跟离地成右虚步。右手推至体前，腕高与肩平，掌心向前；左手向后、向下划弧收至左腰侧，眼看右手。

要点：前推平不要伸直，后撤手随转体走弧线，两手速度一致，退步时，脚掌先着地再慢慢全脚踏实。

(2) 左倒卷肱，动作同前右倒卷肱，唯左右相反。

图 14-4-13　左右倒卷肱

7. 左揽雀尾(图 14-4-14)

① 转体撤手。上体微右转，右手由腰侧向右上方划弧平举，与肩同高，掌心向上；左手在体前放松，手心向下。头随体转，向前平视。

② 抱手收脚，上体右转，右手掌心翻转向下，左手掌心转上，两手上下相对为抱球状。左脚收至右脚内侧，眼看右手。

③ 转体棚臂。上体继续左转，左脚向左前方迈出一步，脚跟轻轻着地。

④ 弓步棚臂。上体继续左转成左弓步，两手分开。左臂半屈向体前棚架，腕与肩平，掌心向内；右手按于右胯旁，五指向前，眼看左手。

⑤ 转体摆臂。上体微向左转，左手向左前方伸出，掌心转向下；右手经腹前向上、向前伸至左前臂内侧，掌心向上，眼看左手。

⑥ 转体后捋。上体右转，两手同时向下经腹前向右后方划弧后捋，右手举于身体后侧，左臂平屈于胸前，掌心向内。重心后移，身体后坐，右腿屈膝，左腿自然伸直。

⑦ 转体搭手。上体左转，正对前方。右手收回向前搭于左腕内侧，掌心向前；左前臂仍屈收于胸前，掌心向内，指尖向右，眼看左腕。

⑧ 弓步前挤。重心前移，左腿屈弓成左弓步。右手推送左前臂向体前挤出，与肩同高，两臂撑圆，眼看左腕。

⑨ 后坐引手。重心后移，上体后坐，右腿屈膝，左腿自然伸直，左脚尖翘起。左手翻

转向下，右手经左腕上方向前伸出，掌心也向下，两手左右分开与肩同宽，两手弧线后引，经胸前收至腹前，眼向前平视。

⑩ 弓步前按。重心前移，左脚踏实成左弓步。两手沿弧线推至体前，两腕与肩同高、同宽，掌心均向前，指尖向上，眼看前方。

要点：棚出时，两臂前后均保持弧形。分手、松腰、弓腿三者必须协调一致。向前按时，两手须走曲线；向前挤时，上体要端正。

图 14-4-14　左揽雀尾

8. 右揽雀尾(图 14-4-15)

① 转体分手。重心后移，上体右转，左脚内扣。右手经头前划弧右摆，掌心向外，两手平举于身体两侧，头及目光随右手移动。

② 抱手收脚。左腿屈膝，重心左移，右脚收至左脚内侧，脚尖点地，左手屈抱于左胸前，右手屈抱于腹前，两手上下相对，在左肋前“抱球”，眼看左手。

③ 转体上步。

④ 弓步棚臂。

⑤ 转体摆臂。

⑥ 转体后捋。

⑦ 转体搭手。

⑧ 弓步前挤。

⑨ 后坐引手。

⑩ 弓步前按。

以上③～⑩动作皆与“7. 左揽雀尾”动作相同，只是左右相反。

图 14-4-15　右揽雀尾

9. 单鞭(图 14-4-16)

① 转体运臂。重心左移，上体左转，右脚尖内扣。两臂交叉，左手经头前向左划弧至身体左侧，掌心向外；右手经腹前向左划弧至左肋前，掌心转向上，视线随左手运转。

② 勾手收脚。上体右转、重心右移，右腿屈膝，左脚收至右脚内侧，脚尖点地。右手向上、向左划弧，掌心向内，经头前至身体右前方变成勾手，腕与肩平；左手向下、向右划弧，经腹前至右肩前，掌心转向内。视线随右手移转，最后看勾手。

③ 转体上步。上体稍左转，左脚向左前方上步，脚跟落地。左手经面前向左划弧，掌心向内，眼看左手。

④ 弓步推掌。上体继续左转，重心前移，左脚踏实，左腿屈弓成左弓步；左手经面前翻掌向前推出，腕与肩平，左肘与左膝、左腿尖上下相对，眼看左手。

要点：左手向外翻掌前推时，要随转体边翻边推出，不要太快、突然翻手。两肩下沉，左肘与左膝上下相对。

图 14-4-16 单鞭

10. 云手(图 14-4-17)

① 转体松勾。重心后移，上体右转，左脚尖内扣。左手向下、向右划弧，经腹前至右肩前，掌心向内；右勾手松开变掌，掌心向外，眼看右手。

② 云手收步。上体左转，重心左移，右脚向左脚收拢，脚前掌先着地，随之全脚踏实，两腿屈膝半蹲，两脚平行向前，相距约 10 cm 成并步；左手经头前向左划弧运转，掌心渐渐由外转向内，左掌停于身体左侧，高与肩平；右手停于左肩前，视线随左手运转。

③ 云手开步。上体右转，重心移向右腿，左脚向左横开一步，脚前掌先着地，随之全脚踏实，脚尖向前。右手经头前向右划弧运转，掌心由内转向外；左手向下经腹前同时向右划弧运转，掌心由外转向内。右掌停于身体右侧高与肩平，左掌停于右肩前，视线随右手运转。

图 14-4-17 云手

④ 云手收步。

⑤ 云手开步。

⑥ 云手收步。

要点：身体转动要以腰为轴，转腰带手，身手合一，重心移动、腰的旋转和手的云转三者要同一个方向。

11. 单鞭(同图 14-4-16)

① 转体勾手。上体右转，重心移向右腿，左脚跟提起，右手经头前向右划弧，至右前方掌心翻转变勾手；左手向下经腹前向右划弧运转至右肩前，掌心转向内，眼看勾手。

② 转体上步。同前“9. 单鞭”。

③ 弓步推掌。同前“9. 单鞭”。

要点：与前“单鞭”式相同。

12. 高探马(图 14-4-18)

图 14-4-18　高探马

① 后脚跟步。后脚向前收拢半步，脚前掌着地，跟前脚约一脚长；左臂略向前伸展，腕关节稍放松，掌心向下。

② 后坐翻手。上体稍左转，重心后移，右脚踏实，右腿屈坐，左脚跟提起。右勾手松开，两手翻转向上，两臂前后平举，肘关节微屈。头随上体半面右转，目光平视。

③ 虚步推掌。上体左转，右肩稍向前送，左脚稍向前移，脚前掌着地，成左拗虚步。右臂屈肘，右手卷收经头侧向前推出，高与头平，掌心向前；左臂屈收至腹前，掌心向上，眼看右手。

要点：上体自然正直，双肩要下沉，右肘微下垂。跟步移换重心时，身体不要有起伏。

13. 右蹬脚(图 14-4-19)

① 穿手提脚。上体稍右转，右手稍向后收，左手经右手背上向右前方穿出，两手交叉，腕关节相交，左掌心斜向上，右掌心斜向下，左脚提起收至右小腿内侧，眼看左手。

② 上步翻手。上体稍左转，左脚向前上步，两手分开，掌心向前，虎口相对，两臂半屈成弧相对，眼看前方。

③ 分手弓腿。左脚落步，左腿屈弓，上体稍右转。两手向两侧划弧，掌心相对，眼看右手。

④ 抱手收脚。右脚收至左脚内侧，脚尖点地。两手向腹前划弧相交合抱，举至胸前，右手在外，两掌心皆向内，眼看右前方。

⑤ 翻手提腿。左腿支撑，右腿屈膝上提，右脚尖自然下垂。两臂内旋，两手分开，虎口相对，眼看右前方。

图 14-4-19　右蹬脚

⑥ 分手蹬脚。两手分别向右前方和左后方划弧分开，两臂展开两侧，肘关节微屈，腕与肩平，掌心皆向外。右脚尖上勾，脚跟用力慢慢向前蹬出，右腿膝关节伸直，与右臂上下相对方向为右前方约 30° 角，眼看右手。

要点：身体不可前俯后仰，蹬脚时劲使于脚跟，分手与蹬脚须协调一致。

14. 双峰贯耳(图 14-4-20)

① 屈膝并手。右小腿屈膝回收，脚尖自然下垂。左手经头侧向体前划弧，与右手并行落于右膝两侧，掌心皆翻转向上，眼看前方。

② 上步落手。右脚向右前方上步，脚跟着地，脚尖向右前约 30° 角，两手收至两腰侧，掌心向上。

③ 弓步贯拳。重心前移，右脚踏实成右弓步。两手握拳从两侧向上、向前划弧至头前。两臂半屈成弧相对，两拳相对成钳形，相距同头宽，前臂内旋，拳眼斜向下，眼看前方。

要点：双峰贯耳弓步和身体方向与右蹬脚方向相同。

15. 转身左蹬脚(图 14-4-21)

① 转体分手。重心后移，上体左转，右脚尖内扣。两拳松开，左手随转体经头前划弧，两手平举于身体两侧，掌心向外，眼看左手。

② 收脚合抱。重心右移，右腿屈膝后坐，左脚收至右脚内侧。两手向下划弧，左手在外，两手心皆向内，眼看前方。

③ 提膝翻手。左腿屈膝高提，两掌心翻转向外，虎口相对，眼看蹬脚方向。

④ 分手蹬脚。两手分于左右身体两侧，掌心皆向外。左脚脚跟着力慢慢蹬出与右蹬脚对称，眼看左手。

要点：动作与右蹬脚式相同，与中轴线前后保持 30° 角斜向。

图 14-4-20 双峰贯耳

图 14-4-21 转身左蹬脚

16. 左下势独立(图 14-4-22)

① 收腿勾手。左脚屈收于右小腿侧，上体右转，右臂稍内合，右手合拢变勾手，左手经头前摆至右肩前，掌心向右，眼看勾手。

② 屈蹲开步。右腿屈膝半蹲，左脚踏实，左腿伸直，左手落于右肋侧，眼看勾手。

③ 仆步穿掌。右腿屈膝全蹲，上体左转成左仆步。左手经腹前沿左腿内侧向左穿出，掌心向外，指尖向左，眼看左手。

④ 弓腿起身。重心移向左腿成左弓步。左手继续前穿向上挑起，右勾手内旋背于身后，勾尖朝上，眼看左手。

⑤ 独立挑掌。上体左转，重心前移，右腿屈膝前提，左腿微屈支撑独立。左手按于左胯旁，右勾手下落变掌，经体侧向体前挑起掌心向左，指尖向上，高与眼平，右臂半屈成

弧，肘关节与右膝相对，眼看右手。

要点：上体要直，独立腿要微屈，右腿提起时脚尖自然下垂。

图 14-4-22 左下势独立

17. 右下势独立(图 14-4-23)

① 落脚勾手。右脚落于左脚右前约一脚长距离，前脚掌着地，上体左转；左脚以脚掌为轴随之扭转，左手变勾手向上提举于身体左侧，高与肩平，右摆至左肩，掌心向左，眼看勾手。

② 屈蹲开步。

③ 仆步穿掌。

④ 弓腿起身。

⑤ 独立挑掌。

以上②～⑤动作与左下势独立动作相同，只是方向左右相反。

图 14-4-23 右下势独立

18. 左右穿梭(图 14-4-24)

(1) 右穿梭。

① 落脚转体，左脚向前方落步，脚跟着地，脚尖外撇，随之全脚踏实。上体左转，左手翻转向下，右手翻转向上，开始“抱球”，眼看左手。

② 抱手收脚，上体继续左转，两手在左肘前上下相抱(如抱球样子)。右脚收至左脚内侧，脚尖点地，眼看左手。

③ 上步错手，上体右转，右脚向斜前方约 30° 角上步，脚跟着地。右手由下向前上方划弧，左手由上向后下方划弧，两手交错，眼看右手。

④ 弓步架推，上体继续右转，重心前移成右弓步。右手翻转上举，架于右额角前上方，掌心斜向上；左手前推至体前，高与鼻平，眼看左手。

(2) 左穿梭。

① 转体撇脚。重心稍后移，右脚尖外撇，上体右转。右手下落于头前，右手稍向左划弧外展，准备“抱球”，眼看右手。

② 抱手收脚。

③ 上步错手。

④ 弓步架推。

以上②～④动作与右穿梭相同，只是左右相反。

要点：如面向南起势，左右穿梭方向分别为正西偏北和正西偏南均约 30° 角，保持上体松正，不可歪扭，两脚相距约 30 cm。

图 14-4-24　左右穿梭

19. 海底针(图 14-4-25)

① 后脚跟步。右脚向前收拢半步，脚前掌落地距前脚约一脚长度。两手放松，开始划弧下落，眼看右手。

② 后坐提手。重心后移，右脚踏实，右腿屈坐，上体右转，左脚跟离地；右手下落经右胯侧屈臂抽提至耳侧，掌心向左，指尖向前；左手经体前向下划弧至腹前，掌心向下，指尖斜向右前方，眼看前方。

图 14-4-25　海底针

③ 虚步插掌。上体左转并稍向前俯身，右手从耳侧向前下方斜插，掌心向左，指尖向前下方；左手经左膝前划弧搂过，按至左大腿侧。左脚稍前移，脚前掌着地成左虚步。

要点：身体先向右、后向左，上体不可太前倾，左腿要微屈。

20. 闪通背(图 14-4-26)

① 提手收脚。上体右转正直，右手提至胸前掌心向左，左手屈臂收举，指尖贴近右腕内侧；左脚收至右小腿内侧，眼看前方。

② 上步分手。上体稍后转，左脚向前迈出一步；两手开始翻掌分开，左手前推，右手上举，眼看前方。

图 14-4-26　闪通背

③ 弓步推掌。重心前移成左弓步，左手推至体前，与鼻尖对齐；右手撑于头侧上方，掌心斜向上，两手前后分展，眼看左手。

要点：步子不可过宽，前手与前脚要上下相对，上体不可过分扭转侧身。

21. 转身搬拦捶(图 14-4-27)

① 转身扣脚。重心后移，右腿屈坐，身体右转。右手摆至体右侧，左手摆向左额前上方，掌心均向外，眼看右手。

② 转体握拳。上体继续右转，重心左移，左腿屈坐，右腿自然伸直，右脚以脚前掌为轴，脚跟随之内转。右手逐渐握拳下落，经腹前向左划弧，停于左肘前，拳心朝下；左手掌举于左额前上方，眼向前平视。

③ 垫步搬拳。右脚提收至左脚踝关节内侧，向前垫步迈出，脚跟先着地，脚尖外撇。右拳经胸前向前搬压，拳心向上，高与胸平，肘部微屈；左手经右前臂外侧下落，按于左胯旁，眼看右拳。

④ 转体收拳。上体右转，重心前移，左脚跟提起，右拳向右划弧后收至体侧，拳心转向下，右臂半屈；左臂外旋，左手经左侧向体前划弧，掌心斜向下，眼平视前方。

⑤ 上步拦掌。左脚向前上步，脚跟着地。左掌拦至体前，高与肩平，掌心向右，指尖斜向上；右拳翻转收至右腰间，拳心向上，眼看左掌。

⑥ 弓步打拳。上体左转，重心前移成左弓步；右拳向前打出至胸前，肘微屈，拳心转向左，拳眼转向上；左手微收，掌指附于右前臂内侧，掌心向右，眼看右拳。

要点：右拳不要握得太紧，转换要轻灵；虚实分明，重心平稳，注意转身时后腿屈坐。

图 14-4-27　转身搬拦捶

22. 如封似闭(图 14-4-28)

① 穿手翻掌。左手翻转向上，经右前臂下面向前穿出；右拳随之变掌，并同时翻转向上，两手举于体前，眼看前方。

② 后坐引收。重心后移，右腿屈坐，左脚尖翘起。两臂屈收，两手边分边后引，分至与肩同宽，收至胸前，然后两臂内旋，两掌翻转向下，眼看前方。

③ 弓步按掌。重心前移，左腿屈弓成左弓步。两手先下落再向上、向前推出，与肩同宽，腕与肩平，掌心向前，五指向上，眼看前方。

要点：身体后坐时，避免后仰；两掌前按时平行向前，不可分合或上挑。

图 14-4-28　如封似闭

23. 十字手(图 14-4-29)

① 转体扣脚。上体右转，看右手，重心右移，右腿屈坐，左脚尖内扣，右手向右摆至头前，眼看右手。

② 弓腿分手。上体继续右转，右脚尖外撇，右腿屈弓，左腿自然伸直成侧弓步。右手继续向右划弧，摆至身体右侧，两臂平举于体侧，掌心皆向前。

③ 转体落手。上体左移，左腿屈弓，右腿自然伸直，脚尖内扣，两手下落划弧，转头，眼看前方。

④ 收脚合抱。上体转回起势方向，右腿提起向左收回半步，脚前掌落地，随之全脚

踏实，两腿慢慢直立，两脚平行向前，与肩同宽成开立步，两手向下划弧在腹前交叉、抱举至胸前(右手在外)，掌心皆向内，两臂撑圆，两腕交叉成斜十字，高与肩平，眼平视前方。

要点：两手分开和合抱时，上体不要前俯，站起后身体自然正直，两臂环抱时须圆满舒适，沉肩垂肘。

图 14-4-29　十字手

24. 收势(图 14-4-30)

① 翻掌分手。两臂内旋，两手翻转向下并左右分开，与肩同宽，眼平视前方。

② 垂直臂落手。两臂徐徐下垂，两手下落于大腿外侧，眼平视前方。

③ 并脚还原。左脚轻轻提起与右脚并拢，脚前掌先着地，随之全脚踏实，两脚尖皆向前，恢复成预备姿势，眼看前方。

要点：两手左右分开下落时，要注意全身放松，同时气也徐徐下沉，呼吸平稳后再走动休息。

图 14-4-30　收势

第十五章　散　　打

第一节　简　　介

一、散打简史

散打原名散手，古有相传，旧时用于搏杀格斗或打擂台比武。1923 年的“中华全国武术运动会”第一次将散打以现代体育竞赛方式呈现，之后数次不同地点、规模的运动会和武术会进一步推进了探索。1949 年—1978 年，散打在民间自由开展。

三中全会后，国家体委对武术认识定调分套路和散打两类形式，武术散手调研组于 1978 年出台《关于开展武术散手运动的报告》，推进浙江省体委、北京体育学院和武汉体育学院进行了武术对抗性项目的试点。在 1979 年南宁全国武术观摩表演大会、第 4 届全国运动会以及 1980 年太原全国武术观摩表演大会上，都进行了散手表演。1982 年制定了《散打比赛规则》，1987 年，散打被国家体委批准为正式比赛项目。

2000 年，首届中国武术散打王争霸赛在湖南长沙市举行，湖南卫视对赛事作了全程报道，这是中国武术散打发展史上的里程碑，中国武术散打进入了专业赛制的时期。2001 年 3 月 27 日，中国武术散打王争霸赛在国家奥林匹克体育中心中国武术协会散打馆拉开帷幕，标志着中国武术散打王争霸赛的国际化理念、商业化结合开始落实成为现实。

散打发展进一步趋向国际化，技术上提炼传统精华、学习吸取国外技术精粹、训练先进理念方法皆获得重视，唯武独尊、妄自尊大或者全盘否认传统散打等极端思维不再占据主流，中国散打选手面对世界越来越具有强烈的自信和理智的眼光。散打经过多年的总结、改进和发展，已成为现代体育竞赛项目，它本着“更快、更高、更强”的奥林匹克精神，已逐步与国际竞技体育接轨。散打运动不仅在国内，而且已在世界 70 多个国家和地区开展和普及。

二、散打的特点

1. 体育性

散打运动从初步研究到试点开展，从经验总结到全国推广，直至成为现代体育竞赛项目，曾经历过许多困难、矛盾和阻力。其中最主要的问题是：散打比赛与人们想象的武术徒手搏击形式截然不同，甚至有人认为散打不是武术，而只是“拳击加腿击”。因为民间流行的武术搏击，一般都认为是防身自卫，一招制敌；或者像影视剧、武打小说中描述的那样出神入化、风雨不透，这是武术在许多形式上给人以神化夸张的错觉而造成的误解。在现代文明社会中，我们不能让散打在狭窄的拼杀中去生存，而应把武术之精华融入简单易行的运动形式中，使其不仅能自卫还能强身，这样才能有广泛的生命力，才能真正走向社会、走向世界。于是，原国家体委武术院经过试验、论证后，认为散打的技法是以增强体质、交流技艺、防身自卫、提高技术水平为出发点，从传统武术徒手搏击术中取舍动作，使散打成为体育，即寓技击术于体育之中。

2. 对抗性

散打运动的内在特点，决定了它以相互对抗的形式来表现，所以散打的基本形式就是对抗性。这种对抗，是在双方掌握了散打的基本动作和基本技术，经过一段的训练，在没有固定格式的情况下，在规则规定的范围内进行较技、较勇、较智，以分上下。

3. 民族性

武术散打是中华民族的优秀文化遗产，是在中国特定的社会历史条件下逐渐演变发展形成的，因此它具有鲜明的民族特色。

中国散打不同于拳击，也不同于跆拳道，更不同于用头顶、肘撞、膝击的泰拳，以及不能用脚，只能用掉、拌、擒方法的柔道等项目；由于散打设擂比试，又不同于西方国家有缆绳的自由搏击，也不同于日本的空手道、相扑、跆拳道、格斗术，以及法国的忍拳等。武术散打要求“远踢、近打、贴身摔”，它的民族形式不是凝固的，也不能理解为“过去形式”“历史形式”或“传统形式”。民族形式有鲜明的时代性，因此形式不是单一的，而是多变的、演进的。

三、散打的作用

散打是中华民族传统体育项目，它具有增强体质、强壮体魄的作用。通过技术训练及柔韧性、灵敏度、速度、力量、耐力等素质训练，散打外能强筋骨、壮体魄；内能理脏腑、通经络、调精神，提高内脏器官机能和神经系统的灵活性等。同时，散打使用踢、打、摔、拿等攻防技术制胜对手，最直接地体现着中华武术的实战价值。

四、散打运动的礼仪

散打运动的礼仪规范是从传统的武术礼法引申出来的，国际武术联合会规定统一采用抱拳礼，这是极具典型中国传统特色的礼法。

抱拳礼是由中国传统武术中的作揖礼和少林武术中的抱拳礼融合后再加以提炼而形成的，具有丰富的文化内涵。其行礼方法是：两脚并拢站立，挺身立腰，左手四指伸直并拢，拇指内扣成掌，右手握拳，左掌掩住右拳，由胸前向前平推使两臂在胸前形成圆弧状，两眼注视受礼者(图 15-1-1)。整个动作的完成要自然、舒展、大方、精神饱满。右手握拳寓意尚武；左掌掩拳寓意崇德，以武会友；左掌四指并拢寓意四海武林团结奋进；左手拇指弯曲内扣寓意虚心求教、永不自大；两臂成圆寓意天下武林是一家。

在散打比赛或训练中由于戴着拳套，其行礼法与上述要求基本一致，只是左掌成拳，两手合抱于胸前做抱拳礼动作即可(图 15-1-2)。

图 15-1-1　抱拳礼行礼方法

图 15-1-2　比赛或训练中的抱拳礼

散打比赛中还对礼节做了特别的规定：在每场比赛开始前介绍运动员时，运动员要向观众行抱拳礼；每局比赛开始前，运动员先向本方教练员行抱拳礼，教练员还礼，运动员再相互行抱拳礼；比赛结束后宣布比赛结果时，运动员交换站位；宣布结果后，运动员先相互行抱拳礼，再同时向台上裁判员行抱拳礼，裁判员回礼，然后向对方教练员行礼，教练员回礼。

第二节　散打的基本技术

一、散打的基本姿势

散打的基本姿势是两脚前后开立，前后约一肩宽，左右 10～15 cm，脚尖微内扣，后脚跟离地，两腿微屈，重心在两腿之间。含胸收腹，下颌微收，前手高与鼻齐，肘夹角为 90°～110°，后手贴近下颌，屈臂贴近肋骨，目视前方(图 15-2-1)。

图 15-2-1　基本姿势

二、手型

现代散打运动的手型主要是以拳为主，分平拳和立拳两种(图 15-2-2)。

平拳：五指并拢卷曲握紧，拇指第一指节压在食指、中指的第二关节上，手腕立直，拳心向下。

立拳：方法同上，唯拳眼向上。

(a) 平拳　　(b) 立拳

图 15-2-2　手型

三、步法

1. 进步

进步是指前脚向前上步的同时，后腿随之跟进。进步以后不发出技术动作时，前脚上步多少，后脚跟进多少，始终保持身体重心的稳定。进步后连接技术动作时，后脚根据不同的技术动作和距离，需要跟进多少就跟进多少。

2. 退步

退步是指后脚向后退步的同时，前脚随之向后撤。后脚退步多少，前脚后撤多少，始终保持身体重心的稳定。

3. 上步

上步是指前脚不动，后脚超越前脚，向前迈步，使后脚变成前脚，前脚变成后脚。

4. 撤步

撤步与上步正好相反，后脚不动，前脚向后撤步，使后脚变成前脚，前脚变成后脚。

5. 横步

横步是指向左侧或者右侧平行移步。向左侧移动时左脚先动，右脚跟进；向右侧移动时右脚先动，左脚跟进。

6. 斜步

斜步是指向左侧前方或者右侧前方，向左侧后方或者右侧后方斜角方向进行移动。

7. 换步

换步是指在原地前脚变成后脚，后脚变成前脚。换步的主要作用是将左脚在前的预备姿势变成右脚在前的预备姿势，或者是将右脚在前的预备姿势变成左脚在前的预备姿势。

8. 插步

左预备姿势站立时，身体向左转 90°，右脚经左脚后方向前上步，形成侧向对方的姿势，便于连接使用踹退或摔法。右预备姿势站立时，动作相同，左右脚及方向相反。

9. 盖步

盖步是转身时使用的步法。左预备姿势站立向后转身，左脚经右脚前向后上步，使身体旋转 180° 连接腿法动作。左预备姿势站立向前转身，右脚经左脚前上步后，左脚后撤形成背对对方的姿势连接摔法动作。

10. 垫步

垫步主要用于蹬腿和踹退，为了延长动作的攻击距离，支撑腿随着蹬腿和踹退的惯性向前跟进，起到“放长击远”的作用。

四、拳法

1. 冲拳

冲拳有左、右冲拳两种拳法。

(1) 左冲拳(图 15-2-3)。

动作要领：正架姿态左脚在前，左脚蹬地，重心微向前移动，同时左直拳冲出，力达拳面。

要点：冲拳时上体不可倾腰向右转，拳面领先快出快收，迅速还原。

(2) 右冲拳(图 15-2-4)。

动作要领：右脚蹬地向内扣转，转腰送肩右拳直线冲出，力达拳面。

要点：冲拳发力的顺序起于右脚，传送到腰、肩、肘，达于拳面，上体左转(头不转)，快打快收。

(a)　(b)
图 15-2-3　左冲拳

(a)　(b)
图 15-2-4　右冲拳

易犯错误及纠正方法：

(1) 冲拳时上身前倾角度过大造成重心不稳，纠正时面对镜子或由同伴帮助，发力不可失去重心，打拳首先要学会步子稳。

(2) 发力没有用上整体的力量，出现用手臂打拳，纠正时由同伴帮助，用手把顶着拳，体会整体发力的感觉。

2. 掼拳

掼拳有左、右掼拳两种拳法。

(1) 左掼拳(图 15-2-5)。

动作要领：左脚蹬地并向内扣，上体微向右转，同时左拳向外45°、向前、向里横掼，臂微屈，拳心朝下，力达拳面或偏于拳眼侧，右拳护腮。

要点：力从腰发，腰绕纵轴右转；发力时臂屈、肩抬平。

图 15-2-5　左掼拳

(2) 右掼拳(图 15-2-6)。

动作要领：右脚蹬地并向内扣，合胯并向左转，同时右拳向外45°、向前、向里横掼，力达拳面或偏于拳眼侧，左拳回至左腮前。

要点：右脚内扣，合胯转腰与掼拳发力一致；掼拳发力时，肘尖微抬，使肩、肘、腕基本成水平。

图 15-2-6　右掼拳

易犯错误及纠正方法：

(1) 掼拳幅度过大，纠正时面对镜子或由同伴帮助，消除只想用力的心理。

(2) 反肘过早，出现甩拳，纠正时由同伴帮助，一手拉拳，一手按肘，克服反肘的错误。

(3) 向前探身，纠正时多体会向右转腰发力的要领，或由同伴帮助控制身体。

3. 抄拳

抄拳分为左、右抄拳两种拳法。

(1) 左抄拳(图 15-2-7)。

动作要领：中心略下沉，左拳由下向前方勾起，大小臂夹角在 90°～110° 之间，拳心朝里，力达拳面。

要点：重心略下沉，加大勾拳力量，动作连贯、顺达，用力要由下至上；抄拳时，臂应先微内旋再外旋，拳呈螺旋形运行；抄拳发力时，腰向右侧转动，发力短促。

图 15-2-7 左抄拳

(2) 右抄拳(图 15-2-8)。

动作要领：右脚蹬地，扣膝合胯。向左转腰的同时，右拳由下向前、向上抄起，大臂夹角在 90°～110° 之间，拳心朝里，力达拳面。

要点：右抄拳时，右脚蹬地，扣膝合胯转腰的力由下到上。

图 15-2-8 右抄拳

易犯错误及纠正方法：

(1) 左拳向外绕行，纠正时两人一组，重点体会拳的运行路线。

(2) 上体后仰挺腹，纠正时体会蹬地转腰的要领。

(3) 重心上提，由同伴帮助，一手按头，一手扶胯。

4. 鞭拳

鞭拳分为左、右鞭拳两种拳法。

(1) 左鞭拳(图 15-2-9)。

图 15-2-9 左鞭拳

动作要领：左鞭拳以伸肘弹腕的力量出拳，力达拳背，转腰顺肩。

要点：前左臂肌肉尽量放松，以气催力。发力时含胸拔背、顺肩、送肘、甩手腕，放长击远，回收动作要快。

(2) 右鞭拳(图 15-2-10)。

动作要领：身体右转 180°，右脚经左脚后插步，同时左右拳回收至胸前，动作不停止，右转体 90°，右拳向右侧横向鞭打，拳眼向下，力达拳背。

要点：转体要快，以头领先，不能停顿，支撑要稳。鞭拳时，以腰带臂，前臂鞭打甩拳。

图 15-2-10 右鞭拳

易犯错误及纠正方法：

(1) 只是用手臂甩拳，纠正时面对镜子或由同伴帮助，体会从脚到手节节贯通的整体发力感觉。

(2) 向后仰身，纠正时多体会收腹含胸的发力要领，或由同伴帮助控制身体。

五、腿法

1. 鞭腿

鞭腿有前、后鞭腿两种腿法。

(1) 前鞭腿(图 15-2-11)。

动作要领：由实战姿势开始，上体稍右转并侧倾，右脚踝内扣，左膝前领与髋同高，绷直脚背，大腿带动小腿，由屈到伸向前横踢，力达脚背，同时展髋。

要点：以转体带动摆腿，动作连贯、快速。

(2) 后鞭腿(图 15-2-12)。

动作要领：由实战姿势开始，上体稍左转并侧倾，左脚踝内扣，重心移至左腿，右膝前领与髋同高，绷直脚背，大腿带动小腿，由屈到伸向前横踢，力达脚背，同时展髋。

要点：同前鞭腿。

(a) (b)

图 15-2-11 前鞭腿

(a) (b)

图 15-2-12 后鞭腿

易犯错误及纠正方法：

(1) 踢鞭腿时勾脚，纠正时可以让同伴帮忙扶着控制身体，寻找正确动作的感觉。

(2) 向前下俯身太多，纠正时双手扶着沙包或由同伴帮助控制身体。

2. 踹腿

踹腿有左、右踹腿两种腿法。

(1) 左踹腿(图 15-2-13)。

动作要领：身体重心移向右腿，右脚跟内扣，左腿屈膝抬起与髋同高，脚尖勾起，挺膝向前踹出，力达脚掌，上体可侧倾。

要点：上体、大腿、小腿、脚掌成一条直线，踹出时一定要以大腿推动小腿直线向前发力。

(2) 右踹腿(图 15-2-14)。

动作要领：身体重心移向左腿，左脚跟内扣，右腿屈膝抬起与髋同高，脚尖勾起，挺膝向前踹出，力达脚掌，上体可侧倾。

要点：同左踹腿。

(a) (b) (c)

图 15-2-13 左踹腿

(a) (b) (c)

图 15-2-14 右踹腿

易犯错误及纠正方法：

(1) 提膝和屈膝动作不到位，纠正时单独多做这两个动作。

(2) 脚踝松散，勾脚无力，纠正时单独多做抠脚踝和勾脚的动作。

3. 蹬腿

蹬腿有左、右蹬腿两种腿法。

(1) 左蹬腿(图 15-2-15)。

动作要领：右腿直立或稍屈，左脚跟内扣，同时左腿提膝抬起，勾脚，以脚领先向前蹬出，力达脚跟；亦可送髋，脚掌下压，力达脚掌。

要点：屈膝高抬，爆发用力，快速连贯。

(2) 右蹬腿(图 15-2-16)。

动作要领：身体稍左转，右脚跟内扣，身体重心移到左前腿，同时右腿屈膝前抬，勾脚，以脚领先向前蹬出，力达脚跟；亦可送髋，脚掌下压，力达脚掌。

要点：屈膝高抬，爆发用力，快速连贯。

(a)　(b)　(c)

图 15-2-15　左蹬腿

(a)　(b)　(c)

图 15-2-16　右蹬腿

易犯错误及纠正方法：

(1) 提膝不过腰，力不顺达，纠正时多做单独提膝过腰的动作。

(2) 身体过于后仰，纠正时可以让上身靠着墙体进行蹬腿练习。

六、防守技术

1. 拍挡技术(图 15-2-17)

动作要领：预备姿势开始，左手(右)以拳心为力点向里横向拍击。

要点：前臂尽量垂直，拍击幅度要小，用力短促。

2. 挂挡技术(图 15-2-18)

动作要领：左(右)手屈臂向同侧头部右(左)肩部挂挡。

要点：大小臂紧张并贴于头侧，要含胸侧身，暴露面小。

3. 阻挡技术(图 15-2-19)

动作要领：两脚蹬地，以肩和手心挡住对方直线型进攻的拳法，以臂部阻挡对方直线腿法的进攻。

图 15-2-17　拍挡

图 15-2-18　挂挡

(a)　(b)

图 15-2-19　阻挡

要点：身体紧张、含胸、闭气，阻挡拳法要提左肩并收下颌；阻挡腿法要含胸、收腹、沉气，两手紧护体前，尽量缩小被击面。

七、摔法

1. 抱腿肩扛摔

我方左格斗式对敌，敌方以右正蹬腿进攻我方胸腹部；我方立即向左前方斜形滑步闪躲，同时用双手接抓敌方的右脚踝。随即我方迅速向右后转身 180°，双腿并步并成半蹲势，同时双手抱住敌方右腿将其扛于我方左肩之上。紧接着，我方双腿立即向上蹬地，双腿挺直，同时上身猛力向前弯腰低头屈身，双手紧紧抓住敌方的右脚踝猛力向前、向下拉拽，将敌方从我方左肩上向前、向下栽倒摔出。

2. 接腿涮摔

我方左格斗式对敌，敌方以左正蹬腿进攻我方胸腹部；我方立即向右前方斜形滑步闪躲，同时用双手接抓敌方的左脚踝。随即我方用双手将敌方的左腿向后用力拉拽，同时沿逆时针方向旋转划弧、划圈。上动不停，敌方的左腿在我方的拉拽、旋转之下，身体被迫向外翻倒、跌摔在地。

3. 抱腿掀腿摔

我方左格斗式对敌，敌方以左正蹬腿踢击我方胸腹部；我方立即向右前方斜形滑步闪躲，同时用双手接抓敌方的左脚踝。随即我方双手快速牢牢托住敌方左脚跟向上猛力掀抬，迫使敌方上身重心后移。我方上动不停，我方掀抬敌方左腿的同时，双腿向前进步并用双手用力向前推送敌方的左腿，迫使敌方上身重心失衡而仰面向后摔倒。

4. 抱腿外旋摔

我方左格斗式对敌，敌方以左正蹬腿踢击我方胸腹部；我方立即向右前方斜形滑步闪躲，同时用双手接抓敌方的左脚踝。紧接着，我方左手抓托敌方左脚跟，右手抓住敌方右脚掌，双手快速用力将敌方的左腿用力往回拉拽以迫使敌方的重心前移而右腿被迫跪地。上动不停，我方双手将敌方右脚踝向外旋拧以迫使敌方左腿向外翻而带动上身向外侧翻倒地。

5. 抱腿手别摔

我方左格斗式对敌，敌方以左正蹬腿踢击我方胸腹部；我方立即向右前方斜形滑步闪躲，同时用左手抓托敌方左脚后跟，右手上抬于敌方左腿上方。上动不停，我方迅速用右臂夹抱敌方左小腿，并低头弯腰，上身前倾，同时将左手从敌方裆下插至敌方作为支撑腿的右腿的大腿后侧而一把抓住它。随即我方身体右转，用左肩、左大臂用力向右抵靠敌方的左腿，用右手别住敌方的右大腿后侧，将敌方别摔在地。

6. 抱腿切颈摔

我方左格斗式对敌，敌方以右腿蹬踢我方腹部；我方立即向右滑步闪身躲避，同时用左手夹抱敌方的右脚踝或小腿。随即我方左手将敌方的右腿迅速上提，同时立即上右脚至敌方左脚外侧并勾住敌方的左脚，用右手从敌方颈部右侧反搂敌方后颈部。紧接着，我方右脚牢牢勾住敌方左脚不放，同时左手将敌方右腿向我方左侧上方牵拉，并用右手将敌方的颈部向右下方搂按，从而将敌方摔倒在地。

7. 抱腿后绊摔

我方左格斗式对敌，敌方以左鞭腿横扫我方右肋；我方立即向左滑步闪身躲避，同时用左臂抄抱敌方左小腿，随即用左手抓住敌方的左肩，以防敌方逃脱。紧接着，我方迅速将右腿从敌方右腿外侧插至其后方并挂绊敌方右腿。上动不停，我方右腿牢牢挂绊住敌方的支撑腿右腿，左臂将敌方左腿用力向前、向上推送，同时用左手用力向前、向下推按敌方左肩或胸部，将敌方摔跌在地。

8. 抱腿靠别摔

我方以右格斗式对敌，敌方上右步以左直拳进攻我方头部；我方立即以右手向外格挡并顺势捋抓敌方的左手腕。紧接着，我方右手将敌方左臂往回拉拽，上身前俯以将左臂从敌方裆下穿过而用左手搂抓住敌方的左大腿后侧。上动不停，我方用左肩紧紧靠住敌方左胯部并用力向左、向后用力靠，同时用左手搂别住敌方左腿，从而将敌方靠别在地。

9. 抱腿按膝摔

我方以左格斗式对敌，敌方以右鞭腿扫踢我方胸部；我方立即向右滑步闪身，同时以左肩阻挡敌方右鞭腿的进攻。上动不停，我方立即用左臂从敌方右腿下方向上抄抱其右小腿，同时左转身上右步至敌方左腿内侧以绊住敌方的左腿，并用右手按住敌方的右膝内侧。紧接着，我方右腿紧紧绊住敌方的左腿，随即身体向左转身，用右手向前推按敌方右膝内侧，用左肩向下旋压敌方右小腿，从而将敌方推绊摔跌在地。

10. 抱腿过肩摔

我方左格斗式对敌，敌方上左步，以左直拳进攻我方头部；我方立即蹲身低头躲闪，同时向前滑步近身，用双手搂抱敌方的双腿膝窝，并用左肩抵住敌方髋部。紧接着，我方上右步与左脚并步，随即双腿用力蹬地，上身挺直，同时用双臂抱敌双腿向上用力将敌方扛于我方左肩上。上动不停，我方左脚立即向左开步，双腿成马步以稳住身体，随即上身向右后倾，同时双臂继续上搂敌双腿，将敌方从我方左肩上倒栽摔于我方身后。

11. 抱腿肩顶摔

我方左格斗式对敌，敌方上左步，以左拳进攻我方头部；我方立即向下低头蹲身以闪躲敌方的来拳，同时向前滑步近身，用双臂搂抱敌方双腿膝窝，用左肩抵住敌方的髋部。紧接着，我方双手将敌方的双腿向后、向上提拉，同时用左肩将敌方的髋部向前、向下抵靠，使敌方失去重心而身体腾空并向后仰翻。我方继续上动的动作，将敌方向后摔跌在地。

12. 抱腿别腿摔

我方左格斗式对敌，敌方上左步，以左拳进攻我方头部；我方立即向下低头蹲身以闪躲敌方的来拳，同时向前滑步近身，用左手搂抱敌方左大腿，用右手搂抱敌方右脚跟或右小腿。随即我方起身，双手抱敌左腿向上提抬，同时左脚从敌裆下插至敌方右脚后。上动不停，我方左腿牢牢别住敌方右腿，同时双手将敌方的左腿抱在胸前，随即身体右转并用左肩、左胸向右、向下旋压敌方的左大腿，迫使敌方向其左后方摔倒。

第三节　散打的训练方法

一、空击练习

空击练习是徒手进行的练习。空击练习是熟练掌握技术动作的重要训练手段之一。空击练习可不断巩固技术动作的正确动力定型，不断加强条件反射。空击的形式多样，可单练，亦可多人练习。

二、点击练习

点击练习是根据帮助者的信号及时作出动作反应的练习方法，常用信号有手势、口令、靶位等。点击练习可有效提高练习者的动作速度和反应速度，提高实战中的反应能力。给信号时要注意信号的突然性，信号要清晰，靶位信号要准确。

三、攻防练习

攻防练习一般是两人一组，在不接触的情况下按照攻防的实战要求进行的练习。开始可规定只做单招进攻，逐渐过渡到连招进攻，战术亦由单一逐渐过渡到组合。攻防练习可有效提高学生对技术动作的控制和运用能力，培养攻防意识，并且可以消除和预防初学者的害怕心理，预防运动损伤的发生。

四、喂招练习

喂招练习是由教练或同伴根据一定的攻防要求，结合实战意识，有目的地给练习者喂引动作，或借助手靶、脚靶等辅助器材，帮助其进行练习的一种方法。由于喂引有一定的目的性和很强的针对性，因此这种练习对学生快速有效地掌握技术动作有很好的作用。它不仅能提高学生对技术的运用能力，还可以培养战术意识，有效提高进攻和防守的动作质量，提高反应速度，建立稳定的条件反射，直至达到自动化，是教学训练中经常采用的一种练习形式。在进行喂引练习时，要注意喂引动作的质量，并根据不同学生的技术特点进行相应的喂引，练习者在保证质量的同时，要仔细体会、反复揣摩。

五、递靶练习

递靶练习是由教师或同伴使用手靶、脚靶及时给练习者出示靶位，练习者根据靶位及时作出反应的练习方法。练习时注意：示靶及时，有针对性；反应快速，击打准确，根据不同的要求进行击打。

六、隔空练习

隔空练习是两人在不接触的情况下，根据对方的动作及时作出反应的练习方式。这种练习方式可有效训练练习者的反应速度、动作速度，培养战术意识，提高攻防能力，以及对动作的快速反应能力，消除惧怕心理，提高兴趣。

七、假设练习

假设练习即假想敌练习，它要求练习者在练习时有意识、系统地在脑中进行思维、表象的一种练习方法。“练时无敌似有敌”，无论在空击、打靶、打沙包时都要进行积极思维，假想对手就在前面，积极练习并根据对手的反应作出相应的反应。假设练习可通过对完成动作的思维、想象和体验活动来作用于心理、生理，并使完成动作的过程和概念得到熟练和巩固。进行假设练习，可使神经系统的兴奋性提高，有助于集中记忆力，加深对动作的记忆，加快对动作的熟练程度，改善动作的协调性和准确性，提高操作思维能力和完成动作的能力，进而有利于建立和巩固正确的动力定型。另外，假设练习没有危险，从一定程度上降低学生练习的惧怕心理，并减少运动损伤的发生。

八、模拟练习

模拟练习是模仿实战中的技术动作、有针对性地进行计划性战术的练习。模拟练习可提高战术意识、动作判断能力、反应能力。注意，要针对学生的技术特点进行练习，培养其对付不同选手的能力。

九、假实战

假实战是指两人一组在控制力度和速度的情况下，将力度和速度控制在一定限度内进行的近似实战的练习。假实战练习时，灵活运用判断力、反应力、战术意识，消除恐惧心理，大胆运用所学技术动作。注意：力度和速度在一定的范围内过轻则起不到应有的效果，重则易发生损伤。

十、条件练习

条件练习是指在一定条件下有针对性地进行练习，可增强对特定技术、战术的运用能力，培养时间差、距离感，攻防意识针对性强，能有效训练和提高学生的某些能力和运用某方法的能力，是进行战术训练时常用的一种方法。

十一、实战

实战是检验和提高技术、战术的重要方法，是总结、积累实战经验的有效措施。尤其是在完全按照比赛的规定和方法，有裁判裁决的形式时，竞争激烈，对抗性强。

第十六章 跆 拳 道

第一节 简 介

一、跆拳道运动简介

跆拳道(Taekwondo，TKD)是现代奥运会正式比赛项目之一，是一种主要使用手及脚进行格斗或对抗的运动。“跆”字意为脚踢以及与腿部相关的各种攻击和防守技术；“拳”字意为拳打以及与手臂相关的各种攻击和防守技术；“道”是指在跆和拳修炼过程中的精神要求，以及搏击的艺术方法和取胜规律。跆拳道汲取了中国传统武术之精髓，它运用“太极”之理立论，以“八卦”之理立名，糅进“阴阳”等学说，创新和发展为一门独特的技击术。跆拳道运动凶猛强悍，攻防自成体系，具有“礼义、廉耻、忍耐、克己、百折不屈”的精神价值，能够较好地磨练习练者的意志品质，培养其理想人格和强健体魄。跆拳道在全世界的组织主要分为两个体系，分别为国际跆拳道联盟(ITF)和世界跆拳道联盟(WTF)，奥运会采用的是 WTF 体系。

二、跆拳道运动在中国的发展

随着跆拳道运动在国际体坛的蓬勃开展，中国体育界也意识到开展跆拳道运动的重要性和必要性，于是自 1992 年开始有步骤、有计划地开展跆拳道运动。1994 年 5 月，在河北正定举行了首届全国跆拳道教练员和裁判员学习班。1995 年 5 月，在北京体育大学举行了第一届全国跆拳道锦标赛。1995 年 8 月，正式成立了中国跆拳道协会，魏纪中当选为第一任协会主席。1995 年 11 月，中国跆拳道协会被世界跆拳道联盟接纳为正式会员，从此跆拳道在中国迅速发展起来。从 2000 年到 2020 年，跆拳道已经走过了 6 届奥运会。中国跆拳道队在这 6 届奥运会上拿到 7 金 1 银 3 铜共 11 枚奖牌，位居该项目奥运历史奖牌榜第二位，仅次于韩国。

三、跆拳道的等级划分

根据习练者技术水平的高低，跆拳道分为十级、九段、三品。级位从低至高分为十级至一级，一级后晋段，段位从低至高分为一至九段。未成年习练者达到一至三段水平，则授予“一品”至“三品”。同时腰带颜色则代表着习练者的技术水平，从低至高依次为白带

(十级)、白黄带(九级)、黄带(八级)、黄绿带(七级)、绿带(六级)、绿蓝带(五级)、蓝带(四级)、蓝红带(三级)、红带(二级)、红黑带(一级、一品至三品)、黑带(一段至九段)。

四、跆拳道的分类

1. 品势

品势(又称型)，指习练者以技击为主要内容，通过攻守进退的动作编排，达到强身健体、培养意志的一种练习形式。它是将一定数量的动作编排成固定的套路，与武术套路相似。基本品势有太极(1～8 章)、高丽、太白、金刚等。

2. 竞技

竞技跆拳道是按照奥运会项目竞赛的价值观建立起来的竞赛理论和实践体系，双方习练者按照一定的规则，通过使用各种跆拳道技术以战胜对方为目的的一种竞赛活动。它要求习练者使用的动作简单实用，采用打点得分的形式决胜负。

3. 击破与特技

击破和特技是跆拳道练习功法和展示功力的主要形式。击破是通过专门训练利用人体关节部位(拳、掌、肘、膝、头、脚)击破木板、砖瓦等，增加了跆拳道的神秘色彩和吸引力。特技包括基本动作、套路、对打、防身术等，注重观赏和表演，对于基本功的要求较高，表演以腿法为主，如腾空侧踢飞人、360° 单脚落地等。

4. 跆拳舞

跆拳舞是一种新兴的跆拳道健身项目，由品势与音乐融合后演变而来。它根据选定的跆拳道音乐将跆拳道的基本腿法、拳法、步法巧妙地贯穿起来，也可以融合其他的流行舞蹈，但必须保证跆拳道基本技术占整个舞蹈内容的三分之二以上。

第二节 跆拳道的基本技术

一、非得分技术

(一) 实战姿势

跆拳道的实战姿势是与对手比赛时的准备姿势，亦称为实战势或预备势。

动作过程：两脚开立与肩同宽，两臂垂于体侧。左脚或右脚向另一脚的前方迈出，两脚相距一步前后站立，使身体侧对对方，同时两手半握拳，沉肩，两臂屈肘自然垂放。重心落在两脚之间，膝盖弯曲，眼睛平视对方面部，下颌微收。

左脚在前的实战姿势称为左势，右脚在前的实战姿势称为右势(图 16-2-1)。

图 16-2-1 实战姿势

(二) 基本步法

跆拳道步法是根据比赛对手的位置、运动状态，通过两脚及身体的协调配合，有目的地移动身体位置的方法。虽然步法是一种非得分技术，但在跆拳道竞技比赛中却起着重要的作用。熟练掌握跆拳道步法是跆拳道运动员比赛取胜的基础。

跆拳道实战中常用的步法有以下几种(以下步法以左势为例)。

1. 前滑步

动作方法：右脚蹬地，左脚向前滑动约一脚长距离，右脚迅速跟进相同的距离。

动作要点：在移动过程中，要尽量减小身体重心的起伏。两脚的滑动与跟进要贴地而行，后脚跟进距离与前脚前滑的距离相同。两脚移动必须连贯、迅速，滑动距离不宜过大。

2. 后滑步

动作方法：左脚蹬地，右脚向后滑动约一脚长距离，随即左脚向后跟进相同的距离。

动作要点：参考前滑步。

3. 前进步

动作方法：两眼目视前方，双脚同时蹬地，使身体获得向前移动的动力，然后双脚随身体一起迅速向前移动一小步，然后继续保持左实战姿势。

动作要点：移动过程中两脚的距离不变，步法完成后成实战姿势；双脚要尽量贴地面移动，重心要平稳。

4. 后退步

动作方法：双脚同时蹬地，使身体获得向后移动的动力，然后双脚随身体一起迅速向后移动一小步(约一脚长距离)，然后继续保持左实战姿势。

动作要点：参考前进步。

5. 上步

动作方法：以前脚掌为轴，后脚蹬地经前脚内侧向前迈出一步，身体左转，成右实战姿势。

动作要点：上步时身体各部位要协调一致，步子大小适中，动作要轻松快速。动作过程中，重心要保持平稳，两眼注视目标。

6. 撤步

动作方法：以左实战姿势开始，以右前脚掌为轴，左脚迅速蹬地经右腿内侧向后撤一步，同时身体向左转动 180°，成右实战姿势。

动作要点：步法移动时重心要平稳，动作要迅速，左脚后撤和身体左转要协调一致，目视前方。

(三) 基本防守技术

在跆拳道实战中，化解对手的进攻称为防守。竞技跆拳道的防守技术可分为两种：闪躲防守和格挡防守。

1. 闪躲防守法(非接触式防守)

闪躲防守法包括以下三种。

(1) 调整距离。距离防守就是通过调整自身与对手距离的远近来瓦解对手的攻击。它包括两种形式：一种是远离对手，通过步法移动转移到安全区域，使对手的进攻鞭长莫及而落空；另一种是靠近对手，自己移动到贴近对手身体的空间，造成对手无法有效得分。

(2) 改变角度。角度防守就是通过步法的灵活移动，改变与对手的相对角度，以达到防守的目的。

(3) 变化身法。身法防守是通过身体躯干及头颈部的位置改变，避开对手的攻击路线，以达到防守的目的，包括身体后仰、身体前倾、向左侧倾斜、向右侧倾斜等。

2. 格挡防守法(接触式防守)

跆拳道比赛中不允许使用抓、夹、推、抱等方法，但可以利用手臂去格挡和阻挡以达到防守的目的。格挡防守可以分为上格挡(上防)、下格挡(下防)、中格挡(侧防)和阻挡。

(1) 上格挡(上防)。用前臂向侧上方挡开对手的攻击。

(2) 下格挡(下防)。用前臂向侧下方挡开对躯干及腹部的攻击。

(3) 中格挡(侧防)。用前臂向左或向右挡开对手的攻击。

二、得分技术

(一) 拳法

拳法是跆拳道攻击技法之一，用于攻击对手躯干被护具遮盖的部位，适合在近距离使用。拳法技术包括前手拳和后手拳(图 16-2-2)。

图 16-2-2 实战中的前、后手拳

1. 前手拳

动作方法：以右实战姿势开始为例，左脚用力蹬地，重心前移，右脚向前迈出约一脚长距离，右手握拳由胸部高度迅速内旋向前冲击，力达拳面。

动作要点：当拳面接近目标时，拳握紧，手腕伸直，并借助腰部的迅速转动，快速有力地击出。

2. 后手拳

动作方法：以左实战姿势开始为例，右手握拳，随着右脚蹬地，左脚向前移动约一脚长距离，腰部左转，右臂内旋向前击打，用拳的正面接触目标。

动作要点：发力时蹬地，转腰送肩。

(二) 腿法

竞技跆拳道腿法包括横踢、后踢、下劈、推踢、后旋踢、勾踢、侧踢、双飞踢、旋风踢、多飞踢、腾空腿法、组合腿法等。下面对部分常用得分腿法进行介绍(以左势为例)。

1. 横踢

横踢是跆拳道比赛中最为常用的动作之一，也是运动员得分的主要技术。

动作过程：重心移至左腿，提起右大腿，同时髋部略向左转，膝盖朝前，大小腿折叠，脚面绷直。继续将右大腿向前提高，左脚向外侧转动，右腿快速鞭打踢出小腿，膝盖朝向左侧。用脚面击打对方胸腹部、面部及两肋部。击打后，右脚自然落下成右势，然后后撤右脚，还原成左架准备姿势(图 16-2-3)。

动作要点：提起右腿时，两大腿内侧之间的距离应尽量小，即右腿直线出击。为保持重心，躯干稍向左后倾以配合快速转髋，击打时脚面绷直，但踝关节要放松。

图 16-2-3　横踢

2. 双飞踢

双飞踢(又称双飞)是跆拳道比赛中较为常用的动作之一，也是运动员得分的主要技术。

动作过程：重心移至左腿，提起右大腿使用横踢，然后在右脚未落下时，立即提左腿使用横踢，即连续使用两个横踢。击打后，两脚自然落下，还原成左架准备姿势(图 16-2-4)。

动作要领：击打第一个横踢时，身体可稍后倾，以利于第二个横踢，两腿交换之间，髋部要快速扭转。

图 16-2-4　双飞踢

3. 下劈

下劈也称劈腿，是跆拳道比赛中常用的动作之一，也是进攻和反击对方进攻的主要技术。

动作过程：重心先移至左腿，提起右大腿，同时略转髋向左并向上送髋，使右腿膝盖与胸部尽量贴近，身体重心向上。右脚高举过头，右腿伸直贴紧上体，上体保持正直或稍前俯，重心向上。右脚脚面稍绷直，右腿快速下压，用脚掌或脚后跟下砸对方的头部，身体重心前移至右腿上，身体要稍后仰来控制重心。击打后，右脚自然落下成右架，然后后撤右脚，还原成左架准备姿势(图 16-2-5)。

动作要领：提腿向上时，要向上积极送髋，大小腿之间也可以有一定的弯曲度。下劈时，身体重心向前移。左脚应积极配合身体的向前移动，调整好身体重心。

图 16-2-5　下劈

4. 后踢

后踢是跆拳道比赛中最为常用的动作之一，也是运动员反击对方进攻的主要技术。

动作过程：重心移至左腿，以左脚尖为轴，左脚跟外旋，身体向右后方转动，同时提起右大腿，使大小腿几乎折叠，脚尖勾起，头部稍向右后方转动。右腿向后平伸后蹬，在蹬直前膝盖稍外翻(向右侧)，用脚跟部位击打对方腹部。击打后，右脚自然落下成左架，然后后撤右脚，还原成右架准备姿势(图 16-2-6)。

动作要领：身体向右后方转动时，同时要快速提起右膝。身体转到背朝对方时要制动，同时右脚后蹬，此时身体不应再有转动，膝盖此时的方向应与左腿膝盖方向一致。在提起右腿时，两大腿内侧之间的距离尽量小，即右腿“擦”着左腿起腿。

图 16-2-6　后踢

第三节　跆拳道的基本战术

跆拳道战术指运动员在竞技比赛中根据我方和对手的具体情况，为取得比赛胜利而采取的计策和行动。使用合理的战术，可以在比赛中发挥自己的特长，限制对手长处，营造出有利于自己的比赛局面，掌握比赛的主动权。常用的战术形式主要有以下几种。

一、技术战术

跆拳道的技术战术包括进攻战术、反击战术和防守战术，其中进攻战术和反击战术分类如图 16-3-1 所示。在比赛中，运动员根据场上情况和自身技术特点灵活采用进攻、防守及反击战术，以达到取得赛场优势的目的。

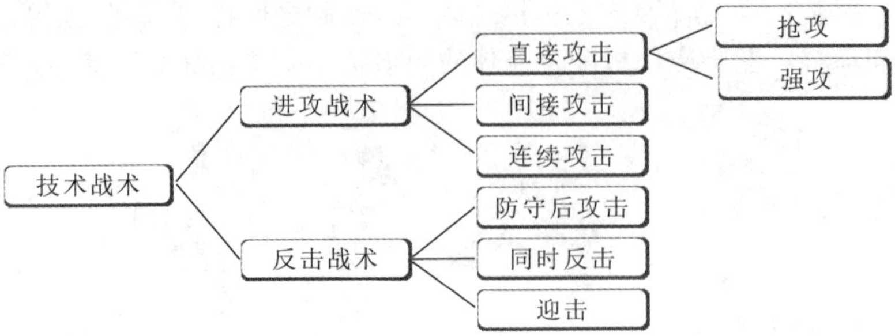

图 16-3-1

二、心理战术

心理战术是利用气势、情绪、动作等各种规则允许的手段，干扰对方的情绪，并对其造成一定的心理负担，使对手技、战术发挥失常，在气势上战胜对手的方法。心理战术一般适用于比赛经验不足、心理素质较差的选手。同时，心理战术运用得当，也可以振奋自己，有助于发挥超常的技、战术水平。

三、克制战术

克制战术是限制对手长处，发挥自己长处，攻击对手弱点的比赛策略。例如：对矮个选手或善于近距离攻击的对手，尽量与对手保持相对较大的距离，防止对手突然靠近，与对手拉开距离作战。

四、体能战术

体能战术是指在跆拳道比赛中，合理地分配和使用自己的体力，以获得比赛优胜的方法。当对手体力较差时，在第一局、第二局要进行积极的进攻和反击，消耗对手体力，逐渐发挥自己的体力优势。当自己体力相对较差时，就要利用各种方法控制比赛节奏，以节省体力保证技术和战术发挥。

第四节　跆拳道竞赛规则

跆拳道竞技比赛包括(青)和(红)两方，双方以脚踢打对手的头和身体，或用拳击打对方的躯干而得分。比赛由一名主裁判员在场上主持，其他三名边裁判员根据运动员的技术使用情况负责评判并打分。

一、竞赛场地

竞赛场地应平整、无障碍物，铺设有弹性的防滑垫。必要时，竞赛场地可置于离地面0.6～1m 高的平台上。竞赛场地的形状可分为正方形和八角形。正方形竞赛区域为 8m × 8m，包含 60cm 的边界线。赛区周边为安全区，四面距离应相等。竞赛场地(竞赛区和安全区)

应不小于 10m × 10m，不大于 12m × 12m。八角形的竞赛区直径为 8m，每一侧边长度为 3.3m。

二、比赛服装和竞赛装备

参赛运动员须穿着世界跆拳道联盟所认证的道服、电子护具、电子头盔、护裆、护臂、护腿、手套、电子脚套(使用电子护具的情况下)，并在进入竞赛区之前佩戴护齿。

三、比赛时长

跆拳道比赛进行 3 局，每局 2min，局间休息 1min。如果 3 局过后分数持平，休息 1min 后进行第 4 局加时赛。

四、得分规则

得分规则是运动员使用拳的技术和脚的技术，准确有力地击中对方被护具包裹的躯干部位(除后背脊柱)和头部。有效拳击打护具得 1 分；有效踢腿技术击打护具得 2 分；有效转身技术击打护具得 4 分；有效技术击打头部得 3 分；有效转身技术击打头部得 5 分；运动员犯规，对方运动员得 1 分。

五、罚分规则

在比赛中，如果一方采用搂抱、推拉对手的方式消极逃避比赛，或用肘、膝顶击对手，摔倒对手、故意用拳攻击对手面部，故意倒地或意外滑倒，被对手重击倒地或是技术性倒地等犯规动作则会被判罚警告扣 1 分。场上的教练员打断比赛进程有过激言语、行为，严重违犯体育道德也会被主裁判警告或扣分。如果一名运动员累计被扣掉 4 分，则要被判“犯规败”。

六、击倒规则

选手被击倒后，裁判会进行 10s 的读秒。在跆拳道比赛中，一方由于对手发力而使其脚底以外的其他任何部位触地则判为被击倒。裁判也可在选手无意识或无法继续比赛时开始读秒。一旦出现击倒，则裁判暂停比赛，指示另一方退后，裁判开始读秒从 1 至 10。即使被击倒的选手站起来欲继续比赛，都必须等待裁判继续读秒至 8，然后裁判判定该选手是否能继续比赛。若其无法继续比赛，则另一方以击倒获胜。

七、胜负规则

比赛结果可采用 3 局比赛后的分数总和判定法或 3 局 2 胜判定法。比赛结束时，分数高的一方获胜。在一场比赛中，如果双方打满 3 局而出现平分的情况，则进行加时赛。加赛一局，时间为 2 min，新规则规定选手进入黄金加时赛必须获得 2 分才能获胜。如果在黄金加时赛中，双方都未获得 2 分，则将按照以下优先次序判定胜方：加时赛中获得直拳得分方；加时赛中电子护具感应击打次数较多的一方；在前 3 局比赛中获胜局数较多的一方；在全部 4 局中犯规次数较少的一方。

第十七章　传统体育养生学

第一节　概　　述

一、传统体育养生学的概念和内涵

养生，又称摄生、保生、卫生、寿世等。生，即生命、生存；养，即保养、养护、调养、养救、补养等。养生即可理解为对生命的保养，以及围绕这一主题的各方面的理论思想与具体实践方法。它涵盖人们生活的各个方面，如生理的、心理的以及围绕生命这一中心的衣、食、住、行、环境、气候等，因此，从广义的概念来讲，人类一切维持生存、保养身体、增强对环境的适应能力，以及提高生命质量的行为都是养生学所涵盖的内容。

传统体育养生学是中国传统养生学的一个分支，是古代的养生学说与强身健体的锻炼方法相结合的民族文化遗产。传统体育养生是通过人体自身的姿势调整、呼吸锻炼和意念控制，使身心融为一体，以达到增强人体各部分机能，诱导和启发人体内脏潜力，起到防病、治病、益智、延年的作用。

二、传统体育养生学的内容和分类

传统养生功法旨在发挥人的主观能动性，通过有意识地自我控制心理、生理和肢体活动，达到增强体质、防病治病的效果。按照运动形式，其内容大致可以分为动功和静功两大类；按照功法来源，大体可以分为道家功法、医家功法、武术功法等；按照锻炼效果，可以分为保健功法、强壮功法、疗病功法等。

根据锻炼时的主要特点，传统养生功法分为三大类，即静功、动功，保健功。练功时身体姿势处于相对安静状态，以调心、调息为主，不断加强意念对自身控制能力的功法，属于静功；练功时以多变的肢体动作为运动特点，以调身、调息为主，通过身体姿势变化加强对气息运行影响的功法，属于动功；通过自身按摩、拍击等锻炼方法，达到疏通经络、调和气血、增进健康的功效，属于保健功。

(一) 静功

静功是指在练功过程中，练功者的形体和位置基本保持不动，并结合意念运用和呼吸调整，以达到锻炼身体内部机能为目的的养生功法。静功练习可以使机体心神宁静，杂念减除，气血和畅，精气充沛。

静功练习时，一般采取坐、卧、站等姿势，无论采取哪一种姿势，都要做到全身稳定、内部舒松，防止强直和松垮。具体要求是：虚领顶劲，头正身直，下颌微收，眼帘下垂，耳注于息，舌抵上腭，眼敛观鼻，含胸拔背，两腋松开。沉肩垂肘，松腰松胯，尾闾中正。在保持练功要求的正确姿势前提下，使机体内外最大限度地处于松静状态，神经、内脏、关节、肌肉就能充分放松。

呼吸调整一般采用均匀、舒缓、深长的腹式呼吸。一般先从自然呼吸锻炼入手，自然呼吸要求不用意、不拿劲，一切顺其自然，待呼吸达到深、长、匀、细的程度时，逐渐进入腹式呼吸锻炼阶段。腹式呼吸一般与意念锻炼相结合，即意念配合着呼吸，以意引气。学练腹式呼吸，必须在松、静、自然呼吸的基础上进行，不能憋气，意念也不可过于紧张，以不疾不徐为宜。呼吸的调整，可使机体进一步得到放松和入静，锻炼、诱发、调整人体内的“真气”，以循经络运转全身。

意念的锻炼是静功的主要环节，练意在古代称为调心、凝神、存神等，是指练功时把注意力集中到身体的某些指定部位上或某一事物上，使人的思想、情绪、意识逐渐平静下来，排除杂念，使大脑进入一种宁静、虚空、轻松的精神境界，从而调动人体内在的潜力，发挥自我调节的生理功能。练功时，对姿势和呼吸的调整，都是在意念活动支配下进行的，因此，意念在功法锻炼中起着主导作用。但是需要注意的是，意念活动要在放松、自然的前提下进行，要“似有意似无意”“勿忘勿助”，不可强行操作，以免造成精神上的紧张。

(二) 动功

动功是相对静功而言的，主要是通过练功者肢体的不断运动变化，使意气相随，起到畅通体内气血、舒筋活络的作用，具有松静自然、柔和均匀、意气相随、动静相兼等特点，一般由三个部分组成，即肢体运动、呼吸调整和意念运用。

从古至今，养生家们创造了许多动功功法。这些功法的动作大致包括了肢体的伸屈、拧转、仰俯等，并按一定的规律有节奏地运动，以强筋健骨，提高关节的灵活性，加强全身的气血流通，全面增强体质。

在呼吸锻炼上，有的动功功法强调呼吸和动作的协调配合。一般当动作为开、伸、起、收、蓄时，配以呼气；合、屈、落、放、发时，配以呼气。也有的动功功法，呼吸顺其自然，不强调注意呼吸。但无论采取何种呼吸方式，都应该注意呼吸的自然畅通，不可憋气。动功锻炼，既要求在思想安静状态下进行，又要求动作和意念相结合，全神贯注，思想集中到每个动作上去。对强调呼吸锻炼的动功，要掌握好对呼吸的严格要求，使其恰到好处，以有助于动作和意念的结合。动功锻炼可起到“外练筋、骨、皮，内练精、气、神”的作用。按照动功锻炼中对待内练和外练的不同侧重，又可分为以下两类。

1. 以内养为主的动功

这类功法的肢体运动要顺其自然，要注意意念的调节和呼吸的锻炼，以增强疏通经络、调和气血、平衡阴阳、调理脏腑的功能。锻炼时动作要轻松、柔和、缓慢，精神集中、专心致志，心平气和、呼吸自然、气沉丹田、以意为主，劲由意生、劲力松沉。如从古代宣导舞发展而成的仿生式导引的五禽戏，针对医疗保健需要而编创的八段锦、十二段锦，以及由太极拳衍生的太极导引等功法都具有这些特点。这些功法运动量相对较小，比较适合中老年人、体弱者及慢性病患者练习。

2. 以外练为主的动功

这类功法比较注重肢体运动，活动幅度较大，有时还伴有发力动作，通过加强对肌肉、关节、筋骨的牵拉，能有效发展肌肉力量，增强关节灵活性和韧带弹性。其动作刚柔相济，刚中有柔，柔中见刚，不拘不僵，可以促进机体内部气机运行，改善脏腑和经络的机能。在锻炼时，要外动内静，意念上保持松静状态，以利气血畅行；动作上保持运动状态，以利筋骨强健；并要根据动作调整呼吸，使两者自然协调配合。有些功法的动作要求发力，一般在蓄气时需要吸气，发力时需要呼气，以气助力，气力相合，力贯四肢。如以锻炼筋骨肌肉、强身壮力为主的易筋经，以及从一些武术基本功移植过来的功法就具有这些特点。这些功法运动量相对较大，比较适合青年人和身体较强壮者练习，又可以分为以提高肢体关节活动幅度及肌肉舒缩性能为主的柔功和锻炼形、意、气、劲完整一体的强壮功。

(三) 保健功

保健功是指运用简单的手法，通过自己的双手或器具在体表某些部位或全身进行按摩、点穴、拍打，达到防病保健、养生益寿或减轻某些疾病症状的功法，主要包括自我按摩法和自我拍打法。保健功可单独练习，也可作为其他功法的辅助功法；既可用于保健，也可用于治疗，对体弱者和老年人尤为适宜。

1. 自我按摩法

按摩法在古代多与其他导引功法结合练习，因此导引、按摩往往并称。后世的按摩法，主要用于临床治疗，多为他人按摩，已成为独立的医学分科。列入养生内容的按摩，主要以保健为目的，在具体操作上多为自我按摩。常见的按摩方法有：目功、耳功、舌功、叩齿、漱律、浴面、项功、揉肩、擦胸、揉腹、搓腰、搓尾闾、摩丹田、浴手、浴臂、浴大腿、揉膝、擦涌泉等。常用手法有点、推、拿、揉、捏、按、压、摩等。操作时，可重点在某一部位上进行，也可全身操作，其顺序一般是头面、躯干、上肢、下肢，也有的循人体经络进行。

2. 自我拍打法

自我拍打法是用手或器具有节律地拍打自己身体某一部位，对机体产生震动刺激，具有消除疲劳、疏通经络、调和气血的作用。这一类手法较为简单，拍打时要求腕关节放松。在腕关节屈伸的同时，前臂协调动作，增加拍打的弹性，保持一定的平稳性和节奏感，刚柔相济，使力量得以渗透，加强作用和效果。常用的手法有拍、击、叩、弹、琢等。自我拍打的范围可重点在某一部位或全身，也可有一定顺序，如《调气圭臬》载有：“行打功，先左后右；凡手足四面、胁肋腰腹、肩腋臂腿、脊膂、臀囊俱打到。若腹中有恙，腹须多打，打觉畅舒，正以去病也。但必须顺打而下，依次而行，切勿颠倒错乱。”对于拍打方法也有“不必太重，先轻后重，总以打去自觉适宜为度，切勿勉强”的要求。

第二节 健身气功·六字诀

六字诀，又称为六字气诀，是我国古代流传下来的一种独特的健身养生方法。它是运用呼吸吐纳配合默念嘘(xū)、呵(hē)、呼(hū)、呬(sī)、吹(chuī)、嘻(xī)六种字音，来调整肝、心、脾、肺、肾、三焦气机，起到强壮脏腑、祛除病邪、益寿延年的作用。

六字诀的动作名称：预备势，起势，嘘(xū)字诀，呵(hē)字诀，呼(hū)字诀，呬(sī)字诀，吹(chuī)字诀，嘻(xī)字诀，收势。

1. 预备势

1) 动作说明

两脚平行站立，约与肩同宽，两膝微屈。头正颈直，下颌微收，竖脊含胸，两臂自然下垂，周身中正，唇齿合拢，舌尖放平，轻贴腭部。目视前下方，呼吸自然，思想安静，全身放松(图 17-2-1)。

图 17-2-1　预备势

2) 动作要点

(1) 鼻吸鼻呼，自然呼吸。

(2) 面带微笑，思想安静。

3) 易犯错误

(1) 两膝过直或过曲，使筋、膝关节紧张。

(2) 挺胸抬头，目视远方。

4) 纠正方法

(1) 两膝要似屈非屈，关节放松。

(2) 内收下颌，目视前下方，竖直脊柱，两肩微内含。

5) 功理与作用

(1) 可使习练者身体放松，心平气和，渐入练功状态，利于全身气血运行的作用。

(2) 可起到集中注意力，养气安神，消除疲劳及内心焦虑的作用。

2. 起势

1) 动作说明

(1) 屈肘，两掌于体前十指相对，掌心向上，缓缓上托至胸前，约与两乳同高(图 17-2-2(a)～(b))。

(2) 两掌内翻，转成掌心向下，缓缓下按至肚脐前(图 17-2-2(c)～(d))。

(3) 微屈膝下蹲，身体后坐。同时，两掌内旋外翻，缓缓向前拨出，至两臂成圆，两掌约与肚脐相平(图 17-2-2(e))。

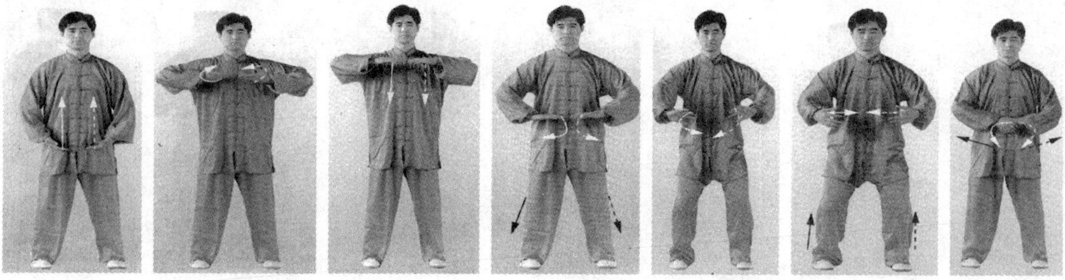

(a)　(b)　(c)　(d)　(e)　(f)　(g)

图 17-2-2　起势

(4) 两掌外旋内翻，转成掌心向内(图 17-2-2(f))。起身，两掌缓缓收拢至肚脐前，虎口交叉相握轻覆肚脐。静养片刻，自然呼吸，目视前下方(图 17-2-2(g))。

2) 动作要点

(1) 鼻吸鼻呼。

(2) 两掌上托时吸气。

3. 嘘(xū)字诀(第一式)

1) 读音与口型

“嘘”字，读音 xū，嘘为平声，属牙音。

“嘘”字诀的口型：两唇和牙齿微微张开，舌头放平，上槽牙和下槽牙之间留有空隙。发声吐气时，气息经过舌头两边慢慢呼出体外，嘘——(图 17-2-3)。

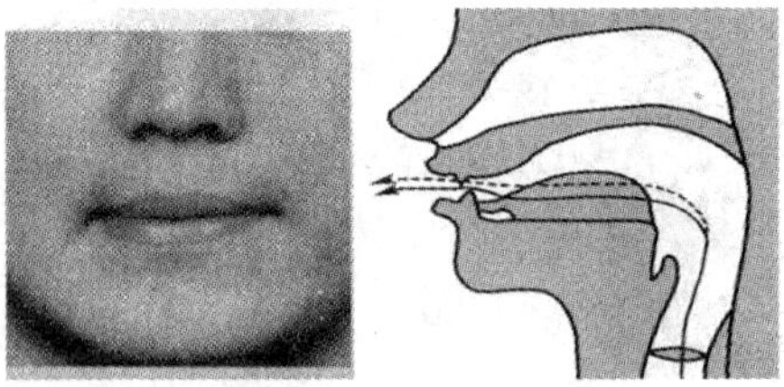

(a)　(b)

图 17-2-3　嘘字诀口型示意图

2) 动作说明

(1) 接上式。两手松开，掌心向上，小指轻贴腰际，慢慢向后收到腰间(图 17-2-4(a))。

(2) 两脚不动，身体向左转约 90°。同时，右掌由腰间缓缓向左侧穿出，至约与肩同高，并配合口吐“嘘”字音，眼睛随之慢慢睁大，目视右掌伸出的方向(图 17-2-4(b)～(c))。

(3) 右掌沿原路慢慢收回腰间。同时，身体随之转回正前方，目视前下方(图 17-2-4(d))。

(4) 身体向右转 90°。同时，左掌由腰间缓缓向右侧穿出，约与肩同高，并吐“嘘”字音，两目渐渐圆睁，目视左掌伸出方向(图 17-2-(e)～(f))。

(5) 左掌沿原路收回腰间。同时，身体转回正前方，目视前下方(同图 17-2-4(d))。

(6) 如此左右穿掌各 3 遍，共吐“嘘”字音 6 次。

(a)　(b)　(c)　(d)　(e)　(f)

图 17-2-4　嘘字诀

3) 动作要点

(1)“嘘”字吐气法。发音吐气时，嘴角后引，槽牙上下平对，中留缝隙，槽牙与舌边亦有空隙。

(2) 穿掌时口吐“嘘”字音，收掌时鼻吸气，动作与呼吸应协调一致。

4. 呵(hē)字诀(第二式)

1) 读音与口型

“呵”字，读音为 hē，呵为平声，属舌音。

“呵”字诀的口型是两唇和牙齿张开，舌头微微后缩。发声吐气时，气息经过舌面缓缓呼出体外，呵——(图 17-2-5)。

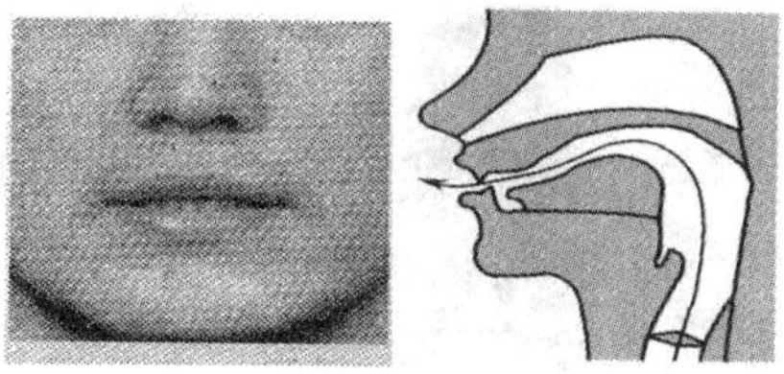

(a)　(b)

图 17-2-5　呵字诀口型示意图

2) 动作说明

(1) 接上式。吸气，同时，两掌小指轻贴腰际微微上提，指尖朝向斜下方，目视前下方(图 17-2-6(a))。屈膝下蹲，同时，两掌缓缓向前下约 45° 方向插出，两臂微屈，目视两掌(图 17-2-6(b))。

(2) 微微屈肘收臂，两掌小指一侧相靠，掌心向上，成“捧掌”，约与肚脐相平，目视两掌心(图 17-2-6(c))。

(3) 两膝缓缓伸直，同时，屈肘，两掌捧至胸前，转成掌心向内，两中指约与下颌同高。目视前下方(图 17-2-6(d))。

(4) 两肘外展，约与肩同高。同时，两掌内翻，掌指向下，掌背相靠(图 17-2-6(e))。口吐“呵”字音，同时，两掌缓缓下插至肚脐前，目视前下方(图 17-2-6(f))。

(5) 微屈膝下蹲，同时，两掌内旋外翻，掌心向外，缓缓向前拨出，至两臂成圆，约与肚脐相平，目视前下方(图 17-2-6(g))。

(6) 两掌外旋内翻，掌心向上，于腹前成“捧掌”，目视两掌心(图 17-2-6(h)～(j))。

(7) 两膝缓缓伸直。同时，屈肘，两掌捧至胸前，掌心向内，两中指约与下颌同高，目视前下方(图 17-2-6(k))。

(8) 两肘外展，约与肩同高。同时，两掌内翻，掌指向下，掌背相靠(图 17-2-6(l))。然后两掌缓缓下插，目视前下方(图 17-2-6(m))。从插掌开始吐“呵”字音，重复练习(5)～(8)动作 4 遍。如此反复练习，共吐“呵”字音 6 次。

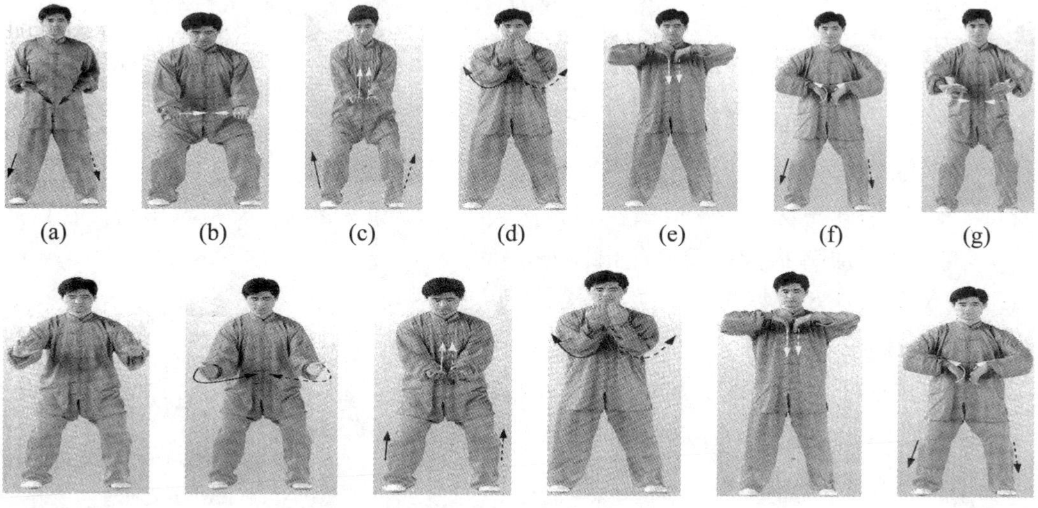

(a)　(b)　(c)　(d)　(e)　(f)　(g)

(h)　(i)　(j)　(k)　(l)　(m)

图 17-2-6　呵字诀

3) 动作要点

(1) “呵”字吐气法。发声吐气时，舌体上拱，舌边轻贴上槽牙，气从舌与上腭之间缓缓呼出体外。

(2) 两掌捧起时鼻吸气；插掌、外拨时呼气，口吐“呵”字音。

5. 呼(hū)字诀(第三式)

1) 读音与口型

“呼”字，读音为hū，呼为平声，属喉音。

“呼”字诀的口型：舌头微微下沉同时两侧上卷，将口唇撮成圆形，发声吐气时，气息从口唇正中间慢慢呼出体外，呼——(图 17-2-7)。

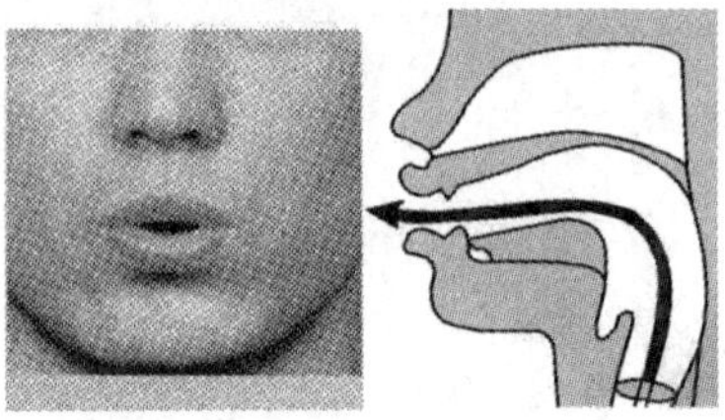

(a)　(b)

图 17-2-7　呼字诀口型示意图

2) 动作说明

(1) 当上式最后一动两掌向前拨出后(图 17-2-8(a))，两掌外旋内翻，转掌心向内对准肚脐，指尖相对，五指自然张开，两掌心间距与掌心至肚脐距离相等，目视前下方(图 17-2-8(b))。

(2) 两膝缓缓伸直。同时，两掌缓缓向肚脐方向合拢，至肚脐前约 10 cm(图 17-2-8(c))。

(3) 口吐“呼”字音，微屈膝下蹲。同时，两掌向外撑开至两臂成圆形，两掌约与肚脐相平，且两掌心间距与掌心至肚脐距离相等(图 17-2-8(d))。

(4) 两膝缓缓伸直。同时，两掌缓缓向肚脐方向合拢(图 17-2-8(e))。

如此重复练习(3)～(4)动作 5 遍，共吐“呼”字音 6 次。

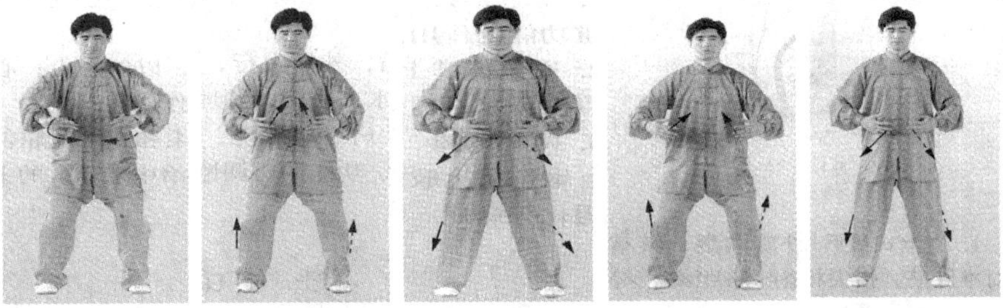

(a)　(b)　(c)　(d)　(e)

图 17-2-8　呼字决

3) 动作要点

(1) “呼”字吐气法。发声吐气时，舌两侧上卷，口唇撮圆，气从喉出后，在口腔中形成一股中间气流，经撮圆的口唇呼出体外。

(2) 两掌向肚脐方向收拢时吸气，两掌向外展开时口吐“呼”字音。

6. 呬(sī)字诀(第四式)

1) 读音与口型

“呬”字，读音为sī，呬为平声，属齿音。

“呬”字诀的口型：发声吐气时，上下门牙对齐，舌尖轻轻抵在下牙齿的内侧。发声吐气时，气息主要从门牙及其他牙齿间的缝隙中慢慢呼出体外，呬——(图 17-2-9)。

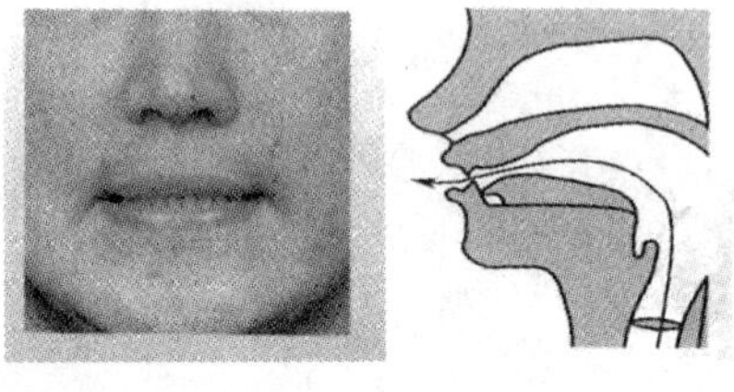

(a)　(b)

图 17-2-9　“呬”字诀口型示意图

2) 动作说明

(1) 接上式。两掌自然下落至体前，掌心向上，十指相对，目视前下方(图 17-2-10(a))。

(2) 两膝缓缓伸直。同时，两掌缓缓向上托至胸前，约与两乳同高，目视前下方(图 17-2-10(b))。

(3) 两肘下落，夹肋，两手顺势立掌于肩前，掌心相对，指尖向上(图 17-2-10(c))。两肩胛骨向脊柱靠拢，展肩扩胸，藏头缩项，目视斜前上方(图 17-2-10(d))。

(4) 微屈膝下蹲，口吐“呬”字音。同时，松肩伸项，两掌缓缓向前平推逐渐转成掌心向前亮掌，目视前方(图 17-2-10(e)～(f))。

(5) 两掌外旋腕，转至掌心向内，指尖相对，约与肩宽(图 17-2-10(g)～(h))。

(6) 两膝缓缓伸直，同时，屈肘，两掌缓缓收拢至胸前约 10 cm，指尖相对，目视前下方(图 17-2-10(i))。

(7) 两肘下落，夹肋，两手顺势立掌于肩前，掌心相对，指尖向上(图 17-2-10(j))。两肩胛骨向脊柱靠拢，展肩扩胸，藏头缩项，目视斜前上方(图 17-2-10(k))。

(8) 微屈膝下蹲，同时，松肩伸项，两掌缓缓向前平推逐渐转成掌心向前并口吐“呬”字音，目视前方(图 17-2-10(l))。

重复练习(5)～(8)动作 4 遍，共吐“呬”字音 6 次。

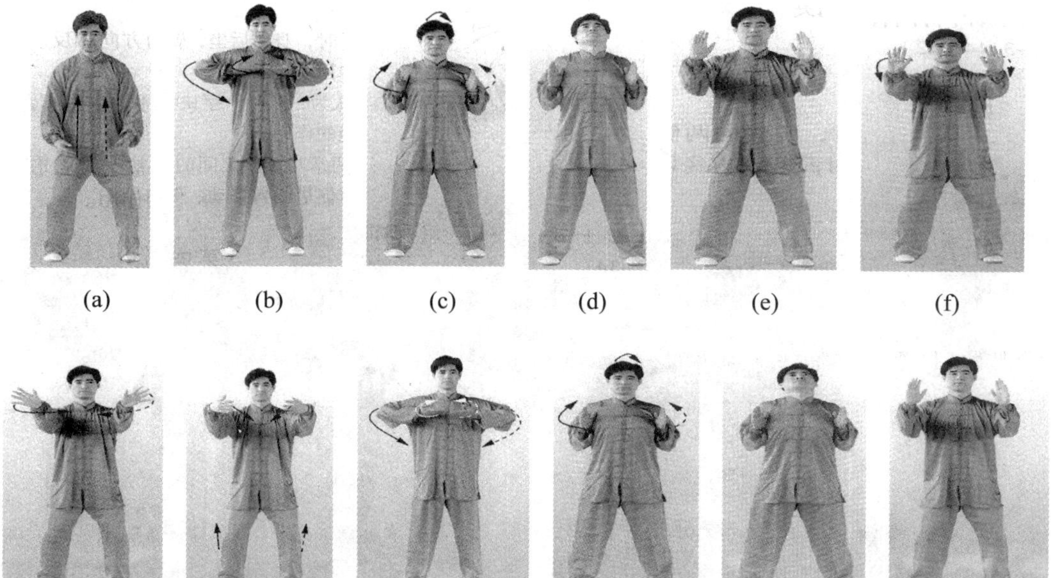

图 17-2-10　呬字决

3) 动作要点

(1) “呬”字吐气法。发声吐气时，上下门牙对齐，留有狭缝，舌尖轻抵下齿，气从齿间呼出体外。

(2) 推掌时，呼气，口吐“呬”字音；两掌外旋腕，指尖相对，缓缓收拢时鼻吸气。

7. 吹(chuī)字诀(第五式)

1) 读音与口型

“吹”字，读音为 chuī，吹为平声，属唇音。

“吹”字诀的口型：舌体、嘴角后引，后牙相对，两唇向两侧拉开收紧。发声吐气时，气息从喉部呼出后，经过舌头的两边绕到舌下，再经两唇间慢慢呼出体外，吹——(图 17-2-11)。

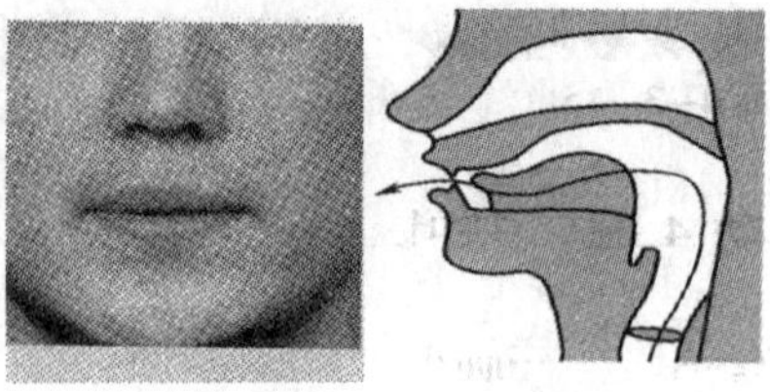

(a) (b)

图 17-2-11 吹字诀口型示意图

2) 动作说明

(1) 接上式。两掌前推，随后松腕伸掌，变成指尖向前，掌心向下(图 17-2-12(a))。

(2) 两臂向左右分开成侧平举，掌心斜向后，指尖向外(图 17-2-12(b))。

(3) 两臀内旋，两掌向后画弧至腰部，掌心轻贴腰眼，指尖斜向下，目视前下方(图 17-2-12(c)～(d))。

(4) 屈膝下蹲，口吐“吹”字。同时，两掌下滑、前摆，屈肘提臂环抱于腹前，掌心向内，约与肚脐相平(图 17-2-12(e)～(f))。

(5) 两膝缓缓伸直。同时，两掌慢慢收回，轻贴腹部，指尖斜向下，虎口相对，目视前下方(图 17-2-12(g))。

(6) 两掌沿带脉向后摩运至后腰部，掌心轻贴腰眼，指尖斜向下，目视前下方(图 17-2-12(h)～(j))。

(7) 微屈膝下蹲。同时，两掌向下沿腰骶、两大腿外侧下滑，后屈肘提臂环抱于腹前，掌心向内，指尖相对，约与脐平，目视前下方(图 17-2-12(k))。

重复练习(5)～(7)动作 4 遍，共吐“吹”字音 6 次。

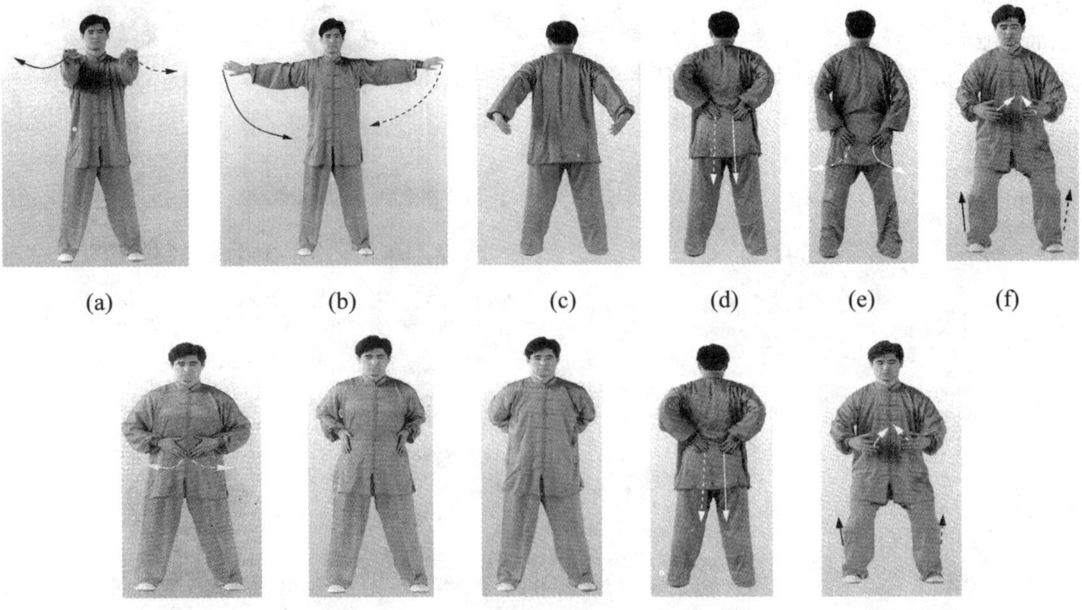

(a) (b) (c) (d) (e) (f)

(g) (h) (i) (j) (k)

图 17-2-12 吹字诀

3) 动作要点

(1) “吹”字吐气法。发声吐气时，舌体、嘴角后引，槽牙相对，两唇向两侧拉开收紧，气从喉出后，从舌两边绕舌下，经唇间缓缓呼出体外。

(2) 两掌从腰部下滑、环抱于腹前时呼气，口吐“吹”字音；两掌向后收回，横摩至腰时以鼻吸气。

8. 嘻(xī)字诀(第六式)

1) 读音与口型

“嘻”字，读音为 xī，嘻为平声，属牙音。

“嘻”字诀的口型：两唇和牙齿稍微张开，嘴角稍微后拉一些，舌尖轻轻抵在下齿内侧，嘴角略后引并上翘，槽牙上下轻轻咬合。发声吐气时，气息主要从槽牙及其他牙齿间的空隙中慢慢呼出体外(图 17-2-13)。

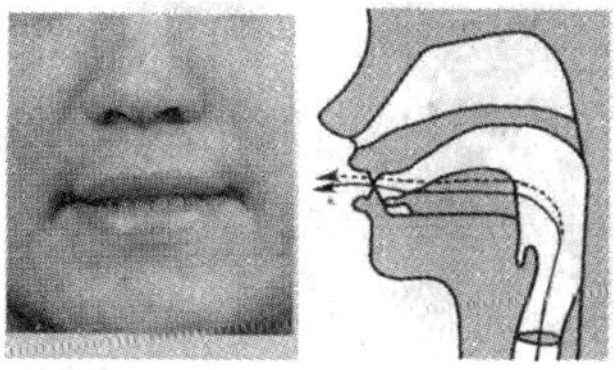

(a)　(b)

图 17-2-13　嘻字诀口型示意图

2) 动作说明

(1) 接上式。两掌自然下落于体前，目视前下方(图 17-2-14(a))。两掌内旋外翻，掌背相对，掌心向外，指尖向下，目视两掌(图 17-2-14(b))。

(2) 两膝缓缓伸直。同时，提肘带手，经体前上提至胸(图 17-2-14(c))。随后，两手继续上提经面前，分掌、外开、上举，两臂成弧形，掌心斜向上，目视前上方(图 17-2-14(d))。

(3) 屈肘，两手经面前回收至胸前，约与肩同高，指尖相对，掌心向下，目视前下方(图 17-2-14(e))。然后，微屈膝下蹲，同时，口吐“嘻”字，两掌缓缓下按至肚脐前(图 17-2-14(f))。

(4) 两掌继续向下、向左右外分至左右胯旁约 15 cm 处，掌心向外，指尖向下，目视前下方(图 17-2-14(g))。

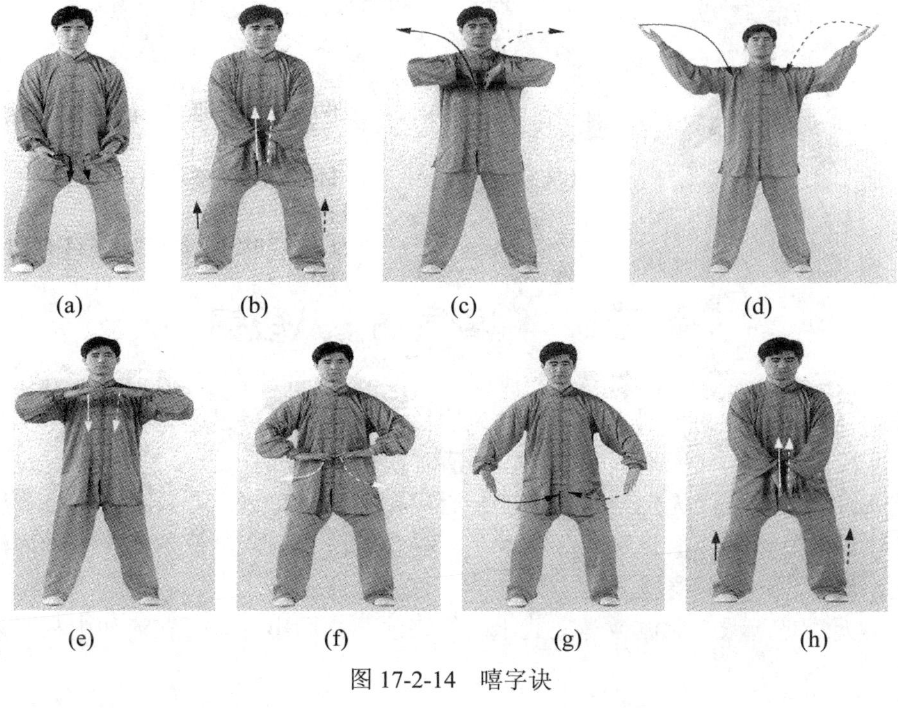

(a)　(b)　(c)　(d)

(e)　(f)　(g)　(h)

图 17-2-14　嘻字诀

(5) 沉肩垂臂于小腹前，两掌掌背相对，掌心向外，指尖向下，目视两掌(图 17-2-14(h))。

(6) 两膝缓缓伸直，同时，提肘带手，经体前上提至胸(图 17-2-14(c))。随后，两手继续上提至面前，分掌、外开、上举，两臂成弧形，掌心斜向上，目视前上方(图 17-2-14(d))。

(7) 屈肘，两手经面前回移至胸前，约与肩同高，指尖相对，掌心向下，目视前下方(同图 17-2-14(e))。然后微屈膝下蹲，同时，两掌缓缓下按至肚脐前，目视前下方(同图 17-2-14(f))。

(8) 两掌顺势外开至髋旁约 15 cm 处，掌心向外，指尖向下，目视前下方(同图 17-2-14(g))，两掌下按开始配合口吐“嘻”字音。

重复练习 5～8 动作 4 遍，共吐“嘻”字音 6 次。

3) 动作要点

(1) “嘻”字吐气法。发声吐气时，舌尖轻抵下齿，嘴角略后引并上翘，槽牙上下轻轻咬合，呼气时使气从槽牙边的空隙中经过呼出体外。

(2) 提肘、分掌、向外展开、上举时鼻吸气，两掌从胸前下按、松垂、外开时呼气，口吐“嘻”字音。

9. 收势

(1) 接上式。两手外旋内翻，转掌心向内，缓缓收回，虎口交叉相握，轻覆肚脐。同时，两膝缓缓伸直，目视前下方，静养 1～2 min(图 17-2-15(a)～(c))。

(2) 两掌以肚脐为中心揉腹，顺时针 6 圈，逆时针 6 圈。

(3) 两掌松开，两臂自然垂于体侧，目视前下方(图 17-2-15(d))。

(a) (b) (c) (d)

图 17-2-15 收势

第三节 健身气功·八段锦

八段锦是我国古代的导引术，健身效果明显，流传广泛，是中华传统养生文化中的瑰宝。传统八段锦流传年代应早于宋代，在明清时期有了较大发展。

传统八段锦创编人尚无定论，其出现是历代养生学家和练习者共同智慧的结晶。

清末以前的八段锦以肢体运动为主，是一种传统的导引术，流传到今天其内涵发生了很大变化，现称为传统健身气功。

八段锦无论是南派、北派或是文武不同的练法，都同出一源，在流传中相互渗透已趋向一致。

一、手型与步型

1. 基本手型

(1) 拳：拇指抵掐无名指根节内侧，其余四指屈拢收于掌心，即握固(图 17-3-l(a))。

(2) 掌：掌一，五指微屈，稍分开掌心微含(图 17-3-1(b))。掌二，拇指与食指竖直分开成八字状，其余三指第一、二指节屈收，掌心微含(图 17-3-1(c))。

(3) 爪：五指并拢，拇指第一指节，其余四指第一、二指节屈收扣紧，手腕伸直(图 17-3-1(d))。

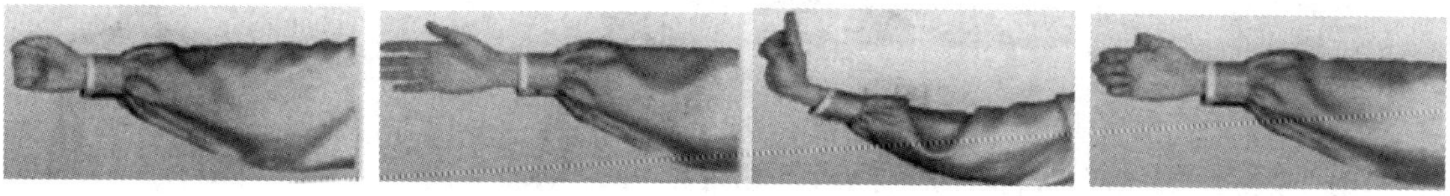

(a)　(b)　(c)　(d)

图 17-3-1　基本手型

2. 基本步型

马步：开步站立，两脚间距约为本人脚长的 2～3 倍，屈膝半蹲，大腿略高于水平(图 17-3-2)。

图 17-3-2　基本步型

二、动作说明

1. 预备势

(1) 两脚并步站立，两臂垂于体侧，目视前方(图 17-3-3(a))。

(2) 左脚向左开步，与肩同宽，目视前方(图 17-3-3(b))。

(3) 两臂内旋向两侧摆起，与髋同高，掌心向后，目视前方(图 17-3-3(c))。

(4) 两膝关节稍屈。同时，两臂外旋，向前合抱于腹前，与脐同高，掌心向内，两掌指间距约 10 cm，目视前方(图 17-3-3(d))。

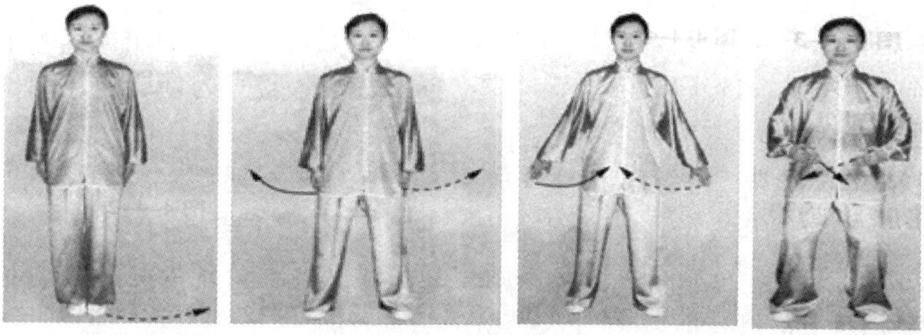

(a)　(b)　(c)　(d)

图 17-3-3　预备势

动作要点：

(1) 头向上顶，下颌微收，舌抵上腭，嘴唇轻闭，沉肩坠肘，腋下虚掩：胸部宽舒，腹部松沉；收髋敛臀，上体中正。

(2) 呼吸徐缓，气沉丹田，调息 6～9 次。

2. 第一式　两手托天理三焦

(1) 两臂外旋微下落，两掌五指分开在腹前交叉，掌心向上，目视前方(图 17-3-4(a))。

(2) 两腿挺膝伸直。同时，两掌上托于胸前，随之两臂内旋向上托起，掌心向上。抬头，目视两掌(图 17-3-4(b))。

(3) 两臂继续上托，肘关节伸直。同时，下颌内收，动作略停，目视前方(图 17-3-4(c))。

(4) 身体重心缓缓下降，两腿膝关节微屈。同时，十指慢慢分开，两臂分别向身体两侧下落，两掌捧于腹前，掌心向上，目视前方(图 17-3-4(d))。

此式一上一下为 1 次，共做 6 次。

动作要点：

(1) 两掌上托要舒胸展体，略有停顿，保持拉伸。

(2) 两掌下落，松腰沉髋，沉肩坠肘，松腕舒指，上体中正。

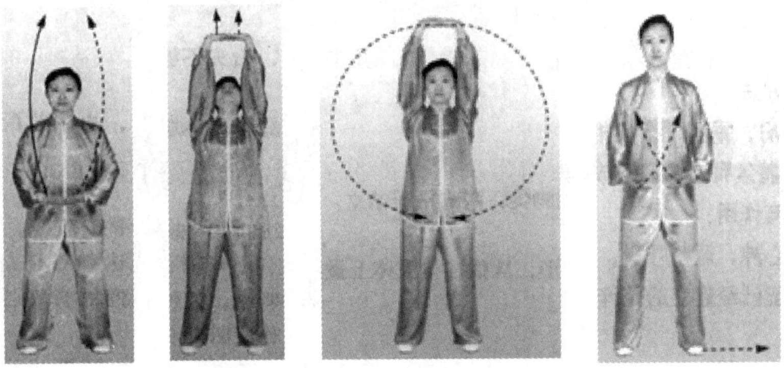

(a)　(b)　(c)　(d)

图 17-3-4　两手托天理三焦

3. 第二式　左右开弓似射雕

(1) 重心右移，左脚向左开步站立，两膝关节自然伸直。同时，两掌向上交叉于胸前，左掌在外，两掌心向内，目视前方(图 17-3-5(a))。

(2) 两腿屈膝半蹲成马步。同时，右掌屈指成“爪”，向右拉至肩前；左掌成八字掌，左臂内旋，向左推出，与肩同高，坐腕，掌心向左，犹如拉弓射箭之势，动作略停。目视左前方(图 17-3-5(b))。

(3) 重心右移，同时，右手五指伸开成掌，向上、向右划弧，与肩同高，指尖向上，掌心斜向前；左手指伸开成掌，掌心斜向前，目视右掌(图 17-3-5(c))。

(4) 重心继续右移，左脚回收成并步站立。同时，两掌分别由两侧下落，捧于腹前，指尖相对，掌心向上，目视前方(图 17-3-5(d))。

(5) 动作同图 17-3-5(a)，唯左右相反。

(6) 动作同图 17-3-5(b)，唯左右相反。

(7) 动作同图 17-3-5(c)，唯左右相反。

(8) 动作同图 17-3-5(d)，唯左右相反。

此式一左一右为 1 次，共做 3 次。做到第 3 次最后一动时，重心继续左移。右脚回收成开步站立，与肩同宽，膝关节微屈。同时，两掌分别由两侧下落，捧于腹前，指尖相对，掌心向上，目视前方(图 17-3-5(e))。

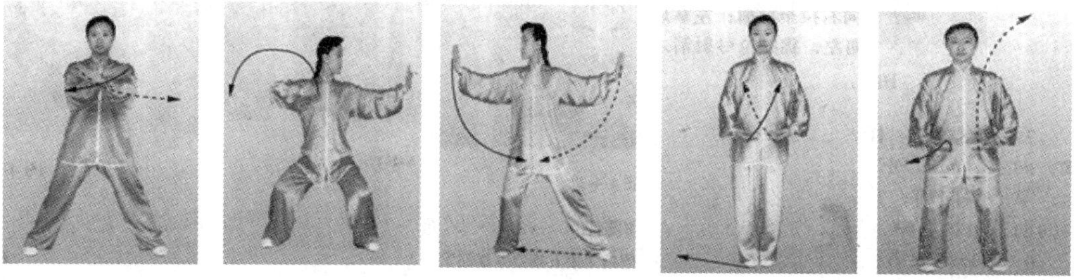

(a)　(b)　(c)　(d)　(e)

图 17-3-5　左右开弓似射雕

动作要点：

(1) 侧拉之手五指要并拢屈紧，肩臂放平。

(2) 八字掌侧撑需沉肩坠肘，屈腕，竖指，掌心含空。

(3) 年老或体弱者可自行调整马步的高度。

4. 第三式　调理脾胃须单举

(1) 两腿徐缓挺膝伸直。同时，左掌上托，臂外旋上穿经面前，随之臂内旋上举至头左上方，肘关节微屈，掌心向上，指尖向右；右掌微上托，随之臂内旋下按至右髋旁，掌心向下，指尖向前，动作略停，目视前方(图 17-3-6(a))。

(2) 松腰沉髋，重心缓缓下降，两膝关节微屈；同时，左臂屈肘外旋，左掌经面前下落于腹前，掌心向上；右臂外旋，右掌向上捧于腹前，掌心向上，两掌指尖相对，相距约 10 cm，目视前方(图 17-3-6(b))。

(3) 动作同图 17-3-6(a)，唯左右相反。

(4) 动作同图 17-3-6(b)，唯左右相反。

此式一左一右为 1 次，共做 3 次。做到第 3 次最后一动时，变为两膝关节微屈。同时，右臂屈肘，右掌下按于右髋旁，掌心向下，掌指向前，目视前方(图 17-3-6(c))。

动作要点：力在掌根，上撑下按，舒胸展体，拔长腰脊。

(a)　(b)　(c)

图 17-3-6　调理脾胃须单举

5. 第四式　五劳七伤往后瞧

(1) 两腿挺膝伸直。同时，两臂伸直，掌心向后，指尖向下，目视前方(图 17-3-7(a))。

(2) 上动不停，两臂外旋，掌心向外。头向左后转，动作略停，目视左斜后方(图17-3-7(b))。

(3) 松腰沉髋，重心缓缓下降，两膝关节微屈。同时，两臂内旋按于髋旁掌心向下，指尖向前，目视前方(图 17-3-7(c))。

(4) 动作同图 17-3-7(a)。

(5) 动作同图 17-3-7(b)，唯左右相反。

(6) 动作同图 17-3-7(c)。

此式一左一右为 1 次，共做 3 次。做到第 3 次最后一动时，变为两膝关节微屈。同时，两掌捧于腹前，指尖相对，掌心向上，目视前方(图 17-3-7(d))。

动作要点：头向上顶，肩向下沉，转头不转体，旋臂，两肩后张。

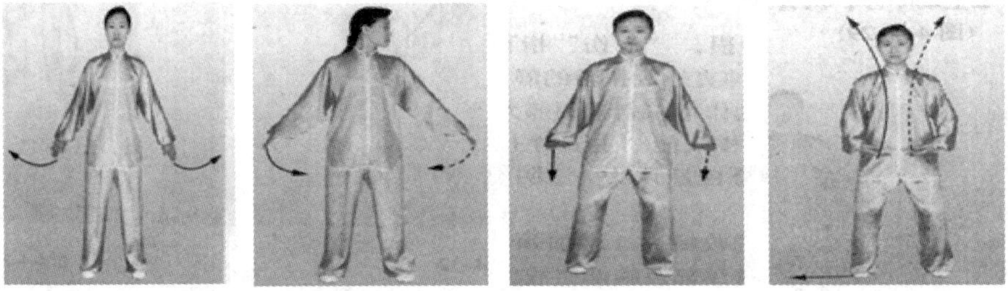

(a) (b) (c) (d)

图 17-3-7 五劳七伤往后瞧

6. **第五式 摇头摆尾去心火**

(1) 重心左移，右脚向右开步站立。同时，两掌上托与胸同高时，两臂内旋，两掌继续上托至头上方，肘关节微屈，掌心向上，掌指相对，目视前方(图 17-3-8(a))。

(2) 两腿屈膝半蹲成马步。同时，两臂向两侧下落，两掌扶于膝关节上方，肘关节微屈，小指侧向前，目视前方(图 17-3-8(b))。

(3) 重心向上稍升起，随之重心右移，上体向右侧倾、俯身，目视右脚(图 17-3-8(c))。

(4) 重心左移，同时，上体由右向前、向左旋转，目视右脚(图 17-3-8(d))。

(5) 重心右移成马步。同时，头向后摇，上体立起，随之下颌微收，目视前方(图17-3-8(e))。

(6) 动作同图 17-3-8(c)，唯左右相反。

(7) 动作同图 17-3-8(d)，唯左右相反。

(8) 动作同图 17-3-8(e)，唯左右相反。

(a) (b) (c) (d)

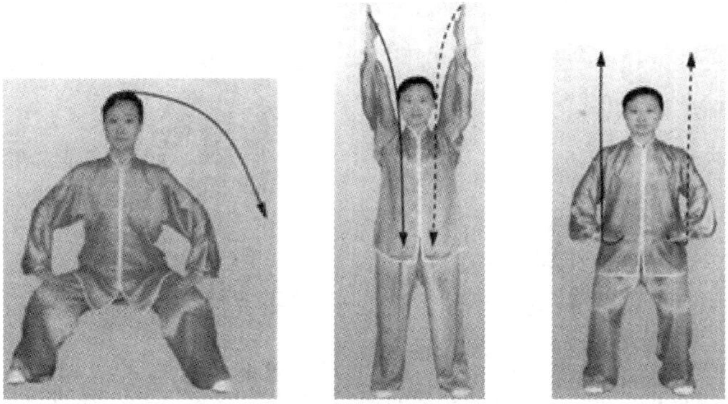

(e)　　(f)　　(g)

图 17-3-8　摇头摆尾去心火

此式一左一右为 1 次，共做 3 次。做完 3 次后，重心左移，右脚回收成开步站立，与肩同宽。同时，两臂经两侧上举，两掌心相对，目视前方(图 17-3-8(f))。随后松腰沉髋，重心缓缓下降，两膝关节微屈。同时，两臂屈肘，两掌下按至腹前，掌心向下，指尖相对，目视前方(图 17-3-8(g))。

动作要点：

(1) 马步下蹲要收髋敛臀，上体中正。

(2) 摇转时，脖颈与尾闾对拉伸长，好似两个轴在相对运转，速度应柔和缓慢，动作要圆活连贯。

7. 第六式　两手攀足固肾腰

(1) 两腿挺膝伸直站立。同时，两掌变指尖向前，两臂向前、向上举起，肘关节伸直，掌心向前，目视前方(图 17-3-9(a))。

(2) 两臂外旋至掌心相对，屈肘，两掌下按于胸前，掌心向下，指尖相对，目视前方(图 17-3-9(b))。

(3) 两臂外旋，两掌心向上，随之两掌掌指顺腋下后插，目视前方(图 17-3-9(c))。

(4) 两掌心向内沿脊柱两侧向下摩运至臀部，随之上体前俯，两掌继续沿腿后向下摩运，经脚两侧置于脚面。抬头，动作略停，目视前下方(图 17-3-9(d))。

(5) 两掌沿地面前伸，随之用手臂举动上体起立，两臂伸直上举，掌心向前，目视前方(图 17-3-9(e))。

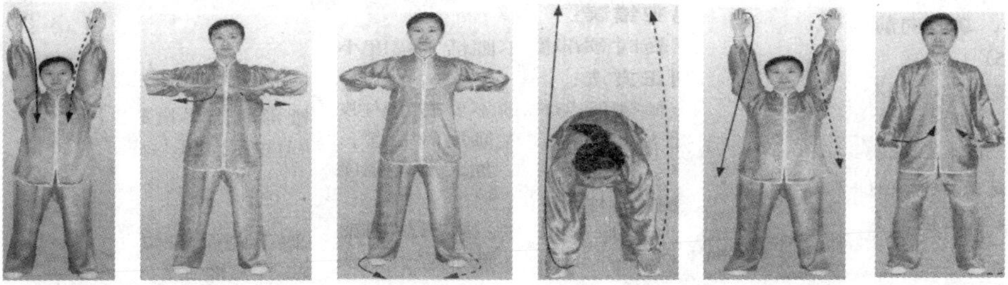

(a)　　(b)　　(c)　　(d)　　(e)　　(f)

图 17-3-9　两手攀足固肾腰

此式一上一下为 1 次，共做 6 次。做完 6 次后，松腰沉髋，重心缓缓下降，两膝关节微屈。同时，两掌向前下按至腹前，掌心向下，指尖向前，目视前方(图 17-3-9(f))。

动作要点：

两掌反穿摩运要适当用力，至足背时松腰沉肩，两膝挺直，向上起身时要手臂主动上举，带动上体立起。

8. 第七式　攒拳怒目增气力

(1) 重心右移，左脚向左开步，两腿屈膝半蹲成马步。同时，两掌变拳抱于腰侧，拇指在内，拳眼向上，目视前方(图 17-3-10(a))。

(2) 左拳缓慢用力向前冲出，与肩同高，拳眼向上。瞪目，目视前方(图 17-3-10(b))。左臂内旋，左拳变掌，虎口向下，目视前方(图 17-3-10(c))。

(3) 左臂外旋，肘关节微屈，同时左掌向左缠绕，变掌心向上后握拳在内，目视前方(图 17-3-10(d))。

(4) 左臂屈肘，左拳回收至腰侧，拳眼向上，目视前方(图 17-3-10(e))。

(5) 动作同图 17-3-10(b)，唯左右相反。

(6) 动作同图 17-3-10(c)，唯左右相反。

(7) 动作同图 17-3-10(d)，唯左右相反。

(8) 动作同图 17-3-10(e)，唯左右相反。

此式一左一右为 1 次，共做 3 次。做完 3 次后，重心右移，左脚回收成并步站立。同时，两拳变掌，垂于体侧，目视前方(图 17-3-10(f))。

动作要点：

(1) 马步的高低可根据自己的腿部力量灵活掌握。

(2) 冲拳时怒目圆睁，脚趾抓地，拧腰顺肩，力达拳面；回收时要旋腕，五指用力抓握。

(a)　(b)　(c)　(d)　(e)　(f)

图 17-3-10　攒拳怒目增气力

9. 第八式　背后七颠百病消

(1) 两脚跟提起，头上顶，动作略停，目视前方(图 17-3-11(a))。

(2) 两脚跟下落，轻震地面，目视前方(图 17-3-11(b))。

此式一起一落为 1 次，共做 7 次。

动作要点：

(1) 上提时脚趾要抓地，脚跟尽力抬起，两腿并拢，百会穴上顶，略有停顿，要掌握好平衡。

(2) 脚跟下落时，咬牙，轻轻下震，同时沉肩舒臂、周身放松。

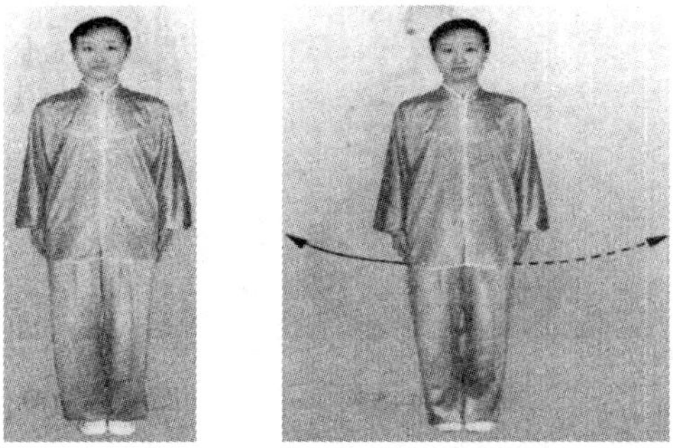

(a)　　(b)

图 17-3-11　背后七颠百病消

10. 收势

(1) 两臂内旋，向两侧摆起，与髋同高，掌心向后，目视前方(图 17-3-12(a))。

(2) 上动不停，两臂屈肘，两掌相叠于腹部丹田处(男性左手在内，女性右手在内)，目视前方(图 17-3-12(b))。

(3) 两臂自然下落垂于体侧，两掌轻贴于腿外侧，目视前方(图 17-3-12(c))。

动作要点：两掌内外劳宫穴相叠于丹田，周身放松，气沉丹田。

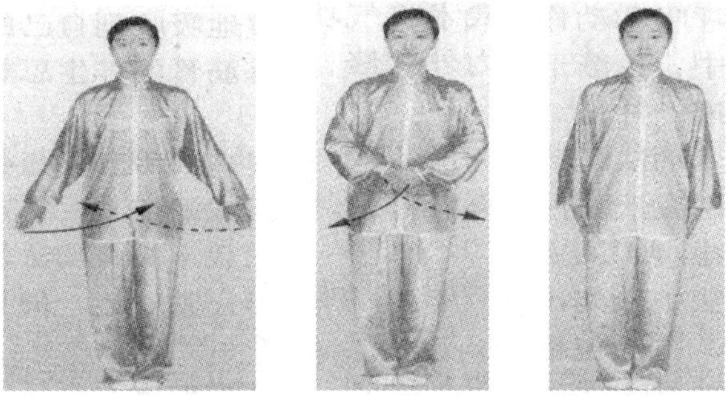

(a)　　(b)　　(c)

图 17-3-12　收势

第四节　太极功夫扇

太极功夫扇是在太极拳新套路的基础上，最早由中国人民大学李德印教授创编而成的。它融武术、京剧、舞蹈、现代歌曲于一体，伴随着《中国功夫》等歌曲，使太极拳出现了载歌载“武”的新形式。太极拳与扇挥舞结合，为太极器械增加了新品种。太极功夫扇造型优美，结构新颖，动作刚柔相济，节奏快慢相间，同时伴以发力发声，歌武结合，挥拳舞扇，声浪冲天，使太极健身增添了朝气蓬勃、多姿多彩的气氛，也提高了健身的趣味性、艺术观赏性。

太极功夫扇动作名称如下：

预备势

【第一段】

1. 起势(开步抱扇)
2. 斜飞式(侧弓步举扇)
3. 白鹤亮翅(虚步亮扇)
4. 黄蜂入洞(进步刺扇)
5. 哪吒探海(转身下刺扇)
6. 金鸡独立(独立撩扇)
7. 力劈华山(翻身劈扇)
8. 灵猫扑蝶(转身轮压扇)
9. 坐马观花(马步亮扇)

【第二段】

10. 野马分鬃(弓步削扇)
11. 雏燕凌空(并步亮扇)
12. 黄蜂入洞(进步刺扇)
13. 猛虎扑食(震脚推扇)
14. 螳螂捕蝉(戳脚撩扇)
15. 勒马回头(盖步按扇)
16. 鹞子翻头(翻身藏扇)
17. 坐马观花(马步亮扇)

【第三段】

18. 举鼎推山(马步推扇)
19. 神龙回首(转身刺扇)
20. 挥鞭策马(叉步撩扇)
21. 立马扬鞭(点步挑扇)
22. 怀中抱月(歇步抱扇)
23. 迎风撩衣(并步贯扇)
24. 翻花舞袖(云手劈扇)
25. 霸王扬旗(歇步亮扇)
26. 抱扇过门(开步抱扇)

【第四段】

27. 野马分鬃(弓步削扇)
28. 雏燕凌空(并步亮翅)
29. 黄蜂入洞(进步刺扇)
30. 猛虎扑食(震脚推扇)
31. 螳螂捕蝉(戳步撩扇)
32. 勒马回头(盖步按扇)
33. 鹞子翻身(翻身藏扇)
34. 坐马观花(马步亮扇)

【第五段】

35. 顺鸾肘(马步顶肘)
36. 裹鞭炮(马步翻砸)
37. 前招势(虚步拨扇)
38. 双震脚(震脚拍扇)
39. 龙虎相交(蹬脚推扇)
40. 玉女穿梭(望月亮扇)
41. 天女散花(云扇合抱)
42. 霸王扬旗(歇步亮扇)
43. 行步过门(托扇行步)

【第六段】

44. 七星手(虚步棚扇)
45. 揽扎衣(弓步棚扇)
46. 捋挤势(后捋前挤)
47. 苏秦背剑(并步背扇)
48. 搂膝拗步(弓步戳扇)
49. 单鞭下势(扑步穿扇)
50. 挽弓射虎(弓步架打)
51. 白鹤亮扇(虚步亮扇)
52. 收势

第十八章 健 美 操

第一节 简 介

一、概述

健美操是近几十年发展起来的一项新兴的体育运动项目，它起源于传统的有氧健身操。由于人们对健美操的认识、理解各不相同，所以对于健美操的概念也是众说纷纭。

国际体操联合会给健美操下的定义是：健美操是在音乐伴奏下，通过难度动作的完美完成，展示运动员连续表演复杂和高强度动作的能力，成套动作必须通过所有动作、音乐和表现的完美融合以体现创造性。日本佐藤正子认为，健美操的定义应是将具有效果的爵士技巧中之独立性和多中心性，应用于身体运动上，并根据体操的原理，融于运动之中，使之成为体操之体系化上的一环。苏联学者认为：力量、耐力、柔软加上美就是健美操的公式。美国健美操代表人物简•方达认为健美操是一种“改变形体和心理感觉的体操。”

近些年来，我国一些健美操专家对健美操的定义也提出了各种各样的看法：健美操是一项以人体自身为对象，以健美为目标，以身体练习为内容，以艺术创造为手段，融体操、舞蹈、音乐于一体的新兴体育项目。健美操是根据人体的生理特点，为了追求人体美，在音乐伴奏下所进行的体操与舞蹈动作结合的边沿性综合运动项目。

综观健美操的特点与发展，并结合国内外专家的观点，我们认为健美操的概念应为：“健美操是一项融体操、音乐、舞蹈、美学于一体，通过徒手、手持轻器械和专门器械的练习，达到健身、健美和健心的目的，具有竞技性、娱乐性和观赏性的新兴的体育运动项目。”

二、健美操运动的分类

根据当今世界和我国健美操运动的发展状况及趋势，按照不同的目的和任务，健美操运动可分为健身性健美操、竞技性健美操和表演性健美操三大类。

三、健美操运动的特点

1. 高度的艺术性

“健康、力量、美丽”是人类所追求的身体状况的最高境界。健美操的艺术性主要体现在“健、力、美”的项目特征上，其所包含的高度艺术性因素，使健美操不同于其他运动项目。健美操动作协调、流畅、有弹性，练习者不仅锻炼了身体，增强了体质，而且从中得到了美的享受，提高了审美意识和艺术修养。健美操运动员在比赛中表现出健美的体魄、高超的艺术、流畅的编排和充沛的体力等，充分体现了健美操运动的“健、力、美”特征和高度的艺术性。

2. 强烈的节奏性

健美操的节奏表现在动作力度强弱和速度快慢的规律性变化上。快速的肌肉爆发力、瞬间的肌肉控制体现动作力度的强弱，在音乐的伴奏下，一拍一动、一拍两动、两拍一动体现动作的快慢。无论是力度还是速度，都体现了健美操的力量特征。

3. 广泛的适应性

健身性健美操可分为徒手健美操和器械健美操，练习形式多样，不受场地、环境、气候等条件的影响；同时，健美操可借助于轻器械进行锻炼，如哑铃健美操、踏板健美操、健身球健美操等，所产生的锻炼效果是显著的。对初学健美操的人而言，可选择低强度的有氧练习，达到锻炼身体、娱乐身心、锻炼身体的目的；而对具有较好身体素质的人而言，应选择难度较高、运动量较大的竞技健美操作为练习的手段，提高运动技能水平。

四、健美操运动的功能

1. 增进健康

随着经济的发展和社会的进步，现代健康已不仅仅是生理意义上的健康，而是身体、精神的健康和社会适应的完美状态。真正意义上的健康是确保高质量生活的一种最佳身心状态。健康应是躯体、心理、社会适应、道德品质的良好状态。

2. 塑造形体美

形体分为姿态和体形。良好的身体姿态是形成一个人气质风度的重要因素，通过长期的健美操练习有益于肌肉、骨骼、关节的匀称和谐发展，有利于改善不良的身体姿态，形成优美的体姿，从优雅的气质中透出涵养。健美操还可塑造健美的体形，通过健美操练习，尤其是力量练习，可使骨骼粗壮、肌肉结实有力，使人体变得匀称健美。

3. 提高身体素质

身体素质包括速度、力量、耐力、柔韧性和灵敏度。健身性健美操作为一项有氧运动，不仅是科学合理的健身形式，更对速度、力量、耐力、柔韧性、协调性等几个方面起着积极的作用。经常参加健身性健美操的锻炼，可以提高练习者的动作速度水平、动作力度、耐力水平，提高肌肉、肌腱和韧带的弹性，提高身体的协调性和柔韧性。

4. 缓解精神压力

健美操作为一项体育运动，其动作优美、协调，可全面锻炼身体，同时有节奏强烈的音乐伴奏，可缓解精神压力。在轻松优美的健美操练习中，练习者能够忘却烦恼和压抑，尽情享受健美操运动带来的欢乐，从而缓解精神压力，使人具有更强的活力和最佳的心态。

第二节　健美操的基本动作

一、健美操术语介绍

健美操术语即是健美操理论和技术等方面的专门用语。“简练、准确、易懂”是对健美操术语的基本要求。健美操动作名称是由方向和移动术语、基本步伐术语、肢体关系术语、上肢动作术语构成的。

前：人体直立时胸部所对的方向。

后：人体直立时背部所对的方向。

左：人体左侧所对的方向。

右：人体右侧所对的方向。

上：头顶所对的方向。

下：脚底所对的方向。

中间方向和斜方向：指两个基本方向之间 45° 的方向。

顺时针：转动过程与时针运动方向相同。

逆时针：转动过程与时针运动方向相反。

向内：肢体由两侧向身体正中线运动。

向外：肢体由身体正中线向两侧运动。

同向：不同肢体向同一方向运动。

反向：上下肢体向相反方向运动。

同时：不同部位的动作要在同一时间内完成。

依次：肢体或不同个体相继做同样性质的动作。

交替：不同肢体或不同动作反复进行。

同侧：与最初开始动作的肢体同一方向的上肢或下肢动作的配合。

异侧：与最初开始动作的肢体不同方向的上肢及下肢动作的配合。

对称：左右肢体做相同的动作，但方向相反。

不对称：左右肢体做互不相同的动作。

二、健美操基本动作

健美操基本动作是根据人体结构活动特点而确定的。常见的基本动作有上肢基本动作、躯干基本动作和下肢基本步伐。

(一) 上肢基本动作

1. 肩部动作

(1) 提肩和沉肩：肩关节沿垂直轴做上下运动。

(2) 绕肩：肩关节在矢状面内向前或向后做小于 360° 的圆周运动。

(3) 绕环：肩关节在矢状面内向前或向后做大于或等于 360° 的圆周运动。

(4) 振肩：两肩做由内收到外展的连续弹动性动作。

(5) 收肩和展肩：单肩或双肩向内收，含胸，然后再外展挺胸。

(6) 旋肩：肩关节以冠状轴做前旋或后旋动作。

(7) 伸肩：两肩分别向左右做伸拉肩动作。

2. 手臂动作

(1) 臂的屈伸：包括手臂、手腕和肘关节的屈伸。

(2) 屈臂：肘关节产生了一定的弯曲角度。

(3) 举臂：以肩关节为轴，臂的活动范围不超过 180°。

(4) 摆臂：以肩关节为轴手臂来完成摆动动作，起与落要保持弧线。

(5) 振臂：以肩关节为轴做臂的加速动作，摆至最大幅度。

(6) 旋臂：以肩或肘为轴做臂的内旋和外旋动作。

(7) 绕和绕环：双臂或单臂向前或向后或向内或向外做小于、大于、等于 360° 的圆周运动。

3. 基本手型(图 18-2-1)

(1) 五指并拢的掌型：五指伸直，相互并拢。大拇指微屈，指关节贴于食指旁。

(2) 五指张开的掌型：五指用力伸直，充分张开。

(3) 立掌型：五指伸直，手掌用力上翘。

(4) 屈指掌型：手掌用力上翘，五指自然弯曲。

(5) 拳型：握拳，拇指在外，指关节弯曲，紧贴于食指和中指。

(6) 芭蕾舞手型：五指微屈，后三指并拢，稍内收，拇指内扣。

(7) 西班牙舞手型：五指用力，小指、无名指、中指自掌指关节处依次屈，拇指内扣。

图 18-2-1 基本手型

(二) 躯干基本动作

1. 胸部基本动作

(1) 含、展胸：含胸要求低头、弓背、两臂前摆内收，展胸要求挺胸、后展。

(2) 移胸：左右移重心带动胸部左右微移动。

(3) 振胸：与展胸要求相似，要求两臂连续向后摆动。

2. 腰部基本动作

(1) 屈：指下肢不动，上体沿矢状轴和水平轴运动，包括腰前屈、后屈和左右屈。

(2) 转：指下肢不动，上体沿垂直轴和水平轴扭转，包括腰的左右转。

(3) 绕和绕环：指下肢不动，上体沿垂直轴做弧形和圆周运动，包括腰的左右绕和绕环。

3. 髋部基本动作

(1) 顶髋：髋关节做急速的水平移动。

(2) 提髋：髋关节做急速向一侧上提动作。

(3) 绕和绕环：髋关节做弧形和圆形移动。

(三) 下肢基本步伐

1. 无冲击力步伐

(1) 半蹲。

动作描述：两腿并拢或分开稍大于肩，脚尖稍外开，两腿同时屈伸。

动作要点：膝关节弯曲的角度不超过 90°，屈膝时，膝关节与脚尖同方向，并且膝关节的垂线不得超过脚尖，臀部向后，上体稍前倾。

动作变化：并腿半蹲，分腿半蹲。

(2) 弓步。

动作描述：一腿屈膝，一腿伸直。

动作要点：身体重心在两腿之间，膝关节弯曲的角度不超过 90°，并且膝关节的垂线不得超过脚尖。

动作变化：前后弓步，左右弓步。

2. 低冲击力步伐

(1) 踏步类。

动作描述：两脚依次抬起，依次落地。

动作要点：在落地时，踝、膝关节有弹性地缓冲。

动作变化：踏步分腿与并腿，踏步转体。

(2) 走步。

动作描述：向前踏步时，脚跟先落地，然后过渡到全脚掌，向后踏步时相反。

动作要点：在落地时，踝、膝关节有弹性地缓冲。

动作变化：向前走步，向斜前 45° 的走步。

(3) 一字步。

动作描述：向前一步，后脚并前脚，然后向后一步，前脚并后脚。

动作要点：前后都要有并腿的过程，两膝始终有弹性地缓冲。

动作变化：向前一字步，向斜前 45° 的一字步。

(4) V 字步。

动作描述：一脚向斜前方迈一步，另一脚随之向另一斜前方迈一步，两脚开立，然后再依次退回原位。

动作要点：两脚之间的距离略比肩宽，屈膝，身体重心在两腿之间。

动作变化：向前的 V 字步，向后的 V 字步，转身的 V 字步。

(5) 漫步。

动作描述：一脚向前迈出，重心随之前移，另一脚稍抬起后落下，重心后移，前脚随之后撤落地，重心继续后移，另一脚又稍抬起后落下。

动作要点：身体重心随动作灵活地前后移动，动作有弹性。

动作变化：向前的漫步，转体的漫步。

(6) 并步。

动作描述：一脚向侧迈一步移重心，另一脚随之并拢屈膝点地。

动作要点：两膝自然屈伸，有一定的弹性，身体重心随之移动。

动作变化：向侧的并步，转体的并步。

(7) 交叉步。

动作描述：一脚向侧迈一步，另一脚在其后交叉，随之一脚再向侧迈一步，另一脚并拢。

动作要点：脚落地同时屈膝缓冲，身体重心随着脚的迈出而移动。

动作变化：向侧的交叉步，转体的交叉步。

(8) 点地。

动作描述：一腿伸出，脚尖或脚跟着地，另一腿稍屈膝站立。

动作要点：点地时，身体重心始终在主力腿上。

动作变化：脚尖点地，脚跟着地。

(9) 迈步移重心。

动作描述：一脚向侧迈一步，落地时两膝弯曲，随之身体重心移至这一腿，两膝伸直，另一脚尖点地。

动作要点：重心移动明显，两膝有弹性地屈伸。

动作变化：向侧的迈步移重心，移动中的迈步移重心。

(10) 后屈腿。

动作描述：一腿站立，另一腿后屈，然后还原。

动作要点：主力腿有弹性地屈伸，后屈伸的脚后跟尽量靠近臀部。

动作变化：迈步后屈腿，转体后屈腿。

(11) 吸腿。

动作描述：一腿屈膝上抬，另一腿稍屈膝站立。

动作要点：大腿与地面平行，主力腿屈膝缓冲，背部挺直。

动作变化：原地吸腿，迈步吸腿。

(12) 踢腿。

动作描述：一腿站立，另一腿加速上摆。

动作要点：主力腿稍屈膝缓冲，脚后跟紧贴地面，摆动腿直膝上摆，背部挺直。

动作变化：向前踢腿，向侧踢腿。

3. 高冲击力动作

(1) 弹踢腿。

动作描述：一腿跳起，另一腿经屈膝向前下方伸直。

动作要点：弹踢腿不用很高，但要控制。

动作变化：向前的弹踢腿，向侧的弹踢腿跳。

(2) 后踢腿跳。

动作描述：两腿依次经过腾空，一腿落地缓冲，另一腿后屈或上抬，两臂前后自然摆动。

动作要点：落地时，踝、膝关节有弹性地缓冲，脚后跟要着地。

动作变化：原地的后踢腿跑，转体的后踢腿跑。

(3) 开合跳。

动作描述：由并腿跳成左右分腿落地，再由分腿跳起成并腿落地。

动作要点：分腿时，两脚尖外开，膝关节沿脚尖方向弯曲，并腿时，屈膝缓冲。

动作变化：原地开合跳，转体开合跳。

(4) 点跳。

动作描述：一腿向侧小跳一次，另一脚随之并拢，两腿垫步跳一次。

动作要点：两脚轻快起跳落地，身体重心随之平稳移动。

动作变化：左右的点跳，转体的点跳。

(5) 并步跳。

动作描述：一脚向前侧迈出，随之蹬地跳起，另一腿并拢成双脚落地。

动作要点：脚迈出，身体重心随之移动。

动作变化：向前的并步跳，向后的并步跳。

三、健美操基本技术

健美操基本技术有落地技术、弹动技术、半蹲技术、重心移动技术和身体控制技术，掌握这些技术不仅可以使动作更美观，而且还可以预防运动损伤的发生。

1. 落地技术

落地技术是一种滚动技术，即脚后跟先着地，然后过渡到全脚掌着地；或前脚掌先着地，再过渡到全脚掌着地，紧接着屈膝、屈髋缓冲，从而减小冲击力。

2. 弹动技术

弹动技术主要是依靠踝关节、膝关节、髋关节由下至上的缓冲产生的，所以要完成这个技术首先要缓冲。一方面，可以通过提踵练习来提高踝关节的屈伸能力；另一方面，可以通过半蹲练习提高膝关节和髋关节的屈伸能力。

3. 半蹲技术

半蹲技术要求上体挺直，身体重心在两腿之间，臀部向后 45°，膝关节弯曲的角度不得超过 90°，两脚外开，膝盖与脚尖同方向，并且膝盖的垂线不能超过脚尖。

4. 身体控制技术

健美操的身体姿态控制是根据人体与行为美的标准而建立的。正确的身体姿态是最基本的动力定型，是建立准确的本体感觉的第一步，是表现健美操“美”的关键。

四、健美操的创编

要创编一套科学合理、易于推广的健美操，不仅要求创编者有丰富的体育运动知识和生活知识，而且要精通健美操的内在规律，并具备一定的音乐、舞蹈、美学方面的知识，把握创编的原则、方法和程序，这是对创编者最基本的要求。

创编健美操先要有一个总体构思，并确定整套操的风格、节奏、运动量和动作顺序，再选择合适的音乐，以及单个动作的设计和成套动作的组合、队形的编排和衔接，然后再经过反复实践与修改，才能达到预期的效果。

(一) 健美操创编五大要素

1. 动作要素

单个健美操动作是构成单节操、组合动作或成套动作的基础，是编排成套动作最主要的要素。

2. 舞蹈要素

健美操中舞蹈动作是按照体操的特点和健美操的本身要求，运用这些舞蹈的外形姿态进行的再创编，它把体操和舞蹈融为一体。

3. 音乐要素

动作编排必须符合所选择音乐的节奏和情绪，音乐表达了一定的思想情绪和意境，是一套操的灵魂。

4. 空间要素

空间要素主要表现在动作方向、路线和队形变换及移动上。

5. 时间要素

大众或教学、表演操的时间取决于内容多少、难易程度、音乐的长短及任务需要；竞技健美操成套动作对时间有严格的限制。

(二) 健美操创编原则

1. 针对性原则

构思前，首先要确定为谁编操，编什么样的操的问题。因为从事健美操锻炼的人中男女老少都有，他们的身体状况不同，锻炼时间、场地、器材也有所不同，尤其是职业、兴趣、爱好等更是千差万别，所以要求针对不同人群的生理、心理特点提出明确的创编任务。作为风华正茂的大学生，在创编时应注意选择健美、大方、充满活力、体现时代特征、富有艺术性和趣味性的动作，动作幅度大，力度强，速度稍快，运动负荷较大，最好配以明快动听、节奏强劲的音乐。

2. 全面发展身体原则

健康是人体美的标志，创编健美操首先要考虑增进人体健康。因此，必须坚持全面发展身体的原则，要创编能使身体各部位肌肉、关节、韧带和内脏器官得到全面发展的动作，并注意动作不同的方向、幅度、频率、速度、节奏和肢体的对称，进而使做操人达到身体匀称，四肢肌肉发达、健美，各系统器官发育良好的“人体美”的目标。

3. 合理安排动作顺序和运动量原则

成套健美操的结构包括准备部分、对称基本动作部分和结束部分。准备部分也称为热身部分，主要为做全套操做好身体上和精神上的准备；对称基本动作部分称为主体动作部分，一般从远离肢体的头、颈臂、手和脚等部位的动作开始，逐步加大动作的幅度和速度并扩展到全身；结束部分也称为放松部分，逐渐减小动作的幅度、放慢速度，使身体和脉搏尽快恢复到接近正常状态。创编时要根据这些特点，合理安排动作顺序。运动强度的安排也要由小到大再到小这样波浪式地进行，才符合人体运动的生理、心理规律。

4. 创新性原则

创新是健美操的生命。没有创新就没有健美操的发展，因此创新是健美操创编的一个重要原则。首先要了解自己，了解国内外健美操的发展现状和趋势，深刻理解健美操的精髓。然后根据健美操的特点及编操对象，创编出既有健身价值又有美学价值，既有观赏价值又有表演价值，新颖、独特的健美操。创新应从动作、方向的变化，对称与不对称动作；动作路线的变化，长短、曲直的搭配，包括音乐的创新等方面。

5. 动作与音乐的统一性原则

选配音乐常采用以下三种方法：

第一种：先选乐曲，再根据乐曲的节奏、风格、特点等编排动作。

第二种：先编排动作，再请音乐家谱曲。

第三种：先编排动作，再选乐曲，然后根据乐曲修改动作。

无论采用哪种方法，都要使动作与音乐统一。只有音调优美和谐、音质悦耳、节奏欢快的音乐，再配以协调、优美的动作，才会给人愉快和美的享受，才会使人精神振奋、消除疲劳，从而达到健身、健美、健心的目的。

五、实用健美操教学套路

(一) 第二套全国大众健身等级操一级操

动作要点如下：

第一段

1 × 8 拍：(右脚先起)踏步动作，加上摆臂。

2 × 8 拍：前进四步和后退四步，手臂自然摆臂。

3 × 8 拍：动作同 2 × 8 拍。

4 × 8 拍：原地屈膝四次，手臂 1 拍体前屈肘，2 拍还原手臂放下，3 拍胸前平屈，4 拍还原。5～8 拍同前。

5 × 8 拍～8 × 8 拍：动作相同，换左脚先开始动作。

第二段

1 × 8 拍：左右侧点步，手臂胸前平屈。

2 × 8 拍：左右并步走，手臂经体侧成上举动作。

3 × 8 拍：左右后交叉步，手臂胸前交叉后自然经下摆至侧平举。

4 × 8 拍：1～4 拍同上，5～8 拍左右移重心后屈膝。

5 × 8 拍～8 × 8 拍：动作相同，换左脚先开始动作。

第三段

1 × 8 拍：一字步两次，手臂 1、2 拍体前屈肘，3、4 拍经下摆至侧平举。

2 × 8 拍：“V”字步两次，1 拍右手斜前 45° 平举，2 拍左手斜前 45° 平举，右手保持，3 拍手臂胸前交叉，4 拍手臂还原。

3 × 8 拍：左右小跳步，一臂置于头后，一臂侧平举。

4 × 8 拍：左右移重心，2 拍左手冲拳，4 拍右手冲拳，5、6 拍右脚移步两腿成马步，两手置于膝关节，7、8 拍收腿击掌。

5 × 8 拍～8 × 8 拍：动作相同，换左脚开始动作。

第四段

1 × 8 拍：跑跳步，手臂自然前后摆动。

2 × 8 拍：开合跳，1～4 拍，两拍一动，5～8 拍，一拍一动，手臂胸前摆至侧平举，再交叉收于体前。

3 × 8 拍：上步吸腿，双臂同时前摆后拉。

4 × 8 拍：1～4 拍脚跟点地，双臂体前屈肘，5～8 拍右腿侧伸两次，手臂体前交叉打开。

5 × 8 拍～8 × 8 拍：动作相同，换左脚开始动作。

(二) 第二套全国大众健身等级操三级操

动作要点如下：

第一段(图 18-2-2)

1 × 8 拍：“L”步动作，手臂胸前平屈向下冲拳。

2 × 8 拍：1～4 拍向前走四步，上步吸腿加拍手动作。5～8 拍后退动作同前。

3 × 8 拍：一字步两次，手臂前上举。

4 × 8 拍：1～4 拍向后一字步，手臂侧平举接头上方交叉。5～8 拍上步吸腿，自然摆臂。

5 × 8 拍～8 × 8 拍：动作同前，换左脚先做。

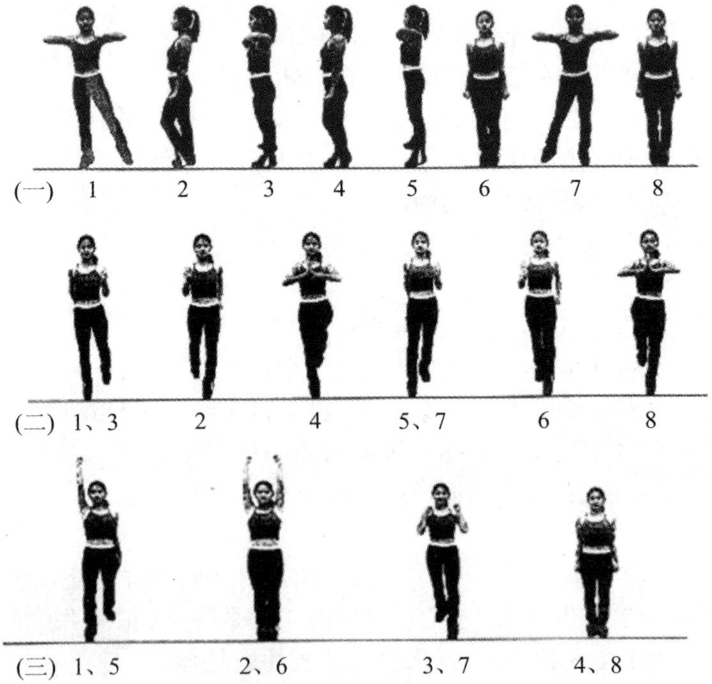

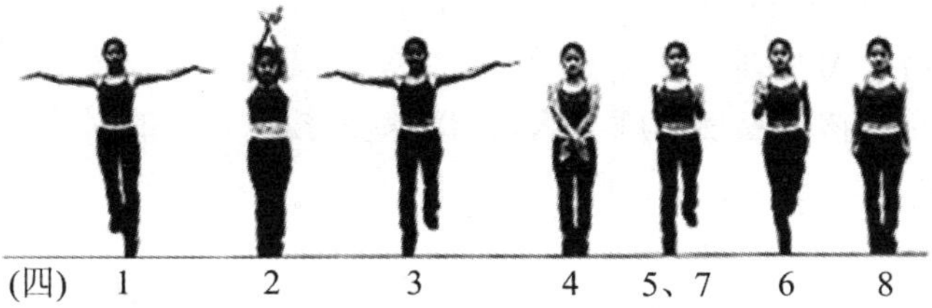

图 18-2-2　第一段动作示意

第二段(图 18-2-3)

1 × 8 拍：后交叉步，手臂经体侧上举。

2 × 8 拍：后交叉步，手臂胸前摆动。

3 × 8 拍：斜方向上步吸腿，手臂同时在体侧由前后摆。

4 × 8 拍：1～4 拍之字步后退，手臂胸前自然打开。5～8 拍侧伸腿两次。

5 × 8 拍～8 × 8 拍：动作同前，换左脚先做。

图 18-2-3　第二段动作示意

第三段(图 18-2-4)

1 × 8 拍：两次漫步加转体，手臂斜上举，掌心向前。

2×8 拍：1～4 拍两腿依次吸腿跳，胸前击掌。5～8 拍转身走步，自然摆臂。

3×8 拍：两个 V 字步，手臂依次斜上举，胸前交叉。

4×8 拍：左右移重心后屈膝，两臂自然前后摆臂，7 拍屈膝的腿向斜后方落步。

5×8 拍～8×8 拍：动作同前，换左脚先做。

图 18-2-4　第三段动作示意

第四段(图 18-2-5)

1×8 拍：左右换脚“小马跳”四次同时转身，手臂一上一下交替摆动。

2×8 拍：1、2 拍“恰恰”步移动，3、4 拍接漫步前半步一次，5、6 拍恰恰步，7、8 拍漫步后半步一次。

3×8 拍：单脚跳，另一腿做弹踢，内屈，再弹踢拍动作。手臂一前一侧。

4×8 拍：1～4 拍蹬地并步跳，手臂斜上举。5～8 拍左右侧点步，手臂自然摆臂。

5×8 拍～8×8 拍：动作同前，换左脚先做。

(二) 1-2 3-4 5-6 7-8

(三) 1、3 2 4、8 5、7 6

(四) 1-2 3-4 5 6 7 8

图 18-2-5 第四段动作示意

(三) 第三套全国大众健身等级操二级操

动作要点如下：

第一段

1×8 拍：1～4 拍右脚十字步；5～8 拍向后走 4 步。

手臂动作：1 拍右臂侧举；2 拍左臂侧举；3 拍双臂上举；4 拍双臂下举；5 拍双臂屈臂自然摆动；7～8 拍同 5～6 拍动作。

2×8 拍：1～4 拍动作同 1×8 拍，5～8 拍向前走 4 步。

3×8 拍：1～6 拍右脚开始左右斜前方 45° 做前 1/2 漫步；7～8 拍右脚向后 1/2 后漫步。

手臂动作：1～2 拍右手前举；3 拍双手叉腰；4～5 拍左手前举；6 拍双手胸前交叉；7～8 拍双臂侧后下举。

4×8 拍：1～2 拍右脚向右并步跳；3～8 拍左脚向右前方做前、侧、后 6 拍漫步。

手臂动作：1～2 拍屈左臂自然摆动；3～4 拍前平举弹动 2 次；5～6 拍侧平举；7～8 拍后斜下举。

5×8 拍～8×8 拍动作相同，方向相反。

第二段

1×8 拍：1～2 拍右脚向右侧滑步；3～4 拍 1/2 后漫步；5～6 拍左脚向左前方做并步；7～8 拍右脚向右后方做并步。

手臂动作：1～2 拍右臂侧上举，左臂侧平举；3～4 拍双臂屈臂后摆；5～6 拍击掌 3 次；7～8 拍双手叉腰。

2 × 8 拍：1～2 拍左脚向左后方做并步；3～4 拍右脚向右前方做并步；5～6 拍左脚向左侧滑步；7～8 拍 1/2 后漫步。

手臂动作：1～2 拍击掌 3 次；3～4 拍双手叉腰；5～6 拍左臂侧上举，右臂侧平举；7～8 拍双臂屈臂后摆。

3 × 8 拍：1～4 拍身体右转 90°，右脚上步吸腿 2 次；5～8 拍左脚 V 字步左转 90°。

手臂动作：1～4 拍双臂向前冲拳、向后下冲拳 2 次；5～8 拍双臂由右向左水平摆动。

4 × 8 拍：1～4 拍左腿吸腿(侧点地)2 次；5～8 拍同 1～4 拍动作，方向相反。

手臂动作：1 拍双臂胸前平屈；2 拍左臂上举；3 拍双臂胸前平屈；4 拍身体还原至体侧。

5 × 8 拍～8 × 8 拍动作相同，方向相反。

第三段

1 × 8 拍：1～4 拍右脚侧并步跳；4 拍时身体右转 90°；5～8 拍左脚侧交叉步。

手臂动作：1～4 拍双臂上举、下拉；5～8 拍双臂屈臂前后摆动，8 拍上体向左扭转 90°，朝正前方，双臂侧下举。

2 × 8 拍：1～4 拍向右侧并步跳，4 拍时左转 90°；5～8 拍左脚开始侧并步 2 次。

手臂动作：1～4 拍双臂上举、下拉；5～6 拍右臂前下举；7～8 拍左臂前下举。

3 × 8 拍：1～4 拍左脚向前一字步；5～8 拍左、右依次分并腿。

手臂动作：1 拍双臂肩上屈，2 拍双臂下举；3～4 拍双臂肩前屈；5～6 拍双臂上举掌心朝前；7～8 拍双手放膝上。

4 × 8 拍：1～4 拍左脚向后一字步；5～8 拍左右依次分并腿 2 次。

手臂动作：1～2 拍双手侧下举；3～4 拍胸前交叉；5～8 拍双臂经胸前交叉侧上举 1 次，侧下举 1 次。

5 × 8 拍～8 × 8 拍动作相同，方向相反。

第四段

1 × 8 拍：右脚开始小马跳 4 次，向侧、向前成梯形。

手臂动作：1～2 拍右臂体侧向内绕环；3～4 拍换左臂；5～8 拍同 1～4 拍动作。

2 × 8 拍：1～4 拍右脚开始弧形跑 4 步，右转 270°；5～8 拍开合跳 1 次。

手臂动作：1～4 拍双臂屈臂自然摆动；5～6 拍双手放大腿上；7 拍双手胸前击掌；8 拍两臂放于体侧。

3 × 8 拍：1～4 拍右脚向右前上步后屈腿；5～8 拍右转 90°，左脚向前上步后屈腿。

手臂动作：1 拍双臂胸前交叉；2 拍右臂侧举、左臂上举；3 拍同 1 拍动作；5～8 拍动作同 1～4 拍，方向相反。

4 × 8 拍：1～4 拍右、左侧点地各一次；5～8 拍右脚上步向前转脚跟，还原。

手臂动作：1 拍右手左前下举；2 拍双手叉腰；3～4 拍动作相同，方向相反；5 拍双臂胸前平屈；6 拍双臂前推；7 拍同 5 拍动作；8 拍双臂放于体侧。

5 × 8 拍～8 × 8 拍动作相同，方向相反。

第三节 高校健美操竞赛的意义

一、提高学生的健康意识，推动健美操运动的发展

高校开展健美操活动，不仅符合大学生心理、生理特点，而且也满足了大学生的兴趣爱好，有利于大学生身体各器官、系统的正常发育，有利于大学生健美形体的塑造，增强大学生的体质。健美操的广泛开展，促进了高校健美操的竞赛活动，各种不同层次的健美操竞赛，为大学生们提供了展示自我、表现自我、展示健康美的一个平台，也为大学生提供了尝试心理上的愉悦与满足的一次机会。展示自我是现代人应该具备的价值意识。通过健美操竞赛活动，使同学们看到练与不练不一样，看到了现在的我与过去的我不同之处，看到了只要坚持下去，明天的我会比今天的我更矫健，从而激发同学们更加热爱体育运动，更加热爱生活。

二、促进校园文化建设，丰富课余文化生活

通过各类健美操竞赛活动，吸引更多的学生参与到健美操运动中，在音乐的伴奏下，有节奏地跳着有一定难度的、姿态优美的各种动作，使音乐、运动、自我表现融为一体，集汗水、愉悦、健美于一身，使他们过剩的精力得到释放，既锻炼了身体，净化了心灵，又提高了审美情趣，陶冶了情操，促进了校园文化建设，丰富了校园的文化生活。

三、检验健美操教学与训练效果，提高教学质量

目前，健美操运动已成为高校体育教学一个重点教学项目，体育教学与训练的质量如何，取得什么进步和存在什么问题，可以通过健美操的教学比赛反映出来，从而找到改进教学与训练的途径与方法。通过竞赛可以检验和促进健美操教学以及运动技术水平的提高，同时也给教练员、运动员提供了互相学习、互相交流的好机会。

第四节 高校健美操竞赛规则

高校健美操竞赛规则一般参照《中国健身健美操竞赛规则》、国家体育总局颁发的《健美操竞赛规则》和国际体操联合会颁发的《竞技健美操竞赛规则》三个版本。下面对《中国健身健美操竞赛规则》作一介绍。

一、总则

(1) 运动员年龄：青年组 18 岁至 35 岁。

(2) 竞赛内容，符合规则及规程要求的自编成套动作。

(3) 成套动作的时间：成套动作的时间为 2 分 30 秒至 3 分，计时由动作开始到动作结束。

(4) 比赛音乐：音乐速度每 10 秒钟 22～26 拍，成套动作允许有 2 × 8 拍的音乐前奏，

在成套动作结束时音乐应同时停止，参赛队须自备比赛音乐，并将音乐交给组委会负责人员。

(5) 参赛人数与更换运动员，每队 4～6 人，性别不限。如有特殊情况需更换运动员时，应持有效证明，经组委会批准方可。

(6) 比赛场地：比赛场地为 $10 \times 10\ m^2$ 的地板或地毯，标记带为 5 cm 的红色或黑色带，标记带是场地的一部分。

(7) 服装：运动员须穿适合运动的健美操服和运动鞋，着装整洁、美观、大方，不允许使用悬垂饰物，如皮带、飘带和花边等。女运动员的头发须梳系于头后，头发不得遮住脸部，允许化淡妆，禁止佩戴首饰。

(8) 比赛程序与计分方法：比赛分为预赛和决赛，凡参赛队均须参加预赛，预赛前八名者进入决赛，不足八名时，递减一名录取。比赛中得分高者名次列前，如遇得分相等，则艺术分高者名次列前，再相等，则名次并列，无下一名次。

(9) 裁判组的组成：裁判长 1 人，艺术裁判 3～5 人，完成裁判 3～5 人，视线裁判 2 人，辅助裁判若干人。

(10) 评分方法：比赛采取公开示分方法，裁判员评分精确到 0.1 分，运动员得分精确到 0.01 分。裁判员评分去掉最高分与最低分，所剩分数或所剩分数的平均分数为运动员的艺术分及完成分，两个分数相加为总分。从总分中减去裁判长的减分为最后得分。

(11) 奖励，比赛录取前八名，不足时递减一名录取或根据规程评出一、二、三等奖，可授予奖杯、奖旗、奖状、证书等。

二、成套动作的评分

(1) 成套动作的评分包括艺术分、完成分和裁判长减分。

(2) 艺术裁判的评分从 10 分起评，对每个错误动作给予减分。

(3) 艺术裁判的评分因素为动作设计、音乐、队形与空间、表演。

动作设计(5 分)：其中基本步伐、手臂动作及动作组合 2 分，过渡与连接 2 分，强度 1 分。

音乐(1 分)：音乐的选择应完整并与成套动作的风格协调，音响效果应是高质量的，并有足够音量，必须和运动员成套动作相配合。

队形与空间(2 分)：成套动作的队形变化应是自然、迅速、流畅、清晰、美观，全套动作的队形变化不少于 5 次，成套动作必须充分、合理、均衡地使用场地，运动员在比赛场地中必须移动使用至少 4 个方向，向前、向后、向侧及对角，成套动作中至少出现 2 次空间的变化，地上和腾空均可。

表演(2 分)：运动员在完成动作时，要充分表现出热情、活力、有魅力，并传达给观众，运动员的动作必须与音乐的节拍相符，并配合乐曲。

三、健身健美操的动作设计原则

健身健美操的动作设计应符合 4 个原则：健身娱乐原则，安全无损伤原则，全面发展身体的原则，符合年龄特点的原则。

(1) 手臂动作要体现多样性及动作的不对称性。

(2) 动作组合应使身体和各部位(头、手、上臂、前臂、躯干、腿和脚)协调配合，参与的部位越多，评分越高。

(3) 同一动作组合允许出现一次对称动作。

(4) 成套动作的设计以操化动作为主，在融合现代舞蹈和传统项目武术等项目的动作时，必须符合健美操运动的特点。成套动作中不允许出现任何清楚地显示其他项目特征的造型或静止动作，如芭蕾、健美、搏击等。

(5) 成套动作中不鼓励出现难度动作，如出现类似动作，不予加分，对出现的错误仍予以减分。开始和结束允许出现托举动作，但不允许出现违例动作。

(6) 成套动作中至少应出现两次运动员之间有接触的交流配合动作。

(7) 成套动作中托举的数量不得多于 30 次。在成套动作中应合理、流畅地连接健美操基本步伐。动作组合应灵活、流畅地空中、地面相互转换。运动员可以依次或分批做动作，但任何一名运动员不允许停顿 1 × 8 拍。

四、完成裁判的评分因素

完成裁判的评分因素从 10 分起评，对每个动作的错误给予减分。完成裁判的评分因素为技术技巧和一致性。

(1) 技术技巧：在成套动作中准确完成动作，完美展示身体各部分的正确位置，身体的正确姿态、动作技术规范、部位准确、方向清楚、控制完美、动作熟练、轻松、流畅，动作的爆发力、力度及耐久力。

(2) 一致性：整体完成动作的能力、运动范围的一致性，所有运动员应体现出一致与均衡的运动强度，应具有一致的表演技巧。

完成裁判对于以上每类错误的减分标准如下：小错误每次减 0.1 分；稍偏离正确完成错误每次减 0.2 分；明显偏离正确完成错误每次减 0.3 分；较严重偏离正确完成的严重错误每次减 0.4 分；严重偏离正确完成失误每次减 0.5 分。

五、裁判长

裁判长的职责是记录评判整套动作，并根据技术规则负责监控在场全体裁判的工作。裁判长负责如下减分：

(1) 时间不足(指成套动作时间少于 2 分 30 秒)，扣 0.2 分。

(2) 时间超过(指成套动作时间多于 3 分)，扣 0.2 分。

(3) 参赛人数不足或超过，均扣 0.2 分。

(4) 音乐速度不符合要求，扣 0.2 分。

(5) 运动员被叫到后 20 秒未出场，扣 0.2 分。

(6) 运动员的着装仪容不符合规定，扣 0.2 分。

(7) 运动员身体触及线外地面，每次扣 0.1 分。

(8) 托举超过 3 次，每次扣 0.5 分。

(9) 违例动作减分，每次扣 0.5 分。

第十九章　体育舞蹈

第一节　简　　介

体育舞蹈是竞技体育与艺术表演相结合的舞蹈，是以身体动作舞蹈为基本内容，双人或集体配合，既有娱乐健身作用，又有竞技表演的体育运动。它将艺术、体育、音乐等融于一体，被人们誉为“健”与“美”的典范，是世界通用的“情感语言”。

体育舞蹈的前身是交际舞，起源于欧洲、拉丁美洲，经历圈舞、对舞、集体舞等民间舞蹈演变过程，成为流传广泛的社交舞蹈。1924 年，由英国皇家舞蹈教师协会发起的欧美舞蹈界人士在广泛研究传统宫廷舞、交谊舞和拉美国家的各式土风舞的基础上，对此进行了规范和美化加工，于 1925 年正式颁布了华尔兹(慢三步)、探戈、狐步、快步等舞种的步伐，总称摩登舞。1950 年，由英国 ICBD(摩登舞国际理事会)主办了首届世界性的大赛——黑池舞蹈节，并把规范后的舞蹈命名为国际标准交谊舞，我国简称“国标”。此后每年的五月底，在英国的“黑池”都举办一届世界性的大赛。国际标准交谊舞通过比赛在世界各地不断推广，其自身也得到了发展。1960 年由英国皇家舞蹈教师协会又整理了拉丁舞蹈，也将它纳入国际标准交谊舞范畴。这样就形成了具有统一舞步的两大系列十个舞种的国际标准交谊舞。

体育舞蹈的发展离不开体育舞蹈组织的管理、组织以及推广工作。目前国际上存在两个国际体育舞蹈组织：世界舞蹈及体育舞蹈理事会和国际体育舞蹈联合会。世界舞蹈及体育舞蹈理事会，简称 WDDSC(World Dance and Dancesport Council)，1950 年 9 月 22 日在英国苏格兰的爱丁堡成立，注册地为英国伦敦，现有 52 个会员协会，主要管理职业体育舞蹈事务和比赛。国际体育舞蹈联合会，简称 IDSF(International Dancesport Federation)，1935 年成立于布拉格，注册地为瑞士洛桑，现有 79 个会员协会，主要管理业余体育舞蹈事务和比赛。该组织于 1997 年获得国际奥委会的正式承认，并且成为唯一的代表体育舞蹈的国际组织。1992 年体育舞蹈被国际奥委会列入比赛项目，2000 年成为悉尼奥运会表演项目。我国国家体育总局 2006 年正式公布把它列入全国体育大会比赛项目、2008 年奥运会表演项目、2010 年亚运会项目。目前，世界各国将国际标准交谊舞易名为“体育舞蹈”，成为体育运动项目之一。两个组织拟将合并成立世界舞蹈运动联合会(WDSF)。国际标准交谊舞于 20 世纪 30 年代传入中国，自 1986 年正式引进后，发展迅速。1991 年 5 月，中国体育舞蹈运动协会成立。中国现在是世界舞蹈及体育舞蹈理事会(WDDSC)的准会员，国际体育舞蹈联合会(IDSF)的正式会员。协会从成立至今举办了一系列的国内、国际体育舞蹈大赛。近年来，“国际标准交谊舞”已统一称为“体育舞蹈”。虽然交谊舞历尽沧桑改名换姓，舞姿、舞步日趋规范严谨，与传统的交谊舞相比已发生了根本变化，但是万变不离其宗，其源头仍然是交谊舞。

一、体育舞蹈的特点和分类

(一) 体育舞蹈的特点

体育舞蹈的主要特点如下：

(1) 音乐引导下的律动性。音乐舞蹈是在有特定节奏风格的舞曲音乐引导下翩翩起舞，时而端庄典雅，时而顿挫磊落，时而婀娜柔媚，时而奔放激越……这种用和着音乐节律的舞动来表现各舞种的风格特点，是体育舞蹈的基本特征。

(2) 规范性。体育舞蹈之所以能成为世界性的竞技项目，很大程度上得益于自身舞蹈体系的完整与技术动作的清晰规范。这也是体育舞蹈的一个重要特征。

(3) 娱乐性。体育舞蹈的本质属性是娱乐性。它使舞者娱乐身心，使观者赏心悦目；它是人们娱乐生活的产物，并在娱乐活动中得到丰富和发展。

(4) 体育性。体育舞蹈的体育性首先表现在它的可参与性。体育舞蹈老少皆宜，便于开展，能适应不同层次、不同兴趣爱好的人们，表现出了较好的可参与性。其次表现在体育舞蹈作为现代体育手段而具有的塑造形体、培养风度气质、怡情健体的体育价值上。有研究表明，华尔兹和探戈的能量代谢为 7.57，与网球(7.30)、羽毛球(8.0)相近；体育舞蹈的最高心率为男子 210 次/分钟，女子 197 次/分钟。可见，体育舞蹈引起人的生理变化是明显的。随着体育舞蹈被逐步纳入体育教学活动中，体育性会得到更充分地发展。

(二) 体育舞蹈的分类

体育舞蹈按舞蹈风格和技术结构，分为现代舞(摩登舞)和拉丁舞两大类。现代舞为男女舞伴交手跳，并按逆时针方向行进，具有端庄、含蓄、稳重、典雅的风格和绅士风度。其舞步流畅，轻盈洒脱；舞姿优美，起伏有序；音乐节奏清晰，舞蹈富于技巧性，是老少皆宜的舞系。现代舞包括华尔兹、探戈、狐步舞、快步舞、维也纳华尔兹五种舞。拉丁舞起源于非洲和拉丁美洲。舞蹈时，男女舞伴时交时分，若即若离。除桑巴和帕索多布累有移动外，其他基本是在原地舞动，具有热情、奔放、浪漫的风格。其舞蹈动作豪放粗犷，速度多变，手势和舞步内容丰富，充满激情，音乐节奏鲜明强烈，尤为中青年人所宠爱。

1. 摩登舞(Modern)

摩登舞的音乐时而激情昂扬，时而缠绵性感，动作细腻严谨，穿着十分讲究，体现男士的绅士风度和女士们的妩媚。男士需身着燕尾服，女士则以飘逸、艳丽长裙表现出她们的华贵、美丽、高雅、闺秀之美态。它的舞步流畅，轻柔洒脱，舞姿优美，起伏有序；音乐节奏清晰，舞蹈富于技巧性，是老少皆宜的舞蹈。

(1) 华尔兹(Waltz)。华尔兹又称“圆舞”，是体育舞蹈中历史最悠久的舞蹈。其舞曲旋律优美抒情，舞者在起伏倾斜中旋转，并配有优美的造型，在音乐中表现飘逸、潇洒、典雅的舞蹈风格。升降、反身、摆荡、倾斜技术是华尔兹的必要元素。华尔兹是维也纳华尔兹(快三步)的变化舞种。

华尔兹的音乐节拍是 3/4 拍，速度为每分钟 30～32 小节。每小节三拍为一组舞步，重拍在音乐的第一拍上。

华尔兹的基本步形有：左脚并换步、右脚并换步、左转步、右转步、右旋转、拂步、侧行追步等。

(2) 探戈(Tango)。探戈是摩登舞中较为特殊的舞蹈，是摩登舞中唯一一个带有拉丁特色的舞蹈，起源于非洲的民间舞蹈——探戈诺舞。16 世纪后期，随着黑奴贩卖进入美洲，探戈诺舞和拉美风格舞蹈结合形成现在的墨西哥探戈和阿根廷探戈。在探戈独特的节奏中，舞曲刚劲有力，尽显深沉、豪放、洒脱的舞蹈风格。

探戈的音乐节拍是 2/4 拍，速度为每分钟 31～33 小节。其重拍每拍相等，基本节奏为慢慢快快或慢快快慢，一个慢拍等于 1 拍，一个快拍等于 1/2 拍。

探戈的基本步形有：常步、直行侧步、分式左转步、右摇转步、直行连步、左扭转步、并式滑行步等。

(3) 狐步舞(Fox Trot)。狐步舞轻快活泼，富于动感和表现力，舞步轻柔、圆滑、流畅、流动性较强。

狐步舞的音乐节拍是 4/4 拍，重拍在 1 和 3(1 强烈些)。速度为每分钟 28～30 小节，动作节奏为慢慢快快，一个慢等于 2 拍，一个快等于 1 拍。

狐步舞的基本步形有：羽毛步、左转步、三步、右转步、换向步等。

(4) 快步舞(Quick Step)。

快步舞早期舞步吸收了狐步舞动作，后又引入芭蕾舞动作，使快步舞更加轻快灵巧。现在体育舞蹈中的快步舞是“英国式”的快步舞。它最大的特点是在快速的舞步行进中伴以快速的身体运动，在音乐中展现轻松弹跳的舞步，欢快奔跑，舞蹈洒脱自由，热情奔放，富有动力感和表现力。

快步舞的音乐节拍是 4/4 拍，重拍在 1 和 3(1 强烈些)。其速度为每分钟 50～52 小节，动作节奏为慢慢快快慢，一个慢等于 2 拍，一个快等于 1 拍。

(5) 维也纳华尔兹(Viennese Waltz)。维也纳华尔兹起源于奥地利，其音乐旋律活泼欢快，动作轻快流畅，舞步旋转性较强。它的舞步在摩登舞中是最简单的，但由于其旋转性强，必须在快速旋转中完成各种动作技巧，因此对于舞者有一定难度。

维也纳华尔兹的音乐节拍为 3/4 拍，每分钟 58～60 小节。第一拍为重拍，2、3 拍为弱拍，6 拍完成一组动作，前 3 拍注重发力，后 3 拍较为舒缓。

2. 拉丁舞(Latin)

与摩登舞不同的是，拉丁舞舞伴之间可贴身，可分离，各自在固定范围内辐射式地变换方向和角度，展现舞姿。拉丁舞步法灵活多变，各舞种通过对胯部及身体摆动不同的技术要求，完成各种舞步，表现各种风格。其舞姿妩媚潇洒，婀娜多姿，风格生动活泼，热情奔放；曲调缠绵浪漫，活泼热烈，节奏感强；着装浪漫洒脱，男着上短下长的紧身或宽松装，女着紧身短裙，显露女性曲线的美。

二、体育舞蹈的基本知识

(一) 体育舞蹈的基本术语

(1) 舞程向。在同一舞池中，为避免舞者相碰撞而规定必须按逆时针方向行进，这一行进方向称为舞程向。

(2) 舞程线(简称 L.O.D)。沿舞程向方向行进的路线叫舞程线(图 19-1-1)。

(3) 舞姿。泛指舞者跳舞的姿势。

① 合对位舞姿(闭式舞姿)：“合”指男女舞伴交手握抱；“对”指男女舞伴面对面，泛指男女舞伴面对双手扶握的身体位置。

② 侧行位舞姿(简称 P.P)：男伴的右侧与女伴左侧身体紧密贴靠，身体的另一侧略向外展开成“V”形站立或行进的身体位置。

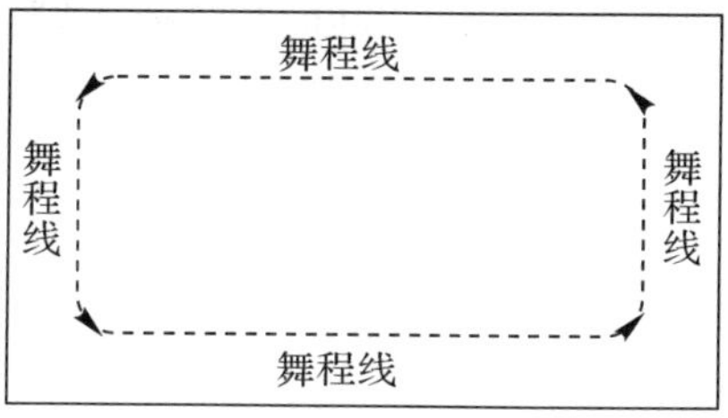

图 19-1-1 舞程线

③ 外侧位舞姿(简称 O.P)：在摩登舞中，男女舞伴的一方向另一方的右外侧(常见)或左外侧(较少见)前进所形成的身体位置。

④ 并肩位舞姿：在拉丁舞中，男女舞伴面对同一方向肩臂相并的身体位置。以男伴为基准，男伴左肩与女伴右肩相并叫“左并肩位”；男伴右肩与女伴左肩相并叫“右并肩位”。

⑤ 影子位舞姿：男女舞伴面向同一方向重叠而立、形影相随的身体位置，以女伴居前较常见。

(4) 反身动作(简称 C.B. M)：一侧脚前进或后退时，同侧肩和胯后让或前送，使身体与舞步形成反向配合的身体动作。

(5) 反身动作位置(简称 C.B.M.P)：在身体不转动的情况下，一脚在身前或身后形成交叉，以保证两人身体维持相靠姿势的身体位置，常用于外侧位舞姿、侧行位舞姿的舞步中。

(6) 升降动作(起与伏)：在跳舞时身体的上升与下降。升降动作是在膝、踝、趾关节的屈和伸动作的转换中完成的。

(7) 倾斜动作(简称 B. S)：在跳一些舞步时身体的倾斜。从形体上讲，是指肩的平衡线向左、向右倾斜，它与地面的水平线成三角斜线。

(8) 节奏：以一定规律反复出现、赋予音乐以性格的、具有特色的节拍。

(9) 速度：音乐速度，即每一分钟内所演奏的小节总数。

(10) 准线：双脚的位置或双脚方向与房间的关系。

(11) 平衡：舞蹈中身体重心的准确分配。

(12) 基本舞步：构成一种特定舞蹈(舞种)的基调舞步型。

(13) 滑步：指在第二步时双脚并拢的、由三步组成的舞步。

(14) 踌躇步：前进暂时受阻的舞步型或舞步型部分，重心停留于一脚超过一拍。

(15) 锁步：两脚前后交叉的舞步。

(16) 脚跟转：向后迈出的脚的脚跟旋转。在动作过程中并上的脚必须与主力脚平行，旋转结束时身体重心移动至并上的那只脚。

(17) 脚跟轴转：不变重心的单一脚跟旋转。

(18) 开式转：第三步不是并靠而是超越第二步的旋转。

(19) 轴转：一脚脚掌旋转，另一脚处于或前或后的反身动作位置。

(二) 角度、方位、赛场

1. 旋转角度的认定

旋转时以每转 360° 为一周；旋转 45° 为 1/8 周；旋转 90° 为 1/4 周；旋转 135° 为 3/8

周；旋转 225° 为 5/8 周；旋转 315° 为 7/8 周。在记录旋转动作时，应先标明旋转的方向，即左转或右转，再标明角度，例如左转 1/8 周(图 19-1-2)。

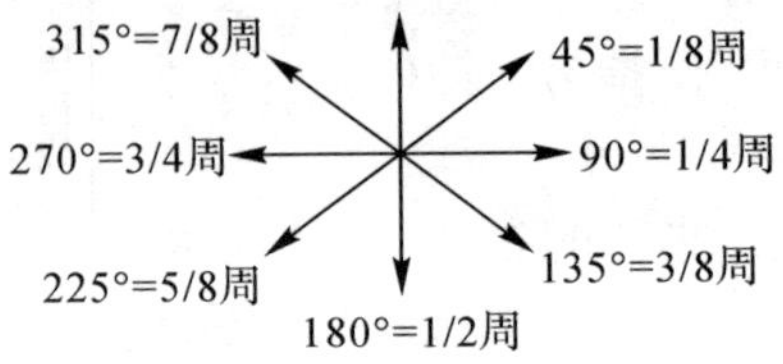

图 19-1-2 旋转角度

2. 方位

为了便于在舞蹈进行中正确地辨别方位和检查旋转的角度，根据国际上记录各种舞蹈的惯例，在舞场上要规定一定的方位。一般情况下，多以乐队演奏台的一面为规定方位的基点，定为“1 点”(也可在场地中任选一个面定为“1 点”)。每向顺时针方向转动 45° 则变动一个方位，依次类推，2、3、4 共有八个点。因此一个场地中的四个面为 1、3、5、7 点，四个角为 2、4、6、8 点(图 19-1-3)。

以上所谈方位，是在一个固定的位置使用的。如果舞蹈者按舞程线不断变换方位，向前移动，则又要和舞程线(L.O.D)发生联系，因此，规定了几条线来指示舞蹈者每个舞步的行进方向。

在国际体育舞蹈中规定了八条线：① 面对舞程线；② 面斜壁线；③ 面对壁线；④ 背斜中央线；⑤ 背对舞程线；⑥ 背斜壁线；⑦ 面对中央线；⑧ 面斜中央线(图 19-1-4)。

只要是沿着舞程线的圆周在行进，则无论行进到哪一点，上述的规律都是适用的。

3. 赛场

进行国际体育舞蹈比赛的场地是有一定规格的，一般赛场地面应平整光滑，场地的面积为 15 m × 23 m。赛场两条长的边线叫 A 线，两条短的边线叫 B 线(图 19-1-5)。比赛选手所编的套路，应按两条线的长短不同安排适当的动作，不断沿两条线按舞程线方向循序而进。

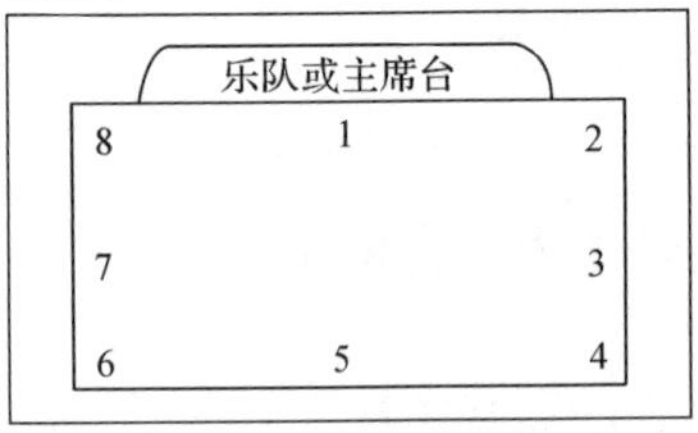

图 19-1-3 舞场方位

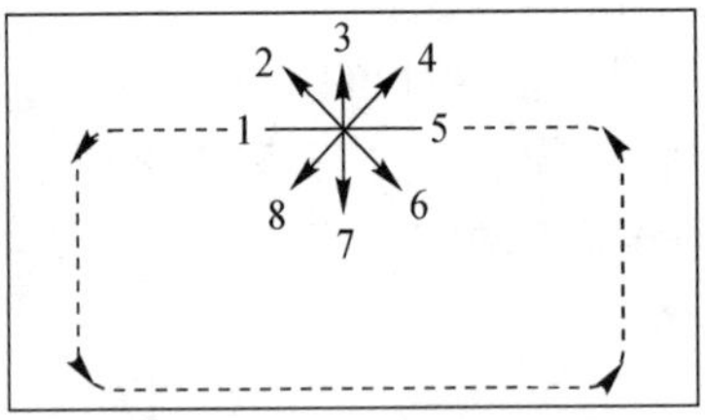

图 19-1-4 舞步行进方向

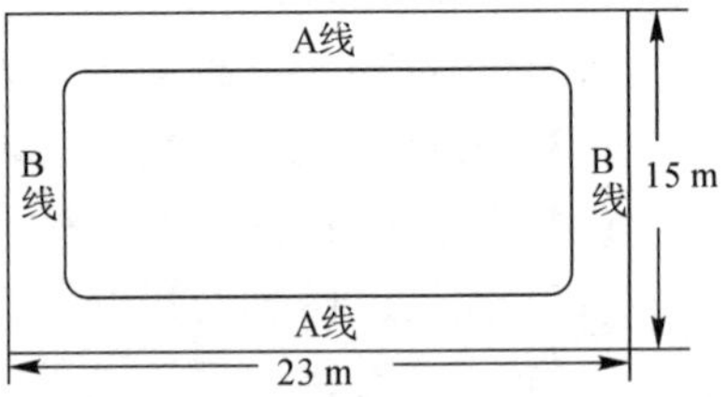

图 19-1-5 赛场

(三) 舞步的方向、方位

1. 舞步的方向(图 19-1-6)

① 左脚或右脚前进。② 左脚或右脚后退。③ 左脚或右脚横步。④ 左脚或右脚横步稍前。⑤ 左脚或右脚横步稍后。

2. 舞步的方位(图 19-1-7)

① 面向舞程线。② 背向舞程线。③ 面向中央线。④ 面向墙壁。⑤ 面向斜中央线。

⑥ 背向斜墙壁。⑦ 面向斜墙壁。⑧ 背向斜中央线。

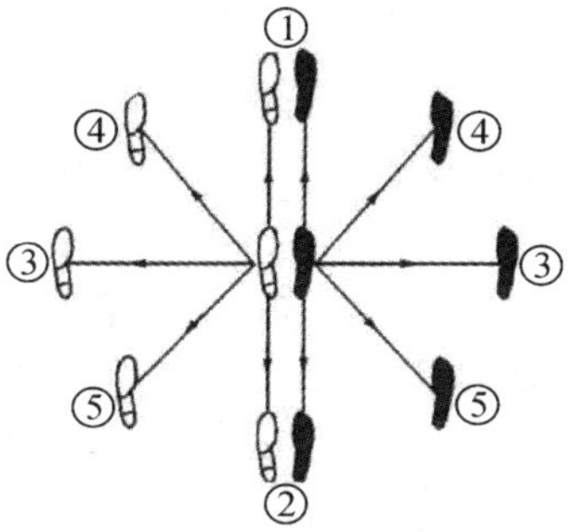

图 19-1-6　舞步方向

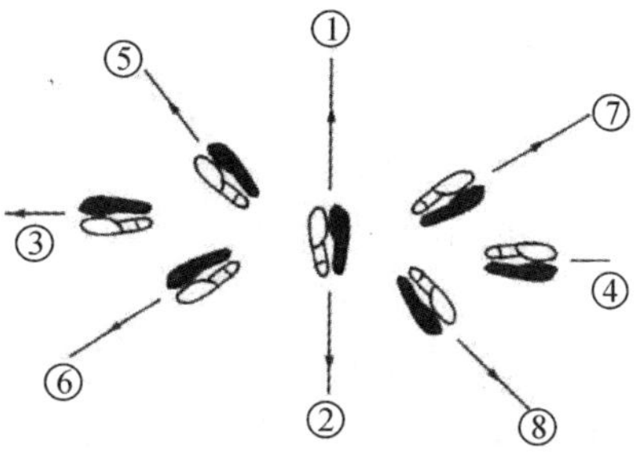

图 19-1-7　舞步方位

(四) 常用符号

体育舞蹈的常用符号有 S、Q、&。

(1) S：表示慢节奏，一般两拍跳一步。

(2) Q：表示快节奏，一般一拍跳一步。

(3) &：表示前面所示的拍子的一半。

(五) 体育舞蹈竞赛

体育舞蹈是一个年轻的体育项目，它的竞赛有很浓重的文艺色彩。

1. 竞赛特点

(1) 主持人制：主持人指挥和控制体育舞蹈比赛的全部过程，他既是司仪、广播员，又是场上气氛的调节员。

(2) 比赛和表演结合：为使体育舞蹈比赛丰富多彩，气氛热烈，常在比赛之前、中间或结尾，穿插优秀选手的表演。

(3) “淘汰”与“顺位”结合的比赛方法：即体育舞蹈比赛从预赛至半决赛采用淘汰法；决赛采用顺位法决定体育舞蹈比赛单项和全能的名次。

① 淘汰法：根据竞赛编排从比赛人数中按规定录取一定量的选手进入下一轮比赛，淘汰其余选手。

② 顺位法：将决赛时评委给选手打的各种舞的名次通过顺位排列的方法计算名次。

2. 比赛种类

体育舞蹈的世界比赛分专业(职业)比赛和业余比赛两大类，每类都有不同级别和层次的比赛。比赛规模有世界的、洲际的、国与国之间的大型比赛，以及全国的、省市的、行业间的中小型比赛。比赛名称通常有锦标赛、公开赛、邀请赛、友谊赛、精英赛等。

世界舞蹈及体育舞蹈理事会(WDDSC)每年定期举办的七项大赛是：摩登舞国际竞技舞锦标赛，拉丁舞国际竞技舞锦标赛，十项国际竞技舞锦标赛，欧洲国际竞技舞锦标赛，亚洲太平洋国际竞技舞锦标赛，世界杯摩登国际竞技舞邀请赛，世界杯拉丁舞国际竞技舞邀请赛。前五项是正式国际锦标赛，大赛的冠军被公认为该年度的世界舞皇和舞后；后两项比赛是以友谊交流为目的的比赛。

3. 比赛组别

(1) 国际比赛。国际体育舞蹈专业比赛设公开组和新人组。每组又分摩登舞和拉丁舞系，各跳 5 种舞。

国际体育舞蹈业余比赛设公开组、新人组、少年组(14 岁以下)、青年组(14～18 岁)、中年组(女 30 岁以上，男 40 岁以上)、常青组(男女 50 岁以上)。

(2) 国内比赛。国内专业选手人数较少，国内比赛通常设职业组、职业新人组、甲组(公开、新人)、乙组(公开、新人)、丙组(男 45 岁以上，女 35 岁以上)、常青组(男 55 岁以上，女 55 岁以上)、少年组(10～16 岁)、儿童组(9 岁以下)、团体舞组(成人、少年)。

中国标准舞学会举办的比赛通常设职业 A、B 组，业余 A、B、C、D 组，常青组，少年组，职业十项全能组。

4. 舞种

(1) 国际比赛。国际比赛专业组和新人组跳 5 项舞；业余选手公开组跳 5 项舞，新人组另定。

(2) 国内比赛。国内比赛职业组、职业新人甲组的预赛和半决赛跳 4 项舞，决赛跳 5 项舞；职业新人乙组预赛、半决赛和决赛跳 3 项舞。

5. 评判要素

(1) 基本技术：① 足部动作；② 姿势；③ 平衡稳定；④ 移动。

(2) 音乐表现力：① 节奏；② 风格的理解和体现。

(3) 舞蹈风格：① 细微区别各种不同舞种之间的风格、韵味上的差别；② 个人风格的展现。

(4) 动作编排：① 动作流畅新颖，运用自如；② 体现舞种的基本风韵并有一定技术难度；③ 动作与音乐密切配合，发挥音乐效果；④ 编排有章法，充分利用场地。

(5) 临场表现：① 赛场上的应变能力；② 良好的竞技状态，专注、自信，能自我控制临场发挥。

(6) 赛场效果：主要看舞者的风度、气质、仪表及出入场的总体形象。

在以上六要素中，前三项主要指选手的技艺品质，后三项是选手的艺术魅力。在第一、二次预赛中，裁判着重于前三项要素的评判，在半决赛时着重于后三项要素的评判，在决赛中应全面地评价选手各项要素的完成情况。

6. 比赛服装和发型

(1) 比赛服装规定摩登舞男选手穿燕尾服，女选手穿不过脚踝的长裙。拉丁舞服应有拉美风格，男女选手服装必须协调，男选手穿紧身裤或萝卜裤，上身穿宽松长袖衣，女选手穿露背、腿的短裙。男女舞鞋应与服装颜色一致。摩登舞男选手一般穿黑色舞鞋，女选手穿 5～8 cm 的高跟船鞋，鞋面可镶嵌亮饰。拉丁舞男选手鞋同摩登舞鞋，女选手穿高跟有襻凉鞋，鞋可加亮饰。

(2) 男选手发型可留分头，前不遮耳后不过领，不能留长发长须；女选手为短发或长发盘髻，可加头饰，不可披长发。

7. 对选手的规定

(1) 不许在同类舞场中交换舞伴；

(2) 准时入场，违者按弃权论处；

(3) 编组后不能改变组别；

(4) 摩登舞比赛必须男女选手交手跳舞，拉丁舞比赛不许做托举上肩、跪腿等动作。

三、体育舞蹈的价值

体育舞蹈运动是一项新兴的体育项目，是体育与舞蹈的结合，具有运动与艺术的双重性。因此体育舞蹈极富时代气息，具有健身价值、观赏价值和社会价值。

1. 健身价值

(1) 健美体形。经常参加体育舞蹈锻炼，可以对人的形体进行“生物学”改造，使体形符合一定的健美标准。还可以减肥瘦身，保持健美的体型和良好的体态。

(2) 健身。长期进行体育舞蹈锻炼，能使人的心肌发达，有效提高心肺机能。

(3) 健心。经常参加体育舞蹈锻炼能使人调整身心，促进人际交往，消除情绪障碍，以取得心态平衡，保持乐观的心情，促进心理健康。

2. 观赏价值

体育舞蹈具有独特的艺术表演价值，给舞蹈者和观赏者以美的享受，可提高人们的艺术修养和审美情趣。如体育舞蹈中表现出来的人体美、运动美、音乐美、服饰美、礼仪美等。

3. 社会价值

体育舞蹈是人们交流思想、抒发情感、消除障碍、相互沟通的最好形式之一，能把不同阶层、不同年龄、不同性别的人融合在一起。

第二节 体育舞蹈的技术训练

体育舞蹈动作是以骨骼为杠杆，以关节为转动轴，以肌肉收缩为动力来完成的。基本功的训练是运用骨骼、关节、肌肉带动正确的步法、身法，借助于地板的弹力，轻盈舒展地获得身体平衡，巧妙地进行重心移动。只有不间断地重复这些基本功训练，才能为规范舞步和竞技比赛舞步打下一个坚实的基础，使习舞者少走弯路，从而尽快跳出优美的舞蹈动作。

体育舞蹈的教学与训练包括一般技术训练和专项技术训练。其中一般技术训练包括形体训练和舞蹈基本功训练，专项技术训练包括各舞种的基本舞步训练和套路动作训练。

一、一般技术训练

一般技术训练是最初阶段的训练，训练的内容紧紧围绕为专项技术的掌握打下扎实的基本功为目的。摩登舞和拉丁舞可以采用基本相同的一般技术训练内容和方法。

(一) 形体训练

体育舞蹈的形体训练是将芭蕾基本练习方法与徒手姿态练习相结合，培养练习者正确优美的姿态和动作，提高练习者的基本身体素质，是练习体育舞蹈的基础。

(二) 舞蹈基本功训练

舞蹈基本功训练的主要内容有立颈、收腭、沉肩、挺胸、收腹、立腰、直膝、绷脚、两眼平视等舞蹈基本姿态和形态。通过舞蹈基本功的训练主要培养正确的身体姿态、优美的舞蹈动作和高雅活泼的气质，掌握基本的舞姿和丰富的动作素材。

二、专项技术训练

专项技术训练是在一般技术训练的基础上，根据体育舞蹈的技术要求，采取专门的技术训练，包括各自舞种的基本舞步训练、套路动作训练。

(一) 基本舞步训练

基本舞步是指体育舞蹈各舞种所必需的各种不同结构类型的典型舞步。其训练目的在于掌握和提高基本舞步技术，为掌握其他舞步动作打下良好基础。体育舞蹈的基本舞步是由身体动手势动作、身体形脚步动作构成的，因此拉丁舞和摩登舞的基本舞步训练都包括身体动作训练、手势动作训练和舞步动作训练。

1. 拉丁舞基本舞步训练

伦巴、恰恰恰、桑巴、牛仔、斗牛的基本舞步训练都有各自的舞蹈技术要求，同时也有共同点。首先进行站立姿势练习。拉丁舞站立姿势一般有并立、前后点地立、侧点地立、弓步、开立半蹲，以及单腿立等，其中最基本的站立姿势是并立和点地立，其技术要领是立颈收腭、沉肩收腹、肩胛骨内收并沉肩，中腰拔起，臀部夹紧，大腿内收，头、肩、髋在同一垂直面上。重心在支撑脚全脚掌上，同时脚趾用力抓地。

(1) 身体动作训练：主要是指躯干、胯部、膝盖、脚踝协调动作所形成的各种富有节奏感、表现力和优美造型的韵律性动作。

① 伦巴、恰恰恰的身体动作训练：两腿左右开立，两臂侧举或叉腰，做上体前后左右摆动练习；两腿左右开立，两臂侧举或叉腰，在重心前后左右移动下，做上体前后左右摆动练习；两腿开立或并立，做胸部以下至胯部的转动和伸压练习；两腿左右开立，在重心前后左右移动下，做以身体带动胯部摆动的练习。

技术要求：单纯的上体摆动时，收腹夹臀，保持髋部固定位置，中腰拉直，肩部放平，水平摆动。重心移动下的身体摆动，要以身体摆动带动重心移动，身体带动髋部形成“∞”字摆动。转胯动作，要髋、膝、踝三点在一直线，胯部转开斜 45°，上体向上拉起；恰恰恰的身体和胯部摆动有大小幅度之分，在第一、二、三拍上是大摆动，第四拍上是两个小摆动；伦巴的胯部和身体动作缠绵，恰恰恰的动作快速，有切割感。

② 牛仔舞身体动作训练：两腿并立，两臂侧举，做左右腿交替的上下屈伸弹动练习；两腿并立，两臂侧举，做左右腿交替的上下屈伸弹动下结合胯部的左右摆荡练习。

技术要求：屈膝弹动时膝盖要自然放松，快速灵活；胯部摆荡方向要和支撑腿方向一致；支撑腿摆荡时动力腿要收回；要收腹立腰，两侧腰部要向上拉起，上体不要前后摆动。

(2) 手势动作训练：拉丁舞手臂动作是身体动作的延伸，手臂动作不要求非常复杂、花哨，但要求在芭蕾手势的基础上，强调力度和动作的气派。练习方法如下：

两腿并立，两臂做前、侧、上、下及斜位举的对称性动作；一腿侧点地立，做两臂斜位举的不对称性动作；一腿前点、后点、侧点弓步，一手叉腰，一臂做各方向举的动作；一腿前、后点地开立，两臂做向前、侧的波浪动作；一腿侧点地立，手臂做画圈的摆动动作；结合身体练习。

技术要求：结合各舞种的身体形态进行练习。手型：五指伸直，大拇指打开，女士可用兰花指，男士可四指并拢，指尖用力；手臂侧举与肩同高，稍向前，牛仔舞手势可低些位置；手臂波浪要以大臂带动小臂、手腕到指尖；画圈摆动要以大臂内侧带动向远处延伸；运用身体带动手臂动作时，注意腰中段的收紧拉长和控制；立颈沉肩；伦巴手臂动作柔和缠绵，恰恰恰和桑巴的手臂动作快速，富有力感，牛仔舞的手臂动作较为随意。

(3) 舞步动作训练：在结合身体和手臂动作的基础上，进行伦巴、桑巴、恰恰恰、斗牛、牛仔舞的舞步动作训练。

① 伦巴舞步动作训练：包括原地移动、前进后退基本步、侧向基本步、前进后退走步、半重心移动步和定轴转步等。

技术要求：

a. 支撑腿(重心腿)：在移动中左右腿交替支撑重心，并推动脚步运动，同时对地面有积极的施力作用。移动重心时，重心要从一脚先移到两腿中间，再移到另一腿上，必须经过两脚掌放平的过程。在半重心移动时，重心要经过每一条腿，同时支撑腿不起脚跟。

b. 摆动腿(动力腿)：向前、向后出腿都是从前脚掌到全脚掌，向侧出腿是从脚掌内侧到全脚掌，但都必须经过脚跟踩平。脚尖和膝盖要对着行进方向。收腿时应该经过支撑脚的脚边，使两踝关节相对成八字型。

c. 绕轴心转动：先让重心在支撑腿上，然后肩部先转再带动胯部转动。

② 恰恰恰舞步动作训练：包括前进后退基本步、侧向基本步、前进后退锁步、后点步接划圈锁步、前点步接划圈锁步、古巴断步、点转步。

技术要求：与伦巴技术要点基本相同，但还有其独特的技术特点。要求侧行锁步，立腰立髋，收紧臀部，向前和向后锁步要后脚前掌不能超过前脚后跟，重心在两腿之间；后退脚内侧着地，脚跟下压，后腿膝盖靠紧前腿膝盖窝，前腿自然伸直；向侧锁步时两腿要依次屈伸；锁步结束后要用身体带动出步。

古巴断步：向前上步时重心在后支撑腿上，要求臀部收紧，髋部上提。

③ 牛仔舞基本舞步训练：包括基本步、并腿摇摆、并腿抛掷、连步摇摆。

技术要求：慢拍上的踏步是前脚掌过渡到全脚掌，快拍上的并合步是用其掌内侧踏步完成 3 步；先身体移动再带动重心移动，重心移动再带动胯部摆动；并合步的 3/4 拍和 1/4 拍的音乐节奏与脚步的配合要正确；膝盖要有弹性，踝关节要用力，并合步有跳跃感。

2. 摩登舞基本舞步训练

在进行华尔兹、探戈、狐步舞、快步舞、维也纳华尔兹的基本舞步训练前，必须掌握正确的站立姿势。基本站立姿势是：两腿平行，脚尖向前，两膝稍松弛地并腿立。技术要求与拉丁舞基本相同。

(1) 握姿训练：主要是闭式位和开式位的握姿训练，以及探戈的握姿训练。

先进行静止站立下的握姿练习，然后结合前进、后退、侧向移动下的握姿练习；再进行基本舞步和花步相结合下的握姿练习；结合成套练习。

(2) 身体动作训练：包括升降、反身、摆荡和倾斜的动作技术训练。

a. 升降练习：可进行单人或双人的练习，首先在站立位置上做升降动作；再结合前进、后退、侧向运步做升降动作。

b. 反身练习：先在并腿直立或半蹲站立位上做反身动作；在前、后弓步下做反身动作；结合向前、向后出步后做反身动作；结合舞步组合做反身练习。

c. 摆荡和倾斜练习：在并立位做向侧摆荡的倾斜练习；再增加向右、向左转动下的向侧摆荡倾斜练习；结合舞步组合进行练习。

技术要求：

• 身体动作练习必须在保持好身体的基本形态(架势)和握姿的情况下进行。掌握好身体重心位置以及中腰收紧拉长和控制。

• 升降时要求掌握膝盖的屈伸与脚跟的提起和下落的关系。身体上升时，先脚跟提起，然后再直膝上顶。躯干不要主动上升，要保持向下的压力。在下降时，先屈膝，再过渡到脚跟落下，而躯干不要主动下落，要保持向下的感觉。

• 做反身动作时肩部和髋部保持水平，收腹立腰，夹臀立，躯干保持挺身姿势。拧转时要求以身体中心为轴，并且使头、肩、髋与两腿在同一垂直面上。

• 摆荡时要求髋部与身体形成一个整体向侧直线摆动。做倾斜动作时要控制好身体，避免躯干前倾、后仰或左右侧屈。

(3) 舞步动作训练。

① 华尔兹基本舞步动作训练：包括前进走步、后退走步、右脚并换步、左脚并换步、左转步、右转步、右转、左转等。

技术要求：掌握好男女舞伴的身体位置(如在闭式位男女舞伴中心线重叠，在开式位女伴偏后)；旋转动作要通过身体中心线转动，重心必须在支撑腿上，以单腿转体。

② 探戈基本舞步动作训练：包括前进走步、后退走步、直行侧步、前进连接步、并式滑行步、分式滑行步、基本左转步、基本右转步等。

技术要求：掌握好探戈握姿要求(如男伴要收紧腹部立腰，右手要超过女伴后背线，左臂形成锐角)；掌握好走步技术特点和强弱的动作与节奏；旋转动作必须有充分的反身动作才能获得快速的转动。

③ 快步舞基本舞步动作训练：包括直行追步、前进锁步、后退锁步、四快步跑、右轴转步、左轴转步、直角右转步等。

技术要求：掌握快步舞的升降和摆荡技术，强调升的高，降的低，并步快，出步相对慢些的技术特点；注意脚着地点的跟掌关系，同时要求侧行位运步；掌握舞步的节奏特点。

总之，基本舞步的训练方法一般采用单个动作的教学方法，掌握单个基本动作的技术。基本舞步训练的核心是基本技术训练，基本技术是完成某一类型舞步动作的关键技术或技术环节，掌握程度如何直接影响套路动作的质量。因此，基本技术训练要严格要求，反复训练，长期坚持。为了提高基本技术动作的熟练性，在单个舞步训练的基础上可以结合一些组合训练。同时要注重与音乐的配合训练，做到不仅要掌握动作技术，而且应该是在掌握节奏的前提下掌握动作技术。

(二) 套路动作训练

在掌握了基本舞步和基本技术的基础上，根据体育舞蹈动作，较全面选择各舞种多种类型的舞步动作进行训练，而套路动作包含着基本舞步的结构和基本技术。套路训练的目的是掌握各种舞步技法，并把基本技术灵活地运用到各舞步中。

在套路动作训练中应该考虑到以下几个方面的要求：

舞步动作必须在男女舞伴身体的相互作用下完成。正确的身体重心位置是产生动力的主要方面。充分合理利用重力和身体内力作用于地板而产生给男女舞伴相互配合的作用力，通过双方身体动作，在男士带领下完成舞步。注意身体各部位姿势，以及男女舞伴双方在空间所处的位置关系。舞步动作必须考虑每一步的顺序、路线、方向、移动的距离、动作的速度、动作的力量和动作的节奏等，此外，在技术细节方面要考虑舞步的风格，表现力的处理等。

1. 组合练习

(1) 华尔兹组合动作。

预备姿势：闭式位(面对斜墙)。

左脚并换步—右转步 123—右转步 456—右脚并换步—左转步 123—左转步 456—叉形步—侧行追步—右转步 123—右旋转步(转入 B 线)—左转步 456—双左急转步—向右侧行追步—后退锁步—后退拂步—迂回步—盘旋步。

(2) 伦巴组合动作。

① 基本步—扇形步—阿列曼娜(打横)—手接手—原地左转。

② 基本步—扇形步—曲棍步—右陀螺转步—闭式扭胯(扇形位结束)。

③ 基本步—纽约步—臂下右转—手接手—原地左转。

④ 扇形步—曲棍步—阿列曼娜(打横)—纽约步—原地右转—左分展步。

(3) 恰恰恰组合动作。

① 基本步—扇形步—阿列曼娜(打横)—手接手—原地左、右转步。

② 基本步—扇形步—曲棍步—右陀螺转步—闭式扭胯(扇形位结束)。

③ 基本步—纽约步—臂下右转—手接手—原地左转。

④ 扇形步—曲棍步—阿列曼娜(打横)—纽约步—原地右转—左分展步。

⑤ 手接手—三个恰恰侧行位—纽约步(自分式侧行位置到抑制步)—后退锁步和追步—肩并肩—时间步—纽约步—原地左转。

(4) 牛仔组合动作。

① 连接步—并退抛开步—背后换手—左向右换位—侧行走步—右向左换位。

② 并退抛开步—右向左换位—停和走—连接步—美式旋转。

③ 并退基本步—右向左换位—左向右换位—背后换手。

④ 并退基本步—右向左换位—左向右换位—连接步—绕转步—侧行走步。

⑤ 并退基本步—右向左换位—左向右换位—连接步—绕转步—侧行走步—右向左换位—美式旋转—左向右换位—背后换手—右向左换位—停和走。

2. 套路练习

(1) 华尔兹铜牌套路：左脚并换步—右转步－右脚并换步－左转步－拂步－侧行止追步－右旋转－左转步。

(2) 伦巴铜牌套路：基本步 2 小节—扇形步 2 小节－曲棍步 2 小节－后退步 3 小节－臂下转 1 小节－手接手 3 小节－定点转 1 小节。

(3) 恰恰恰铜牌套路：基本步 2 小节－扇形步 2 小节－曲棍步＋2 个锁步 3 小节－3 个后退锁步 2 小节－臂下转步 1 小节－手接手 3 小节—原地左转 1 小节。

(4) 牛仔舞铜牌套路：并退基本步 3 小节－右至左换位 1.5 小节—左至右换位 1.5 小节—连接步 1.5 小节—侧行走步(慢)1.5 小节—侧行走步(快)1 小节—3～8 步的右至左换位 1 小节—左至右换位步 1.5 小节—背后换手 1.5 小节。

第三节　体育舞蹈竞赛规则

体育舞蹈在我国开展 30 多年，是一个年轻的体育项目。随着经济的飞速发展和文化生活的日益丰富，体育舞蹈越来越受到人们的青睐和关注。为了这项运动的蓬勃开展，提高我国体育舞蹈的竞赛水平，并尽早与国际接轨，大力宣传体育舞蹈竞赛知识，加强和改进比赛的组织、裁判工作显得尤为重要。

一、体育舞蹈的竞赛特点

体育舞蹈是从文艺转变而来的项目，因此它既有文艺的痕迹又有体育的特点。其竞赛特点已在第一节介绍过了，此处不再赘述。

评分特点：体育舞蹈评议时每个评委在 1 分 30 秒至 2 分 30 秒的时间内，要从 6～20 对选手中确定入选名单或名次顺序，这要求评委精力集中，业务熟练，眼光敏锐，反应迅速，判断正确。

二、体育舞蹈比赛场地、音乐、服装

体育舞蹈比赛场地长 23 m，宽 15 m。选手按逆时针方向运动，交换舞程线时应过中心线。

决赛时每曲音乐 2 分 30 秒，其他比赛时还规定每曲不得少于 1 分 30 秒。

比赛服装规定：摩登舞男子穿燕尾服，女子穿不过脚踝的长裙；拉丁舞服装应有拉美风格，男女选手服装必须协调。专业选手背号为黑底白字，业余选手背号为白底黑字。

三、体育舞蹈竞赛的裁判及评判依据

体育舞蹈竞赛裁判的人数应由单数组成，这是由于在比赛时，选手能否进入下一轮比赛，是依据裁判员的 2/3 或 3/5 的比例选票决定出来的。

体育舞蹈竞赛分团体赛和个人赛两种，按预赛(淘汰赛)、复赛(选拔赛)、半决赛(资格赛)、决赛(名次赛)的程序进行。

第二十章　瑜　　伽

第一节　简　　介

瑜伽作为印度的传统文化，被联合国教科文组织列入世界非物质文化遗产名录。其历经五千多年的锤炼，不仅发展成一套实用的养生健身体系，而且形成了一套完整的哲学思想体系。这套体系运用古老而易于掌握的技巧，包括调身的体位法、调息的呼吸法、调心的冥想法等，旨在改善人们身体、心理、情感和精神方面的问题。

高校瑜伽课程是体育教学的重要组成部分，其蕴含丰富的思政元素是高校开展思政教育重要的依托。其教学的主要目的以强身健体、注重身体姿态和提高身体素质为基础，长期练习可培养学生专注、勇敢、敬业的个人品格，形成生命健康观和终身体育意识。

瑜伽之所以被越来越多的人接受和认可，不仅因为瑜伽文化的独特魅力，还有以下几个主要的原因。

一、瑜伽的安全性

肉体和精神上的治疗是瑜伽练习最重要的成就之一。任何了解瑜伽的人都会喜欢它，正确地练习瑜伽不会给人带来任何副作用。瑜伽是极其温和的锻炼方法，没有强迫性，这也是安全练习瑜伽的保障。因为它的姿势很容易适应个人的需求，每一个人都可以练习，不论是儿童、年轻人、成人、老人、孕妇、产妇，还是身体有疾病的人，都可以通过不断地练习达到良好的状态。

二、瑜伽的有效性

(1) 对于失眠症、抑郁症、精神幻想症以及神经衰弱症有一定的辅助治疗作用。

(2) 可以有效消除压力，调节内分泌系统。

(3) 可以逐渐改变练习者原有的不良饮食习惯，养成健康的生活方式。

(4) 辅助治疗如哮喘、糖尿病、高血压、关节炎、消化不良等病症，以及其他一些现代科学无法根治的慢性或先天性的疾病；对运动后的恢复也有很好的作用。

(5) 非常有针对性地塑造身体的某一部位，从而达到健身塑形的效果。

(6) 可以帮助练习者消除杂乱的思想，去发现内心真正的自我，体验平静、安宁、幸福的强烈感受。

三、瑜伽的趣味性

瑜伽姿势大部分是模仿动物或植物的姿势，在练习过程中，应发挥充分的想象力来模仿它们的姿态和呼吸以达到良好的身体状态。在基本的瑜伽姿势基础上，还可以创造性地将瑜伽的一个姿势与另一个姿势配合，流畅性地连接起来，这样就可以设计出无数富有活力和趣味的动作，从而使全身各部位都得到充分的锻炼。

四、关于紧张和放松

在日常生活和工作中，人人都会有紧张和放松的感觉。现代人紧张的生活状态几乎让人们忘记，其实人最初、最本能的状态是放松的、平静的，正如婴儿睡觉时的状态——平和、宁静、呼吸深长而轻松。这种与生俱来的平静随着年龄的增长似乎慢慢地磨灭，人的思想意识变得越来越复杂，精神状态也变得越来越紧张，来自社会的种种压力让人常常忽略了放松，从某种意义上看，人们似乎是让自己从一种紧张的工作状态里解脱出来，心情会变得轻松一些，但长此以往，这种放松方式其实是一种紧张的恶性循环，会导致内分泌失调、失眠、头痛、心悸等症状，而这些也正是现代人的通病，称为“都市病”。

现代社会，许多人的身体和意识时时刻刻处于紧张的状态，甚至在睡觉时也是如此，这种状态会直接严重地影响到心脏、肠胃等各个内脏的功能，使内分泌系统紊乱，进而导致体内各系统失去平衡。练习瑜伽时常以瑜伽休息术来放松身心，达到身心健康。

五、练习瑜伽的注意事项

(1) 缓慢完成动作：在自己的极限范围内缓慢地完成动作，防止肌肉拉伤，遵守在安全的范围内伸展的原则。

(2) 必须配合呼吸：因为肌肉有呼气时松弛、吸气时紧张的特质，须配合呼吸进行练习。脊柱弯曲扭转时呼气、脊柱伸展及复原时吸气；或按照“收手为吸、出手为呼，上提为吸、下降为呼，开为吸、合为呼”的原则。

(3) 必须意识内收：练习时注意力集中、内收，用心去体会身体伸展时产生的感觉，这样才能达到身体和精神的放松，避免练习中拉伤。完成每一个姿势时须静止不动，以此姿势做调息，把内心的安详安全表露于外，尽量做到神、形、息的和谐统一。

(4) 在空腹时练习，进餐后须待胃部排空(约 2～3 h)方可进行。因为练习瑜伽时，交感神经兴奋，身体的血液集中在局部肌肉或器官上，以适应运动所需，因此减少了输送到消化系统的血液，会影响对食物的消化与吸收。身体虚弱者如果有饥饿感，可在练习前 1 h，进食少许易消化的食物，如牛奶、酸奶、蜂蜜、果汁等。

(5) 穿着轻松、有弹力的服装，手表、眼镜、饰物等应摘下，减少外物束缚，最好赤脚练习。

(6) 建议每周保持 2～3 次正规的训练。最好坚持每天练习，可一次完成，也可分段练习。每个动作可练习 3～5 遍，中间须做放松练习。

(7) 经期内根据自己的体能可做适当的练习，不要做倒立及强度、难度大的姿势。禁止在大病和手术后练习瑜伽。

(8) 不要边练习瑜伽边聊天。

(9) 练习后避免立即沐浴。练习瑜伽后皮肤的毛孔随之张开，身体感觉变得特别敏锐，忽冷忽热的刺激是不适合的。

第二节　瑜伽呼吸法

呼吸是瑜伽练习的重要部分，也是瑜伽练习能否达到效果的关键所在。呼吸是练习人的生理和精神的纽带，正确的瑜伽练习必须先从呼吸的练习开始，而不应先从体位法开始。下面对瑜伽的呼吸做一个全面而基础的说明。

一、胸式呼吸

慢慢吸气时，把气体吸入胸部区域，胸腔向外扩张，腹部应保持平坦。当吸气量加大时，腹部应向内收紧。呼气时，缓慢地把肺内浊气排出体外，肋骨和胸部回复原位。

二、腹式呼吸

吸气时，用鼻子把新鲜的空气缓慢深长地吸入肺的底部，随着吸气量的加深，胸部和腹部之间的横膈膜下降，腹部内脏器官下移，小腹像气球一样慢慢鼓起。呼气时，腹部向内、朝脊椎方向收紧，横膈膜自然而然地升起，把肺内的浊气完全排出体外，内脏器官回复原位。

三、完全式呼吸

完全式呼吸是把胸式呼吸和腹式呼吸结合在一起完成的正确自然的呼吸。轻轻吸气时，首先把空气吸入到肺的底部，腹部区域鼓起，然后使空气充满肺的中部、上部，这时，就是从腹式呼吸过渡到胸式呼吸。当你已经吸入到双肺的最大容量时，这时你会发觉腹壁和肋骨下部向外推出，胸部只有些微移动。呼气则按相反的顺序，首先放松胸部，然后放松腹部，尽量把气吐尽，然后有意使腹肌向内收紧，并温和地收缩肺部。

瑜伽呼吸法有许多益处，它不仅为人体提供了大量的氧气，更能提高血液的含氧量，使血液得到净化，同时，身体的肺部组织也会更加强壮，进而增加了人体对于感冒、支气管炎、哮喘以及其他呼吸道系统疾病的抵抗力，甚至体能上的活力及体力都会有明显的增长。此外，它还会让你整个人的气色更加红润，在心灵层面上也变得更为清澈宁静。

第三节　瑜伽姿势功法

一、蹬自行车式(图 20-3-1)

1. 功法

(1) 仰卧，两腿伸直，将两脚抬高并做用脚蹬自行车的动作。头部和身体其余部分都要平放在地面上。至少做 12 次旋转动作。

(2) 停止，然后开始向后蹬，至少再做 12 次旋转运动。

(3) 两腿并拢，两脚同时向同一方向做蹬车运动。向前蹬 12 次，然后反过来再蹬 12 次。

(4) 以躺着的姿势休息，直到你已经彻底放松、呼吸回复正常为止。

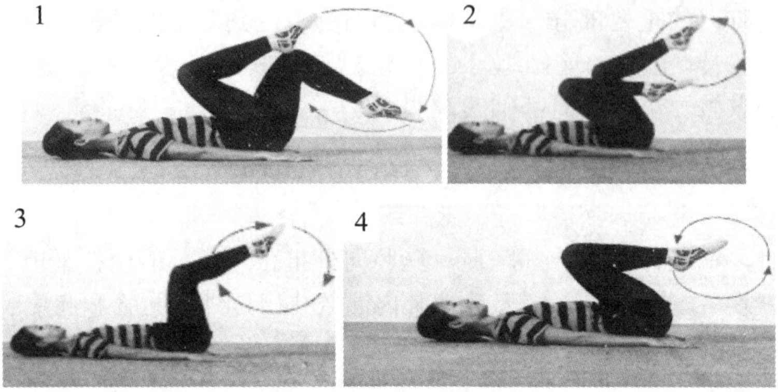

图 20-3-1 蹬自行车式

2. 练习功效

这种功法可加强两大腿和两膝力量，增加血液循环，对腹部器官和双膝有温和的强壮作用。

二、顶峰式(图 20-3-2)

1. 功法

(1) 跪下，臀部放在两脚脚跟上，脊柱挺直。两手放在地上，抬高臀部，两手两膝着地跪下来。

(2) 吸气，伸直两腿，将臀部升得更高。双臂和背部应形成一条直线，头部应处于两臂之间。整个身体应像一个三角形的样子。

(3) 将脚跟放在地面上。如果脚跟不能停留在地面上，就让脚跟上下蹦弹，来帮助伸展腿腱。正常地呼吸，保持这个姿势约 1 min。

(4) 呼气，回复两手两膝着地的跪姿。

图 20-3-2 顶峰式

2. 练习功效

这种功法可消除疲劳，帮助恢复体力；使心跳减慢；伸展和加强腘旁腱、小腿腿肚的肌肉，以及双踝和跟腱；消除脚跟疼痛和僵硬感；软化跟骨刺，强壮坐骨神经。

三、花环式(图 20-3-3)

1. 功法

(1) 挺身直立，两脚靠拢，蹲下。两脚应平放在地面上。把臀部升离地面，伸出两臂去帮助身体取得平衡。一边保持两脚并拢，一边分开两腿，上身躯干向前倾。

(2) 把两个胳肢窝展开盖住两膝内侧，两手抓住两脚踝的背后，把头垂下放在地上。

(3) 正常地呼吸，保持这个姿势约 20s。

(4) 吸气，抬头，两手放开两脚踝，休息。

1 2 3

图 20-3-3 花环式

2. 练习功效

这种功法可使腹部肌肉和器官都得到按摩和增强，有助于消除便秘和消化不良。

四、船式(图 20-3-4)

1. 功法

(1) 仰卧，两腿伸直，两臂平放体侧，掌心向下。吸气，同时还将头部、上身躯干、两腿和双臂全都抬起来，离开地面。

(2) 脚趾和头部离地面约 30～60cm。双臂应向前伸直并与地面平行。

(3) 一边蓄气不呼，一边尽量长久地保持这个姿势，但以不勉强费力为限。一边渐渐地把双腿和躯干放回地面，一边慢慢呼气，放松全身。

(4) 重复做这个练习 6 次。休息几秒钟，然后按略有变化的做法再做 6 次。

(5) 当保持躯体从地面抬高的姿势时，握紧双拳，使全身肌肉紧张起来。然后呼气，小心地把各部位放回地面上，使全身完全放松。

1 2 3

图 20-3-4 船式

2. 练习功效

这种功法可促进肠道蠕动，改善消化功能，帮助消除肠胃中的寄生虫；可放松身体许多肌肉和关节，对神经质或紧张的人特别有益；有助于加强背部。

五、猫伸展式(图 20-3-5)

1. 功法

(1) 跪下来，坐在脚跟上，伸直背部。抬起臀部，两手放在地上，形成一种“四脚”姿势。

(2) 吸气，抬头，收缩背部肌肉，保持此姿势 6s。

(3) 然后呼气，垂下头，拱起脊柱，再保持此姿势 6s。

(4) 两臂伸直，垂直于地面，把凹背和拱背两种姿势各做 12 次。

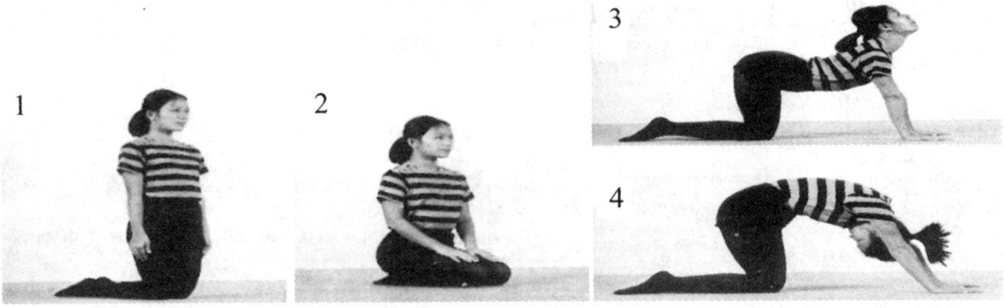

图 20-3-5　猫伸展式

2. 练习功效

这种功法可使脊柱更加富有弹性，并放松颈项和肩膀；补养和增强神经系统，改善血液循环；增强消化作用并有助于消除腹部多余的脂肪。

六、虎式(图 20-3-6)

1. 功法

(1) 开始时跪下，臀部坐在两脚跟上，脊柱要伸直。两手放在地板上，抬高臀部，做出爬行的姿势。

(2) 两眼向前直视，吸气，把右腿向后伸展。蓄气不呼，弯曲右膝，把膝指向头部。两眼向上凝视，保持这个姿势几秒钟。

图 20-3-6　虎式

(3) 呼气，然后把屈膝的腿放回髋部下面，挨及胸部。保持脚趾略高于地面，两眼向下看，用鼻子擦膝部，脊柱应完成拱形。

(4) 再把右腿向后方伸展，重做这个练习。每条腿做 6 次。

2. 练习功效

这种功法有助于使脊柱得到伸展和运动，强壮脊柱神经和坐骨神经；减少髋部和大腿区域的脂肪，强壮生殖器官。

七、脊柱扭动式(图 20-3-7)

1. 功法

(1) 开始时，挺直身子坐着，两腿前伸。将左边小腿内收，让左脚底挨近右边大腿的内侧。然后将右膝收到离右肩 12～24 cm 的地方，右脚要保持平放在地板上。

(2) 将右脚移过左膝之外，如有必要，可用双手帮助提起右脚。举起左臂，把它放在右膝的外侧。然后伸直左臂，抓住右脚或右脚踝。现在向前伸出右手，高度与眼平齐，两眼注视指尖。右臂保持伸直，慢慢转向右方。

(3) 在右手尽量向右方转时，继续注视指尖。在这样做的过程中，颈项、两肩、脊骨等就会自然而然地转向右方。当右手尽可能舒适地放到最右的地方时，就把它放下来，把手背放在左腰上。做深长而舒适的呼吸，保持这个姿势 10 s。

(4) 将右手举回与眼等高的水平，两肘保持伸直，把右手慢慢抽回躯干前边。用完全相反的程序恢复原态。

(5) 稍稍休息之后，用身体的另一边做同样的练习。左、右每边各做 2 次。

图 20-3-7 脊柱扭动式

2. 练习功效

这种功法对脊神经和整个神经系统都有极好的效果；它使脊柱周围的肌肉全都受到挤压，对于从脊髓分支出去遍布全身各部的三十二对神经都起了刺激、兴奋作用；它还放松各节脊椎，使背部肌肉群更富有弹性，从而预防背痛和腰部风湿病的发生。

八、叩首式(图 20-3-8)

1. 功法

(1) 跪坐，臀部放在两脚脚跟上，两手放在两大腿上，脊柱伸直。两手滑动到小腿腿肚包那里，抓住腿肚包。

(2) 呼气，上身向前弯曲，把前额放在地板上。抬起臀部，让头顶落地，两腿垂直地面。

(3) 正常地呼吸，保持 10～15 s。恢复到原来的跪坐姿势。重复 10 次。

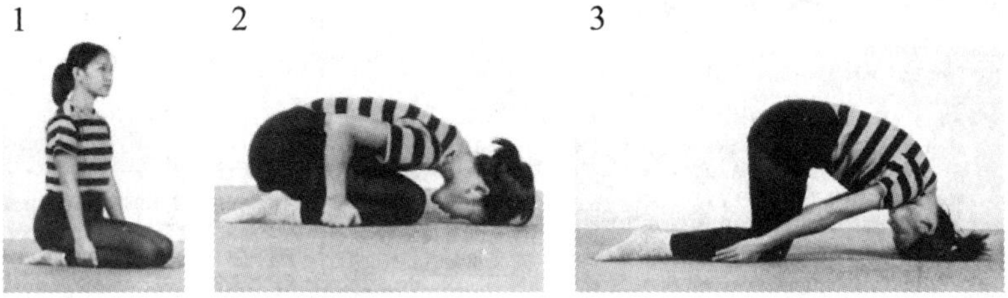

图 20-3-8 叩首式

2. 练习功效

这种功法可帮助人们做好准备去做头倒立式，逐步增加流向头部的血流，使脑部慢慢适应增大了的血压。

九、前伸展式(图 20-3-9)

1. 功法

(1) 坐在地上，两腿向前伸直。上身躯干向后方倾，同时两掌移向两髋的后方，十指指向两脚。弯曲双膝，把两脚平放在地面上。

(2) 呼气(一边收缩腹部)，一边轻柔地将臀部升离地面。然后，将两脚移向前边，从而两膝变成伸直不屈。两臂应垂直于地面(身体重量落在两臂、两脚之上)，可把头抬起或垂下。

(3) 正常地呼吸，保持这个姿势 10～30s。呼气，慢慢把身体放回起始的姿势。

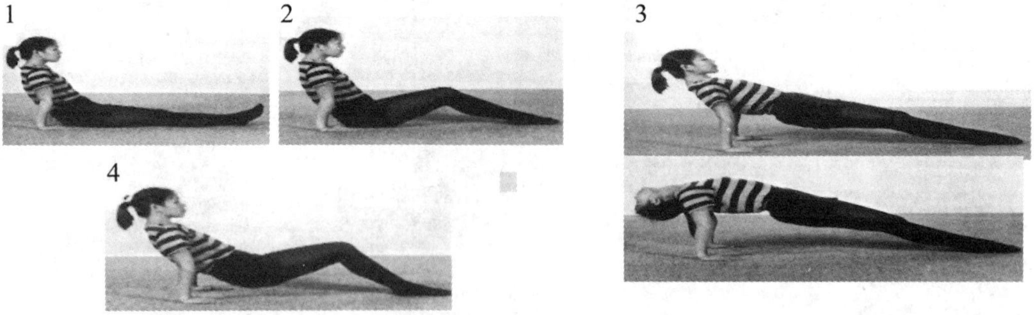

图 20-3-9 前伸展式

2. 练习功效

这种功法有助于消除疲劳，有助于发展胸部，伸展两腿、腹部和喉部，加强两腕、两踝的锻炼；可使骨盆机动灵活性得到加强，肩关节放松；还可使神经系统得到增强，血液循环获得改善。

十、骆驼式(图 20-3-10)

1. 功法

(1) 开始时，跪在地上，两大腿与双脚略分开。脚趾向后方指。吸气，两手放在两髋部，轻轻将脊柱向后弯曲，伸展大腿的肌肉。

(2) 然后，在呼气的同时，把双掌放在脚底之上。保持两大腿垂直于地面，将头向后仰，用双掌压住两脚底，借此轻轻将脊柱向大腿方向推。

(3) 一边保持此式，一边把颈项向后方伸展，收缩臀部的肌肉，伸展下脊柱区域。

(4) 保持姿势 30s 之后，将两手放回双髋部位，慢慢恢复预备势。然后，坐下来休息。

图 20-3-10　骆驼式

2. 练习功效

这种功法可伸展和强壮脊柱；促进血液循环，特别是使脊柱神经得到额外血液的滋养而受益；对于纠正驼背和两肩下垂的不良体态有极佳效果。

十一、侧角伸展式(图 20-3-11)

1. 功效

(1) 开始时先做基本三角式。深深吸气。从这个“三角式”做下去：慢慢呼气，右脚向右方转 90°，左脚也向右方转 15°～30°，不要超过 30°。

(2) 左腿保持足够的紧张程度，让左膝坚挺。弯曲右膝，直到大腿与地面平行为止。在这个姿势中，大腿和小腿应形成一个 90°角。

图 20-3-11　侧角伸展时

(3) 现在，沿着右腿外侧放低右臂，直到右手掌紧贴右脚外侧放下。脸部向上仰，将左臂伸出高于左太阳穴，右胳肢窝紧擦右膝。这个姿势最理想的是胸、髋、臂形成一条直线的程度，因此得将胸部向上方和后方伸展。

(4) 虽然此式实际上使全身每一部分都得到伸展，但还是应该集中注意力伸展背部和脊柱，同时也要注意调节呼吸，应深而稳定。

(5) 保持姿势 30～60 s。一面深深吸气，一面慢慢伸直双腿双臂，回复到原来的“三角式”。继续呼气，在左边做同样的练习。

2. 练习功效

这种功法有助于胸部的发展；帮助发展两踝、两小腿肚、双膝及两大腿；还可减轻关节炎疼痛和坐骨神经痛；有刺激肠胃系统的蠕动动作，从而有助于消化。

十二、战士第一式(图 20-3-12)

1. 功法

(1) 先从基本站立式开始，两脚并拢，两臂靠着躯体两侧。双掌合十，高举过头并尽量伸展。然后吸气，两腿分开。呼气，将右脚和上身躯体向右方转 90°。

(2) 左脚只需向同样方向略转过来，然后屈右膝，直到大腿与地板平行，而小腿则与地板及大腿成垂直角度。将左腿向后伸，膝部挺直。

(3) 头向上方仰起，两眼注视合十的双掌，尽量伸展脊柱。有规律地呼吸，保持这个姿势 20～30 s。恢复到基本站立式，按相反方向做同样的练习。

图 20-3-12　战士第一式

2. 练习功效

这种功法可补养和加强双踝、双膝、双髋和双肩；放松颈项和下背部，消除那里的紧张；扩展胸膛，增进深呼吸，从而对肺部有益；减少髋部区域的脂肪，并增强人的平衡感和注意力。

第四节　瑜伽冥想

冥想是瑜伽中最珍贵的一项技法之一。冥想不仅是一门健康身心之道，更是开启人性智慧，回归自我，净化人心的特别方法。冥想是一种经由个体化的自我表达到自我创造后完成的自我实现，它实现了我们的真实本性。

一、冥想的方法

(1) 选择一个专门的地方来练习，这样可以帮助找到安宁感，易于进入瑜伽冥想状态。

(2) 选择一个固定的时间——清晨和傍晚比较理想。

(3) 利用相同的时间和地点，让精神更快地放松和平静下来。

(4) 坐下来后，让背部、颈部和头部保持在同一条直线上，面向北面或者东面。

(5) 在冥想的过程中，保持身体温暖(天凉时可以给身体围上毯子)，引导意识保持平静。

(6) 让呼吸有规律地进行——先做 5 min 的深呼吸，然后让呼吸平稳下来。

(7) 建立一个有节奏的呼吸结构——吸气 3 s，然后呼气 3 s。

(8) 当意识开始游离不定时，不要太在意，也不要强迫自己安定下来。

(9) 安静下来以后，让意识停留在一个固定的目标上面，可以在眉心或者心脏的位置。

(10) 利用所选择的冥想技巧进入冥想状态。

(11) 在非常纯净的冥想状态到来之前，不要强迫，让游离的状态继续自然地存在。

(12) 经过一段时间的练习，游离的思想状态会慢慢消歇，最终进入纯净三摩地(最高意识的知觉状态)。

二、注意事项

在进入正式冥想阶段前，还应注意以下几点：

(1) 选择一个感觉很舒服、放松的姿势来练习，如果可以的话，用莲花坐的姿势；但如果不能做这样的姿势，可以选择简易坐来练习。正确、稳定的坐姿是冥想成功的关键，因为不稳定的姿势会使思想、意识也变得不稳定。

(2) 尽量不在冥想前进食，因为这会影响集中精神状态。开始时试着每天做一次冥想，以后可以增加到每天两次。冥想的时间由 5min 慢慢地增加到 20min 或者更长，但不要强迫自己长时间地静坐。

(3) 如果利用一种冥想方式练习几次都感觉不舒服，那么可以放弃这种方式而选择另外一种更适合自己的方式。

(4) 不要急于求成，不要期望在很短的时间内就达到预期的效果。

第二十一章 飞 镖

第一节 简 介

一、飞镖运动的诞生与发展

飞镖(Darts)起源于15世纪的英格兰，皇宫的侍卫在休闲时向树墩投掷标枪，既是练兵也是游戏。由于英格兰漫长的雨雪天气和冬季，无法长时间在户外活动，只能在室内作简单训练，投掷目标也由树墩演变为圆形酒桶的木盖，渐渐地飞镖成为一种大家都喜爱的竞技游戏。尤其英皇亨利八世特别喜爱，很多大臣贵族们都投其所好，纷纷加入飞镖运动的行列，所以当时的飞镖运动又被誉为“皇室贵族运动”，皇帝喜欢的运动自然迅速广泛地流行于民间。

20世纪初期，飞镖运动在英国迅速普及，成为酒吧里一项非常受人欢迎的体育休闲娱乐运动。随着飞镖选手水平的不断提高，这项运动的观赏性日益增强，也吸引了许多商业赞助，带来了可观的收益，组织全国性赛事的有关组织也诞生了。1973年英国飞镖组织成立，1975年美国飞镖组织成立，1976年澳大利亚飞镖联合会成立，1977年加拿大全国飞镖联合会成立。欧洲很多国家和南非、日本、巴西等国家也相继成立了全国性飞镖组织。1976年，国际飞镖协会(IDA)诞生，它被公认为是众多国际比赛的正式官方团体，各个国家的飞镖运动协会陆续加入国际飞镖协会，成为国际飞镖运动大家庭的一员。目前，世界上有三大国际飞镖组织，一是面向职业选手的国际飞镖协会(IDA)和世界职业飞镖联盟(PDC)，另一个是面向业余选手的国际飞镖联合会(IDF)。国际飞镖协会和世界职业飞镖联盟每年均有几项固定的锦标赛，选手资格的取得依赖于锦标赛中的成绩，即国际排名。

飞镖运动不仅具有较强的技巧性和对抗性，同时又具有较强的娱乐性、趣味性和观赏性，相对于其他大球运动和小球运动，还具有丰富性。飞镖运动既可以单人之间进行竞技，又可以多人参与进行。飞镖运动中对于战术具有较强的要求，所以需要参与人员拥有团队意识，按照集体战术和规划进行投掷。在学校推广飞镖运动，能够培养学生从大局出发的意识，与队员形成协同合作关系，有利于提高学生的团队合作能力。

二、飞镖运动在中国的发展

飞镖在我国是一项新兴的体育运动，人们对它的喜爱程度并不亚于一些流行体育项目。中央电视台的“假日体育”栏目定期播放国际飞镖比赛的实况录像，给广大飞镖爱好者提供了很好的学习机会。通过实况录像，观众们进一步了解了世界飞镖运动的现状，观赏到高水平飞镖选手之间紧张激烈、精彩绝伦的比赛。城市的酒吧和休闲场所也为飞镖爱好者提供了运动场所。由于飞镖具有平民化这一特点，它很快走进了千家万户，成了家庭健身娱乐的一项重要体育活动。

为了推动全民健身运动在全国的深入开展，进一步普及飞镖运动，国家体育总局社会体育指导中心，于 1999 年 5 月把飞镖运动列为正式体育项目，这标志着飞镖运动在我国得到了认可，成为一项名副其实的运动项目。同年，国家体育总局在天津举办了全国首届飞镖公开赛，从此全国公开赛每年在全国各地轮流举行。这一赛事对飞镖运动在我国的进一步发展起到了很大的推动作用。第五届飞镖公开赛于 2003 年 12 月 25 日—28 日在广州广东国际大酒店举行，此次比赛吸引了来自全国包括香港在内的 200 多名高水平选手参与，设立了近 10 万元人民币的奖金。赛事的副裁判长(中山大学老师郑建民)及全部裁判员(中山大学学生)均由中山大学培训上岗，圆满地完成了比赛任务。

2004 年 9 月 6 日，中国飞镖协会正式成立，从此我国的飞镖运动进入了有组织、有计划的新阶段。各地区协会也雨后春笋般纷纷成立，如北京、广州、上海、天津、山东、陕西、黑龙江、吉林、辽宁、内蒙古、浙江、大连、温州等地，每年不定期组织各种比赛。

同时，飞镖运动也进入了校园，北京体育大学与清华大学的校际飞镖对抗赛已成为传统项目，并将飞镖运动列入选修科目；上海徐汇中学、北京第五十七中学设置了飞镖课外小组，每年选送优秀学员参加全国青少年飞镖比赛。2012 年起，广州飞镖协会每年在广州绿翠中学举办中学生飞镖比赛，参加比赛的中学也日益增多。

在飞镖运动方兴未艾的今天，广大学生学习和参加飞镖运动不但可以掌握一门运动技巧锻炼身心，更加可以通过飞镖交流活动促进相互沟通。我们深切地希望通过飞镖课程的学习，能涌现出大量的优秀青少年飞镖选手，为我国早日成为飞镖运动大国打下深厚基础。

第二节　飞镖的基本技术

一、握镖

握镖是动作要领中变化最多的部分。大致上说来，只要个人觉得舒服，用哪种握镖方式都可以(图 21-2-1)。

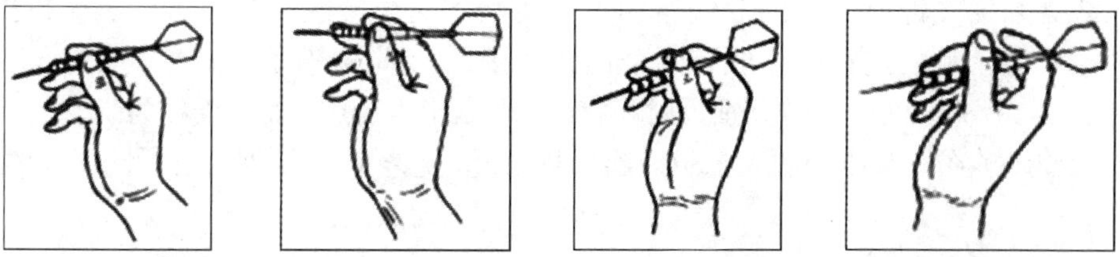

(a) 二指法握镖　(b) 三指法握镖　(c) 五指法握镖　(d) 毛笔式握镖

图 21-2-1　握镖方式

把飞镖放在掌沿上，找出它的平衡点(即重心)，用拇指把飞镖滚到四指尖端，再把拇指放到重心后面一点点，最后用其余手指抓住它，至于用几个手指以自己方便为准。握镖必须稳定，但不能使手指肌肉紧张。如果指尖因压力过大而发白，或者镖筒上的纹路已印到指尖上，就是过分紧张了。握镖只要飞镖不会滑动就够了，但要保证在加速过程中能很好地控制飞镖。通常在握镖中出现的错误都是太紧了而不是太松。

二、站立姿势

在投掷线前站立的姿势，是准确投掷飞镖的重要因素。它应该是最自然的投掷状态并保持舒适、稳定和完全的平衡。

站姿的第一要素是脚的位置。有些人双脚分开，平行站在投镖线上(和投掷的手臂相对应的脚靠近镖盘——右手镖手右脚靠前)，还有一些人 45° 角斜对着镖盘(图 21-2-2)。实际上，站立习惯因人而异，不管采取何种站立姿势，每位练习者都应找到一个适合自己的最佳姿势并保持住。

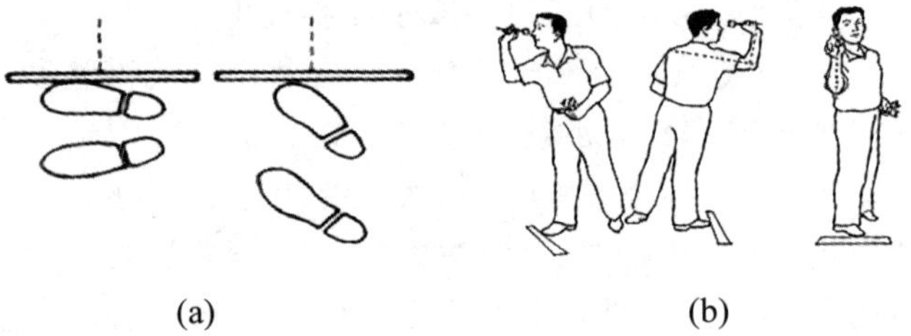

(a) (b)

图 21-2-2 站立姿势

三、投镖

（一）飞镖的飞行轨迹

飞镖的飞行轨迹是一条抛物线，就像一块抛出的石头或一颗射出的子弹所循的路线一样(图 21-2-3)。抛物线的曲率可大可小，意味着飞镖飞行的高低，这取决于飞镖投掷的力度。一次完美的投掷应该使飞镖在加速时恰好沿抛物线，并且保证在飞镖脱手后仍沿着原来的路线。

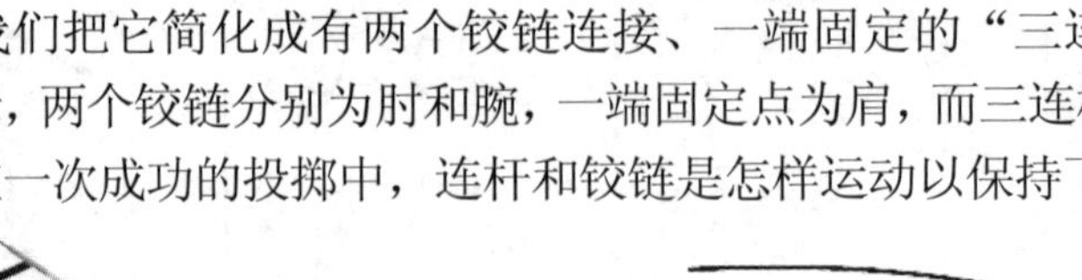

图 21-2-3 飞镖沿抛物线轨迹飞行

为什么必须使飞镖沿一定的曲线运动呢？要回答这个问题，先得看一下做投掷动作的手臂的机械原理，我们把它简化成有两个铰链连接、一端固定的“三连杆机构”。

如图 21-2-4 所示，两个铰链分别为肘和腕，一端固定点为肩，而三连杆为上臂、下臂和手。图 21-2-5 则描述了在一次成功的投掷中，连杆和铰链是怎样运动以保持飞镖的抛物线轨迹。

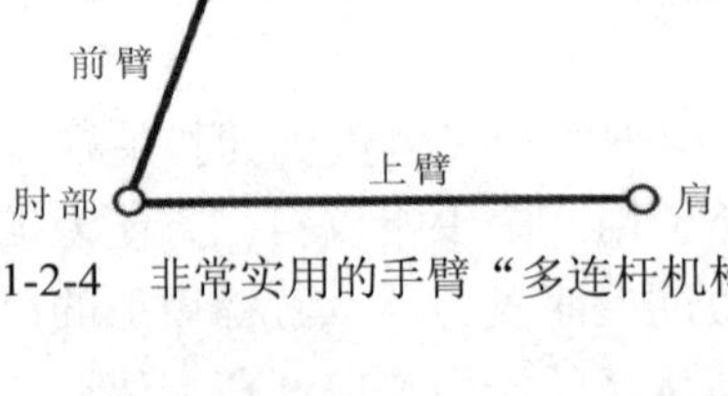

图 21-2-4 非常实用的手臂“多连杆机构”

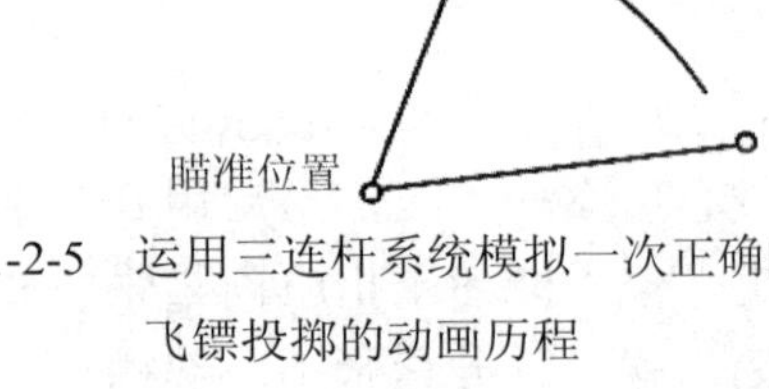

图 21-2-5 运用三连杆系统模拟一次正确的飞镖投掷的动画历程

(二) 投掷过程

投镖包括五个步骤：瞄准、后移、加速、释放和随势动作。这五个连贯动作类似于篮球的投篮动作，动作基本要求也很相似，做到流畅、舒展、协调。

1. 瞄准

两眼盯着目标，肘关节抬起，上臂与地面垂直，让眼睛、飞镖、目标点成一线(图 21-2-6)。

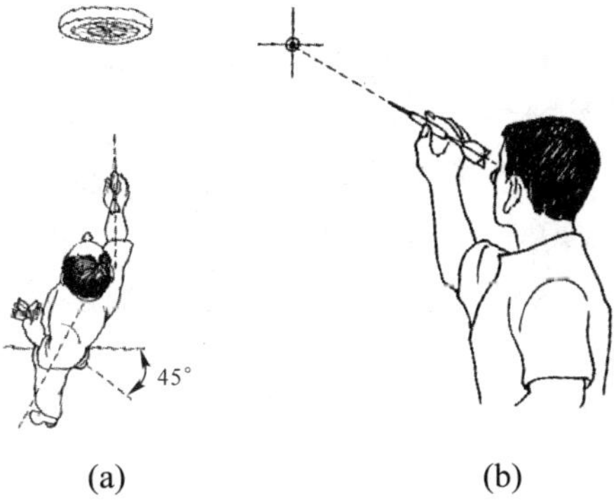

图 21-2-6　瞄准

2. 后移

后移多远依个人而定，但一般说来越远越好。常见的错误是因为控制困难而后移得不充分，从而达不到足够的加速度和精度。

3. 加速

加速过程没有想象得那样难，既不要太快，也不要太用力，尽量自然圆滑地运动，沿着一定的抛物线方向。记得适当地提肘。

4. 释放

只要用正确的方法投掷，释放只是前面几步的自然延伸，不会有大问题。如果觉得释放点掌握不好，那么很有可能是有技术错误(没有移动肘部，或者没有进行随势动作)。

5. 随势动作

随势动作是很重要的一点(图 21-2-7)。在投出镖之后，手应继续沿着原来瞄准目标的方向。典型的错误就是释放飞镖后手臂马上垂下。

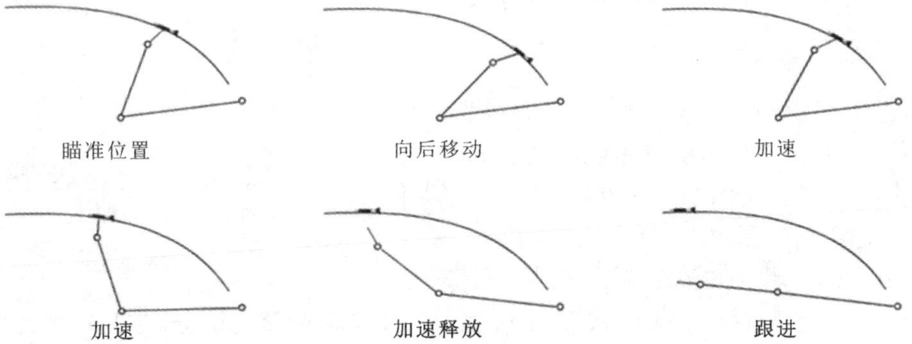

图 21-2-7　随势动作

第三节 飞镖的基本规则

一、场地及器材

飞镖运动对场地要求低，运动场地也不受太大的限制，室内、室外都可以。一般情况下，我们会将飞镖器材安置在室内，只需要找一块 1.5 m × 3 m 的地方就可以了。我们可以因地制宜设置投镖区，关键是要按照正确的靶心高度和投镖距离设置。标准的飞镖场地又称为“投镖区”或“镖道”，应设置在室内，这样可以有效地避免刮风时，飞镖被风刮得偏离飞行路线，影响投镖的准确度。根据投镖距离要求，安装飞镖器材的室内高度不得低于 2.8 m，最好比较空旷，地面平整无杂物，同时避免阳光直射到场地影响投掷的视线。选择安装器材的地面要平整，宽度不得少于 1.5 m，地面长度不得少于 3 m，这样给投镖者有一定的活动空间。靶心高度是从内圆心(50 分区)的中心点到地面的垂直高度为 1.73 m。镖靶整体应垂直于地面。

(一) 投镖距离

软式飞镖投镖线和镖靶垂直地面之间的直线距离为 244 cm，投镖线和镖靶中心点之间的对角线距离为 298 cm。

硬式飞镖投镖线和镖靶垂直地面之间的直线距离为 237 cm，投镖线和镖靶中心点之间的对角线距离为 293 cm。

(二) 灯光要求

(1) 照明灯光应充足，并聚光在镖盘上，尽可能使镖盘上的飞镖没有阴影，采用强度不小于 100 W 的聚光射灯。

(2) 镖盘背景灯光不能太强，必须均匀，以不超过镖盘亮度为准，使运动员在投镖时不受灯光影响。

(3) 观众席的亮度不得超过赛场亮度。

(4) 在主赛场进行决赛时，应采用灯光强度不少于 200 W 的聚光射灯。为保证整体效果，应使用地面灯和聚光灯，但应避免镖盘反光。

(三) 运动器材

飞镖运动的器材由飞镖和镖靶两部分组成。根据镖头的质地，飞镖分为软式飞镖(电子记分)和硬式飞镖两大类，它们在飞镖重量、材质、镖靶分区和投镖距离的要求上都有一定的差别。

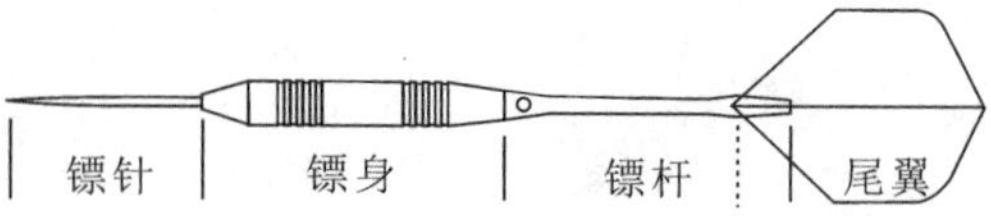

图 21-3-1 飞镖的构成

飞镖由镖针、镖身(亦称镖筒)、镖杆、尾翼构成(图 21-3-1)，一套标准的飞镖共有三支，其最主要的部分就是镖身，它是决定飞镖重量、质地、形状和价格的最关键因素。软式飞镖和硬式飞镖的主要区别是镖针的不同，软式为塑胶镖针，硬式为钢制镖针。

根据镖身的形状不同，飞镖可以分为三种类型：

(1) 直筒型——镖身细长，重心一般在镖身的中间，尤其适合初学者使用，也是大多数飞镖参赛者使用的类型。

(2) 酒桶型——镖身较粗、较短，重心一般在镖身的中间或稍靠前半部，飞行路线较难控制，使用的人比较少。

(3) 鱼雷型——镖身前粗后细，重心在镖身的前端，由于此类型飞镖的飞行路线相对于直筒型飞镖较难控制，因此使用此种飞镖的人不多。

根据材质的不同，飞镖可以分为四种类型：

(1) 木质飞镖：镖身一般用软木制成，尾翼则是羽毛的，它是最原始的飞镖，目前还有厂家少量地生产，已成为镖迷收集的对象(图 21-3-2)。

(2) 黄铜镖：其重量较轻，价格便宜，重量为 12 克～20 克，多为初学者和儿童使用(图 21-3-3)。

图 21-3-2　木质飞镖

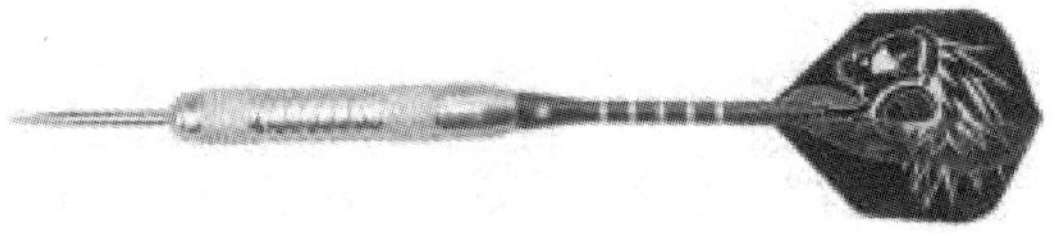

图 21-3-3　黄铜镖

(3) 镍合金镖：另一种重量较轻的飞镖，由镍、铜和锌构成的合金制成，多为银白色电镀，易于生产制作，价格也较便宜，缺点是容易折断(图 21-3-4)。

(4) 钨合金镖：是由钨镍铜或铁合金制成的，合金比例从 70%～97%不等(图 21-3-5)。钨合材料比重密度大，镖身直径较细，不容易折断，比较耐用，但加工难度高，其价格往往是以上两种镖的数倍乃至十倍以上。因为相同重量的飞镖，钨合金镖的体积(粗细)就要比其他材质的飞镖小很多，这就提高了将镖投中在同一个高分区内的可能性。绝大多数的专业参赛者使用的都是钨合金镖。

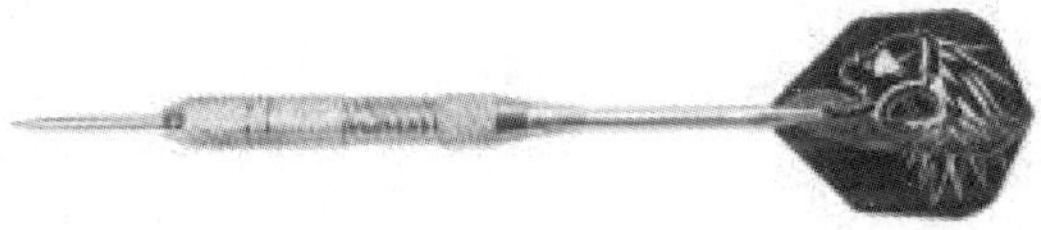

图 21-3-4　镍合金镖

图 21-3-5　钨合金镖

二、基本竞赛规则

(一) 飞镖礼仪

(1) 挣红心前与对方适当谦让，后挣红心者可替对方拔镖。将飞镖交给对方时，应手持镖尖，将镖身递给对方。双方应握手或碰手致意，互祝“好运气”(GOOD LUCK)。

(2) 对方比赛时要保持安静，避免走动，不要干扰对方参赛者。在参赛者和镖靶之间，其他人不要在参赛者的视线之内，比赛的另一方应在对方右身后 60 cm 以外，不要探身去看对方飞镖的落点，或报对方的分数。在对方参赛者投完一轮后，可予适当称赞“好镖”(GOOD DARTS，NICE SHOOT)。

(3) 自己投完镖后，确认分数无误后再拔镖。如场地情况允许，拔完镖后一般从镖靶右侧面离开，以避免干扰对方参赛者并保障自己的安全。

(4) 爆镖后，不要再投手里的镖。自己发挥不好时，不要随意或使劲投镖，并表现出急躁的情绪。

(5) 在任何情况下，不要抱怨场地情况。

(6) 不要议论他人的缺点或过分评论他人的姿势，当别人未向你请教时，不要过分热心地去指导别人的姿势。以上三种情况，都是不礼貌和缺乏修养的行为。

(7) 未经许可，不要动或使用对方的飞镖。

(8) 一局比赛结束后，应在拔完镖后再与对方握手致意，可道声“谢谢”或“好镖”(THANK YOU，GOOD DARTS)，胜者可说“我运气好”(I AM LUCKY)。无论胜负，都应该表现出“胜不骄，败不馁”的平和态度。

(9) 整场比赛结束后，应由队长带领全体队员与对方逐一握手致意，可说“谢谢”“比赛很好”(THANK YOU，GOOD GAME)。

(二) 飞镖的比赛项目

所有的飞镖比赛项目都是以挣红心开始的。

1. 01 比赛(301、501、701、901、1101、1501 等，统称 01 比赛)

减分比赛中按比赛规定最快将分数减至 0 分者获胜，若在规定轮数内，双方未能决出胜负，则得分最低的一方获胜。若分数相同，以挣红心决胜负。如果参赛者投镖分数超过减为 0 分所需的分数，又或在双倍和大师结束赛制下，剩余分数为 1 分时，视为“爆镖”，其分数自动退回至该轮投镖开始时的分数。

(1) 开始和结束可有不同的组合规定：

开始：直接开始(Open In，OI)
　　　双倍开始(Double In，DI)
　　　大师开始(Master In，MI)

结束：直接结束(Open Out，OO)
　　　双倍结束(Double Out，DO)
　　　大师结束(Master Out，MO)

如：“直接开始/双倍结束”可以表示为“OI/DO”。

(2) 圆心又可设定为单圆心(50 分)或双圆心，即外圆心(25 分)，内圆心(50 分)。

(3) 轮数也有规定，一般 701 以下比赛规定在 15 轮内结束。

(4) 雪分制比赛：2 人对 2 人的比赛中(对局开 4 个 501)，其中一队 1 人结镖后的分数之和必须少于或等于另外一队，否则不能结镖。

2. 米老鼠比赛

米老鼠比赛一般采用 15 轮标准米老鼠，以分数区 15、16、17、18、19、20 及红心为目标，投中单倍区得 1 分(1Mark)，双倍区得 2 分(2Mark)，3 倍区得 3 分(3Mark)，红心为双红心设定，外红心得 1 分(1Mark)，内红心得 2 分(2Mark)，最先投中 3 分(3Mark)的目标区域，即关闭该目标区域，再次投中该区域可获得该区域分数。若对方参赛者也投中该区域得 3 分(3Mark)后，双方参赛者均不能在此目标区域得分(图 21-3-6)。最先关闭所有目标区域且得分较高或与对方同分者获胜。若在比赛规定轮数内无法决出胜负，则得分较高者胜；若双方同分，则以挣红心决胜负。

图 21-3-6　米老鼠比赛

3. 高分比赛

高分比赛规定每一轮投 3 镖，累计 8 轮分数，最高分一方获胜。一般红心设定为单红心，即 50 分。

(三) 飞镖的竞赛程序

飞镖比赛分男、女单项比赛(单人赛和双人淘汰赛)，竞赛程序可概括为以下几步。

1. 预赛

(1) 全体运动员报名后，组委会以公开抽签的方式决定并安排预赛对局表。

(2) 按预赛对局表的顺序，确定参赛运动员的号码。

(3) 在预赛开始前，将运动员号码和预赛对局表发到运动员手中。在赛场公告栏中，张贴预赛对局表。

(4) 预赛场地按比赛规模分成若干赛场，将运动员分到若干赛区比赛。

2. 复赛

(1) 预赛结束后，由记录处将复赛对局表制作完成。

(2) 复赛前，将复赛表交到运动员手中，并张贴在赛场公告栏中。

(3) 复赛也分成若干赛区进行比赛。

3. 半决赛、决赛

半决赛和决赛阶段比赛分先后在同赛场比赛。

4. 处罚

对弃权、罢赛及拒绝领奖的处罚如下：

(1) 对报名后、检录前弃权的运动队及运动员予以取消所有项目的比赛资格。

(2) 在竞赛过程中，由于某种原因拒绝继续比赛为罢赛。对罢赛运动队及运动员除不计队或个人名次外，对该队及个人给予停止参加全国性比赛一年的处分。

(3) 运动队或运动员因某种原因拒绝领奖，给予该队及运动员取消比赛名次、停止参加全国性比赛两年的处分。

(4) 对拒不服从裁判裁决以及有严重粗鲁行为，并严重影响比赛进行、造成极坏影响的运动员，视情节轻重给予取消其单项比赛资格或全部比赛资格的处分。

第二十二章　网　　毽

第一节　简　　介

一、网毽的起源与发展

踢毽子在我国古代民间广泛盛传，随着个人技艺的提高，逐步从个人转向多人。1947年在广州民间出现网毽运动比赛雏形和约定俗成的规则。新中国成立后，广州市体委在“总结研究和发展推广我国民间体育”方针的指导下，制定《网毽竞赛规则》，每年举行全市性的比赛。1987 年 9 月在北京成立了《中国毽球协会》，组建了中国毽协的领导机构，设立了主席、副主席、秘书长、副秘书长、委员，制定了《中国毽球协会章程》。随着网毽对外进一步推广，1999 年，中国、越南、老挝、德国、匈牙利、荷兰、中国香港、中国台北等国家和地区的代表在越南成立国际毽球联合会，并决定每年举行一届毽球世界锦标赛，首届毽球世锦赛于 2000 年在匈牙利举行。

二、网毽运动的特点和价值

网毽运动具有足球技术、羽毛球场地和排球战术融合的综合特点。长期进行网毽运动不仅能增强心肺功能，调节神经系统，改善代谢能力，而且可有效提高踝和膝关节的灵活性，使身体协调性和柔韧性得到全面锻炼。

第二节　网毽的基本技术

一、网毽准备姿势动作要领

网毽准备姿势有两脚左右开立和前后开立两种准备姿势。

(1) 两脚左右开立准备姿势：两脚左右开立，略宽于肩，两脚脚跟稍提，两膝稍屈，重心稍降，上体前倾放松，两臂自然稍屈于体侧，目视来球，如图 22-2-1 所示。

(2) 两脚前后开立准备姿势：两脚前后开立，两脚距离略宽于肩，两脚脚跟稍提起，两膝稍屈，两臂自然稍屈于体侧，目视来球，如图 22-2-2 所示。

图 22-2-1　左右开立准备姿势

图 22-2-2　前后开立准备姿势

二、网毽移动基本步法

网毽移动基本步法一般有前上步、左右滑步、交叉步、跨步、并步、转体上步和跑动步。

(1) 前上步：踢球脚蹬地，支撑脚向前或者斜前上方迈一步，踢球脚跟上成踢球准备姿势，后撤时，支撑脚向后蹬，重心后移，同时踢球脚向后迈出一步，支撑脚跟上成踢球准备姿势。

(2) 左右滑步：左(右)脚用力侧蹬，重心侧移，同时右(左)脚向侧迈出，左(右)脚迅速地跟上，可连续滑步。

(3) 交叉步，向右(左)交叉步移动时，左(右)脚向右(左)侧蹬地，把身体重心移到右(左)脚，左(右)脚从右(左)脚前往右(左)侧交叉迈出，同时右(左)脚向外侧蹬地，从左(右)脚后侧迈出，成踢球准备姿势。

(4) 跨步：支撑脚用力向前或者斜前方蹬地，重心前移，踢球脚跨出成救球姿势。

(5) 并步：右(左)脚向左(右)侧蹬地，重心向左(右)移，左(右)脚向左(右)侧迈出一步，右(左)脚并步跟上成准备姿势。

(6) 转体上步：左(右)转体时，以左(右)脚为中枢，右(左)脚向后蹬地，重心下降稍后移，以髋带动向左(右)转体 90°～180°，成踢球准备姿势。

(7) 跑动步：跑动的第一步基本向前上步第一步，第二步开始逐渐进入正常跑动，最后停止时重心稍下降成踢球准备姿势。

三、网毽技术

1. 踢球

网毽踢球方法有脚内侧踢球、脚外侧踢球、正脚背踢球三种。

(1) 脚内侧踢球：支撑腿支撑身体，踢球腿大腿带动小腿，同时以髋关节为轴，膝关节外展，小腿快速上摆，踝关节内屈，脚内侧端平，往上击球，如图 22-2-3 所示。

(2) 脚外侧踢球：支撑腿支撑身体，踢球腿大腿带动小腿，髋关节为轴，膝屈内收向体外侧上摆，踝关节外屈端平，脚外侧往上击踢球，如图 22-2-4 所示。

(3) 正脚背踢球方法有脚背屈踢、脚背绷踢、脚背直踢三种，共同点是支撑腿支撑身体，踢球脚脚趾或脚趾跟部踢球。

图 22-2-3　脚内侧踢球

图 22-2-4　脚外侧踢球

2. 触球

非脚踢球的身体其他部位击球统称触球，根据触球部位，触球分为大腿触球、腹触球、胸触球、肩触球和头触球五种。

(1) 大腿触球：支撑腿支撑身体，触球腿屈膝，大腿带动小腿上摆，用大腿前半部分向上触球，如图 22-2-5 所示。

(2) 腹触球：球逼近腹部时，双腿屈膝，稍含胸收腹，当腹触球瞬间，挺腹使球轻轻弹出，如图 22-2-6 所示。

(3) 胸触球：两脚前后开立，球逼近胸部时，两脚蹬地，两肩稍用力向后拉挺胸，用胸部触球，如图 22-2-7 所示。

(4) 肩触球：两脚前后开立，当球逼近肩部时，肩稍后拉前摆，用肩部触球，如图 22-2-8 所示。

(5) 头触球：两脚前后开立，当球逼近头部时，两脚蹬地，同时颈部稍紧张，用头前额触球，如图 22-2-9 所示。

图 22-2-5 大腿触球

图 22-2-6 腹触球

图 22-2-7 胸触球

图 22-2-8 肩触球

图 22-2-9 头触球

3. 发球

(1) 脚内侧发球：面向球网，两腿前后开立，踢球腿在后；持球于体前，使球垂直下落；支撑腿向前上步蹬地，踢球腿抬起由后向前摆动，膝关节外展，踝关节背曲，用脚内侧中部将球向前击出，如图 22-2-10 所示。

(2) 脚背正面发球：面向球网，两腿前后开立，踢球脚在后；持球于体前，使球垂直下落；支撑腿向前上步蹬地，踢球腿大腿带动小腿，由屈到伸，踢球脚绷直，用脚背正面击球，踢球后瞬间制动，使球平射发出，如图 22-2-11 所示。

(3) 脚背外侧发球：面向球网，两腿前后开立，踢球脚在后；持球于体前，使球垂直下落；支撑腿向前上步蹬地，踢球腿大腿带动小腿，由屈到伸，踢球脚脚踝内转，用脚背外侧击球，如图 22-2-12 所示。

(4) 扫发：面向球网，持球稍向上方抛，支撑腿支撑身体，踢球腿外展抬起至最高点，转腰转体，脚踝抖动，以脚背击球，如图 22-2-13 所示。

图 22-2-10　脚内侧发球

图 22-2-11　脚背正面发球

图 22-2-12　脚背外侧发球

图 22-2-13　扫发

4. 传球

(1) 脚内侧传球：身体保持自然放松，通过脚步移动选择人与球距离。击球前，两腿前后分立；击球时，支撑腿膝关节屈伸，支撑脚蹬地，踢球腿大腿外展，屈膝，小腿内收，成由下往上摆动，踢球脚脚内侧端平击球；击球后，踢球腿顺势往上往前，把球平稳送至目标区域，如图 22-2-14 所示。

(2) 背向传球：传球前，背对出球方向，支撑脚蹬地，支撑腿微屈伸，踢球腿大腿带动小腿往上，踢球脚脚尖朝上，用脚趾或者脚趾根部朝后上方击送球，如图 22-2-15 所示。

图 22-2-14　脚内侧传球

图 22-2-15　背向传球

四、进攻和防守

1. 进攻技术

根据击球不同部位，进攻技术有平推攻球、倒挂攻球、脚踏攻球等三种。

(1) 平推攻球有脚内侧平推球和脚正面平推球两种。

① 脚内侧平推球：观察来球，支撑腿稍屈，支撑脚前踏蹬地，踢球腿大腿外展、小腿内收，踢球脚脚底与地面平行，用脚内侧平击球，使球平飞击出。

② 脚背正面平推球：观察来球，支撑腿稍屈，支撑脚积极蹬地，踢球腿大腿、小腿外展抬起至最高点，转腰转体，踢球脚绷紧，抖动发力，用脚背正面脚趾或者脚趾根部击球，使球呈平射。

(2) 倒挂攻球：背向球网，两脚前后开立，注视来球。以右脚击球为例，当球至右侧前上方时，右腿蹬地起跳，左腿屈膝上摆，完成配合起跳动作后自然放松下落，与此同时，右腿屈膝，大腿带动小腿用力上摆，当球下落到头的右侧前上方约 50 cm 时，小腿用力甩摆踢出，以脚正背脚趾根部位将球击入对方场区，随后左、右脚依次缓冲着地并保持身体平衡，如图 22-2-16 所示。

(3) 脚踏攻球：支撑脚迅速上步，提踵式跳起，击球腿大腿带动小腿迅速上摆至最高点，快速收小腿，踏球腿脚掌前三分一的部位往前下方鞭打击球，同时两臂放松上摆，提高身体重心并保持平衡，如图 22-2-17 所示。

2. 防守技术

拦网技术有单人拦网和双人拦网。拦网时，不能太贴近网避免触网，也不能离网太远，两脚用力蹬地起跳，双手要紧贴身体放于两侧或身前或身后，收腹挺胸，用胸或者肩部堵击球。如果两人拦网，找准默契，使用滑步移动同步起跳拦网，如图 22-2-18 所示。

图 22-2-16 倒挂攻球

图 22-2-17 脚踏攻球

图 22-2-18 双人拦网

第三节 三人赛基本战术

一、进攻战术

三人赛网毽比赛基本进攻战术有一次传组织进攻、二传组织进攻和自传自攻球组织进攻三种。

(1) 一次传组织进攻：起球队员利用每人两次击球规则，起球自我调整后，把球传给攻球队员攻球。

(2) 二传组织进攻：队员接、防起球后，二传队员把来球传给攻球队员，该进攻要求有一个固定二传队员。

(3) 自传自攻球组织进攻：队员接、防起球后，攻球队员利用二次击球规则，把球传到所要位置调整攻球。

二、防守战术

三人赛网毽比赛基本防守战术有“弧形”防守、一拦二防和二栏一防三种。

(1) “弧形”防守：三名队员在中场呈“小弧形”的站位防守，适合于本方无高大防守队员，而对方攻球力度不强的情况，如图 22-3-1 所示。

(2) “一拦二防”防守：一队员网前拦网，两名队员在其身后两侧区域防守，适合于本方有一名高大防守队员，并且对方攻手能打出两条进攻线路的情况，如图 22-3-2 所示。

(3) “二栏一防”防守：两名队员网前拦网，一名队员在后面区域防守，适合于对方攻手能打出三条以上线路变化，而且攻球力量大、凶狠的情况，如图 22-3-3 所示。

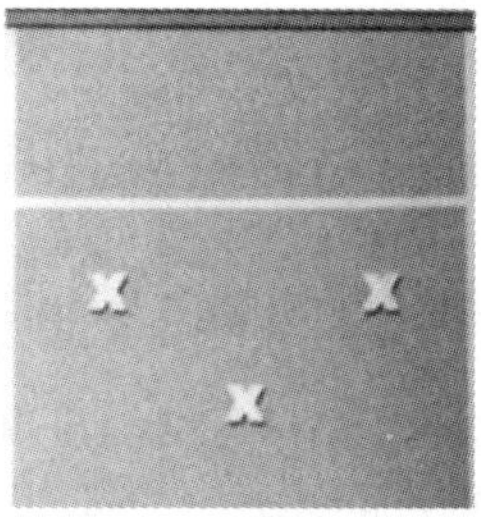

图 22-3-1　“弧形”防守

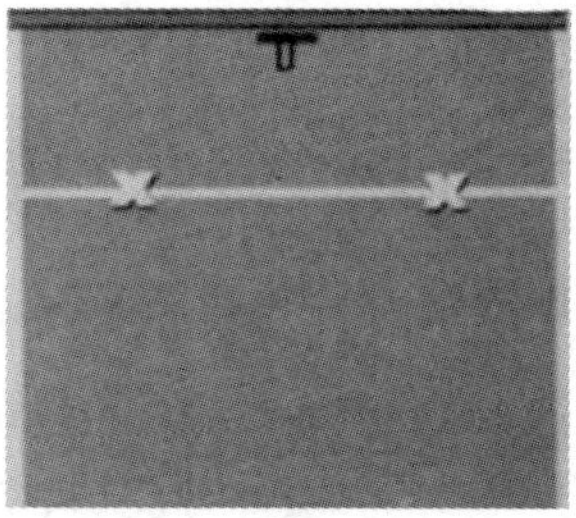

图 22-3-2　一拦二防

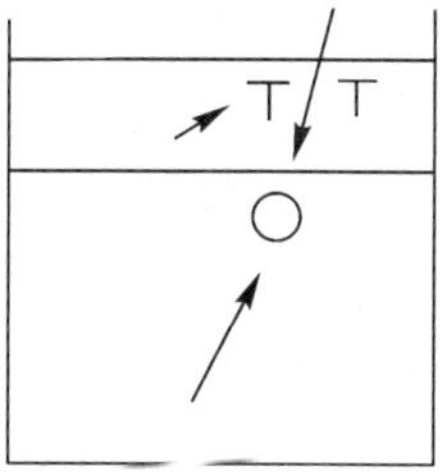

图 22-3-3　二拦一防

第四节　网毽竞赛规则

一、场地

场地为矩形，边线长 11.88m，端线长 6.1m。中线把场地分成面积相等的两个半场。与中线平行，且左右相距 2m，有两条限制线。两端线各自有由两条垂直于端线的短线构成的 2 米区域，如图 22-4-1 所示。

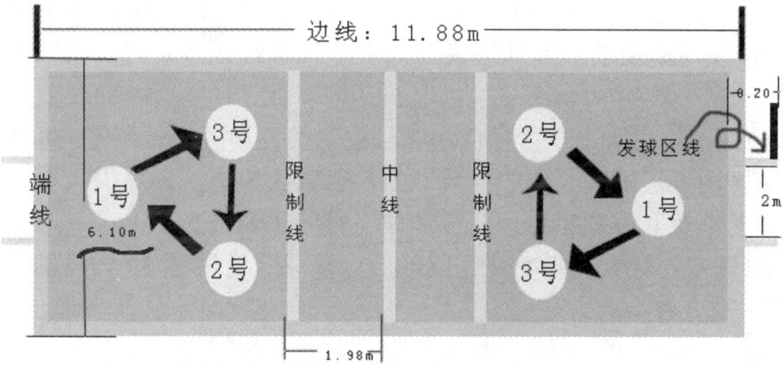

图 22-4-1　场地和位置轮转

二、竞赛项目

网毽竞赛分单人赛、男(女)双人赛、男女混合双人赛和三人赛。

三、竞赛规定

1. 计胜方法规定

比赛采用每球得分制：不论发球权在何方，胜一球即得 1 分；一方出现发球失误或者接发球失误或者违规，则判该方失一分。

比赛局数：一场比赛采用三局两胜制，先胜两局为胜一场；若各胜一局，第三局则为决胜局；三人赛按每局 21 分计算，最高比分为 29 分，其他各项比赛按每局 15 分计算，最高比分为 21 分；三人赛先得 21 分胜一局，双人赛和单人赛先得 15 分胜一局；当三人赛出现 20∶20 或双人赛和单人赛出现 14∶14 时，如一方先领先 2 分则胜该局；当三人赛出现 28∶28 或双人赛和单人赛出现 20∶20 时，三人赛一方先获得 29 分则胜该局，双人赛和单人赛一方先获得 21 分则胜该局。

2. 选择球场和场区

比赛前，在裁判员的组织下，双方队长进行抽签，抽签采用抛硬币方法，获胜方优先选择球权和场区。决胜局开始前，主裁判员召集双方队长重新选择场区或球权。三人赛决胜局比赛中，任何一队先得 10 分(三人赛)或 8 分(双人赛、单人赛)时，两队应交换场区。

3. 位置

三人赛中，1 号位靠近端线，3 号位和 2 号位分别靠近左右两边线，如图 22-4-1 所示。接发球方胜一球，换发球，该方队员按顺时间轮转一个位置，即 2 号位轮转至 1 号位，3 号位轮转至 2 号位，1 号位轮转至 3 号位，如图 22-4-1 所示。出现位置轮转错误的发球顺序错误，则判出错方失 1 分或取消该方所有得分。每局比赛前，两队都要提交位置登记表，新的一局能更换队员轮转顺序。

双人赛中，站在靠近球网的两名队员从左至右分别为 2 号位队员和 1 号位队员。

4. 发球规定

(1) 第一局和第三局由抽签获得发球权队发球，第二局由对方发球。

(2) 三人赛中，轮转到 1 号位的队员发球，球发出后，队员可自由变换位置。

(3) 发球时，发球队员要在发球区发球，不能踩端线或者短线，击球后，发球队员可进入场区。

(4) 发球掩护犯规：发球时，2 号位和 3 号位队员要相隔 2m 距离，即 2 号位和 3 号位队员不得在发球区两条短线延长构成的区域内，否则认为掩护发球失 1 分；发球方任何一名队员不得有任何干扰对方观察发球队员和球飞行路线的行为。

(5) 发球 5s 规定：裁判员鸣哨允许发球后，发球队员须在 5s 内将球发出，如出现发球 5s 犯规，判犯规方失 1 分。

5. 击球规定

比赛中的有效击球次数规定：三人赛本方最多共 4 次击球，双人赛最多共 3 次，单人赛最多共 2 次。三人、双人和单人，每人只能连续击球 2 次。

比赛进行中凡击球犯规，判犯规方失 1 分。击球犯规包括如下几种情况：

(1) 手球犯规：比赛中，不得用手或臂击球(防守方第一次被动触球除外)。

(2) 连击犯规：一个队员连续击球超过最多击球数，或者某队击球次数超过规定最多击球次数。

(3) 持球犯规：球在有效击球部位有明显的停留。

(4) 头球犯规：进攻方队员在限制区主动运用头球技术击球，球进入对方场区。

(5) 过网击球：击球时，进攻队员击球点越过网上沿，在对方场区击球；或者，拦网时防守队员拦网动作越过网上沿。

(6) 在对方场区触球：进攻队员在本方区域击球后，肢体任何部位随球过网进入对方场区。

6. 触网

触网犯规判犯规方失 1 分。比赛中，队员身体任何部位不能触及两标志杆间的球网或者标志杆以外的球网、网柱、网绳等其他物体后并影响比赛正常进行。

7. 进入对方场区

一方进入对方场区或空间犯规，判该方失 1 分。进入对方场区有以下几种情况：比赛进行中，身体任何部位从网上标志杆以内区域进入对方场区的空间(拦网队员随球过网除外)；比赛进行中，脚以外的身体其他部位触及中线，或任一只脚完全越过中线。

8. 界外球规定

一方击球落于界外，则判该方失 1 分。界外球有以下几种情况：球着地触及界外场地；触及两标志杆或在两标志杆延长线外过网；球触及场内任何障碍物；球从网下进入对方场区。

9. 暂停

每局比赛每队有两次暂停机会，每次暂停时间不超过 30s。任意一局比赛的暂停次数不得移至另一局比赛使用。

暂停犯规情况如下：

(1) 一局比赛，一方请求第三次暂停，裁判员应拒绝并判该队失 1 分；

(2) 在一局比赛中，某队暂停时间超过 30 秒，如未迅速恢复比赛，则判该队再次暂停，如果该队暂停次数已经达到 2 次，则判该队失 1 分。

10. 三人赛换人规定

每局每队最多换 3 人次，换人时，可换一人也可换多人。每次换人时间不得超过 15s，若一方换人时间超过 15s，则判该方一次暂停。

第二十三章　高尔夫球

第一节　概　述

一、高尔夫球运动的起源和发展

高尔夫球运动何时发明已经无法考证。中国古代南唐有类似的“捶丸”游戏。现代高尔夫球运动可以确定起源于英国苏格兰，之后传到英格兰，再逐渐传到欧洲大陆、美洲和亚洲。

高尔夫球运动是在球场上，球员用自己的球杆打各自的球，追求用最少的杆数将球击入球洞，从而取得成绩的运动。参加高尔夫球运动，除了锻炼体能，球员需要不断地思考判断和集中注意力，更是对个人心理素质的训练。高尔夫球运动适合各年龄段的人参与，并具备一定的社交功能，在我国虽然起步较晚，但却受到越来越多人的喜爱。

二、高尔夫球用球和球杆

1. 球

高尔夫球用球的基本规定是重量不超过 1.62 盎司(约 45.93 g，1 盎司≈28.35 g)，直径不小于 1.68 英寸(约 42.67 mm，1 英寸≈25.4 mm)，材料为两层、三层或四层的合成材料。考虑空气动力的原因，球面上设计有许多凹痕，一般凹痕数为 250～450 个。

2. 球杆

球杆以杆头的不同分为铁杆、木杆、推杆和最近几年推出来的铁木杆。一套高尔夫球具不超过 14 支球杆，男士一般会用三支木杆、九支铁杆和一支推杆，剩下一支依据个人习惯或球场特性决定。女士一般会用四支木杆、八支铁杆和一支推杆，剩下一支依据个人习惯或球场特性决定。一支球杆由握把、杆身、杆头及杆面四部分构成，其规格均有不同的限制。

(1) 握把。握把包裹着杆身，两者的轴心须一致。握把的横断面直径不得超过 1.75 英寸(约 45 mm)，具体尺寸应该随使用者手掌大小而调整。推杆可有一支以上的握把(俗称长尺推杆)，每支握把的横断面须呈圆形，推杆仅有一支握把时其横断面可不受此限制。因为握把不断与手摩擦而磨损，同时材料会逐渐老化，以致丧失弹性、不易握紧，所以握把属于消耗品，每隔一段时间必须更换。

(2) 杆身。杆身是圆而直的柱形，长度并无特别规定。早期的木质杆身因弹性差、不经用，现已淘汰，现改用轻钢管和碳纤维管两种。轻钢管杆身重 125 g 以上，碳纤维管杆身重 50 g 以上。

(3) 杆头。为了便于说明，通常以人的足部来类比每一位置，趾部或前部是杆头前端，踵部或后部是杆头后端，底部是杆头和地面接触的部分，杆头连接杆身与地面的夹角是仰角。杆头仅能设计一个面作击球之用，铁杆大部分为金属杆头，依据制造工艺有铸造和锻造之分。木杆早期均以木制头为主，以柿木最为普遍。现因材料进步，杆头以金属为主，如不锈钢、铁合金等。推杆的杆头设计变化最多，杆面材质有金属材质、塑料材质和其他复合材质等，以适应不同球手的需要。

(4) 杆面。杆面是和球接触的部分，应牢固坚硬，不应有任何凹凸。杆面上的沟槽深不得超过 0.02 英寸(约 0.5 mm)，宽不得超过 0.035 英寸(约 0.9 mm)，沟与沟的间距必须超过沟宽的 3 倍。杆面与地面垂线的夹角是杆面倾角，是影响球飞行弹道的角度。倾角越小，球的弹道越平，距离越远；倾角越大，球的弹道越高，距离越近。在球具编号中，号数越大，代表杆面倾角越大。杆面上有一个用于击球的最佳击球点，能与球碰撞出最佳效果，因而在高尔夫球的术语里被叫作“甜点”。它的面积大小因杆头大小而异。球击中这一个区域时能激发出球最远的飞行距离。现代新球具开发很大一部分的工作就是增加杆头“甜点”的面积和调整“甜点”的位置，以便球手更容易击出好球。

三、高尔夫球运动基本礼仪

(1) 应随时注意自己及球友的安全，打球偏离球道时要高声提醒球友。

(2) 下场打球时不可穿着无领或无袖的上衣，不可穿着牛仔裤，必须穿着软钉鞋或软底运动鞋。

(3) 击球时按顺序从最远离果岭(球洞所在的草坪)的球友开始击球。

(4) 球场上须保持安静，同组球友击球时，应避开挥杆区域静立，避免干扰球友击球。

(5) 协助其他球友注意落球点。

(6) 击球者应该随时修补因击球造成的草皮损坏和果岭上落球的球痕。

(7) 在沙坑击球后要用沙耙抹平脚印和球痕。

(8) 在果岭上看球线时不可踩到别人的球线。

(9) 不要让自己的影子落在推击球员的视线内，影子的晃动会干扰球员推杆。

(10) 击球结束后将旗杆插回球洞后迅速离开，让下一组可以击球。不要在果岭上计分、讨论或多练习，否则不但增加后组困扰，同时没礼貌且危险。

第二节 高尔夫球的基本技术

一、握杆

握杆是指球员手握球杆的方法。杆面瞄准的方向，取决于握杆的正确与否，而球击出后飞的方向，取决于杆面瞄准的方向。因此，想要精准地击球，就一定要学会正确的握杆方式。初学高尔夫球者绝对不可忽视握杆。

目前常用的握杆方式有三种。

(1) 棒球式握杆：左手拇指对着球杆握柄上的标志，右手并排握在左手上方，右手虎口对着握柄上的标志。

(2) 重叠式握杆：将右手小指和左手食指重叠的握杆方法。

(3) 互锁式握杆：将右手小指和左手食指勾住的握杆方法。

握杆时必须将左手食指和右手中指、无名指放在同一条直线上。当握杆正确时，手腕会感觉灵活，而当握杆错误时，手腕会感觉比较吃力。

练习方法：将球杆举到胸前，两肘弯曲；握杆时，两手分开，但两手手指必须保持平行。

二、击球准备姿势

(1) 侧面动作：① 抬头挺胸，两脚打开，垂直握住球杆；② 慢慢放下球杆，腋下碰到身体时停止动作；③ 慢慢倾斜上半身；④ 维持手臂的角度，身体再往前倾，两膝轻松舒适地弯曲。

(2) 正面动作：① 左臂保持放松，自然下垂握住球杆；② 右手从旁轻松地握杆；③ 两脚的宽度因杆而异，球杆越短，两脚距离越小。例如，握 6 号铁杆，两脚应与肩同宽。

三、挥杆

(1) 起杆：开始拉动球杆的动作是挥杆的关键，注意运用肩部的力量带动左腕挥杆。

(2) 上杆顶点：在做该动作时，左脚、左膝和左肩形成一条直线，注意要大幅度转动上半身；挥杆的节奏不可突然变快，不可用手挥杆；脸稍微右转，大幅旋转上半身，用开始挥杆时的速度将球杆带到上杆顶点。

(3) 下杆：上杆顶点是挥杆的回转点。在回转点时，保持平行移动，不要转动腰部；接下来要做下杆动作，不能用手臂的力量挥杆，腰先平行移动到目标方向，左膝回到准备动作的位置，重心移到左脚后再挥杆。

(4) 击球瞬间：集中精神将力量传到目标方向；在身体往左移动的过程中，想象把球笔直地击到目标方向是一种有效提高球杆动作效率的方法，这与理想的击球姿势与杆头的加速感有关；如果想象将球杆推到锐角或把球打高，会使得速度分散。

(5) 送杆：将球杆加速挥向因腰部转动而产生的左边空间；击球后，杆头会加快速度，腰部持续保持转动，这时身体在左侧会产生空间，使球杆在击球后继续向内侧挥动。注意，不能过度挥动使左腋下产生空间。在右手不勉强的情况下，将右手放在左手前挡住左手的力量，肩膀便会顺畅地跟着转动。

(6) 收杆：收杆是挥杆的终点，这时能否保持身体平衡将会决定击球的效果。重心全放在左脚上，右脚脚尖着地，胸部、右膝和右脚脚背朝向目标方向做好动作。挥杆的动作稳定，收杆的动作也会跟着稳定。

四、开球

开球时，球手不仅要将球打远，还要因地制宜地根据赛场的情况，采取不同的方法击球入洞。一般情况下，开球杆杆身越长，越能增加杆头速度，将球击得越远，但也越难控制。开球可以使用 1～4 号木杆，许多职业选手都会选用 1 号杆开球，但 1 号杆杆头最小，几乎没有倾斜面，容易出现失误。因此，初学者可以选用 2 号木杆开球。

(1) 左脚的位置是决定能否准确击中球的关键。在做准备动作时，注意身体和球之间的距离。保持前倾姿势，右手持球杆，球杆保持自然的角度，之后再依左脚、右脚的顺序决定好站姿。左脚一定要保持不动，根据要打的球路调整右脚的位置。

(2) 用身体承受球杆的加速度。1 号开球杆是球杆中最长、离心力最大的球杆，换句话说就是最能体现出速度的球杆。铁杆的开球速度不如 1 号开球杆，因此，球手需要转动身体，用身体来承受球杆的运动能量是很重要的。球杆是主体，身体起辅助作用(只注意转动身体会导致控杆变慢)。

(3) 开球的站姿：两脚比两肩稍宽，保持下身的稳定。在扭转身体时，右膝微屈，要有弹性。开球时，挥杆转肩的幅度要比进攻目标时大。

(4) 梯架高度：正确的梯架高度是杆面上沿与球的中线等高。

五、铁杆

铁杆是进攻目标的球杆，想要打好铁杆必须要掌握好击球的准备姿势，然后掌握每支铁杆的站姿及球位。

(1) 铁杆的站姿：理想的两脚站立位置与所使用球杆的杆身长度有关。使用 3 号铁杆时，两脚与球的距离最远，背部较直；相比之下，6 号铁杆杆身长度短，因此站立位置要离球近些，腰身弯曲的幅度也较大；至于杆身更短的 9 号铁杆，脚须离球位更近，腰身也必须更弯曲，以击出陡直的高挥杆轨道。

(2) 铁杆的球位：使用击远距离球效果最好的 3 号铁杆时，触击时的击球面倾斜角度较大，球位稍前移；9 号铁杆触击时的击球面倾斜角度较小，因此球位要往后移一些，球手才能扎实地击出球；6 号铁杆需要的击球面倾斜角度介于 3 号铁杆与 9 号铁杆之间，球位的选择也位于两者之间。参考上述步骤，就可找出其他铁杆的最佳球位。

六、劈起球

劈起球是进攻果岭的高飞球，落地后滚动幅度不大。劈起杆的使用范围为距离果岭 18.288～54.864 m(20～60 码)，旗杆在沙坑前或是果岭太陡想把球打在旗杆附近时使用，可以使用高抛挖起杆、沙坑挖起杆、劈起杆，甚至 9 号铁杆，但根据杆面角度的不同，击球距离会有所改变。使用杆面角度大的杆击球，球会飞得高且落地柔和，但是距离比不上杆面角度小的杆击出来的球。

劈起球要正确地判断目标的远近，以适当的挥杆幅度和力量来控制距离。

(1) 击球准备动作：两脚距离窄于两肩，采取开放式站姿，右脚脚尖要打开 30° 左右；左脚后移 5 cm 左右，球位在中间，杆身和左手手臂形成一条直线，对准目标，握杆稍短。

(2) 上杆：采用陡峭上杆方式，屈腕时机视上杆幅度而定，屈腕动作一定要完整。

(3) 击球与送杆：下杆击球，保证平顺地加速以维持良好的击球节奏。击球后，顺势送杆，注意轻松握杆。

(4) 落点选择：一般从球位至目标，被击起的球飞行 70%的距离，滚动 30%的距离。地硬时落点可距目标远些，地软时则近些；下坡时落点应距目标远些，上坡时则近些。

七、起扑球

起扑球是先低飞再滚动的球，通常适用于球洞在果岭边缘地区的击球。与劈起球不同的是，起扑球在空中停留的时间较短，之后在地面上向球洞方向滚动的距离比较长。

(1) 击球准备动作：球杆要握短，杆身和左臂形成一条直线，杆面对准目标，开放式站姿，重心稍侧重在左脚上，球位偏右后移，重心向前。

(2) 上杆：以杆头上杆的幅度来控制距离，上杆幅度较低。上杆幅度低时，球低飞，滚地距离长；上杆幅度稍大时，球往上飞，滚地距离短。如果想让球飞得更高，则可用开球杆击球。

(3) 击球与送杆：击球时，手腕伸直，用肩膀的旋转来挥杆，上杆的角度与收杆的角度要一致；身体要随着手臂的摆动跟着转动，这样才能保证动作的协调。

(4) 练习方法。① 培养距离感：以窄的站姿打出约 9 m 的距离；两脚距离稍开一些，打出约 28 m 的距离；再将两脚距离拉开些，打出约 46 m 的距离。② 培养方向感：缩短两脚间距。两脚脚尖朝向正面，右手拿球杆，杆面保持方正，以两脚脚跟为中心，将两脚脚尖移向左边，用以上姿势做准备动作。

八、沙坑球

沙坑球是高尔夫球场专为球员击球设置的障碍，一般设在果岭的周围和球道途中，这些沙坑被特意设置得大小不一、沙质各异、深浅不同。打沙坑球用的是沙坑挖起杆。

(1) 击球准备动作：眼睛瞄准球后方 2～5 cm 的点，把杆面打开，握短球杆；在身体的正面用两手握杆，以开式杆面进行握杆，两脚稳固地站在沙中。

(2) 击球与送杆：击球时用比起扑球大 2～3 倍的力量挥杆，在击球的瞬间要充满力量，把周围的沙一起打起来。

(3) 练习方法：① 在沙上画一条直线；② 以线为中心做准备动作；③ 打沙练习；④ 重复以上练习。

九、推杆

推杆是将球送入球洞的关键技术，约 40%的得分是推杆得来的。推杆也是高尔夫球运动中使用频率较高的技术之一。

(1) 击球准备动作：眼睛置于球的正上方，杆面与目标线垂直；将手腕固定，用肩膀的旋转击球。

(2) 击球与送杆：保持肩膀、手臂和推杆协调一致，然后匀速击球。推杆的动作要像钟摆一样，水平移动、匀速击球。

第三节　高尔夫球竞赛规则

一、认识球场

高尔夫球场都是尽量利用原始地貌和当地植建造而成的。山地的球场落差较大，海边的球场平坦多风，沙漠的球场砾石满地，各显设计师的巧思，也给球友提供了不同的挑战和趣味。球场一般由 18 洞组成，包括附属设施总面积约为 0.8 km^2，分为前 9 洞和后 9 洞。每一洞由发球台、球道和果岭三个基本部分组成，再加上树林、水塘、沙坑、长草区、山坡等障碍，增加难度。一个果岭有几个发球台可以使用，用不同颜色来区分到果岭的距离，一般红色最近，适合女士或老年人使用，之后依次是白色、蓝色和男士职业球员的黑包，也有球场有自己不同的颜色标识系统。每一洞的计分从发球台开始，到把球打到果岭进洞的杆数计为该洞的成绩。依据距离长短，每一洞有一个标准杆数。一般球场有 4 个短洞(3 杆洞)、4 个长洞(5 杆洞)和 10 个中洞(4 杆洞)，全部加起来共 72 杆，即一场球的标准杆，也有一些球场的标准杆数是 70 杆或 71 杆。

二、常见比赛形式与规则

1. 常见比赛形式

(1) 比杆赛。比杆赛是以一场 18 洞的总杆数来决定胜负的比赛方式，杆数少者胜。职业赛事往往以四场 72 洞的总成绩来决定胜负。业余比赛有一种扣除差点后的净杆杆数来决定负的比赛方式。

(2) 比洞赛。比洞赛以每一洞决定胜负，杆数不累计，两名选手中得胜洞数多的为胜。比洞赛不需要比完全部的 18 洞。

2. 比赛规则

(1) 出现下列情况在比杆赛中判罚两杆，在比洞赛中判罚该洞输：① 携带超过 14 支球杆；② 换洞时无故拖延时间；③ 发球台没有插在发球区内(比洞赛对手可要求重发，不判输)；④ 障碍区击球前球杆碰到沙、水、地面；⑤ 改变或除去自然的东西(如草、树叶)改变球的状态；⑥ 打错球；⑦ 果岭上捡起球没有做记号；⑧ 果岭上推杆时击中在洞中的旗杆(从果岭外击球不判罚)。

(2) 出现下列情况判罚一杆：① 任何有意击球的挥杆，不论击中与否；② 自己或伙伴(球童)移动球；③ 就位准备击球后球移动；④ 击球落水，这是最常见的情况之一，新的球可以在原击球点补球，也可以在进入水障碍的点和球洞沿线、远离球洞上的任何一点补球，或可以在进入水障碍处两杆的距离内远离球洞范围内抛球；⑤ 击球出界，新的球回原击球点补球；⑥ 不能打的球，如球进入乱草或树丛，可比照落水处理。

三、计分方式

1. 总杆数

一场球逐洞累加杆数，直到完成全部比赛，总计为该场总杆数。

2. 净杆数

总杆数减去差点就是净杆数。

3. 差点

差点是指个人平均一场球的杆数与标准杆的差，如某人平均水平是 100 杆，差点就是 28 杆。高尔夫的差点制度，是为了让不同程度的业余选手能够同场竞技而设计的。差点系统的操作使用相对简单，但却运用很多复杂的影响因素进行数字计算(如最佳成绩、球场难易度等)。目前世界各国的差点系统，多遵照 USGA 差点系统的规范执行，USGA 差点认证也是各国业余比赛球员提交的规定证明。

第二十四章　体育运动竞赛的组织与编排

体育运动竞赛是各种运动项目比赛的总称，是体育运动的主要形式之一。它是以争取胜利为直接目的，以运动项目或某些身体活动为内容，按照一定规则进行个人或集体的体力、技艺、心理、智力等多方面的综合较量。

广泛开展运动竞赛，可以培养人们参加体育运动的兴趣和意识，吸引和鼓励更多的人参加体育锻炼，促进全民健身运动和体育事业的大力发展。组织体育运动竞赛是检查体育教学、训练效果，提高运动水平，丰富人们的业余文化生活，加强团结、增进友谊的良好手段和方法，对调节学习、工作、生活节奏及加强精神文明建设将起到积极的作用。同时，这也是培养参赛者的优良品质和集体主义精神，发掘和培养体育人才，宣传奥林匹克精神的重要途径。

第一节　体育运动竞赛的分类和组织方法

体育运动竞赛的分类，主要是根据比赛的规模、性质和任务建立分类体系，并确立组织方法和编排方法。

一、体育运动竞赛的分类

(一) 按比赛规模分类

按照举行比赛的规模，体育运动竞赛可分为基层单位比赛、地区性比赛、省级比赛、全国性比赛、洲际比赛、国际级比赛等。

(二) 按比赛的性质、任务和形式分类

1. 综合性竞赛

综合性竞赛一般称为运动会或综合性运动会。它包括若干个运动项目的比赛，其任务和目的是全面检查各项运动的普及与提高情况，广泛总结交流经验，推动体育事业的发展。如：奥林匹克运动会、亚洲运动会、全国运动会、全国大学生运动会、农民运动会、城市运动会等。这种竞赛由于比赛项目多、规模大、组织工作复杂，通常都是每 4 年举行一届。

2. 单项比赛

单独以某一项目为内容的比赛叫单项比赛。一般可分为以下几种：

(1) 锦标赛。锦标赛指为检查、总结某一运动项目的开展情况和教学训练的方法及经

验，确定冠军和名次，促进该项运动不断发展而举行的单项比赛。如世界足球、篮球、排球、乒乓球锦标赛，世界田径、体操锦标赛，戴维斯杯网球赛，全国大学生篮球、排球、田径锦标赛等。

(2) 联赛。联赛指按照运动员或运动队的不同技术水平分别举行的比赛。如：田径、游泳、体操等项目按运动员等级组织的比赛，球类项目的等级联赛等(如世界女排超级联赛、全国足球超级联赛、全国篮球/排球职业联赛、全国大学生篮球/排球/足球超级联赛等)。其主要目的是鼓励和促进运动员提高运动技术水平，争取升级。

(3) 对抗赛。对抗赛是由两个以上实力相近的国家或单位联合举办的竞赛，目的是交流经验，切磋技艺，取长补短，共同提高。

(4) 杯赛。杯赛是指由单位或个人倡议举办，并捐赠奖杯授予冠军或冠军队的比赛。如："汤姆斯杯"羽毛球赛，"爱立信杯"乒乓球擂台赛等。有的还结合庆祝活动举办体育比赛，以"××杯"命名，如"振兴杯""萌芽杯""共青杯""飞扬杯"等。

(5) 邀请赛和友谊赛。邀请赛和友谊赛指由一个单位或国家邀请其他单位或国家参加的比赛。目的是增进友谊和团结，互相学习，共同促进和提高某项运动水平。一般访问比赛均属友谊赛。

(6) 选拔赛。选拔赛指为发现并挑选优秀运动员，组织或补充代表队，准备参加高一级的竞赛而举行的比赛。

(7) 及格赛。及格赛一般是在报名参赛人数过多，有可能影响正式比赛的正常进行时而采取的一种比赛形式。达到及格赛预定成绩或标准者方能参加正式比赛，如跳高、标枪、100 米及格赛等。这种比赛的主要目的就是先淘汰一定的参赛者。

(8) 表演赛。表演赛是为了宣传体育运动、扩大其影响而举行的比赛，通常注重技术、战术的充分发挥，而不计名次，是一种带有示范性、娱乐性的比赛活动。

(9) 测验赛。测验赛是为了达到一定的标准，或为了了解教学、训练情况而组织的比赛，这类比赛一般也不计名次，只记录测验成绩。

(10) 通讯赛。通讯赛就是以通讯方式组织的比赛，凡是可以计量(时间、距离、重量、环数)的项目均可采用。参赛单位按照规程要求，在本地组织测验工作，成绩报送主办单位评定名次。其优点是组织工作简便，节省经费和时间；缺点是比赛条件不尽相同，运动员没有相互学习的机会。

对学校而言，除了可以组织上述比较正规的比赛以外，还可以开展一些学生喜闻乐见，技术难度不大，规则简单，形式灵活，对场地器材要求不高，容易组织和便于经常举行的各种非正规的娱乐性、趣味性比赛，以吸引更多的人参加体育锻炼。如：跳绳比赛、踢毽子比赛、拔河比赛、男女混合跑接力赛，以及冬季长跑等小型多样的比赛。

二、体育运动竞赛的组织方法

根据体育运动竞赛的具体要求，项目特点、参赛队数(人数)、比赛的期限和场地设备条件等因素，可选用不同的竞赛方法。

(一) 循环赛

循环赛法(又称循环制)是让所有参赛的队(人)均相互比赛一次，最后按各队(人)在全部比赛中胜负的场数、得分的多少排列名次。这种方法的比赛机会多，有利于互相练习、提高运动水平，是一种比较公平的竞赛方法，可以较合理地评定参赛者的名次。循环制分为单循环、双循环、分组循环三种，可视参赛者的多少和比赛期限的长短而分别采用。

1. 单循环赛

单循环赛就是让所有参赛队(人)都相互比赛一次，最后按各队(人)在全部比赛中的胜负场数和得分多少排列名次。这种方法一般在参赛队(人)数不多，时间又较充裕的情况下采用。

(1) 单循环比赛的轮次计算。各参赛队(人)均进行一场比赛称为一轮。若参赛的队(人)数为单数，比赛轮次等于参赛队(人)数；若参赛的队(人)数为双数，比赛轮次等于参赛队(人)数减 1。例如有 6 个队(人)参加比赛，则进行 5 轮比赛。

(2) 单循环比赛场次的计算。计算方法：场次=(n－1) / 2(n 为参赛队数或人数)。例如：6 个队(人)参加比赛，则比赛场次为 6 × (6－1) / 2=15 场。

(3) 单循环比赛的编排。不论参赛的队(人)是奇数还是偶数，一律按偶数安排，若是奇数，可以加上一个“0”号使之成为偶数，遇“0”的队(人)就轮空一次。第二轮开始，1 号位固定不变，其他号数按逆时针方向轮换一个位置即可排出下一轮的比赛顺序。以此类推，便可排出各轮的比赛表(表 24-1-1、表 24-1-2)。

表 24-1-1　6 队(人)的比赛轮次表

第一轮	第二轮	第三轮	第四轮	第五轮
1～6	1～5	1～4	1～3	1～2
2～5	6～4	5～3	4～2	3～6
3～4	2～3	6～2	5～6	4～5

表 24-1-2　5 队(人)的比赛轮次表(遇“0”为轮空)

第一轮	第二轮	第三轮	第四轮	第五轮
1～0	1～5	1～4	1～3	1～2
2～5	0～4	5～3	4～2	3～0
3～4	2～3	0～2	5～0	4～5

2. 双循环赛

双循环赛是指参赛的队(人)先后进行两次单循环的比赛方法。一般是在参赛的队(人)数比较少，且时间充裕而有意增加参赛者的比赛机会时采用，最后按各队(人)在全部比赛中的胜负场数和积分多少排列名次，其编排方法与单循环相同。第二次循环赛的编排可以重新抽签编排，也可以与第一次重复。双循环赛的比赛轮次和场次比单循环赛多 1 倍。

(二) 淘汰赛

淘汰赛就是通过比赛逐渐淘汰成绩差的队或个人，最后决出优胜者。采用这种方法的比赛有两种形式：一种是按照一定的顺序让参赛者一组一组地比赛，通过及格赛、预赛、复赛和决赛淘汰掉较差的，比出优胜名次，田径、游泳项目多采用这种形式。另一种是球类和其他对抗性比赛项目，按事先排定好的淘汰表一对一地进行比赛，胜者进入下一轮，直至最后一对决出优胜者。淘汰赛又分单淘汰和双淘汰两种。

1. 单淘汰赛

单淘汰赛是指参赛的队(人)在比赛中失败一次即被淘汰，失去继续比赛的资格。它的优点是当参赛者较多时，能在较短的时间内完成比赛任务。缺点是一次失败即遭淘汰，学习锻炼的机会少，不能合理地确定比赛结果。

(1) 单淘汰赛选择号码位置数。采用单淘汰赛的比赛方法时，应先根据参加比赛的人数选择最接近的、较大的 2 的乘方数作为号码位置数。如果参加比赛的运动员人数不等于号码位置数，需要安排轮空(轮空数＝号码位置数-运动员人数)，使参加第二轮比赛的运动员人数正好是 2 的乘方，而没有轮空。

参加比赛的人数稍大于 2 的乘方数时，若安排轮空，则轮空人数太多，这时可用“抢号”的方法解决，即以最接近的、较小的 2 的乘方数作为号码位置数，其中一部分运动员进行抢号。抢号就是两个运动员使用一个号码位置先进行一场比赛。例如，6 个人或者 10 个人的淘汰赛的轮次安排(图 24-1-1、图 24-1-2)。6 个人参加比赛，使用 8 个号码位置就需要安排两个轮空，2、7 号为轮空位置。10 个人参加比赛用“抢号”的方法比较适宜。使用 8 个号码的位置，有两个号码未位置(4 名运动员进行抢号)。2A、2B、7A、7B 号为抢号位置。

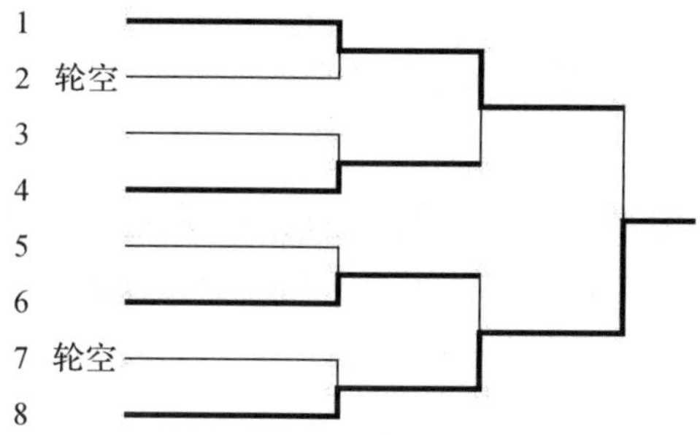

图 24-1-1　6 个人单淘汰赛

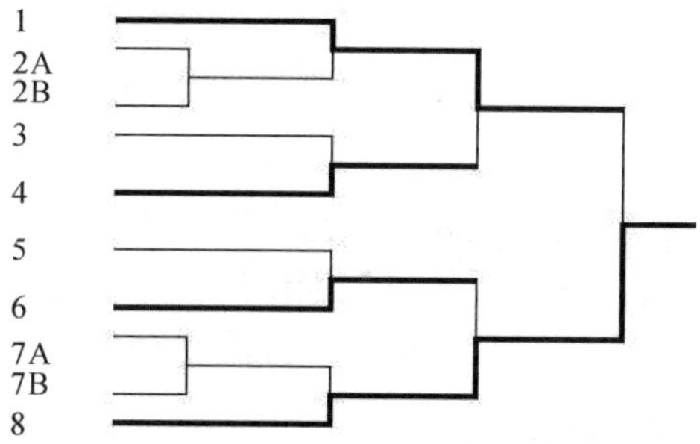

图 24-1-2　10 个人单淘汰赛

(2) 单淘汰赛轮次的计算。单淘汰赛所选用的号码位置数(2 的乘方)其指数(自乘的次数)即为轮次数。2 的几次方即为几轮。例如：4 个号码位置＝2^2＝2 轮，8 个号码位置＝3 轮，16 个号码位置＝4 轮，等等。

(3) 单淘汰赛场次的计算。单淘汰赛场次的计算方法非常简单，将参赛队(人)数减去 1，即为要比赛的场次数。例如 16 个队(人)参赛，则场数为 16－1＝15 场。

2. 单淘汰赛中的附加赛

单淘汰赛只能确定冠、亚军。用附加赛的办法可以进一步排出比赛中前 8 名的顺序。每一轮的胜者与胜者、负者与负者之间进行比赛，直到排出前 8 名的名次。前 8 名运动员进行附加赛的比赛顺序排法见图 24-1-3。

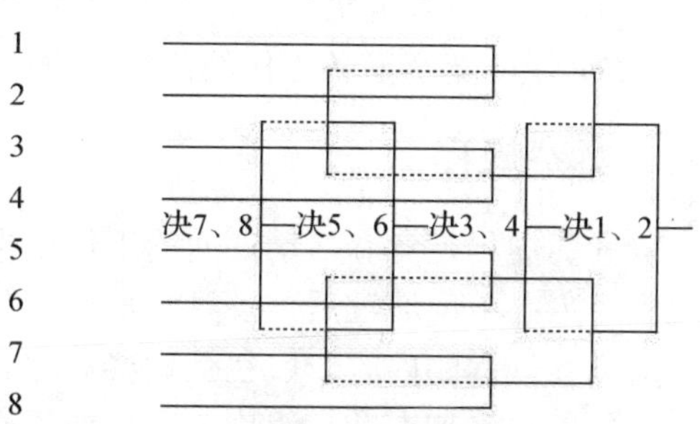

图 24-1-3　8 人单淘汰赛及附加赛

(三) 混合比赛法

混合比赛法是指在一次比赛中同时采用循环赛和淘汰赛两种比赛制度。

在采用混合比赛法时，一般将比赛分为两个阶段。第一阶段如果采用分组循环，最好将参赛队(人)分成 2 组、4 组、8 组进行，以便在第二阶段采用淘汰法时的编排工作。

第一阶段，如两个小组进行单循环赛并排列名次后，第二阶段一般采用交叉赛，即 A 组的第一名对 B 组的第二名，A 组的第二名对 B 组的第一名，两名者争夺冠、亚军，两名的负者争夺 3、4 名；各小组第 3、4 名可依此法决出 5～8 名，也可不再比赛，不再排名次。

在第一阶段中因组数不同，第二阶段可采用同名次赛，即两个小组的第一名进行决赛，决出 1、2 名，两个小组的第二名进行决赛，决出 3、4 名，其他名次也按上述方法进行，排出所有名次。

(四) 特殊比赛方法

随着学校体育内容、形式的不断创新，特别是健身性、娱乐性、趣味性体育项目的出现，在群众体育竞赛中，常常需要采用一些非正规的比赛方法。采用这些方法的目的主要是为了促进更多的人参与锻炼，提高健康水平，活跃业余生活，陶冶情操。例如：举行群众性的太极拳比赛、趣味运动会等，其比赛方法就不一定采用竞技体育的评分方法，可以简单、灵活地制订或采用一些切实可行的方法。

第二节　一般运动竞赛活动的组织方法

组织运动竞赛活动是一项十分严密细致的工作。为了保证竞赛活动的顺利进行，必须对竞赛过程各个环节的工作进行周密的研究和组织。高校学生作为未来群众体育活动的骨干分子，应对竞赛的组织方法有所了解。

一、组织方案

组织方案是竞赛活动的依据，主要内容有：

(1) 确定竞赛活动的性质、目的、任务和名称；

(2) 根据竞赛活动的地址、时限、竞赛组别、项目、参加单位和人数的多少，确定竞赛活动的规模；

(3) 根据竞赛的规模和特点，成立相应的办事机构，明确各类人员的分工和职责；

(4) 根据竞赛的需要，预算竞赛活动经费；

(5) 说明竞赛筹备工作的几个阶段和主要工作步骤。

二、竞赛规程

竞赛规程是竞赛活动期间的工作依据，是保障竞赛活动顺利进行的法规性文件。竞赛规程经主办单位通过后，要尽早发给有关单位，以便做好报名及各项准备工作。

竞赛规程的内容一般包括竞赛名称、目的任务、主办单位、比赛日期和地点、参加单位和各单位参加人数、组别、运动员资格、竞赛项目、比赛规则、计分、录取名次和奖励办法、裁判员及运动员报名时间和办法、报到、领队会、抽签的时间和地点、服装、交通、经费等方面的规定，其中心任务是明确竞赛办法。

三、做好竞赛裁判员队伍的工作

运动竞赛的裁判工作是直接关系到比赛能否顺利完成的关键，因此各项比赛首先要聘请或聘任思想作风正派、熟悉业务、精通裁判规则和方法、具有较强组织能力的高级别专项裁判担任裁判长，选派专项级别的裁判员组成裁判队伍。对于学校的竞赛来说，可选聘有一定专项体育知识、了解规则的体育教师和学生积极分子担任裁判员。不论任何级别的竞赛，在比赛前一定要组织裁判员学习规程、规则和裁判法，统一尺度，统一要求，对竞赛中可能出现的问题统一认识和处理方法，并进行必要的考核和学习。

四、安排场地，检查器材

竞赛场地安排得合理与否，对竞赛的公平性和时间的把控有着重要的意义。安排合理可以节省工作时间，保证各项比赛条件等。对器材的检查目的是看比赛器材是否符合比赛规定，并确保比赛中的安全使用。

五、其他工作

其他工作包括维持好赛场秩序，搞好宣传教育工作，及时公布竞赛结果；做好赛后成绩的整理、登记、记录等归档工作。

第三节　体育运动竞赛的编排

体育运动竞赛的编排工作是实施竞赛计划、竞赛规程的重要环节。它主要有两方面的工作：一是编排比赛秩序册，二是进行单项比赛的编排。

一、比赛秩序册

比赛秩序册是竞赛工作中的指导性文件。其内容包括竞赛规程、仲裁委员会条例、裁判员守则、运动员守则、体育道德风尚奖评比条件、组委会名单、仲裁委员会名单、办事机构与人员名单、运动队以及运动员名单、各代表队人数统计表、竞赛日程表、大会活动日程表、作息时间表、开/闭幕式程序、比赛场地示意图等。有些比赛还有一些特殊的内容或要求，都要编入秩序册中。例如，田径比赛在竞赛日程后要有“竞赛项目分组表”；球类比赛应该印有“比赛成绩记录表”；有的比赛在秩序册中还附有“等级运动员标准”“最高成绩记录表”等内容。

二、田径比赛的编排

田径比赛的特点是竞赛项目多、运动员人数多、比赛赛次多、信息量大。田径比赛的编排工作内容主要有编排竞赛日程、竞赛分组、总秩序册以及临场赛次的编排等。

(一) 编排的基本原则

田径比赛秩序册编排得合理与否，直接关系到整个竞赛能否顺利进行和运动员技术水平能否正常发挥。因此，编排各项比赛秩序册时应遵循下列基本原则：

(1) 尽可能考虑给参加下一赛次的运动员留有适当的休息时间。

(2) 径赛的长、短距离跑，田赛的跳、投项目，以及男女项目和不同组别要交叉编排。

(3) 照顾兼项，对某些竞赛项目应分开编排，以减少兼项运动员在参加比赛时间上的冲突。一般规律参考：100m 和 200m，200m 和 400m，400m 和 800m；800m 和 1500m，1500m 和 3000m，5000m 和 10000m；1000m 和跳远，400m 和 400m 栏；100m 和 4×100m 接力，400m 和 4×400m 接力；跳高、跳远和三级跳远；标枪、铁饼和铅球。

(4) 跨栏项目一般可安排在单元赛的第一项或最后一项，也可以排在长距离跑的后面，以减少摆放栏的时间。

(5) 决赛项目和精彩项目分开排列，以使赛场始终保持活跃的气氛。

(6) 不同组别同一项目的径赛尽量衔接起来，以便于起点和终点工作。

(7) 短距离跑的项目，采用预、决两个赛次时，最好安排上午预赛，下午决赛。

(8) 径赛项目编排时，要根据参赛人数和跑道数确定组数，每组比赛人数力求平均。

(二) 竞赛期间的编排记录工作

1. 记录组的工作

(1) 在比赛期间，负责收集和保管各项竞赛记录表。

(2) 收到竞赛项目的预、复赛成绩结果后，尽快排出下一赛次的分组、分道表，并分别交给公告、检录、终点和起点裁判员。

2. 记录公告组的工作

(1) 及时公布参加复、决赛运动员的号码、姓名、单位。

(2) 及时公布各项决赛成绩(一式 3 份，一份交成绩宣告、一份张贴、一份存档)。

(3) 及时收集各项决赛成绩，并填入总记录表和团体总分表。

(4) 登记成绩，计算团体总分，核对全能运动员的成绩和得分。

(5) 整理核实破纪录人数、项数和次数，填写破纪录单。

参考文献

[1] 曾播思，宋文利. 大学生体育与健康[M]. 上海：华东师范大学出版社. 2018.

[2] 杨文轩，陈琦. 体育概论[M]. 2 版. 北京：高等教育出版社，2013.

[3] 卢元镇. 中国体育社会学评说[M]. 北京：北京体育大学出版社，2003.

[4] 卢元镇. 体育人文社会科学概论高级教程[M]. 北京：高等教育出版社，2003.

[5] 岳晓燕. 大众健身科学指导[M]. 北京：光明日报出版社，2016.

[6] 邓树勋，陈小蓉. 体育基本理论教程[M]. 广州：广东高等教育出版社，2002.

[7] 杨文轩，张细谦. 体育与健康课程实施模式探索[M]. 北京：高等教育出版社，2015.

[8] 王瑞元，苏全生. 运动生理学[M]. 北京：人民体育出版社，2012.

[9] 李世昌. 运动解剖学[M]. 2 版. 北京：高等教育出版社，2010.

[10] 张细谦，张仕宜. 核心素养导向下体育与健康课程实施路径的优化[J]. 体育学刊，2018，25(02)：76-80.

[11] 尹志华，孙铭珠，付凌一. 论核心素养下体育与健康课程中的目标体系及制订原则[J]. 体育教学，2020，40(01)：10-12.

[12] 张孝平. 体育竞赛组织编排[M]. 北京：北京体育大学出版社，2005.

[13] 杨桦. 以高质量发展加快建设体育强国[J]. 武汉体育学院学报，2022，56(12)：5-9.

[14] 共产党员网. https://www.12371.cn/.

[15] 唐建倦. 现代篮球运动教程：理论·方法·实践[M]. 广州：华南理工大学出版社，2014.

[16] 全国体育院校教材委员会. 篮球运动高级教程[M]. 北京：人民体育出版社，2001.

[17] 中国篮球协会. 篮球竞赛规则(2000 年)[M]. 北京：光明日报出版社，2001.

[18] 吴敬平. 乒乓球直板反胶打法训练[M]. 北京：人民体育出版社，2008.

[19] 苏丕仁. 乒乓球教学[M]. 北京：人民体育出版社，1999.

[20] 刘建和. 乒乓球教学与训练[M]. 北京：人民体育出版社，2004.

[21] 张瑞林. 羽毛球运动[M]. 北京：高等教育出版社，2010.

[22] 应圣远，王加强. 网球[M]. 北京：北京体育大学出版社，2002.

[23] 王希升，王亚乒. 网球打法与战术[M]. 北京：人民体育出版社，2001.

[24] 朱征宇，柳天杨，李志兰. 网球乒乓球羽毛球[M]. 广州：广东高等教育出版社，2003.

[25] 国家体委武术研究院. 中国武术史[M]. 北京：人民体育出版社，2011.

[26] 王晓晨. 学校武术教育百年变迁研究(1915—2015)[D]. 上海：上海体育学院，2017.

[27] 王金成，等. 中华武术课课练[M]. 北京：清华大学出版社，2019.

[28] 李德印. 24 式太极拳教与学[M]. 北京：北京体育大学出版社，2009.

[29] 杨亮. 跆拳道教程[M]. 北京：人民体育出版社，2007.

[30] 中国跆拳道协会. 中国大众跆拳道教程：基本技术与品势篇[M]. 北京：人民体育出版社，2009.

[31] 胡世君，王智慧. 跆拳道[M]. 北京：北京体育大学出版社，2009.
[32] 寿文华，魏纯镭，荣丽. 体育舞蹈[M]. 北京：北京体育大学出版社，2007.
[33] 田麦久，蔡睿. 飞镖与射箭运动[M]. 南京：江苏科学技术出版社，2013.
[34] 尹斌. 飞镖[M]. 成都：成都时代出版社，2013.
[35] 张军，龙明. 毽球运动[M]. 北京：高等教育出版社，2008.
[36] 张伟，丛群. 毽球运动实战(基础篇) [M]. 北京：人民邮电出版社，2015.